GESTÃO ESCOLAR EM REDE

MÁRIO SÜNDERMANN, SJ

GESTÃO ESCOLAR EM REDE

UMA HISTÓRIA DA
REDE JESUÍTA DE EDUCAÇÃO
NO BRASIL

Edições Loyola

Dados Internacionais de Catalogação na Publicação (CIP)
(Câmara Brasileira do Livro, SP, Brasil)

Sündermann, Mário
  Gestão escolar em rede : uma história da rede jesuíta de educação no Brasil / Mário Sündermann. -- São Paulo : Edições Loyola, 2024. -- (Cidade educativa)

  Bibliografia.
  ISBN 978-65-5504-375-4

  1. Educação religiosa 2. Gestão escolar 3. Jesuítas - Educação - História - Brasil I. Título. II. Série.

24-214750   CDD-268.3

Índices para catálogo sistemático:
  1. Jesuítas : Educação religiosa   268.3

Tábata Alves da Silva - Bibliotecária - CRB-8/9253

Preparação: Tarsila Doná
Capa: Ronaldo Hideo Inoue
  Composição a partir da ilustração de © ink drop. © Adobe Stock.
Diagramação: Desígnios Editoriais
Imagens do miolo: © Panithan e © timur84. © Adobe Stock.

Edições Loyola Jesuítas
Rua 1822 nº 341 – Ipiranga
04216-000 São Paulo, SP
T 55 11 3385 8500/8501, 2063 4275
editorial@loyola.com.br
vendas@loyola.com.br
www.loyola.com.br

Todos os direitos reservados. Nenhuma parte desta obra pode ser reproduzida ou transmitida por qualquer forma e/ou quaisquer meios (eletrônico ou mecânico, incluindo fotocópia e gravação) ou arquivada em qualquer sistema ou banco de dados sem permissão escrita da Editora.

ISBN 978-65-5504-375-4

© EDIÇÕES LOYOLA, São Paulo, Brasil, 2024

A Maria Sündermann, minha mãe e minha primeira e melhor educadora, pelo seu testemunho de vida e exemplo de fé na comunidade de São João do Oeste, SC, onde me socializei na comunidade católica de expressão alemã. Sua sabedoria prática (*phrónesis*) manteve viva a chama do serviço comunitário e do saber sempre mais para servir melhor.

SUMÁRIO

AGRADECIMENTOS 11
BREVE APRESENTAÇÃO 13
PREFÁCIO 15
A CANÇÃO DOS HOMENS 17

1 EM BUSCA DE UMA CANÇÃO 19
    1.1 O homem 23
    1.2 A instituição 27
    1.3 O documento 28
    1.4 Tempos atuais 34
    1.5 Parâmetros da pesquisa 36

2 A COMPOSIÇÃO: LETRA E MÚSICA DA CANÇÃO ... 39
    2.1 Procedimentos metodológicos 42
        2.1.1 Ontologia e epistemologia 43
        2.1.2 Pesquisa qualitativa 46
        2.1.3 Pesquisa documental 48
        2.1.4 Sistematização da experiência 53
    2.2 Aplicação de questionários 57
    2.3 Respondentes dos questionários 59
    2.4 Análise de dados 61
    2.5 Tratamento dos documentos 62
    2.6 Tratamento dos questionários 63
    2.7 Tratamento da sistematização da experiência 66

2.8 Gestão 67
    2.8.1 Gestão organizacional 68
    2.8.2 Gestão na educação 69
    2.8.3 Gestão em rede e colaborativa 73
    2.8.4 Gestão jesuíta 77
    2.8.5 Gestão na Rede Jesuíta de Educação 84

3 DAS RAÍZES DA EDUCAÇÃO DA COMPANHIA DE JESUS À FUNDAÇÃO DA RJE: UMA LONGA COMPOSIÇÃO 95
    3.1 A Origem da Companhia de Jesus 98
    3.2 A sistematização da educação na Companhia de Jesus ... 103
    3.3 A literatura de referência na Companhia de Jesus 106
    3.4 Alguns fragmentos da "canção" 107
    3.5 O caminho até o *Ratio Studiorum* 115
    3.6 A educação da Companhia de Jesus a partir do *Ratio* 122
    3.7 Um ciclo de renovação – perspectiva de rede global 138

4 ORQUESTRANDO UMA CANÇÃO – DA FUNDAÇÃO DA RJE À CONSTRUÇÃO DO PEC 145
    4.1 Início dos trabalhos da RJE 154
    4.2 A RJE 156
    4.3 Construção do Projeto Educativo Comum da RJE 159
    4.4 Elaboração do PEC 163
    4.5 Aprovação do documento 170
    4.6 Seminário de lançamento do PEC 171
    4.7 Implantação do PEC 173
    4.8 O PEC como elemento estruturante da Rede 178
    4.9 Organização nacional e regional da educação básica 182
    4.10 Primeiro ciclo da RJE (2014-2020) 184
    4.11 O estatuto da RJE 187
        4.11.1 A primeira versão do estatuto – **ad experimentum** 188
        4.11.2 A segunda versão do estatuto 192

  4.11.3 *A terceira versão do estatuto* 194
4.12 Congressos da RJE 200
4.13 Planejamento estratégico da Rede 209
4.14 Pesquisa de mercado 213

5 SOBRE COMPOSIÇÃO, CANTORES E MAESTROS – DADOS DA PESQUISA 217
5.1 Processo de envio dos questionários 222
5.2 Os respondentes 222
  5.2.1 Formação dos respondentes 226
    Diretores-gerais 228
    Diretores acadêmicos 228
    Diretores administrativos 229
    Coordenadores da formação cristã 229
    Coordenadores em outras funções nas unidades 230
    Membros do escritório central 230
5.3 Unidades da RJE que participaram diretamente da pesquisa 231
5.4 Versos e melodias de uma canção (eixos temáticos) 233
5.5 Fundação da RJE 235
5.6 Relação unidades e escritório central (RJE) 247
5.7 Construção do Projeto Educativo Comum 253
5.8 Implementação do PEC 275
5.9 Atualização do Projeto Educativo Comum 292

6 MAESTROS E REGÊNCIAS: GESTÃO INACIANA 305
6.1 Princípios e identificadores de gestão inaciana 310
  I. *Missão educativa em discernimento* 311
  II. *Adaptação e flexibilidade* 317
  III. *Formação continuada e desenvolvimento dos colaboradores* 320
  IV. *Integração e articulação entre dimensões e pessoas* 324
  V. *Cuidado com a missão:* cura personalis *e* cura apostolica 327

	VI. Magis	331
	VII. Encontrar Deus em todas as coisas e todas as coisas nele	333
	VIII. Trabalho colaborativo	338
	IX. Atuação local, com visão global e trabalho em rede...	342
	X. Sistematização das atividades e decisões	346
	6.2 Perfil da liderança nas obras jesuítas	349

7   CONSIDERAÇÕES PARA O FUTURO............................ 359

8   UMA CANÇÃO VIVA - CONSIDERAÇÕES FINAIS.... 365
    8.1 Nasce uma nova canção e um novo cantor..................... 372

REFERÊNCIAS.. 375

APÊNDICE A - CARTA DE CONVITE E QUESTIONÁRIO 385

APÊNDICE B - PROGRAMA DE TRABALHO DO PEC....... 391

APÊNDICE C - EXERCÍCIO DE HIERARQUIZAÇÃO
    - PEC 2016.. 397

AGRADECIMENTOS

Aprendi, na Companhia de Jesus e com Santo Inácio de Loyola, que um coração agradecido agrada a Deus e está apto a receber novos dons e benefícios. Nesse sentido, fazendo memória do itinerário até chegar ao fechamento deste livro, brota em meu coração um sentimento de gratidão. São muitos os rostos que surgem e que tiveram papel importante nesta bonita e desafiadora jornada. A todos, a minha gratidão. Explicito alguns, mas afirmo que muitos outros são contemplados com meu reconhecimento e em minhas preces.

Agradeço, primeiramente, a Deus, que tudo provê e de quem tudo provém. Gratidão pela vida, pelo chamado à vida religiosa, pela vocação à educação e à gestão escolar.

Agradeço à Companhia de Jesus e à Rede Jesuíta de Educação (RJE) a possibilidade de trilhar este caminho de renovação profissional, intelectual e espiritual.

Agradeço aos colegas jesuítas pelo apoio e estímulo. Um agradecimento especial aos professores e jesuítas: padre Marcelo F. Aquino, SJ, e padre Francys Silvestrini Adão, SJ, pelas contribuições, reflexões e interpelações, que contribuíram para a redação deste livro.

Gratidão mais que especial ao Prof. Rodrigo Manuel Dias, que foi meu orientador no doutorado. Agradeço pelas orientações, pelos questionamentos, pelas motivações e pelo incentivo para a publicação deste livro, do qual é o autor do prefácio. Nele agradeço aos membros da banca da tese de doutorado, pelas contribuições valiosas nos processos avaliativos. Agradeço, ainda, a Humberto Mendes, revisor literário e parceiro de leitura.

Gratidão aos meus pais, Edvino Clemente *(in memoriam)* e Maria Sündermann, aos meus irmãos Guinter, Gervásio, Joaquim; e irmãs Mariane, Madalena, Elaine e Norma, família querida que é exemplo de educação permeada pela colaboração. Um agradecimento especial ao meu irmão Jorge, professor na PUC Minas e parceiro na jornada de gestão educacional e interlocutor na construção da tese que resultou no presente livro.

Que o Senhor abençoe e ilumine o caminho de todos!

BREVE APRESENTAÇÃO

No livro *Gestão escolar em Rede: uma história da Rede Jesuíta de Educação no Brasil*, narra-se a fundação da Rede Jesuíta de Educação (RJE) e o processo de construção coletiva, redação e implementação do Projeto Educativo Comum (PEC), no período de 2014 a 2020, quando o 1º Ciclo de Implementação do PEC se encerrou. A RJE é formada pelas escolas e colégios nos quais se concretiza a missão apostólica da Companhia de Jesus voltada à Educação Básica. Não obstante os desafios próprios que permeiam a educação básica no Brasil, a RJE desenvolve uma educação de excelência acadêmica e de formação humana e cristã, comprometida em formar cidadãos globais para a ação, à luz do Evangelho, na construção e cuidado da Casa Comum.

Este livro incorpora estudos e percepções expressas na tese de doutorado "Projeto Educativo Comum e Gestão Colaborativa no contexto da Rede Jesuíta de Educação no Brasil", de Mário Sündermann, SJ, aprovada na Unisinos em novembro de 2023. A tese foi desenvolvida a partir de três fontes de dados – análise documental, aplicação de questionários e sistematização da experiência do gestor/pesquisador –, que permitiram explicitar os caminhos e os personagens que criaram e contribuíram com a narrativa da fundação da RJE e da construção e implantação do seu Projeto Educativo Comum (PEC).

Ao mesmo tempo, o livro *Gestão escolar em Rede: uma história da Rede Jesuíta de Educação no Brasil* tece uma narrativa de perspectiva histórica e de gestão, que se inicia nos primórdios da Companhia de Jesus, com o primeiro documento oficial da instituição voltado à educação, o "Ratio Studiorum" (de 1599), até as recentes publicações do século XXI.

Do entrecruzamento das práticas nos colégios da rede e das narrativas dos gestores que moldaram a rede e o Projeto Educativo Comum, apresento um mapa de leitura, que possibilita a análise e a identificação de acertos e desacertos desse processo de construção coletiva. Identifico e explicito, nesse mundo em constante desconstrução e reconstrução, características inacianas de gestão que são determinantes para que os centros inacianos de aprendizagem integral sejam longevos e socialmente relevantes.

Apresento, ainda, características e princípios fundamentais da gestão jesuíta para a longevidade, atualidade e relevância social dos centros inacianos de aprendizagem integral em um mundo em constante transformação.

Por fim, reconheço e apresento a relevância da liderança inspiradora, da escuta e construção coletiva, da ação comprometida e sempre atualizada, para a qualidade da educação em colégios e escolas da rede.

Desejo que o presente livro seja um estímulo para pensar a gestão educacional de modo colaborativo e em rede, para que ela seja propagadora de uma educação de excelência, permeada de escuta ativa, fazer colaborativo e inovação constante com vistas a uma educação integral que proporcione uma formação plena do sujeito.

Uma boa leitura!

PREFÁCIO

O livro que ora tenho a honra de prefaciar e entregar-lhes à leitura resulta da tese de doutorado em Educação do Prof. Dr. padre Mário Sündermann, SJ, a qual fui igualmente honrado pela oportunidade de orientar. Além de religioso jesuíta e reconhecido gestor educacional, Mário mostrou-se pesquisador rigoroso e metódico, inquieto com as problemáticas de seu campo de estudos e desejoso de conhecer em profundidade a Educação como um fenômeno humano.

A obra versa sobre o Projeto Educativo Comum e as perspectivas para uma gestão colaborativa em rede no contexto da Rede Jesuíta de Educação, com ênfase nos primeiros anos de sua constituição. O texto reconstitui a narrativa sobre a fundação da Rede Jesuíta de Educação, que completa uma década em 2024, ao detalhar os primeiros princípios de ação e registros documentais de relevância histórica, e ao realizar uma escuta qualificada de participantes desse momento histórico das instituições jesuítas de educação básica em nosso país. Além disso,

Mário nos apresenta uma sistematização de sua experiência pessoal analisando-a sob múltiplas dimensões, principalmente religiosa, pedagógica e organizacional.

Do ponto de vista conceitual, a obra nos brinda com importantes sínteses a respeito da longa contribuição histórica da Companhia de Jesus à educação em perspectiva global. Revisita documentos e apropria-se dessa longa tradição educativa a fim de apresentá-la de maneira didática a um público mais amplo, para além das fronteiras acadêmicas. Esse esforço exigiu que interpretasse documentos orientadores da Companhia à educação e, em um duplo movimento interpretativo, assumisse pressupostos advindos desses registros documentais como princípios conceituais. Não obstante, não firmou seu pensamento em dicotomias enrijecidas entre as ideias presentes no campo acadêmico e aquelas de origem canônica, mas serviu-se, com respeito e prudência, de diversas matrizes epistemológicas e conceituais.

Os resultados apresentados narram a origem da Rede Jesuíta de Educação no Brasil, conhecimento inspirador para outras redes de ensino católicas ou confessionais, mas que igualmente podem oferecer subsídios para pensar a gestão colaborativa em diversos campos organizacionais. Recupera um "modo inaciano de gestão" atento aos desafios do século XXI, mas ancorado na ideia de missão, de discernimento e de afinidade com a espiritualidade inaciana.

O livro está em sintonia com os princípios do trabalho em rede, com colaboração e fraternidade, comprometidos com o cuidado da Casa Comum. O futuro das escolas jesuítas no Brasil e no mundo está alicerçado na cidadania global e no cuidado planetário, um projeto formativo de ampla envergadura pedagógica e de expressivo compromisso com os mais pobres e apartados das relações de conhecimento vigentes.

Convido todas as pessoas a realizarem a leitura desta importante obra para a educação jesuíta no Brasil.

Boa leitura a todos e todas!

Rodrigo Manoel Dias da Silva
São Leopoldo, outono de 2024.

A CANÇÃO DOS HOMENS

Quando uma mulher de certa tribo da África sabe que está grávida, segue para a selva com outras mulheres, e, juntas, rezam e meditam até que apareça a canção da criança.

Quando nasce a criança, a comunidade se junta e lhe canta a sua canção.

Logo, quando a criança começa sua educação, o povo se junta e lhe canta sua canção.

Quando se torna adulta, a gente se junta novamente e canta.

Quando chega o momento do seu casamento, a pessoa escuta a sua canção.

Finalmente, quando sua alma está para ir-se deste mundo, a família e os amigos aproximam-se e, como se deu em seu nascimento, cantam sua canção para acompanhá-la na viagem.

Nessa tribo da África, há outra ocasião na qual os homens cantam essa canção.

Se, em algum momento da vida, a pessoa comete um crime ou um ato social aberrante, levam-na até o centro do povoado, e a gente da comunidade forma um círculo ao seu redor. Então, cantam para ela a sua canção. A tribo reconhece que a correção para as condutas antissociais não é o castigo, é o amor e a lembrança de sua verdadeira identidade.

Quando reconhecemos nossa própria canção, já não temos desejo nem necessidade de prejudicar ninguém.

Teus amigos conhecem a tua canção e a cantam quando a esqueces.

Aqueles que te amam não podem ser enganados pelos erros que cometes ou pelas escuras imagens que mostras ao demais.

Eles recordam tua beleza quando te sentes feio, tua totalidade quando estás quebrado, tua inocência quando te sentes culpado e teu propósito quando estás confuso.

Tolba Phanem

1

EM BUSCA DE UMA CANÇÃO

A canção dos homens, de Tolba Phanem, que antecede este capítulo, é uma metáfora que muito ajuda a compreender a redação deste texto, que nasceu como tese na área de Educação e que agora se faz livro. Escolhi essa obra porque entendo que a Rede Jesuíta de Educação (RJE) busca formas de fazer conhecer a identidade inaciana que permeia a missão das diferentes unidades educativas que compõem essa Rede. Só conhecendo a "canção", a identidade que une os membros da RJE, é possível cantar em sintonia e harmonia, construir sonhos coletivos e promover educação que gera o desenvolvimento pleno dos educandos.

O Projeto Educativo Comum (PEC), que atualmente norteia e direciona o apostolado educativo da educação básica dos jesuítas no Brasil, foi concebido a partir de um sonho comum. Foi tecido por muitas mãos, reunindo desejos, necessidades e anseios de jesuítas e de leigos comprometidos com a missão de educar crianças e jovens numa perspectiva inaciana. Além da criação coletiva da "canção", o PEC une e traz a todos um sentimento de pertencimento à comunidade, não obstante a poesia seja única para cada indivíduo do grupo. A implementação do PEC se deu de forma diversa, a partir dos distintos sons, ritmos, cores e diversidades culturais revelados pela história e cultura de cada unidade.

Desse modo, nos moldes de *A canção dos homens*, o PEC pode ser vivenciado, conhecido e transmitido por todos os que fazem parte das unidades educativas que compõem a RJE. Enfim, "a canção" (o PEC) é gestada e gerida de forma colaborativa, formando rede e ganhando contornos e riqueza advindos de educadores de diversas regiões do Brasil.

A expectativa da Rede Jesuíta de Educação é de que o PEC "fale como dois olhos", que fale pelos olhos, à medida que seja claramente conhecido e reconhecido ao ser visto, usado, praticado e desenvolvido. Espera-se, no âmbito da construção de sua missão institucional, que o PEC tenha uma identidade própria e que, ao mesmo tempo, represente a identidade da Rede. No entanto, como produção humana, está sujeito a múltiplas condições que possam vir a influenciar ou condicionar sua implementação no contexto de cada uma das unidades escolares.

O "segredo" de *A canção dos homens*, cantada pela poetisa, é semelhante ao segredo da fundação da Rede. Pode-se perguntar: como surgiu a canção da RJE? Quem participou do surgimento, quem a sabe e a quem seria oportuno ensiná-la? Quando é oportuno e necessário recordá-la e cantá-la? Em que momentos a canção requer recordação, reforço ou atualização para que a Rede aconteça?

A construção do PEC foi coletiva, percebida como tal e balizadora da identidade, a canção da Rede. Nesse sentido, pensar a gestão de rede considerando o PEC como uma centelha geradora e propiciadora da Rede pode trazer benefícios ao apostolado jesuíta voltado para a educação básica no Brasil.

O fato de o PEC ter sido gestado de forma colaborativa revela a contribuição de muitos educadores da Rede. Já à luz, um número maior de membros das comunidades educativas da RJE segue com sua divulgação e com seu ensino. Sucessivamente, ele é recordado no cotidiano das unidades educativas que compõem a RJE. O processo fundacional da RJE foi permeado pela construção do PEC, e ambos foram determinantes para uma autocompreensão de educador e de gestor inacianos.

O valor dessa construção passa pela união, por uma canção comum, pela força coletiva neste mundo sempre em mudança, em renovação e inovação, pelo espírito de comunidade educativa articulada local e globalmente. As palavras tornadas mais belas são aquelas que se transformam todos os dias, que recebem novo valor, novo sabor e novo sentido, que geram novas melodias e novos versos, que permitem repensar e refazer os centros educativos, mais voltados para o ensino e, doravante, empenhados em se constituírem centros de aprendizagem integral.

Por fim, essa composição musical, o PEC, espera ressoar e congregar os colaboradores de colégios e escolas jesuítas para os novos tempos, para os novos desafios, para os novos espaços, assim como espera cuidar das crianças, na perspectiva de que elas estejam em ambientes adequados e se sintam seguras e tranquilas nesses centros inacianos de aprendizagem, não em um viés passivo, mas ativo, por acreditarem – não só elas como também suas famílias – que podem confiar no modo de proceder da Rede, na intenção e no fazer educativo jesuíta. Afinal, para relaxar verdadeiramente, é preciso confiança: "Adormeci, dormi profundamente, e levantei-me porque o Senhor me acolheu" (Salmo 3,6).

Os colégios e escolas pretendem ser centros de aprendizagem permeados de saberes, de esperança, de confiança e de fé, lugares seguros e propícios para construir um projeto pessoal, onde vida e conhecimento estejam conjugados e as diferentes potencialidades presentes em cada membro da comunidade educativa possam, num harmônico conjunto de vozes articuladas, como uma grande sinfonia, gerar cidadãos compassivos e inovadores para um mundo globalizado. Não obstante, de tempos em tempos, é necessário apreciar cada canto e toda sua orquestração, visando a sistematizar o que já foi possível construir e, da mesma forma, imaginar novos futuros. Compor novos ritmos e canções, que façam sentido e encantem ouvintes, que gerem novos cantores e compositores, que componham novas harmonias e sinfonias, gerando conhecimentos consistentes e transformadores, é o horizonte da RJE.

1.1 O homem

A educação vem se tornando o foco de minha trajetória tanto no nível existencial como no nível profissional, conteúdo inseparável da "canção" pessoal que almejo compor.

Sou religioso jesuíta, tendo me socializado numa família católica de expressão linguística alemã do interior de Santa Catarina. Ainda no ensino médio, decidi conhecer mais de perto a Companhia de Jesus e fui ao seminário menor, em Salvador do Sul, RS, para fazer o ensino médio junto aos jesuítas e escolher meu projeto de vida. Após o processo no seminário (1984-1986), decidi entrar no Noviciado, primeira etapa formativa dos jesuítas, em Cascavel, PR (1987-1988). A essa etapa, seguiu-se o Juniorado em João Pessoa, PB (1989-1990). Depois, seguiram-se os estudos de Filosofia em Belo Horizonte, MG (1991-1993), o Magistério em Ubiratã, PR (1994-1995), e o estudo de Teologia novamente em Belo Horizonte (1996-1999).

Após concluídas as etapas formativas básicas, fui ordenado sacerdote e convidado a trabalhar como diretor da Comunidade Vocacional, que prepara e orienta os jovens na construção de seus projetos de vida, a fim de ingressarem ou não no processo formativo da Companhia de Jesus. Nesse período, concluí meu mestrado com o intuito de, prioritariamente, contribuir com a atividade educativa dos jesuítas.

Pessoalmente, em 2000, recebi a missão e a oportunidade de trabalhar na Universidade do Vale do Rio dos Sinos (Unisinos), em São Leopoldo (RS), em atividades pastorais, e no Instituto Humanitas (na mesma instituição). Na ocasião, vislumbrava a graduação em Psicologia, no intuito de relacioná-la com espiritualidade. Entretanto, fui questionado pelo corpo administrativo da Província dos Jesuítas do Brasil (BRA), que julgou ser mais conveniente uma formação em nível de mestrado, uma vez que já possuía duas graduações. Assim, considerando as necessidades da Província no campo da educação e a possibilidade de fazer um bem maior e mais universal (que, na tradição da Companhia de Jesus, é critério de discernimento), decidi pelo mestrado em Educação na Unisinos. Essa mudança de foco alterou, de forma radical, minha trajetória profissional, pois proporcionou o enveredar "de corpo e alma" no universo da educação, mais especificamente na educação básica.

Em 2001 e 2002, fiz o mestrado em Educação, com a dissertação intitulada "Domingo: espaço pedagógico de compromissos sociais silenciados no currículo?". Examinei, nesse trabalho, os *sites* de três colégios da Companhia de Jesus localizados na Região Sul do Brasil – Colégio Anchieta, em Porto Alegre (RS), Colégio Catarinense, em Florianópolis (SC), e Colégio Medianeira, em Curitiba (PR) –, identificando, nas formações discursivas institucionais, aproximações e/ou silenciamentos das práticas discursivas do humanismo social-cristão, da vida de Jesus de Nazaré e da própria comunidade educativa.

Após a defesa da dissertação, segui trabalhando com a formação de jesuítas como diretor da Comunidade Vocacional em São Leopoldo (RS), e, simultaneamente, contribuindo no Instituto Humanitas e na especialização sobre Currículo Crítico Humanizador, ambos na Unisinos; posteriormente, fui trabalhar na educação básica no Colégio Catarinense, em Florianópolis (SC).

Nesse período, surgiu a possibilidade de seguir com os estudos em nível de doutorado. Em virtude dessa possibilidade, considerou-se razoável que eu realizasse antes a última etapa formativa na Companhia de Jesus, chamada de 3ª Provação[1] (*Schola Affectus*), que consiste em um tempo de revisão existencial do caminho já percorrido na Companhia de Jesus, estudo das fontes da espiritualidade jesuíta perante os novos desafios postos pelo mundo contemporâneo e oração procurando encontrar a Deus em todas as coisas para em tudo amar e servir. Essa retomada do próprio processo educativo e formativo é feita em diálogo com um jesuíta bem experimentado na espiritualidade inaciana, com o qual se avalia a trajetória como jesuíta à luz da fé, da vocação e do caminho profissional.

A 3ª Provação foi realizada em Salamanca, na Espanha, o que me deu a oportunidade de conhecer mais de perto o vasto apostolado educativo da Companhia de Jesus voltado para a educação básica naquele país.

Retornando ao Brasil, diante de novas demandas da Província, mais uma vez protelei o doutorado. Fui convidado a trabalhar no Centro de Espiritualidade Cristo Rei, na orientação de Exercícios Espirituais de

---

1. O processo formativo do jesuíta é dividido em três grandes etapas, que chamamos de 1ª, 2ª e 3ª Provações. A Primeira Provação é um período curto, entre a vida anterior e a entrada no noviciado (são as primeiras semanas de "transição"). Ao começar o noviciado propriamente dito, já se inicia a Segunda Provação, que é, especificamente, o noviciado, mas que se estenderá por todas as etapas de formação. A Terceira Provação é chamada Escola do Afeto. Nessa etapa, é feito um exame geral das experiências vividas ao longo do processo educativo, revisitam-se as Constituições e Normas Complementares da Companhia de Jesus, além de outros documentos importantes; os Exercícios Espirituais de 30 dias são refeitos, entre outras ações. Após essa etapa, o jesuíta é incorporado definitivamente ao corpo apostólico da Companhia de Jesus.

Santo Inácio, e a voltar às atividades na Unisinos, desta vez na docência. Assim, de 2006 a 2009, conciliei essas duas atividades e participei da Comissão de Educação da Província do Brasil Meridional (que, naquela época, possuía escolas e universidade nos três estados do Sul do Brasil).

Em 2010, reiniciei o trabalho no Colégio Catarinense, um ano na supervisão pedagógica e mais um triênio na gestão como diretor-geral, e segui na coordenação da Comissão de Educação da Província do Brasil Meridional. Em 2012, retornou a possibilidade de fazer o doutorado, mas foi necessário cancelar o projeto, pois, em novembro de 2013, recebi nova missão, a de coordenar a fundação da RJE, com a consequente mudança para o Rio de Janeiro. Essa nova tarefa foi iniciada em 1º de janeiro de 2014, e, em novembro do mesmo ano, foi criada a Província única dos Jesuítas do Brasil (contemplando as três até então existentes, a Meridional, a do Centro-Leste, a do Nordeste, além da Província da Região da Amazônia), o que me demandou tempo integral, impossibilitando o início dos estudos do doutorado naquele ano.

Concluído o período de quatro anos dedicados à construção e gestão da RJE, fui convidado a assumir a direção-geral do Colégio dos Jesuítas em Juiz de Fora (MG). Nesse momento, o propósito de realizar doutorado em Educação começou a se tornar realidade, com o início dos estudos na Unisinos. Após passar quase dois anos e meio em Juiz de Fora, fui convidado a assumir a direção-geral do Colégio Loyola em Belo Horizonte, onde atuo até o presente momento.

Em minha trajetória profissional, o mais significativo, sem dúvida, foi a direção, primeiramente, da RJE e, em segundo lugar, dentro da Rede, a construção do Projeto Educativo Comum, "gerador de rede". O PEC passou a ser a canção a ser ensinada e cantada nas unidades que formam a Rede. A construção do PEC foi uma experiência profissional de grande relevância, pois permitiu, de certo modo, conceber, construir, ensinar e entoar a "canção" da RJE, o que transformou meu modo de ser educador e gestor.

Ser cocriador da Rede e ao mesmo tempo pesquisador dessa história foi uma oportunidade e um desafio. Estar imerso no objeto estudado permitiu olhares apurados e profundos, por um lado, e, por outro, requereu um sadio distanciamento para não ter conclusões precipitadas, nem direcionar análises para os resultados desejados. Estava ciente do desafio que isso implicava e busquei superá-lo com isenção, discernimento e ponderação.

1.2 A instituição

Os anos dedicados à criação da RJE foram emblemáticos no sentido de mostrarem a importância da gestão escolar, seja na perspectiva de atualização dos processos formativos, seja na articulação das unidades entre si, numa perspectiva de rede. Uma gestão colaborativa e participativa passou a ser fundamental nesse período. Construiu-se de forma coletiva o Projeto Educativo Comum (PEC), que, desde 2016, traça as rotas de renovação e de transformação dos centros educativos mantidos pela Companhia de Jesus no Brasil. Unidades educativas historicamente mais voltadas para os docentes e um ensino geralmente bastante linear, centrado mais no conteúdo dos componentes curriculares do que na formação integral do estudante, reorganizam-se para o desenvolvimento pleno do sujeito. Unidades de ensino tornam-se centros de aprendizagem, em que todos são agentes de transformação e cujo foco principal está nos estudantes e em sua formação integral, entendida, conforme consta na segunda edição do *Projeto Educativo Comum*, como "desenvolvimento das potencialidades da pessoa nas dimensões cognitiva, socioemocional e espiritual-religiosa, por meio de um currículo integrado e integrador".

Essa percepção de que a comunidade toda aprende e de que todos, de certo modo, são educadores requer uma gestão que acolha a contribuição dos diferentes agentes para qualificar o serviço educacional a ser pensado, construído e oferecido num colégio da Companhia de Jesus. Narra-se, neste livro, a fundação da RJE e, dentro dela, explicita-se a importância da construção e da implementação do seu Projeto Educativo Comum (PEC) como elemento aglutinador, o qual favoreceu um modo de gestão – colaborativa e em rede no contexto institucional da RJE no Brasil – que se denomina "Gestão Inaciana". Cabe destacar a relevância da incidência do PEC (uma "canção") nesse processo, ou seja, na tessitura da Rede e na gestão de centros de aprendizagem em rede.

A RJE, enquanto construía o PEC, articulava-se colaborativamente, o que se explicitava em diversos Grupos de Trabalhos (GTs), que, de algum modo, geravam um senso de pertencimento, colaboração e compromisso por parte das unidades entre si e com a RJE. Cada GT tinha um papel importante, que ia além das demandas que lhe eram apresentadas, uma vez que permitia acolher e recolher o conhecimento distribuído nas unidades da Rede, possibilitando uma adesão afetiva e efetiva dos envolvidos no processo em curso. O GT da Formação Continuada, por exemplo, desenhou projetos formativos a partir das necessidades apontadas e captadas pelas unidades, que foram transformadas e sistematizadas em cursos de curta, média e longa duração, tais como: extensão em Currículo e Inovação, especialização em Educação Jesuíta, especialização em Cidadania Global, mestrado profissional em Gestão Escolar e doutorado em Educação. Todos esses cursos foram ofertados em parceria com a FAJE/BH e outras universidades, como PUC/RJ e UNISINOS/RS.

É relevante destacar que a RJE, em suas unidades educativas, presta um serviço público, não estatal, por meio da educação oferecida nos diferentes centros educativos.

1.3 O documento

Em 2013, quando se decidiu pela criação da RJE em âmbito nacional, percebeu-se imediatamente a necessidade de se pensar um projeto educativo comum que inspirasse, orientasse e direcionasse a rede que estava por nascer. Percebia-se a importância de se ter clareza sobre qual seria a "canção" da Rede Jesuíta de Educação. Tinha-se consciência de que seria fundamental que ela fosse conhecida e, por que não, "cantada" de forma harmônica nas respectivas unidades e em coral, ou, como uma grande orquestra musical, no Brasil. Assim, ao se constituir a RJE, o primeiro e mais significativo movimento foi a construção do Projeto Educativo Comum (PEC), que daria o fio condutor do que seria a rede nascente.

Para tanto, foi necessário, primeiramente, criar condições para a construção do documento, ou seja, desenvolver um senso de pertencimento ao processo para o maior número possível de unidades e de educadores. Assim, consideradas as dimensões continentais do nosso país e os distanciamentos físicos, bem como a cultura organizacional das diferentes unidades que passariam a compor a Rede, decidiu-se, estrategicamente, pela criação de uma plataforma educativa comum a todas as unidades. Desse modo, já em 2014, iniciou-se o intercâmbio de experiências e saberes entre as unidades. Essa articulação favoreceu em muito a consciência da riqueza de os educadores estarem articulados em rede e do compartilhamento de expectativas, de conhecimentos, de vivências e de projetos, assim como trouxe oportunidades para construções coletivas e participativas.

Enquanto o documento era elaborado, a partir dos movimentos desencadeados pelo grupo de trabalho responsável por dinamizar a construção do texto por meio da realização de seminários, pesquisas, proposições e sistematizações dos sonhos, a "canção" da RJE era composta, gestada e compartilhada com os demais membros da RJE. Assim, em agosto de 2016, quando o documento ganhou formato definitivo, foram reunidos membros das diferentes escolas e colégios da Rede em um seminário que lhes apresentou e ensinou a "canção PEC" da RJE. Naquela oportunidade, fora proposto que cada unidade educativa buscasse formas criativas e eficientes de ensinar a "canção PEC" em suas unidades, considerando sempre o contexto local, em suas possibilidades e em seus limites. Desse modo, as diferentes unidades se reconheciam não só como partes integrantes de uma rede, mas também como sendo, efetivamente, a Rede Jesuíta de Educação.

Nesse processo colaborativo, veio à luz uma nova "melodia", o PEC. É importante apontar para essa construção, pois ela objetivava, principalmente, definir um "mínimo comum" em nível nacional e realizar um movimento de revitalização dos colégios no Brasil, considerando os desafios do tempo presente e o movimento global da Companhia de Jesus que apontava para a importância e orientava para a organização de redes e em rede (ou como um coral, na perspectiva dessa uma canção). O projeto foi construído e conduzido por educadores dos diferentes colégios jesuítas no Brasil, contando com meu acompanhamento e minha orientação enquanto responsável pela Rede recém-criada.

Até a validação final do documento, que passou a inspirar, orientar e direcionar o apostolado da educação básica dos jesuítas no Brasil, foram criados os meios para articular um trabalho coletivo. Desse modo, em 2014, criou-se o ambiente Moodle-RJE. Em 2015, usaram-se diferentes estratégias de ação coletiva: trabalhos em grupos, estudos para suporte teórico comum, seminários presenciais por áreas (acadêmica, administrativa e pastoral), construção de "mapa mental", exercícios de priorizações, leitores críticos.

Ao retomar historicamente esse período, as atividades desenvolvidas e o contexto, esse amplo processo de construção coletiva é reavaliado e lança novas luzes sobre o processo de fundação da RJE e de elaboração do PEC e sobre a contribuição deles para fomentar o modo inaciano de fazer gestão e sua inter-relação com a gestão de colégios numa rede educativa.

Essa sistematização fornece insumo para compreender como e em que ambiente foi fundada a RJE, a importância da construção de seu Projeto Educativo Comum (PEC) e o esforço da implementação dele, assim como possibilita novas pesquisas e aprofundamentos, problematizando questões específicas, que poderão gerar novas "canções".

O PEC pôde ser pensado como princípio gerador e organizador da Rede Jesuíta, na medida em que direcionou e orientou as unidades educativas da RJE em sua espinha dorsal, ou seja, as dimensões: (1) currículo, (2) organização, estrutura e recursos, (3) clima institucional e (4) relação escola, família e comunidade local. Para pensar a estrutura do documento, fez-se uso do Sistema de Qualidade da Gestão Escolar (SQGE), que avaliava os processos formativos em escolas e colégios a partir de quatro âmbitos, os quais foram contemplados nas quatro dimensões do PEC.

O Sistema de Qualidade na Gestão Escolar (SQGE) foi apresentado aos reitores e diretores-gerais da Federação Latino-Americana de Colégios Jesuítas (FLACSI), nos dias 02 e 03 de agosto de 2012, em Boston, EUA, uma vez que estavam reunidos para um seminário jesuíta global, conhecido como o "Encontro de Boston". Conforme texto contido na segunda edição do *Projeto Educativo Comum*, "o foco central do sistema baseia-se nas aprendizagens que os estudantes têm em coerência com a proposta para a formação integral, que é própria da tradição educativa da Igreja e, por suposto, da Companhia de Jesus. Daí deriva o conceito de aprendizagem integral, uma e outra vez utilizado na 'gramática' própria do SGQE".

Voltando ao PEC, ele foi elaborado coletivamente, tendo como referência a experiência pedagógica, administrativa e de formação cristã praticada nas diferentes unidades e fundamentada nos documentos da Companhia de Jesus voltados para a educação básica. O processo de construção foi elemento fundamental na concepção e percepção da consciência de rede e na adesão a ela. Nesse sentido, podia-se pensar o PEC como gerador da Rede, pois, em sua elaboração, no seu conteúdo, em suas possibilidades e em seus princípios, constituiu uma identidade institucional, uma "canção".

A partir do processo coletivo de construção do PEC, pela adesão de diversos profissionais de nossos centros educacionais, a própria Rede passou a ser compreendida, de forma sinérgica, como mais do que a soma das partes (unidades), numa perspectiva ontológica: as unidades não apenas pertencem a uma rede, mas são rede e a vão tecendo à medida que seguem os mesmos princípios norteadores, pensam, sentem e agem em comunhão, coletiva e corresponsavelmente. Dessa forma, o PEC foi o resultado e a tessitura de diferentes movimentos engendrados da Companhia de Jesus no Brasil e no mundo, que, explicitados em seus documentos específicos, permitiram a ela, como uma tradição viva, seguir se configurando e estruturando em rede.

A construção do Projeto foi um movimento aglutinador que gerou adesão afetiva e efetiva à Rede – aqui entendidas como uma apropriação do processo para além do meramente cognitivo –, bem como definiu eixos comuns sobre os quais se consolidaria o apostolado educativo em termos de educação básica dos jesuítas no Brasil. Foi, então, estabelecida como missão a formação integral de sujeitos para o mundo que se deseja construir, com base em 4 Cs: consciente, competente, compassivo e comprometido.

Nas palavras de Nicollás, proferidas em Medellin, em 2013, e disponíveis na segunda edição do *Projeto Educativo Comum*, assim são definidos os 4 Cs:

(i) Competentes: Profissionalmente falando, têm uma formação acadêmica que lhes permite conhecer, com rigor, os avanços da tecnologia e da ciência.
(ii) Conscientes: Além de conhecerem-se a si mesmos, graças ao desenvolvimento da capacidade de interiorização e ao cultivo da vida espiritual, têm um consistente conhecimento e experiência da sociedade e de seus desequilíbrios.
(iii) Compassivos: São capazes de abrir seu coração para serem solidários e assumirem o sofrimento que outros vivem.
(iv) Comprometidos: Sendo compassivos, empenham-se honestamente e desde a fé, com meios pacíficos, na transformação social e política de seus países e das estruturas sociais para alcançar a justiça (RJE, 2021, 23).

O PEC registra um referencial teórico próprio da Companhia de Jesus no Brasil e no mundo, em sua epistemologia, no intuito de facilitar a apropriação teórica e afetiva dos conceitos, sem entrar na seara, por vezes polêmica, das diferentes escolas e correntes educacionais, mas atento à riqueza que delas pode emergir.

Em *Pedagogia Inaciana: uma proposta prática*, obra de 1993, afirma-se que

[...] para atingir o nosso objetivo como educadores dos colégios da Companhia, precisamos de uma pedagogia que lute por formar "homens e mulheres para os outros" (e com os outros), num mundo pós-moderno no qual estão atuando forças antagônicas a esse objetivo. Além disso, precisamos de uma formação permanente para que, como mestres, possamos transmitir esta pedagogia com eficácia. Todavia, em muitos lugares, a administração pública impõe limites aos programas educativos, e a formação de professores contradiz uma pedagogia que estimule a atividade do aluno na aprendizagem (SJ, 1993, 29).

Assim, o PEC foi fruto de uma problematização teórica e prática, ancorada nos documentos da Companhia de Jesus e da RJE, e de um olhar plural, dotado de sentidos que vêm orientando tais escolhas, como a formação humana integral, por exemplo.

Para cumprir sua missão, a RJE desenvolveu e sistematizou seu fazer pedagógico no PEC. A proposta de formação integral nele expressa supõe instituições que superem modelos domésticos e que busquem modelos mais profissionais de gestão.

Na aprovação do documento, o Provincial[2] lançou o desafio coletivo da renovação, de "[...] todos juntos transformarmos escolas e colégios

---

2. **Provincial**: superior religioso ou canônico de uma Província, responsável pela missão, pelos jesuítas que nela vivem e trabalham. Nesse sentido, tem um acompanhamento mais estreito com leigos(as) em função de direção. **Província**: unidade administrativo-apostólica da Companhia de Jesus. Um só país pode constituir uma Província. Outras são formadas por vários países ou, dentro de um mesmo país, por vários estados ou regiões, dependendo da organização político-geográfica desse. O governo do Provincial é, antes de tudo, espiritual, cuidando das pessoas (*cura personalis*) e da missão que recebem para trabalhar nas obras (*cura apostolica*). No aspecto canônico (religioso), ele envia jesuítas para as diferentes iniciativas apostólicas que a Companhia de Jesus assume na Província. No aspecto civil, tem jurisdição sobre as pessoas jurídicas que representam os jesuítas (mantenedoras). Até 2014, o Brasil tinha três províncias jesuítas. Hoje, só existe a Província Jesuíta do Brasil (BRA).

em verdadeiros centros de aprendizagem, compromissados com uma educação de qualidade" (RJE, 2016, 11).

1.4 Tempos atuais

O PEC, em sua primeira versão, publicada em agosto de 2016, postulava prazo de implementação até 2020, quando seria feito outro movimento de escuta, de avaliação e de construção de um novo texto. Em 2019, num encontro dos diretores-gerais da Rede, foi decidido que ele mantinha sua atualidade e que não seria oportuno construir outro documento, mas somente atualizá-lo. Assim, a RJE fez a revisão e a atualização do documento promovendo novo ciclo de implementação, considerando os anos de 2021 a 2025.

A nova versão, feita e consolidada coletivamente, contemplou os documentos produzidos pela Companhia de Jesus desde 2016, tais como os acordos do Encontro Mundial de Delegados para Educação (RJ, 2017) e a publicação *Colégios Jesuítas: uma tradição viva no século XXI* (2019), na qual são definidos os identificadores de um colégio jesuíta no âmbito da educação básica global da Companhia de Jesus.

Atualmente, a RJE congrega 17 unidades educativas, localizadas do Sul ao Nordeste do Brasil, mantidas e orientadas pela Província Jesuíta do Brasil (BRA), a saber:

1) Colégio Anchieta, em Nova Friburgo (RJ);
2) Colégio Anchieta, em Porto Alegre (RS);
3) Colégio Antônio Vieira, em Salvador (BA);
4) Colégio Catarinense, em Florianópolis (SC);
5) Colégio dos Jesuítas, em Juiz de Fora (MG);
6) Colégio Loyola, em Belo Horizonte (MG);
7) Colégio Medianeira, em Curitiba (PR);
8) Colégio Santo Inácio, em Fortaleza (CE);
9) Colégio Santo Inácio, no Rio de Janeiro (RJ);

10) Colégio São Francisco de Sales (Diocesano), em Teresina (PI);
11) Colégio São Francisco Xavier, em São Paulo (SP);
12) Colégio São Luiz Gonzaga, em São Paulo (SP);
13) Escola Nhá Chica, em Montes Claros (MG);
14) Escola Padre Agostinho Castejon, no Rio de Janeiro (RJ);
15) Escola Padre Arrupe, em Teresina (PI);
16) Escola Santo Afonso Rodrigues, em Teresina (PI);
17) Escola Técnica em Eletrônica, em Santa Rita do Sapucaí (MG).

Por meio da rede, conforme postula a versão *ad experimentum* do *Estatuto da Província dos Jesuítas do Brasil* de 2014, "a Companhia de Jesus oferece a crianças, adolescentes, jovens e adultos – e suas respectivas famílias – uma educação escolar de qualidade baseada na espiritualidade e na pedagogia inacianas" (BRA, 2014, 7), assim como entende seu labor educativo como parte da missão da Igreja e "compromete-se a contribuir para transformar o mundo segundo os valores do Evangelho" (BRA, 2017, 7).

A RJE tem por missão, segundo o *Estatuto da Província dos Jesuítas do Brasil*,

> [...] promover um trabalho integrado entre as Unidades que a compõem, a partir de uma mesma identidade e do sentido de corpo apostólico, com mútua responsabilidade pelos desafios comuns. Para além disso, é também missão desta Rede contribuir, de diferentes formas, para a melhoria da educação no país (BRA, 2017, 7).

Para consecução dos objetivos da Rede, uma estrutura de rede leve, articulada, capaz de mobilizar as unidades e aproximá-las entre si, com e como corpo nacional, poderia ser requisito importante de uma sadia compreensão de eficiência de gestão. Para tanto, considerando as dimensões de um país continental como o Brasil, ela se articula, de um ponto de vista pedagógico, principalmente por meio de plataformas digitais, como o Moodle e o Teams e, administrativamente, pelos princípios do Sistema Integrado de Gestão (SINERGIA)[3]. Com essa estrutura e área de atuação, as melhores práticas de gestão e de atuação formativa podem ter alcance ampliado e favorecer segmentos sociais distintos que compõem a Rede.

1.5 Parâmetros da pesquisa

Para a consecução da pesquisa que dá origem a este livro, optou-se pelo período de 2014 a 2020, o qual corresponde ao início e ao término do primeiro ciclo de implementação do PEC. O processo de construção do PEC permitiu a compreensão do pertencimento a uma rede e se tornou, mais do que isso, elemento aglutinador das potencialidades dos seus sujeitos. Além disso, revelou a importância desse documento na constituição da consciência de Rede, uma vez que ele inspirou, orientou e direcionou a gestão das unidades da RJE.

A partir da Rede, do PEC e de minha condição de jesuíta pesquisador, surgiram, inicialmente, várias questões sem resposta quantificável ou sistematizada: quais insumos o PEC ofereceu à construção de uma gestão colaborativa em rede no contexto institucional da RJE? Qual foi a relevância da participação da comunidade educativa nos processos de elaboração e sistematização de um documento para sua efetiva utilização após promulgado? Outros questionamentos podem ser analisados: em que medida o PEC propôs princípios para a gestão em rede? Existem implicações para a gestão em rede a partir do PEC? Em que medida o PEC foi insumo para um salto de renovação? Quais os efeitos do PEC

---

3. O SINERGIA é um sistema integrado de gestão pensado e desenvolvido para as unidades educativas da Rede Jesuíta de Educação e para a Província Jesuíta do Brasil, com o propósito de otimizar processos mais colaborativos e integrados em rede. Tem como alguns dos seus princípios a segurança da informação, o acesso dos dados em tempo real e a possibilidade de consolidados administrativos de todas as unidades da Rede, o que auxilia, enormemente, a resposta a demandas legais próprias de entidades sem fins lucrativos.

nas escolas da RJE no período de 2016 a 2020? Foram percebidos princípios que emanaram do PEC e que poderiam favorecer a gestão em rede?

A partir de tantas indagações, aprofundei meus estudos, pesquisas e reflexões, a fim de analisar o processo de fundação da RJE (Rede Jesuíta de Educação) e da construção do PEC (Projeto Educativo Comum) e os impactos dele na construção de uma gestão colaborativa em rede, no contexto institucional da RJE, no Brasil.

Desse modo, e fruto desses questionamentos, apresento, brevemente, neste livro, o surgimento e a organização do apostolado educativo da Companhia de Jesus desde 1540 até o início da RJE; os processos de fundação da RJE e da construção do PEC (2014-2020); as percepções e conclusões de atores do processo de fundação da RJE e da elaboração do PEC ouvidos; os efeitos do PEC nas escolas da RJE no período de 2014 a 2020 e os resultados percebidos pelos sujeitos pesquisados; e os princípios que atuaram como orientadores para uma gestão colaborativa e em rede.

Este trabalho, portanto, está ancorado na prática cotidiana de gestão, seja na Rede, seja em suas unidades ou em sua contribuição para o apostolado educativo da Companhia de Jesus no Brasil. Nesta trajetória, como membro da Rede Jesuíta de Educação, destaco a importância de aprofundar o tema da gestão, em rede ou em nível local, e refletir sobre ele. Mostrar como os laços institucionais fortalecem o coletivo e impulsionam os membros em prol de um trabalho educativo mais justo, humano, articulado e integral é o meu desejo.

2

A COMPOSIÇÃO: LETRA E MÚSICA DA CANÇÃO

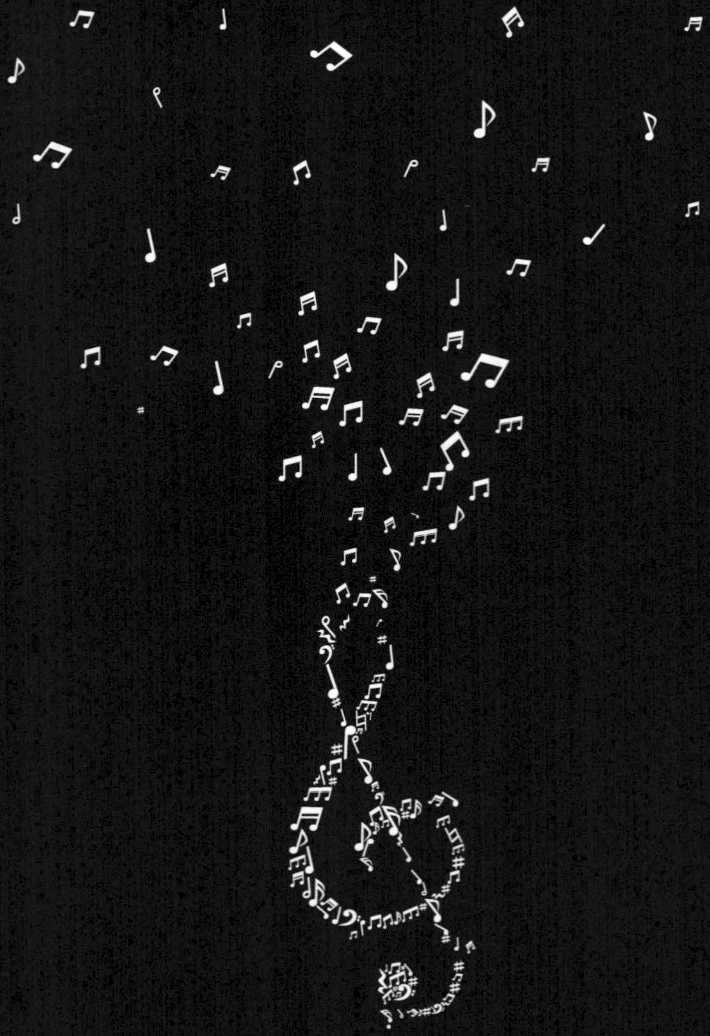

Com mais de quatro séculos dedicados ao apostolado educativo, a Companhia de Jesus, em suas práticas, nas questões e nas dinâmicas levantadas pelo seu modo de proceder explicitado no gerenciamento de unidades educativas presentes em contextos diversos, atesta sua vitalidade, sua atualidade e sua capacidade de reinvenção.

Inicialmente, há de se destacar o aspecto da "tradição", que é um construto histórico-sociológico que, simultaneamente, embasa, apoia, (por vezes) limita e projeta uma instituição. A Rede Jesuíta de Educação nasceu ancorada na tradição da experiência espiritual de Inácio de Loyola e seus primeiros companheiros, apropriada pela Companhia de Jesus como instituição da Igreja Católica, como agente social do Evangelho, impregnada pela cultura de transformar o amor em serviço, como exemplo de espiritualidade e transcendência. Parafraseando a obra de Umberto Eco, *Nos ombros dos gigantes*, o qual, por sua vez, cita o filósofo alemão Immanuel Kant, a Rede Jesuíta criada em 2014 assenta-se sobre ombros de gigantes.

Recorre-se às obras da Companhia de Jesus, neste capítulo, para identificar os princípios e/ou características mais relevantes que definem sua missão e visão, bem como a forma de gestão que embasa a fundação da RJE e as práticas adotadas por ela. É a busca e a revelação de como essa canção foi gestada, de quais acordes ela resulta, quem assina a letra e em que condições ela foi produzida.

Acolhem-se também documentos institucionais que costumam fundamentar e clarificar as definições da Companhia de Jesus, referenciais teórico-sapienciais[1] para a análise dos dados coletados, e que representam

---

1. Há, na Companhia de Jesus, uma "sabedoria prática", que os gregos chamavam de *phrónesis* e que está muito presente na dinâmica dos Exercícios Espirituais. Trata-se de ser prudente em deliberações e tomadas de ações, para o que contribuem a observação e a memória discernida das experiências e vivências permeadas de acertos e erros.

fonte de orientação para os atores da RJE e para suas práticas e definições gerenciais.

Para o êxito da pesquisa, fez-se necessário aprofundar os conceitos de "gestão", "rede", "gestão em rede" e "gestão na Companhia de Jesus".

> Rever, reposicionar e revitalizar o trabalho apostólico da Companhia de Jesus na área de educação básica no Brasil e, ao mesmo tempo, inspirar, orientar e direcionar os necessários ajustes e/ou qualificação do que já fazemos hoje. É, portanto, uma oportunidade única de juntos edificarmos uma educação de excelência, capaz de contribuir eficazmente na construção de uma sociedade mais justa, fraterna e solidária (RJE, 2021, 105).

Embora documentos e publicações sobre educação sejam mais frequentes e orientem jesuítas e suas obras para a missão educacional, há também outros que apontam e abordam uma perspectiva de gestão. Considerando que essa pesquisa tratou da fundação e de práticas da RJE e dos direcionamentos de gestão e processos indicados no PEC, visualiza-se a gestão das escolas dos jesuítas no Brasil, razão pela qual se buscam algumas perspectivas conceituais sobre práticas gerenciais de organizações e, de forma específica, alguns elementos que talvez apontem para uma forma jesuíta de gerenciar suas obras e missões.

2.1 Procedimentos metodológicos

No trajeto da pesquisa, estudaram-se diversos elementos que gestaram a Rede e orientaram suas práticas: documentos, atas, comunicados, depoimentos de diferentes atores que participaram do processo de fundação da RJE. Buscou-se caracterizar a estruturação histórica da RJE, apropriando-se da dimensão documental, do relato de experiências na participação e contribuição de educadores integrantes do processo histórico da Rede.

Em um estudo científico, explicitar os procedimentos metodológicos adotados para conhecer a realidade é fundamental e necessário para validar os pressupostos de compreensão da realidade e o percurso gerador de conhecimento.

Com a premissa de que o conhecimento científico é uma elaboração coletiva e fruto da interação de atores diversos em um campo científico (FULLER, 2002; DAVIS, 2006), explicitam-se as contribuições e abordagens da Companhia de Jesus na definição de práticas e formas de gestão de recursos e espaços de aprendizagem, constituídos em rede, reconhecendo a importância do conhecimento ali gerado, das práticas adotadas e a contribuição desses para a construção social.

A metodologia de estudo adotada pode ser definida como hermenêutica em seu método e de abordagem qualitativa. São abordagens apropriadas para compreender o contexto da RJE no Brasil, tomando como sujeitos a serem ouvidos gestores (membros do conselho superior[2] da RJE e diretores/coordenadores das unidades) e/ou outras pessoas que tenham participado ativamente da fundação da Rede e da elaboração do PEC.

2.1.1 Ontologia e epistemologia

É importante definir as variáveis, durante a pesquisa, para se compreender uma realidade, em uma perspectiva ontológica – "o que está

---

2. O conselho superior da RJE é a instância de governo que auxilia o delegado no discernimento e no cumprimento das finalidades da Rede (Cf. Art. 12°, 13). Segundo o Art. 13°, compete ao conselho superior: "§1° Assessorar o delegado para educação básica no discernimento em assuntos de governo e gestão estratégica da Rede e das unidades. §2° Definir, junto com o delegado e após consulta ao fórum de diretores-gerais e aos facilitadores das dimensões, os programas e projetos de âmbito geral da Rede. §3° Participar, quando necessário, da etapa consultiva da nomeação dos diretores gerais dos colégios e aconselhar o delegado na definição da respectiva terna a ser enviada ao provincial. §4° Oferecer ao delegado a consideração de questões fundamentais para o funcionamento da Rede e a implementação do PEC nas unidades" (RJE, 2017, 13).

aí para ser conhecido" (GRIX, 2002, 175) – e em uma epistemológica – "o que e como podemos conhecer os fatos" (GRIX, 2002, 175).

Quanto à realidade pesquisada, segundo Blaikie (2020), as perspectivas ontológicas indicam as suposições sobre a natureza da realidade social, sobre o que existe, sobre os elementos que constituem a realidade e a forma de interação desses, ou seja, define uma compreensão do que constitui a realidade social a ser compreendida. Em perspectiva construtivista, considera-se que os fenômenos sociais e seus significados são construídos por atores sociais, que continuamente os produzem e os revisitam em uma interação social (GRIX, 2002). A pesquisa focou o conhecimento da realidade social construída e modificada no processo de fundação e gestão da RJE, e considerou a importância da construção coletiva e colaborativa do PEC como processo que revela um modo específico de gestão. A partir de diferentes registros, é feita uma memória viva e aprofundada do processo.

> O importante para a sistematização da experiência é contar com o registro de tudo isso, que tenha sido feito o mais perto possível do momento no qual ocorreu cada fato. Não é possível fazer uma boa sistematização se não se contar com uma informação clara e precisa do acontecido. Este é um requisito fundamental; diríamos quase indispensável... (JARA, 2006, 76).

Na perspectiva epistemológica, busca-se definir os métodos que permitem estudar e validar os resultados de se conhecer a realidade social em tela. A perspectiva epistemológica representa o esforço de explicitar a forma como a realidade, que se acredita existir, pode ser conhecida (BLAIKIE, 2020; GRIX, 2002). Segundo Grix (2002), na perspectiva epistemológica positivista, os estudos sociais deveriam utilizar os mesmos métodos das ciências naturais para compreender a realidade, ao passo que, na perspectiva interpretativista, deveria ser respeitada a diferença entre pessoa e objeto, o que exige uma compreensão do significado do agir social por parte do pesquisador. Dessa forma, em um *continuum* positivista-interpretativista, esta pesquisa se localiza no polo interpretativista, na medida em que busca compreender o contexto, os princípios, a forma gerencial e as leituras da Companhia de Jesus e de seus colaboradores ao fundar a RJE e elaborar o PEC, a partir da relação entre o conhecedor e o conhecível (GUBA; LINCOLN, 1994).

Para Spink (2000), os termos construcionismo e construção social são empregados para explicar a ação coletiva em diferentes contextos sociais. Essa abordagem apresenta como contribuições fundamentais a superação da visão hegemônica de ciência que preconiza a neutralidade do pesquisador e a incorporação da importância do contexto sócio-histórico na produção de conhecimento. Spink (2000, 28) destaca que tanto o sujeito quanto o objeto são construções sócio-históricas, e que "só apreendemos os objetos que nos apresentam a partir das nossas categorias, convenções, práticas, linguagem, enfim, de nossos processos de objetivação". O pesquisador que orienta sua ação com base nos postulados construcionistas considera que o sujeito e o objeto são construções sócio-históricas (SPINK, 2000), e que o conhecimento sobre a realidade depende dos processos ou modos de observação e explicação que ele adota.

Gergen (1999) propõe que o pesquisador esteja atento à ontologia do lugar em que são construídas as realidades relacionais, assim como à forma como as pessoas constroem e organizam a realidade, as organizações, a visão de mundo, as práticas sociais e discursivas. Desse modo, busca-se contextualizar e identificar elementos constituintes das decisões e práticas que levaram à fundação da RJE e caracterizam a forma jesuíta de gestão das organizações escolares.

A perspectiva construcionista não se ocupa da discussão sobre o que é real ou não, uma vez que reconhece a imbricação das pessoas com a realidade sócio-histórica e que elas são sujeitos ativos da construção e transformação social (GERGEN, 1999). Weber (2004) considera que pesquisador e realidade são inseparáveis, pois o conhecimento possui uma relação direta com as experiências vividas pelo cognoscente, tornando seu significado variável. Assim, parte-se do pressuposto de que as características e percepções do objeto da pesquisa são definidas socialmente.

Grix (2002) afirma que as definições ontológicas e epistemológicas antecedem a metodologia, a forma, os passos a seguir, a fim de se obter o conhecimento da realidade em estudo.

2.1.2 Pesquisa qualitativa

Indicadas as perspectivas ontológicas e epistemológicas que antecedem as opções metodológicas, apresentam-se definições, lógicas, potencialidades e limitações dos instrumentos adotados para a realização da pesquisa.

A opção de estudar em profundidade e coletar dados com instrumentos diversos e dar voz a gestores/educadores considerou que:

> [...] a representatividade dos dados na pesquisa qualitativa em ciências sociais está relacionada à sua capacidade de possibilitar a compreensão do significado e a "descrição densa" dos fenômenos estudados em seus contextos, e não à sua expressividade numérica (GOLDENBERG, 2004, 50).

Segundo Godoy (1995, 58), a pesquisa qualitativa "parte de questões ou focos de interesses amplos, que vão se definindo à medida que o estudo se desenvolve". Em linhas gerais, "o pesquisador qualitativo buscará casos exemplares que possam ser reveladores da cultura em que estão inseridos. O número de pessoas é menos importante do que a teimosia em enxergar a questão sob várias perspectivas" (GOLDENBERG, 2004, 50).

A pesquisa qualitativa, na medida em que pretende aprofundar o estudo sobre determinada realidade – organização, rede, sujeitos –, privilegia a entrevista para dar voz ao sujeito pesquisado e ampliar a compreensão pela contribuição da leitura de outro(s). Godoy (1995, 61) considera a entrevista um método de coleta de dados fundamental para a pesquisa qualitativa: "Do ponto de vista metodológico, é possível observar ainda a aceitação da entrevista como uma estratégia fundamental da investigação qualitativa".

A COMPOSIÇÃO: LETRA E MÚSICA DA CANÇÃO

A pesquisa qualitativa possui como limitação mais significativa o fato de que os dados levantados, por restringirem a amostra para viabilizar o estudo em profundidade, não permitem ser generalizados para a população toda. O resultado desta pesquisa, por exemplo, representa, de forma significativa, a realidade da RJE no Brasil. As realidades de outras redes de educação, mesmo da Companhia, terão características próprias e diversas.

Goldenberg (2004) acentua a impossibilidade de generalizar os resultados de pesquisas qualitativas de uma amostra, ou seja, de levá-la à população integralmente. Alerta o pesquisador que "a sensação de dominar profundamente o seu objeto de estudo o faz esquecer que somente uma parte bem reduzida da totalidade está representada nos dados" (GOLDENBERG, 2004, 59).

Assim, esta pesquisa pode ser classificada como qualitativa, pois estuda princípios de gestão jesuíta presentes na fundação da RJE e na elaboração do seu Projeto Educativo Comum, destacando o modo jesuíta de fazer educação, ou seja, refletir sobre o sujeito aprendiz, a forma de educar para a cidadania global, de como compreender o contexto em que se insere e gerenciar o conjunto de atores e recursos, ou as articulações em centros de aprendizagem.

Considerando que a pesquisa qualitativa pretende um estudo em profundidade, o uso de diferentes instrumentos de coleta de dados é recomendado. Goldenberg (2004, 67) aponta para a importância de diferentes meios e recursos disponíveis para fazer uma pesquisa mais aprofundada: "Arrisco afirmar que cada vez mais os pesquisadores estão descobrindo que o bom pesquisador deve lançar mão de todos os recursos disponíveis que possam auxiliar a compreensão do problema estudado". Ele prossegue:

> A combinação de metodologias diversas no estudo do mesmo fenômeno, conhecida como triangulação[3], tem por objetivo

---

3. Triangulação é uma metáfora tomada emprestada da estratégia militar e da navegação, em que se utilizam de múltiplos pontos de referência para localizar a posição exata de um objeto.

abranger a máxima amplitude na descrição, explicação e compreensão do objeto de estudo. Parte de princípios que sustentam que é impossível conceber a existência isolada de um fenômeno social (GOLDENBERG, 2004, 58-59).

Para abarcar de forma significativa a realidade que se pretendia estudar, usaram-se os seguintes instrumentos de coleta de dados: pesquisa documental, sistematização de experiência e aplicação de questionários padronizados com questões abertas. Em primeiro lugar, foi realizada a pesquisa documental, considerando os textos produzidos pela RJE e pela Província dos Jesuítas do Brasil (BRA). Em segundo, realizou-se a sistematização da experiência de fundação da RJE, com pressupostos de Jara (2006) e partir da influência do PEC, das percepções da participação de educadores da RJE nos respectivos movimentos de gestão no processo de fundação da Rede e das estratégias de sua implementação. Por último, a coleta de dados, por meio de questionário com questões abertas, foi direcionada a gestores, sujeitos do processo de fundação e concepção da Rede, participantes do primeiro ciclo de implementação do PEC.

2.1.3 Pesquisa documental

Além dos documentos da Companhia de Jesus que refletem sobre o sujeito a ser desenvolvido nas escolas jesuítas e a forma de fazê-lo, documentos diversos e específicos, como cartas do governo provincial que remetem ao surgimento da RJE, do PEC e do estatuto da RJE, relatórios de visitas às unidades, atas de reuniões, composições de Grupos de Trabalhos que permitem movimentos participativos em comum (como projetos de formação continuada, congressos, seminários etc.) foram adotados como fonte de pesquisa.

Certamente, existem múltiplas fontes que, se consultadas, contribuiriam à pesquisa, como, por exemplo, publicações nos *sites* dos colégios, orientações encaminhadas aos novos diretores, convites para GTs, conteúdos trabalhados em congressos e fóruns da rede, orientações para a seleção de profissionais para participar em projetos formativos da RJE etc. O escopo e o tempo para a realização da pesquisa, porém, exigiram um direcionamento das ações para a obtenção de um *corpus* significativo para o estudo.

Ao mesmo tempo, analisaram-se diversos documentos e fontes que poderiam elucidar os processos, encaminhamentos e percepções e que permitiriam descrever a fundação da Rede e o desenvolvimento dos trabalhos definidores da gestão das organizações enredadas (ver Quadro 1).

Quadro 1 – Documentos analisados

Tipo de documento	Origem	O quê?	Quantidade	Quando?
(BRAb 2012/08) Carta de nomeação da prof.ª Sônia Magalhães para o cargo de coordenadora do processo de transição da Área de Educação Básica no Brasil para um **biênio**: 2012 a 2014.	Provincial do Brasil	Estabeleceu-se um plano trienal, com um foco para cada ano: 2012, para mapeamento e visão geral dos colégios; 2013, para discernimento e decisão sobre a presença apostólica da Companhia na área de Educação Básica; 2014, para encaminhamento das decisões tomadas.	Uma	19/03/2013
Relatório do Encontro de Diretores dos Colégios Jesuítas do Brasil	DDGG	Em que se fez a apresentação do *Mapeamento dos Colégios*. Na ocasião, os diretores-gerais julgaram importante organizar a educação básica da Companhia no Brasil como uma rede nacional, para favorecer a integração e a consolidação das unidades educativas.	Um	Fortaleza, 08 e 09/03/2013
Relatório do Encontro de Diretores dos Colégios Jesuítas do Brasil e convidados para pensar uma logística de transição de unidades para a Rede	Diretores e convidados	O primeiro encontro dos reitores e diretores-gerais de 13 das 15 Unidades de Educação Básica da Companhia no Brasil, no processo de articulação nacional da área de educação.	Um	Itaici, 11 e 12/09/2013

Relatório do Encontro de Diretores-Gerais dos colégios jesuítas	DDGG	Reuniram-se os diretores-gerais para estudar o processo de integração nacional da área de educação básica. Na ocasião, eles pediram que o Provincial do Brasil delegasse a um jesuíta a tarefa de coordenar a educação básica.	Um	Itaici, 29 e 30/10/2013
(BRAb 2013/63) Carta de nomeação do Delegado para Educação	Pe. Palácio Provincial/ BRA	Nomeação do delegado para educação com o papel de articular a criação da Rede.	Uma	19/11/2013
(BRAb 2013/63) Carta aos diretores dos colégios	Provincial BRA	Informando a nomeação do delegado e suas atribuições. Os colégios jesuítas do Brasil passaram para a jurisdição do Provincialado do Brasil.	Uma	19/11/2013
Comunicado do Escritório	Delegado para Educação	O delegado informou aos diretores-gerais que o Escritório Central da RJE passaria a funcionar no Centro Cultural João XXIII.	Um	01/01/2014
Atas do Conselho Superior (CS)	Membros do CS, escritório da RJE	O CS é uma instância de apoio ao Delegado/Presidente/Diretor da RJE, prevista no estatuto, com o objetivo de ajudar a discernir o funcionamento da RJE. Trata os temas centrais e mais relevantes. Começou a atuar a partir de 2015.	Três reuniões regulares por ano	De 2015 a 2020
Atas dos Encontros de DDGG e, posteriormente, Fórum de DDGG	DDGG e Escritório	A partir da criação da RJE, os diretores-gerais passaram a reunir-se duas vezes ao ano, tratando de assuntos referentes à implantação da RJE, construção do PEC, implantação do SINERGIA, partilha de experiências e suporte mútuo. A partir do 6º encontro, por força do Estatuto, o encontro passou a ser nomeado de Fórum de Diretores.	Dois encontros anuais	De 2014 a 2020

Atas das Equipes Diretivas	Escritório, Equipes Diretivas	As Equipes são constituídas, em cada Unidade Educativa da Rede, pelo diretor-geral, diretor acadêmico, diretor administrativo e diretor/coordenador de Formação Cristã. Eles se reúnem para troca de experiência entre os homólogos e assunção, colaborativamente e como equipe, de temas-chave e transversais às unidades e a RJE.	Um encontro anual	De 2016 a 2020
Relatório anual das visitas às unidades, 2014 a 2020	Delegado e Diretor-Presidente	Finalidades: conhecer a realidade de cada unidade, realizar escuta ampla, articular projetos comuns, apontar para o futuro. Em cada ano, a visita tinha algumas pautas específicas, a saber: implantação da Plataforma Moodle, construção e implementação do PEC, matriz comum de projetos etc.	Cinco	De 2014 a 2020
Comunicados da RJE	Escritório	Rede.	Sob demanda	De 2014 a 2020
Informes da RJE	Escritório	Rede.	Diversos	2014-2020
Convites para GTs: Bilíngue, SQGE, Pesquisa de Mercado...	Escritório	Membros das unidades.	Diversos	De 2014 a 2020
PEC	Escritório	1ª versão: documento inspirador, direcionador e, de certa forma, normatizador da RJE.	Um	Agosto de 2016
PEC versão atualizada	Escritório	PEC 02; 1ª versão relida à luz de novos documentos, a saber: *Tradição Viva*, JESEDU-RJ e PAUs 2020 a 2029 da SJ e novo contexto da educação brasileira.	Um	Agosto de 2021
Estatutos da RJE	Escritório	O primeiro foi *ad experimentum* e vigorou até a publicação do PEC.	Três versões	Três versões: 1ª 11/12/2014,

Estatutos da RJE	Escritório	O 2º foi repensado à luz do Projeto Educativo Comum. O 3º foi revisto a partir do novo contexto da RJE e de documentos da SJ.	Três versões	2ª 14/03/2017, 3ª em 2021

Fonte: elaborado pelo autor.

Nas pesquisas em História da Educação, durante muito tempo, recorria-se quase "exclusivamente às fontes oficiais escritas: legislação e atos do poder executivo, discussões parlamentares, atas, relatórios escritos por autoridades" (CORSETTI, 2006, 35), e delegava-se grande importância às obras dos pensadores mais eminentes de cada época. No entanto, essa percepção foi ampliada na educação, na medida em que "a História se faz a partir de qualquer traço ou vestígio deixado pelas sociedades passadas e presentes, e que, em muitos casos, as fontes oficiais são insuficientes para compreender aspectos fundamentais" (CORSETTI, 2006, 35-36).

Na pesquisa, priorizaram-se os documentos produzidos entre 2014 e 2020. Como levantamento inicial, analisaram-se as atas referentes às reuniões do conselho superior, do fórum de diretores, dos encontros das equipes diretivas, assim como as duas versões do PEC, as três versões do estatuto e os relatórios das visitas anuais que o gestor responsável pela rede fazia a cada uma das unidades anualmente para (1) verificar a aderência das unidades à missão educativa da Companhia de Jesus, (2) apresentar os macroprojetos da RJE em curso, (3) motivar a integração cada vez maior em rede e (4) corrigir possíveis desvios de rota. Outros documentos compuseram o *corpus* de análise, quando julgados relevantes a partir do retorno dos questionários (convites para GTs, comunicados referentes a eventos da RJE etc.).

A documentação da RJE e o PEC forneceram dados significativos para descrever o que define a Rede e as práticas gerenciais desde a fundação até o fim do período em análise; no entanto, almejava-se uma leitura em que dados de fontes diversas complementares tornassem a realidade mais transparente.

A COMPOSIÇÃO: LETRA E MÚSICA DA CANÇÃO

O cruzamento e confronto das fontes é uma operação indispensável, para que a leitura hermenêutica da documentação se constitua em operação importante do processo de investigação, já que nos possibilita uma leitura não apenas literal das informações contidas nos documentos, mas uma compreensão real, contextualizada pelo cruzamento entre fontes que se complementam, em termos explicativos (CORSETTI, 2006, 36).

Segundo Goldenberg (2004), em pesquisas é bastante comum que se busque entrevistar pessoas que saibam mais sobre o tema do que outras que não tenham tanta hierarquia de credibilidade, e um dos principais desafios é detectar a veracidade das informações. Nesta pesquisa, além do suporte da documentação, deu-se voz a atores do processo que participaram tanto da fundação da RJE quanto da elaboração do PEC. Ambos estão entrelaçados e permearam a sistematização da experiência de fundação da RJE; contudo, como afirma Goldenberg (2004, 85), "um dos principais problemas das entrevistas e questionários é detectar o grau de veracidade dos depoimentos", já que podem existir elementos que o entrevistado queira revelar ou mesmo silenciar.

Por isso, as respostas aos questionários são igualmente confrontadas e entrelaçadas com documentos importantes da RJE. Desse processo, é possível analisar a experiência individual (questionário) e confrontá-la (aqui no bom sentido da palavra) com os postulados institucionais, na perspectiva de entender como esses documentos foram recebidos, assimilados e colocados em ação.

2.1.4 Sistematização da experiência

Uma terceira fonte de dados que enriqueceu a pesquisa foi a sistematização da experiência da fundação e gestão da RJE. Além dos documentos formais citados, existe um rico registro de experiências e vivências que aconteceram em alguns fóruns diferenciados. Priorizaram-se experiências que marcaram grande número de educadores e foram consolidadas em vídeos, relatórios, apresentações em PowerPoint, comunicados, todos eles frutos de eventos promovidos desde a RJE e permeados de registros diversos.

Nesse sentido, esse acervo tem um aspecto histórico, entendido aqui como aquele passível de pesquisa e consulta razoavelmente públicas. Nesse grupo, estão materiais utilizados em reuniões e encontros (alguns em vídeo, PowerPoint, Prezi ou outro *software* semelhante) no período prévio à criação da RJE e no seu primeiro ciclo de consolidação. Eles apresentam a instituição a partir da organização de reuniões, do resultado de pesquisas e relatórios que trazem o registro de informações que nem sempre foram traduzidas em atas ou documentos formais e consolidados.

Jara (2006, 13) indica que materiais diversos podem enriquecer a pesquisa e são fontes válidas para a compreensão de uma realidade: "Não temos que pensar só em registros escritos: há outras formas documentais que são tão ou mais importantes, de acordo com o caso: gravações, fotografias, filme em cinema ou vídeo; gráficos, mapas, quadros sinóticos, desenhos".

A sistematização da experiência com levantamento de diferentes tipos de registros se somou às fontes anteriormente mencionadas para enriquecer a compreensão da realidade estudada. Para explicitar, "quando falamos de 'registros', estamos falando de uma enorme variedade de formas possíveis nas quais se pode recolher a informação do que acontece numa experiência" (JARA, 2006, 76). Destaca-se, ainda, que foi importante para esse processo metodológico contar com os registros abrangentes e amplos do que foi realizado o mais próximo possível do momento em que os fatos ocorreram, a fim de se obter informações claras e precisas dos acontecimentos.

A sistematização de experiências demandou retomar o caminho histórico percorrido e tirar proveito disso para produzir uma compreensão mais profunda e apurada da realidade vivida para posterior compartilhamento. Segundo Jara (2006, 24), a sistematização é uma interpretação crítica de experiência(s) "que, a partir de seu ordenamento e reconstrução, descobre ou explicita a lógica do processo vivido, os fatores que intervieram no dito processo, como se relacionaram entre si e por que o fizeram desse modo", e acrescenta que é a tomada de distância das experiências vividas, tornando-as objeto de estudo e interpretação teórica, bem como objeto de transformação.

Segundo Jara (2006), nos últimos anos, o tema da sistematização de experiências tem sido trabalhado mais intensamente em centros de educação popular na América Latina. A partir de um levantamento feito sobre a "sistematização de experiências", é possível perceber aspectos comuns de compreensão do conceito. Observa-se que:

> [...] todas as propostas de sistematização expressam uma oposição flagrante com a orientação positivista que guiou e ainda guia as correntes mais poderosas das Ciências Sociais. Todo o esforço para sistematizar, qualquer que seja sua tradução mais operacional, inclui-se nessa alternativa que reage contra as metodologias formais (JARA, 2006, 16).

Se, por um lado, existe na compreensão uma "oposição à orientação positivista", por outro, aponta-se para o "qualitativo da realidade". "A sistematização inclui-se nessa ampla corrente que busca compreender e tratar o qualitativo da realidade e que encontra em cada situação o particular" (JARA, 2006, 16). O registro de experiência implica considerar inúmeras variáveis e reconhecer diversas formas de coleta e sistematização.

Compreende-se, assim, a sistematização da experiência como "um exercício que se refere, necessariamente, a experiências práticas concretas" (JARA, 2006, 21); a partir desse parâmetro, recuperaram-se as experiências da fundação da Rede Jesuíta de Educação (RJE) no Brasil, a construção do seu Projeto Educativo Comum (PEC) e o primeiro ciclo de sua implantação. Na perspectiva de Jara (2006), buscaram-se experiências vitais, carregadas de sentido, inseridas num contexto concreto, que podem representar processos inéditos e irrepetíveis, e carregadas de conhecimentos e comunicação que ajudaram a compreender o que hoje é a RJE. Nesse sentido, buscou-se identificar

[...] situações particulares a enfrentar-se; ações dirigidas para se conseguir determinado fim; percepções, interpretações e intenções dos diferentes sujeitos que intervêm no processo; resultados esperados e inesperados que vão surgindo; relações e reações entre os participantes (JARA, 2006, 21).

Jara (2006, 22) indica a importância da coletividade ou, em outras palavras, da construção social com os outros, a fim de "apropriar-se da experiência vivida e dar conta dela, compartilhando com os outros o aprendido", corroborando a perspectiva da pesquisa.

Mais do que uma reflexão sobre a experiência, Jara (2006, 22-23) aponta para a importância de autores que apresentam outras ênfases:

> Ibáñez (1991) põe a ênfase "na reconstrução ordenada da experiência"; Martinic (1989) destaca o "processo produtor de conhecimentos"; outros, como o "Taller permanente de sistematización" (CEAAL-Peru), enfatiza que "sistematizar implica conceitualizar a prática, para dar coerência a todos os seus elementos"; Antillón (1991), mais voltado para a educação popular, ressalta que "a sistematização é um processo participativo"[4].

Na pesquisa, conteúdos em diferentes registros foram fonte para a sistematização da experiência da fundação da RJE e da construção e elaboração do PEC e suas implicações durante o primeiro ciclo da rede. Assumiu-se a sistematização da experiência como uma interpretação crítica em um esforço para compreender o movimento que aconteceu na educação básica dos jesuítas no Brasil de 2014 a 2020 e que demandou um ordenamento e uma reconstrução das experiências vividas.

---

4. Ver também a obra de Antillón (1991), CEALL-Peru (1992), Ibáñez (1991) e Martinic (1989).

2.2 Aplicação de questionários

Outro instrumento de coleta de dados usado foi o questionário estruturado com questões abertas, dissertativas, pelo seu potencial de gerar semelhantes, senão mais, contribuições de entrevistas em profundidade.

A entrevista e o questionário com questões abertas, no contexto desta pesquisa, assemelham-se em potencialidade como estratégia de coleta de dados. Para Godoy (1995, 62), na pesquisa qualitativa, "a palavra escrita ocupa lugar de destaque" e desempenha um papel importante na obtenção e disseminação dos dados.

Segundo Goldenberg (2004), comparando-se com a entrevista, existem vantagens na aplicação de questionário para o levantamento de dados, a saber: ser menos dispendioso; exigir menor habilidade de aplicação; poder ser enviado por correio físico e/ou eletrônico; ser feito por meio de sistemas e aplicado simultaneamente a maior número de pessoas etc. Além disso, os pesquisados têm mais liberdade para exprimir opiniões, há menor pressão para respostas imediatas e a possibilidade de conceder prazos para respostas. Embora a entrevista, por vezes, seja instrumento mais adequado para informação sobre assuntos complexos por permitir maior profundidade e estabelecer relações de confiança e amizade entre pesquisador e pesquisado, o que pode favorecer o surgimento de dados diversos, considerando os sujeitos da pesquisa, entendeu-se que esses elementos estavam presentes com a aplicação de questões dissertativas.

Os respondentes[5] – educadores e gestores que conhecem bem a RJE e possuem habilidade de escrita – não tiveram maiores dificuldades para responder às questões, pois estiveram presentes na fundação da RJE e participaram, de algum modo, da construção e/ou implementação do PEC, com significativo engajamento nos questionários (44 de 48 consultados responderam a ele, ou seja, 91,66%). Além disso, o interesse no

---

5. Para manter o anonimato dos respondentes do questionário, foi usada a palavra "Respondente 1" até "Respondente 44"; contudo, para efeitos de um texto narrativo mais limpo e claro, na presente tese, os respondentes foram numerados de 01 a 44.

objeto em estudo, a flexibilidade do tempo para responderem, a afinidade com a Rede e, deve-se ponderar, a relação com a temática da pesquisa, com o pesquisador e com a veracidade dos dados e narrativas foram determinantes na obtenção desse índice tão expressivo de respostas.

O questionário aberto possibilitou a descrição de situações, lembranças, experiências marcantes, desafios enfrentados, expectativas e sonhos, fracassos e conquistas, formas de gestão e processos. Considerando o país continental em que a Rede se situa, o questionário permitiu uma escuta a baixos custos, agilizou o processo de levantamento de dados, possibilitou respostas simultâneas e favoreceu o processamento delas, ou seja, a análise de conteúdo, já que as respostas estavam em formato escrito.

Segundo Goldenberg (2004), os questionários podem ser estruturados de diferentes formas. Questionários "rigidamente padronizados" oferecem as mesmas perguntas a todos, o que facilitará a comparação necessária. Considerando que instrumentos com questões "fechadas" geram respostas limitadas às alternativas apresentadas, essas não contribuiriam muito com o objetivo da pesquisa, razão pela qual se optou pela padronização com questões "abertas", que possibilitam respostas livres, permitindo ao respondente discorrer livremente sobre o tema.

Para a pesquisa, foram utilizados dois blocos principais de questionamentos: (1) a fundação e a gestão da RJE; (2) a construção e implementação do PEC (cf. Apêndice A). O recorte temporal foi de 2014, fundação da RJE, a 2020, conclusão do 1º ciclo de implementação do PEC[6]. Os questionários contemplaram os dois blocos e foram organizados para se obter dados sobre sete eixos temáticos, com perguntas direcionadas para a redação de narrativas numa perspectiva de memória histórica dos movimentos e processos executados. Os sete eixos, que orientaram também a análise de dados, foram: 1º) fundação e surgimento da RJE; 2º) relação entre a unidade e o escritório da RJE; 3º) construção do Projeto

---

6. Foram priorizados profissionais com oito ou mais anos de colaboração na RJE, pois esses, certamente, viveram a experiência de estar na Rede sem o Projeto Educativo Comum (PEC), assim como sua construção e o acompanhamento do 1º ciclo de implementação.

Educativo Comum (PEC); 4º) implementação do PEC; 5º) princípios de gestão inaciana; 6º) relançamento do PEC; 7º) projetando o futuro.

2.3 Respondentes dos questionários

Era fundamental que os respondentes dos questionários tivessem significativo conhecimento da realidade em estudo, para que dados significativamente relevantes fossem alcançados. Dessa forma, os sujeitos respondentes foram gestores que, desde suas unidades, viveram e participaram da fundação da Rede e da elaboração do PEC. Inseridos em contextos concretos e específicos, participaram dos processos organizacionais da RJE, assim como eram vistos e reconhecidos como atores e autores participantes da fundação da Rede, do estabelecimento dos princípios norteadores de suas práticas e da sua gestão e implementação. A partir da memória da própria experiência, foram indicados para discorrer sobre sua percepção, vivência e compreensão do processo. A fala desses atores é elemento de destaque e recurso reconhecido para representar e explicitar a realidade e as compreensões dos contextos e das práticas coletivas de fundação da RJE e da construção do PEC.

Uma vez que o critério principal de escolha de respondentes era a possibilidade de eles contribuírem com a compreensão dessa história da RJE e do PEC, definiram-se como elegíveis à aplicação dos questionários gestores que participaram em dois (ou mais) momentos importantes da fundação e da consolidação da RJE, a saber: 1) participação da construção do PEC; 2) exercício (presente ou passado) de alguma função de gestão em alguma unidade; 3) pertencimento à RJE por, pelo menos, oito anos; 4) participação em algum grupo da RJE (GT, comitê, conselho); 5) participação em um ou mais dos cursos oferecidos pela rede (especialização, mestrado e/ou doutorado).

Dessa forma, priorizaram-se o conhecimento e a vivência da RJE desde sua gênese, mais do que a representatividade de cada uma das dezessete unidades educativas que hoje compõem a Rede no Brasil. Os entrevistados foram vistos como "cocriadores" ou "cofundadores" da RJE, na medida em que, desde o princípio, participaram do processo, por vezes mais ativamente, por vezes menos, em algumas ocasiões mais conscientemente e em outras menos. A pesquisa pretendeu ajudar o entrevistado a perceber sua relevância no processo e sua contribuição para a constituição da RJE.

Para orientação da aplicação do questionário, foi apresentada uma "carta-convite" aos respondentes, antecedida por um contato pessoal, presencial ou por videochamada, do pesquisador para contextualizar a pesquisa e sua intencionalidade, bem como acordar um prazo (aproximadamente um mês para a devolutiva das respostas). Era importante um engajamento afetivo e efetivo à proposta, uma vez que os resultados tendem a retroalimentar o processo em curso na Rede e a implementação do PEC. A importância da motivação prévia se deveu pela necessidade de disposição e compromisso com a pesquisa vasta e ampla.

Foram contatadas 48 lideranças, das quais 44 responderam ao questionário. Duas não deram retorno e duas justificaram a impossibilidade de responder ao questionário tão amplo no tempo proposto. Nesse grupo, estão presentes diretores-gerais, diretores acadêmicos e administrativos, coordenadores de formação cristã e pastoral, e coordenadores de unidades ou de séries, gestores intermediários de diferentes funções e membros do escritório central.

Ao escutar pessoas que colaboraram na origem e consolidação desse modelo de rede e que, ao mesmo tempo, foram impactadas (positiva ou negativamente) pelas ações e articulações que emanavam da Rede, a pesquisa desejou retratar efetivamente o processo de fundação e implantação da RJE e suas implicações para uma gestão colaborativa na perspectiva de criar centros inacianos de aprendizagem integral que eduquem para a cidadania global, como se propõe a RJE no segundo ciclo de implementação da versão atualizada do PEC.

Considerando a amplitude do questionário e a necessidade de se debruçar sobre ele com calma, foi importante conceder tempo para as respostas. Os respondentes receberam, por e-mail, carta de apresentação e motivação para contribuírem, conforme orientação de Goldenberg (2004), além do *link* para o questionário, elaborado na plataforma Forms.

> Para que isso ocorra, é fundamental uma carta de apresentação explicando o que está fazendo, por que o faz e para quem. A carta deve ser breve, mas não deixar nada sem explicação. O indivíduo pesquisado precisa ser convencido da importância de sua resposta para o sucesso da pesquisa (GOLDENBERG, 2004, 87).

2.4 Análise de dados

A partir da triangulação de dados coletados por diferentes instrumentos, em formas e espaços diversos, esse *corpus* foi tratado para que se obtivesse a melhor compreensão possível da realidade.

Nos documentos, pesquisou-se o que se refere à fundação da RJE, à construção do PEC e à gestão colaborativa, ou seja, ao universo que gira em torno dos sete eixos propostos no questionário. Para descrever e analisar os dados obtidos com as três fontes principais de levantamento – o que apontam os documentos que foram sendo redigidos entre os anos de 2014 e 2020, a sistematização da experiência e as respostas dos questionários aplicados –, foram pesquisadas semelhanças e peculiaridades entre o explicitado e o silenciado.

Quanto aos fins, a pesquisa pode ser classificada como narrativa na medida em que se objetivou narrar a fundação da RJE e, dentro dela, a importância da construção e elaboração do Projeto Educativo Comum. Para tanto, subsidiou-se o trabalho em Bardin (2016, 11), que aborda pesquisas a partir da análise de conteúdo, compreendida como "um conjunto de instrumentos metodológicos cada vez mais sutis em constante aperfeiçoamento, que se aplicam a 'discursos' (conteúdos e continentes) extremamente diversificados".

A partir de diferentes olhares e escutas, buscaram-se vestígios e falas de sujeitos ativos a respeito do quanto a fundação da RJE e seus processos tinham impactado a gestão das unidades, os gestores e as práticas que a compunham, e o quanto o PEC iluminou, inspirou, orientou e/ou direcionou as ações do escritório central (EC) da RJE. De forma semelhante, analisaram-se princípios ou características de gestão que emanam tanto dos documentos da RJE como instituição, quanto do PEC como documento norteador, que poderiam definir um modelo de gestão decorrente desse processo.

2.5 Tratamento dos documentos

Existe uma riqueza ímpar de documentos referentes à fundação da RJE, como já citado. Pela vastidão dos dados, contudo, para esta pesquisa, analisaram-se os documentos tendo como foco os sete eixos abordados nos questionários. Desse modo foram consolidados os dados dos diversos instrumentos de coleta para discorrer sobre elementos que abordavam a fundação da RJE, a relação da unidade com o escritório da RJE, os movimentos de elaboração e implementação do PEC, os princípios de gestão inaciana que emanaram dos diferentes processos e que foram percebidos e apontados pelos respondentes dos questionários; por fim, as ressonâncias do relançamento do PEC na sua versão atualizada e os sonhos intuídos e projetados para o futuro.

Os seguintes documentos foram inicialmente eleitos para compor o arcabouço de informações documentais: a primeira edição e a versão atualizada do PEC; as três versões do estatuto da RJE; as cartas de nomeação referentes à articulação das unidades educativas em rede; as atas de reuniões voltadas para a gestão da RJE, como conselho superior, fórum de diretores-gerais, encontros das equipes diretivas; documentos e informes sobre o processo de construção, aprovação e implementação do PEC; relatórios construídos a partir das visitas às unidades feitas por parte do responsável pela RJE. Além desses, comunicados de composição dos GTs que produziram efeitos relevantes para a gestão da RJE e que tenham sido apontados pelos educadores que responderam aos questionários.

Enfim, os dados dos documentos foram classificados considerando a afinidade do conteúdo com um dos sete eixos dos questionários e foram alinhados e confrontados com a sistematização da experiência. Nesse sentido, fez-se a combinação de metodologias que permitiu o levantamento de diferentes elementos a partir de dados. A combinação de metodologias diversas no estudo do fenômeno, compreendido como triangulação, objetiva, segundo Goldenberg (2004, 63), "abranger a máxima amplitude na descrição, explicação e compreensão do objeto de estudo".

2.6 Tratamento dos questionários

Segundo Goldenberg (2004, 90), na aplicação do questionário, "o pesquisador deve ser o maior conhecedor do tema estudado. A entrevista ou questionário são instrumentos para conseguir respostas que o pesquisador não conseguiria com outros instrumentos". Assim, as respostas dos questionários foram primeiramente alinhadas e reunidas, conforme cada eixo, aos dados documentais, como atas, relatórios, documentos relevantes da RJE, e com elementos da sistematização da experiência. A análise documental tem o intuito de captar o fio condutor que aponte para a colaboração tanto no processo de fundação, de estruturação e de gestão da RJE, quanto na construção e implementação do PEC.

Considerando o volume expressivo de documentos e o número significativo de questionários abertos, com narrativas amplas e diversas, foi importante buscar uma ferramenta que pudesse contribuir na sistematização e organização dos conteúdos. Para tanto, utilizou-se o aplicativo ATLAS.ti[7], que permitiu codificar os conteúdos e agrupá-los em categorias

---

7. O ATLAS.ti é um *software* de análise qualitativa que permite uma infinidade de organizações dos dados coletados para a facilitar e qualificar a análise. Na presente pesquisa, foram escolhidos alguns recursos como: códigos, citações, que são direcionadores comuns a serem aplicados às distintas citações que versam sobre o mesmo assunto; depois, ajuntamento de grupos de códigos com finalidade comum; por fim, foram estabelecidos alguns eixos temáticos em torno dos quais os grupos foram articulados.

mais amplas, bem como reuni-los por códigos aproximando-os por temas. A ferramenta auxiliou o processo de organização dos dados, permitiu fácil codificação e categorização e, com isso, facilitou a análise, minimizou repetições e permitiu contemplar mais eficazmente os diferentes respondentes dos questionários.

O questionário permitiu aos respondentes discorrer de modo livre sobre a própria impressão, experiência e contribuição no processo da criação e fundação da RJE, da construção e elaboração do PEC e das respectivas implementações. Além disso, puderam manifestar seu entendimento e suas conclusões do processo. Goldenberg (2004, 94) alerta para a importância de

> [...] começar a análise logo após coletar cada entrevista ou questionário. Devem-se analisar comparativamente as diferentes respostas, as ideias novas que aparecem, o que confirma e o que rejeita as hipóteses iniciais, o que esses dados levam a pensar de maneira mais ampla.

O processo de análise dos questionários foi realizado em duas etapas. Primeiramente, foi feita uma junção dos conteúdos dos diferentes respondentes sob cada um dos eixos de análise. As aproximações entre as percepções dos respondentes foram destacadas e aglutinadas e falas mais representativas foram transcritas literalmente para dar voz aos atores na análise. Percepções únicas foram igualmente apresentadas, na medida em que se tornaram significativas para representar a realidade.

Em um segundo momento, o resultado dessa aglutinação e análise de dados foi confrontado com os resultados da análise dos documentos e da sistematização da experiência, a fim de descrever processos e perspectivas sobre o objeto em estudo.

Bardin (2016, 31, grifo do autor) afirma que os instrumentos de análise de conteúdo pretendem atingir dois principais objetivos:

> *A superação da incerteza*: o que eu julgo ver na mensagem estará lá efetivamente contido, podendo esta "visão" muito pessoal ser

partilhada por outros? Por outras palavras, será a minha leitura válida e generalizável? *E o enriquecimento da leitura*: se um olhar imediato, espontâneo, é já fecundo, não poderá uma leitura atenta aumentar a produtividade e a pertinência?

Assim, logo após a coleta de dados, iniciou-se a análise de conteúdo, buscando superar a possível incerteza de "uma visão muito pessoal da pesquisa", uma vez que o pesquisador estava diretamente implicado nos processos descritos. Além disso, almejava-se ampliar esse olhar imediato, espontâneo, que já era fecundo, para que, com "uma leitura atenta", pudesse "aumentar a produtividade".

Na leitura ampliada desses questionários, foi de grande valia a consulta de documentos da Companhia de Jesus que são públicos (no sentido de não serem sigilosos), mas de circulação mais restrita, como cartas do governo provincial e do responsável da RJE, atas e relatórios de encontros e reuniões, relatórios de visitas às unidades, composição de grupos de trabalho e comissões.

A partir do conteúdo dos questionários (sistematizados a partir dos sete eixos temáticos) e dos documentos selecionados, foi feito um entrecruzamento para ver quais princípios de gestão emanavam do modelo assumido pela RJE. Após a análise, gerou-se um relatório da pesquisa, que contou com uma introdução que aponta para o objetivo da pesquisa, a saber, narrar a fundação da RJE e a relevância do PEC na consolidação dela. O objetivo era explicitar "o que esperava encontrar, quais as hipóteses de trabalho me nortearam, qual grupo escolhi e as razões para essa escolha" (GOLDENBERG, 2004, 95). Narraram-se os passos dados e apresentaram-se as dificuldades encontradas, assim como possíveis questões não respondidas. Trata-se de um olhar crítico a partir da intencionalidade da pesquisa e do seu resultado: "É importante analisar tanto o que foi dito como o 'não dito' pelos pesquisados. É preciso interpretar este 'não dito', buscar uma lógica da 'não resposta'" (GOLDENBERG, 2004, 95).

2.7 Tratamento da sistematização da experiência

No que tange à sistematização de experiências diversas, Jara (2006, 72) aponta para a existência de diferentes modos de fazê-la, mas propõe um método com cinco tempos, que são possibilidades de dialogar com o contexto do objeto a ser sistematizado. São eles: "A) O ponto de partida. B) As perguntas iniciais. C) A recuperação do processo vivido. D) A reflexão de fundo. E) Os pontos de chegada".

Na análise dos dados para a sistematização das experiências, os "pontos de partida" da pesquisa foram a experiência vivida pelo pesquisador e os registros arquivados no escritório da RJE. Segundo Jara (2006), é necessário, para a sistematização, que se tenha participado da experiência e que haja registros.

Quanto às perguntas que auxiliaram a sistematização, usaram-se como referência os sete eixos da pesquisa, que contribuíram para explicitar as experiências considerando distintos olhares sobre a própria trajetória percorrida na unidade e na rede. Jara (2006) aponta que diferentes olhares contribuem para recuperar com mais clareza e profundidade o processo vivido, a fim de "reconstruir a história" e, em seguida, ordenar e classificar as informações.

Um momento importante é a reflexão, a interpretação do que aconteceu: "ir mais além do descritivo, realizar um processo ordenado de abstração, para encontrar a razão de ser do que aconteceu no processo da experiência. Por isso, a pergunta-chave desse 'tempo' é: por que aconteceu o que aconteceu?" (JARA, 2006, 88).

Nesse itinerário, o pesquisador deve ficar atento ao porquê de ter acontecido o que aconteceu e "analisar, sintetizar e interpretar criticamente o processo" (JARA, 2006, 79).

Por fim, o ponto de chegada, o último tempo da metodologia, foi "uma nova forma de chegar ao ponto de partida, enriquecido com ordenação, reconstrução e interpretação crítica da(s) experiência(s) sistematizada(s)" (JARA, 2006, 90). Formularam-se, desse modo, hipóteses que, a partir da experiência, permitiram possível generalização de maior alcance em iluminação e incidência em futuras práticas, tanto próprias como de outros. Uma vez sistematizadas as práticas, foi necessário comunicá-las, ou seja, compartilhar o aprendido.

Feita a sistematização da experiência, o resultado foi alinhado e confrontado com o que se obteve com a análise documental e, posteriormente, com a análise dos questionários. Nesse momento, aproximações de percepção foram aglutinadas e falas apresentadas para corroborar e acentuar as leituras do grupo. Perspectivas únicas e significativas foram destacadas para enriquecer a compreensão da realidade e alimentar discussões e partilhas.

Enfim, a sistematização da experiência almeja ter um alcance social que vá além da narrativa de como foi feita a pesquisa, assim como produzir um material que favoreça a realização de novas objetivações do que fora vivido em termos de RJE e que siga iluminando sempre mais o processo de gestão da rede, podendo ser ponto de partida para novas pesquisas.

2.8 Gestão

No complexo tempo contemporâneo, há facilmente uma infinidade de conceitos que acabam tendo sentidos diferentes, segundo os contextos em que são empregados, ou das áreas de conhecimento das quais se parte, ou ainda segundo linhas de pesquisa e autores que fazem desses conceitos, em suas diferentes leituras e possibilidades, o espaço de articulações sociais, econômicas, políticas, culturais, religiosas e educacionais. Com essa perspectiva, levantaram-se conceitos de perspectivas diversas de gestão, a fim de explicitar como eles são usados na pesquisa. A partir deles, esclarece-se a adoção, na pesquisa, dos conceitos de gestão colaborativa e gestão na Companhia de Jesus, considerando a especificidade do modo de ser e proceder, de organizar e estruturar-se civil e canonicamente dessa instituição há quase cinco séculos.

2.8.1 Gestão organizacional

A expressão "gestão organizacional" ou simplesmente o termo "gestão" é amplamente usado para referenciar práticas de mobilizar pessoas e recursos com vistas a atingir resultados que interessam aos sujeitos de uma organização. A palavra "gestão" vem do verbo latino *gero, gessi, gestum, gerere* e tem noções de "levar sobre si, carregar, chamar a si, executar, exercer, gerar" (LUCE, 2020, 9). Seu campo lexical é amplo, como, por exemplo, "gestão de negócio", "gestão de crise" ou "gestão social" entre outros. Considerando a amplitude de sua aplicação, restringiu-se nesta pesquisa seu sentido e sua perspectiva de caracterizar uma forma específica de direcionar pessoas, recursos, relações nas escolas ou obras educacionais da Companhia.

Ao se discutir gestão, é fundamental ter em vista os objetivos de uma organização e a forma como eles são perseguidos. Ao clarificar essas definições, possibilita-se compreender a realidade que envolve as práticas organizacionais e a forma como essas contribuem para gestar mudanças e posturas sociais consideradas adequadas em determinado momento histórico. De certa forma, a grandiosidade de uma organização pode ser compreendida pela sua missão, expressada em seus objetivos e na coerência de seu modelo gerencial com essas decisões.

Algumas definições orientadoras da Companhia de Jesus são relembradas, para, na sequência, melhor fundamentar o alinhamento dessas com as práticas de gestão adotadas.

> Para atingir o nosso objetivo como educadores dos colégios da Companhia, precisamos de uma pedagogia que lute por formar "homens e mulheres para os outros" (e com os outros) num mundo pós-moderno no qual estão atuando forças antagônicas a este objetivo. Além disso, precisamos de uma formação permanente para que, como mestres, possamos transmitir esta pedagogia com eficácia. Todavia, em muitos lugares, a administração pública impõe limites aos programas educativos, e a formação de

professores contradiz uma pedagogia que estimule a atividade do aluno na aprendizagem (SJ, 1993, 29).

A amplitude da abordagem das definições de gestão adotadas nesta pesquisa tem relação direta com o campo de atuação da organização estudada e com a compreensão de elementos que podem ajudar a compor a forma como se busca contribuir para mudar a realidade social em um contexto histórico. Dessa forma, a compreensão da gestão jesuíta, neste caso, foi realizada em uma abordagem que considera sua atuação como organização educacional e a forma de atuar nesse campo, razão pela qual se tenta delimitar a abordagem adotada a esse contexto.

2.8.2 Gestão na educação

Sander (2005, 47) indica que o conceito de gestão na educação se refere "ao pensar e ao fazer a educação em sua totalidade, visando ao cumprimento de sua missão política e cultural e a consecução de seus objetivos pedagógicos". Acrescenta que engloba as definições das políticas, planos institucionais, projetos pedagógicos, além das práticas de execução, da avaliação das atividades desenvolvidas e do uso de recursos financeiros e materiais.

Werle (2001, 156) considera que a expressão "gestor escolar" designa quem "sabe ler e responder adequadamente ao seu contexto, atualizar conhecimentos na e com a situação, na ação". Para a autora, competência ou especialização se adquire no local do trabalho, pois as comunidades escolares variam e possuem complexidade e sistemas diversos.

Segundo Werle (2001), o termo "gestor" vem ganhando espaço nas instituições educativas, provavelmente por compreender as diferentes demandas dessas instituições e por causa da noção de competência a ele relacionada e cada vez mais usada. Ele indica ainda que

> As pesquisas mais recentes em relação ao tema apontam para algumas subtemáticas relacionadas à "gestão da escola". Em

quatro dessas subtemáticas (democratização da autonomia, organização do trabalho escolar, função e papel do gestor e gestão pedagógica) se encontra o mais amplo emprego do termo gestor (WERLE, 2001, 149).

Sander (2005) aponta para conquistas recentes na educação brasileira com a incorporação de uma perspectiva de pensar e definir políticas de forma mais democrática, fruto de construção histórica com méritos significativos do empenho de movimentos sociais, de resistência e renovação, de entidades da sociedade civil organizada, entre outras.

É importante observar que o princípio da gestão democrática, no Brasil, está definido na Constituição Federal, artigo 3º da Lei de Diretrizes e Bases da Educação Nacional, e em estatutos legais de sistemas estaduais de ensino. Sander (2005, 50) afirma que as leis de ensino "asseguram a autonomia da escola pública, a participação dos educadores na elaboração do projeto pedagógico da escola e a participação da comunidade escolar e da comunidade local em conselhos escolares". No entanto, observa-se que boa parte da legislação somente se refere ao ensino público e não se aplica a escolas confessionais, comunitárias e àquelas focadas na lógica do mercado. Embora a CF 1988 e a LDB empoderem a atuação de educadores e da comunidade nas escolas estatais e privadas, confessionais ou não, ainda há necessidade de avanços significativos em termos de participação democrática.

Werle (2001) indica que, a partir do final dos anos 1980, os termos "gestão" e "gestor escolar" ganharam espaço nas pesquisas, e a legislação consolidou e difundiu a perspectiva da gestão democrática, destacando a importância da LDB, quando define princípios como a gestão democrática no ensino público. Para essa gestão, é necessário que a atitude democrática se expresse em métodos que permitam o exercício da democracia, criando condições e oportunidades de educação cidadã, de trabalho e aprendizado coletivo, de forma a criar possibilidades de participação no pensar e no fazer a educação. O desafio é estabelecer condições e estratégias de ação humana coletiva para a execução de políticas educacionais amplas e plenas.

A COMPOSIÇÃO: LETRA E MÚSICA DA CANÇÃO

Segundo Werle (2001) e Lück (2006), o termo "gestão", por vezes, pode ser confundido com administração escolar. Nesta pesquisa, foca-se no que se refere à gestão escolar, que, segundo Lück (2006), absorve e incorpora elementos da administração escolar em sua conceituação. Enquanto a perspectiva de administração se refere mais ao processo de um indivíduo planejar, organizar, executar e controlar recursos para atingir objetivos, a perspectiva gerencial engloba uma relação mais dialógica com os sujeitos envolvidos nos processos, valorizando, significativamente, as diferentes contribuições e capacidades cognitivas ou mesmo competências para alcançar resultados. Para Werle (2001, 159),

> [...] a designação de gestor talvez tenda a ser usada, prevalecendo sobre a de diretor e de administrador, pelo fato de sugerir a dinâmica compreensiva das competências. Gestor escolar é uma designação que indica um comportamento dialético, inteligente, de atuação e compreensão da situação, envolvendo o manejo de todos os recursos, especialmente os cognitivos, que o indivíduo dispõe bem como suas capacidades de relação interpessoal.

A perspectiva de gestão escolar ou na educação compreende a necessidade de valorizar a construção coletiva para o desenvolvimento de competências e a instituição de práticas que valorizem as diferentes contribuições para a criação de espaços e condições de aprendizagem. Werle (2001) considera que, à medida que espaços e processos participativos e colegiados são instaurados, ocorre uma retirada de poder de decisão de uma só pessoa, e o processo de decisão se amplia para grupos que anteriormente não participavam.

Falando de gestão educacional, Lück (2006, 33) afirma que é

> [...] uma expressão que ganhou evidência na literatura e aceitação no contexto educacional, sobretudo a partir da década de 1990, e vem se tornando um conceito comum no discurso de orientação das ações nos sistemas de ensino e de escolas.

A concepção de gestão educacional, nesta pesquisa, deseja superar as frequentes fragmentações presentes nas unidades de ensino e favorecer a construção de uma organização integrada, contextualizada, interativa, com visão e orientação comum e de conjunto. Nesse sentido, desenvolve ações articuladas, conscientes e sempre mais consistentes. Problemas globais, cada vez mais comuns, exigem ações conjuntas, colaborativas, abrangentes e participativas.

Na esteira das definições de Werle (2001) e Lück (2006), considera-se gestão, nesta pesquisa, como o processo de gerir a dinâmica de um determinado sistema como um todo e de coordenar suas partes em sintonia com diretrizes e políticas emanadas pela instituição mantenedora, seja ela o poder público, seja ela ente privado, para a implementação de projetos compromissados com os princípios da democracia e com métodos que organizem e criem condições para um ambiente de autonomia. Gestão abrange, portanto, a articulação dinâmica do conjunto de atuações como prática social que ocorre em uma unidade ou conjunto de unidades de trabalho que passa a ser o enfoque orientador da ação organizadora e orientadora, tanto em âmbito macrossistêmico como microssistêmico e na interação de ambos (LÜCK, 2006).

Incorporando a perspectiva do pensamento sistêmico, a gestão tornou-se campo específico de um saber, com abrangência em diversas áreas do conhecimento, com as mais variadas ênfases e como pré-requisito para qualquer empreendimento, seja ele pessoal ou corporativo, em um mundo interconectado e em constante mudança. A gestão favorece a articulação para buscar soluções para problemas globais, em termos de organizações locais, regionais e globais. Segundo Lück (2006, 38-39),

> Algumas mudanças fundamentais implícitas na gestão envolvem, por exemplo, o entendimento de que problemas globais demandam ação conjunta; que ação conjunta, vale dizer, participativa, se associa à autonomia competente; que a concepção de gestão supera a de administração, e não a substitui.

Entre as características principais que o termo "gestão" carrega, citam-se as perspectivas de valorização da contribuição efetiva dos diversos atores nos processos de definição organizacional e das práticas e estratégias que permitirão atingir os melhores resultados. Na esteira dessas percepções, a gestão em rede e colaborativa aparece como uma forma de ampliar a atuação e a contribuição dos sujeitos de um conjunto de organizações.

2.8.3 Gestão em rede e colaborativa

> O discernimento, a colaboração e o trabalho em rede oferecem três importantes perspectivas para nosso atual modo de proceder. Dado que a Companhia de Jesus é um "corpo internacional e multicultural" num complexo "mundo fragmentado e dividido", a atenção a estas perspectivas ajuda a agilizar o governo e fazê-lo mais flexível e apostolicamente eficaz (SJ, 2017, 56).

No dicionário Michaelis, o termo "rede" é apresentado como entrelaçamento de fios, feito "com material bastante resistente, formando uma espécie de tecido de malha com espaçamentos regulares [...] que se destina a diferentes usos" (REDE, [2021]). A incorporação do termo nas ciências gerenciais possui a perspectiva de entrelaçamento ou relacionamento entre um conjunto de organizações com vistas a atingir algum objetivo. Pode ser considerado fruto do conceito de administração sistêmica dos anos 1950 e seguintes, cujos princípios ampliaram o olhar dos administradores para além da própria organização.

Na logística empresarial, o conceito de rede se desenvolveu de forma mais significativa nos anos 1980, na medida em que uma integração sistêmica permitiria realizar a distribuição física de produtos a custos menores, quando recursos como transporte fossem compartilhados por diferentes organizações ou demandantes dos serviços. As perspectivas de ganhos, principalmente financeiros e de eficiência, colocaram a abordagem de rede em destaque, resultando em parcerias e alianças estratégicas e operacionais diversas, inclusive entre empresas concorrentes.

Segundo Castells (2006), diferentes instituições e pessoas buscam se articular em rede com finalidades distintas. Geralmente, estão voltadas sob o viés econômico, almejando oportunidades de negócio e favorecendo espaços que gerem maiores ganhos econômicos.

Em um contexto social dinâmico, cada vez mais globalizado e com avanço vertiginoso de tecnologias e de suas possibilidades de comunicação e aproximação, o (re)agrupamento a partir de afinidades e princípios parece cada vez mais desejado ou mesmo necessário para maximização de resultados, sejam econômicos, sanitários, educacionais etc. É, contudo, relevante observar que muitas organizações e grupos já estavam se aproximando a partir de reconhecimentos identitários, seja de raça, de religião, de países, de língua, de grupos sociais, de afinidades políticas, culturais ou econômicas. O avanço significativo das tecnologias favoreceu e facilitou a articulação de modo mais estratégico e operacional em rede.

> Nesse mundo de mudanças confusas e incontroladas, as pessoas tendem a reagrupar-se em torno de identidades primárias: religiosas, étnicas, territoriais, nacionais. [...] Essa tendência não é nova, uma vez que a identidade, e, em especial, a identidade religiosa e étnica, tem sido a base do significado desde os primórdios da sociedade humana. No entanto, a identidade está se tornando a principal e, às vezes, única fonte de significado em um período histórico caracterizado pela ampla desestruturação das organizações, deslegitimação das instituições, enfraquecimento de importantes movimentos sociais e expressões culturais efêmeras (CASTELLS, 2006, 41).

A gestão em rede não deve ser confundida com a centralização, ainda que ambas tenham um ponto central de controle. A gestão em rede permite que os participantes mantenham certa autonomia em relação a processos e ações, diferentemente da concentração administrativa do modo centralizado. A perspectiva de agrupar ou criar rede para favorecer a organização entre diferentes unidades ou atores é um desafio gerencial significativo. Haver princípios ou uma missão comungada entre os diversos atores talvez facilite o processo de criação de uma rede de organizações, porém elementos como autoridade costumam ser mais eficientes por adesão do que por imposição, uma vez que a responsabilidade não se segmenta.

> Embora essas vias de colaboração continuem, os educadores jesuítas precisam encontrar maneiras novas e inovadoras para garantir a unidade, respeitando o princípio da subsidiariedade, que ensina que as decisões são mais bem tomadas quanto mais próximo se está da ação e à luz do contexto específico (SJ, 2019a, 80).

Dessa forma, cada indivíduo, cada unidade se torna corresponsável, os laços se estabelecem por adesão afetiva, por confiança mútua, por convivência, por parcerias e alianças que desenvolvem o sentimento de pertença à rede.

As motivações para organizar e articular uma rede se reúnem por temas – mundo juvenil, consumo, sustentabilidade ambiental –, por regiões – município, estado, país, continente –, por afinidades comerciais, desenvolvimento de tecnologias etc. Em suma, havendo um eixo comum, ou demandas semelhantes, pessoas ou organizações podem se tornar parceiras que se articulam e fortalecem mutuamente.

> Cada vez mais as pessoas organizam seu significado não em torno do que fazem, mas com base no que elas são ou acreditam que são. Enquanto isso, as redes globais de intercâmbios instrumentais conectam e desconectam indivíduos, grupos, regiões e até países, de acordo com sua pertinência na realização dos objetivos processados na rede, em um fluxo contínuo de decisões estratégicas (CASTELLS, 2006, 41).

Nesta pesquisa, a rede vincula-se a um grupo de semelhantes, de pessoas e organizações movidas por uma missão em comum, interligadas entre si, que apresentam partes semelhantes e distintas simultaneamente, que estão sob um ordenamento mútuo, sob a liderança de um ente, que se organizam para trocar informações e experiências em ambiente privilegiado para esse fim, sem, contudo, perder as individualidades – pelo contrário, potencializando-as pelo encontro e construção que a interação e o compartilhamento coletivo, de aprendizagem e experiências, permitem.

No caso da RJE, a imagem de entrelaçamento de fios, ou teia, é apropriada para se visualizar a perspectiva de construção coletiva desejada pela Ordem dos Jesuítas. "Certamente, no contexto local, os colégios jesuítas devem estabelecer uma rede: com colégios e agências governamentais para promover uma educação de qualidade para todos" (SJ, 2019a, 79). O trabalho é colaborativo e entrelaçado, em que uns apoiam, subsidiam, orientam e sustentam os outros no aspecto pedagógico-curricular, no compartilhamento de experiência significativas e exitosas, no desenvolvimento tecnológico e gerencial, na perspectiva econômico-financeira, sendo que esta última, orientada pela RJE e mediada pela mantenedora, dá suporte no âmbito civil à gestão da RJE.

Desafios amplos e globais demandam ações conjuntas e colaborativas. Pensar a sociedade a partir do complexo entrelaçamento de relações de pessoas, de instituições e de culturas requer planejamento estratégico e sistêmico construído por muitas mãos. Em se tratando de corporações, sejam elas pequenas ou grandes, seja uma ou mais instituições, a busca por soluções e qualificação do serviço oferecido requer a colaboração e passa a ser um elemento imprescindível. A orientação na Companhia de Jesus explicita a urgência e a necessidade de trabalhar colaborativamente e em rede:

> [...] absolutamente, e com grande urgência, os colégios jesuítas devem trabalhar em rede, em todos os níveis, uns com os outros. E ainda, nossos colégios isolados de suas instituições jesuítas em âmbito mundial não responderão à dimensão cada vez mais complexa de um mundo globalizado. Cada um de nossos

colégios deve ser visto, e ver-se a si mesmo, como extensão de nossa missão internacional (SJ, 2019a, 80).

2.8.4 Gestão jesuíta

Desde a fundação da Companhia de Jesus por Inácio de Loyola e seus amigos, em 1534, e oficializada pelo Papa em 1540, uma forma de administrar foi adotada e modelada para alcançar os objetivos organizacionais. Assim, "tradicionalmente, os colégios jesuítas interagiam através das estruturas internas de governo da Companhia de Jesus por região, província e assistência" (SJ, 2019a, 80). Uma instituição, qualquer que seja, precisa estar ancorada em sólidos preceitos e possuir um escopo de normas e regulamentações para durar, ou seja, para poder sobreviver às variáveis de tempo, de espaço e de contexto. Para se tornar histórica, além da relevância própria e social, essa instituição requer formas de gestão e gestores que entendam as dinâmicas locais e mundiais e que possam fazer melhor uso dos recursos disponíveis para alcançar os fins desejados.

Ao se aproximar dos seus 500 anos, a Companhia de Jesus comprova a vivência desses atributos de gestão, sejam eles mais explícitos ou mais silenciados. O tema da gestão remete constantemente ao da liderança. Certamente, um bom líder conhece bem a si mesmo e aos membros da sua equipe, por um lado, e, por outro, a missão, a visão e os princípios da empresa. No caso da liderança inaciana, acresce-se ao mencionado o que os jesuítas chamam de "nosso modo de proceder"[8] e o elemento específico da identidade jesuíta e inaciana.

> As duas identidades têm uma referência comum, mas distinguem-se por seu caráter restrito ou amplo. A identidade jesuítica se

---

8. "O modo de proceder do jesuíta se configura pelas Constituições, pelos documentos das Congregações Gerais, pelas orientações do Padre Geral, pelos ensinamentos da Igreja e pelas interpelações da realidade. Na fonte última, está a espiritualidade inaciana, originada dos Exercícios Espirituais. Não se trata de algo fixo, mas que, sujeito a uma contínua interpretação, adquire consenso à medida que os jesuítas o incorporam em sua vida" (BRA, 2016, 61).

restringe aos membros da Companhia de Jesus que não só são inacianos pela espiritualidade, mas também fazem parte do corpo inaciano e são marcados pela Constituição escrita por Inácio e enriquecida ao longo da história pela tradição jurídica da Ordem. A identidade inaciana amplia-se a todos os que seguem a espiritualidade inaciana (BRA, 2016, 60).

Desde sua origem, os documentos da Companhia de Jesus promovem e apostam na compreensão de que o bem, quanto mais universal, tanto melhor. A instituição também se compreende como corpo apostólico. Considera corpo como um conjunto de membros ligados entre si e bem articulados. Recorda o texto de São Paulo aos Romanos (1Cor 12,4-29), que diz que a Igreja é um corpo composto por muitos membros – cada qual tem função específica, é alimentado pelo mesmo espírito –, que são articulados entre si e que são dispostos de tal forma que convergem para o bem comum. A capacidade de trabalhar colaborativamente e em rede fará com que se alcance maior êxito na missão assumida.

A compreensão de rede implica reconhecer-se parte de um corpo mais amplo, de uma rede em que todos estão interligados e cada unidade tem sua importância. Trata-se de encontrar a unidade na diversidade, a riqueza na diferença, o apoio e a subsidiariedade nas dificuldades, a solidariedade nos conhecimentos, dons e bens. Além disso, a gestão cristã inaciana supõe um cuidado constante com todos, especialmente com os mais vulneráveis. Isso é compreendido de modo amplo, pois a fragilidade da pessoa e da instituição transcende em muito a questão econômica; portanto, abarca mais do que o socialmente vulnerável.

Nos últimos anos, na área educacional, percebe-se maior ênfase nas proposições referentes à dimensão socioemocional. Isso também ocorre nos principais documentos do Colégio Anchieta: Projeto Político-Pedagógico (PPP) e no Projeto Educativo Comum (PEC). Tal aspecto pode ser explicado pelo reconhecimento das

> exigências da contemporaneidade e pela fluidez das relações interpessoais (MENDES; SANTOS; GHISLENI, 2022, 91).

Outro aspecto relevante é que o modo de ser rede inaciana não se limita a um processo uniforme de gestão, mas está em propiciar, de modo estratégico, que cada indivíduo e instituição encontre a "melhor versão de si mesmo". Destaca-se o documento da BRA "Instrução para gestores da Companhia de Jesus no Brasil", que orienta as obras que compõem o apostolado educativo jesuíta no Brasil.

Nas instituições confiadas à Companhia de Jesus, a função de gestão até agora tematizada está enraizada na concepção inaciana mais ampla de gestão que leva em consideração os temas já abordados, no contexto das diferentes dimensões da pessoa, seja ela cognitiva, socioemocional ou espiritual-religiosa. O desenvolvimento de dons e talentos, habilidades e competências pessoais desempenha papel importante com vistas ao melhor serviço prestado pelos centros educativos da Companhia de Jesus, tanto no espaço cotidiano da docência, quanto no espaço de microgestão de uma unidade educativa, pertencendo a responsabilidade a uma Equipe Diretiva, ou, em um âmbito maior, de macrogestão, à direção da Rede. É fundamental que todos se sintam líderes de si mesmos, que se conheçam profundamente e sejam aptos a reconhecer dons e talentos dos demais, que acreditem que a gestão colaborativa é mais eficiente e eficaz na perspectiva inaciana do que a gestão personalista e centralizada num único sujeito.

O modelo de gestão da Companhia de Jesus prevê pessoas que tenham um bom autoconhecimento, sejam cientes de suas virtudes e seus limites, capazes de senso crítico sobre a realidade e dispostos a colocar o interesse comum da missão acima dos desejos pessoais e particulares.

> Na visão dos jesuítas, todos podem desenvolver a liderança por meio do autoconhecimento, ou seja, do conhecimento das suas fortalezas e fraquezas, pois, para alguém liderar com e para os outros, é preciso, antes, ter o conhecimento de si mesmo, das

suas potencialidades e fragilidades. Nessa perspectiva, o modelo de lideranças empoderadas de forma individualista, solipsista, não é aceito pelos jesuítas, pois estes buscam trabalhar de forma colaborativa e em equipe (MENDES; SANTOS; GHISLENI, 2022, 88).

O princípio do autoconhecimento, que pode ser aprimorado pela experiência dos EE de Santo Inácio, e o conhecimento do contexto no qual a obra está inserida envolvem diretamente a gestão e são dois lados de uma mesma moeda. Apropriar-se dos desafios do cotidiano por meio da escuta, projetando saídas discernidas de modo colaborativo, é outro princípio que acompanha a gestão jesuíta. É preciso planejamento, de forma estratégica, por meio de ações discernidas, focadas no fim desejado, construindo os meios mais adequados para atingir o "*magis* inaciano", ou seja, pautar a decisão sobre o que é mais urgente, mais universal e produz maior fruto.

As mudanças, cada vez mais rápidas, exigem maior discernimento e profundidade nas decisões. Assim, colégios e escolas são desafiados a educar para a profundidade, o que exige um modelo de gestão voltado para um discernimento contínuo, respostas menos lineares, flexibilidade na hora de tomar decisões e olhar sistêmico e comprometido sobre a realidade.

> Antigamente, os processos eram menos complexos, exigindo respostas mais concretas e lineares, de forma a se tornarem mais objetivos. Já na contemporaneidade, as respostas exigem maior discernimento e estudo, além de maior flexibilidade para reagir aos problemas e desafios. Desse modo, entende-se que o momento atual de gestão exige um olhar sistêmico das organizações e dos gestores, isto é, a gestão colaborativa e flexível na busca pelas melhores respostas para as tomadas de decisão (MENDES; SANTOS; GHISLENI, 2022, 89).

O contexto atual é complexo, em que se vê uma "sociedade doente", o que requer gestores emocionalmente saudáveis e com sólida formação profissional, imbuídos do espírito inaciano. Em se tratando de escolas e colégios, o foco está no estudante, ao qual se oferecem possibilidades para o pleno desenvolvimento das suas potencialidades, seus dons e talentos na perspectiva da formação integral. A gestão é um espaço estratégico que permite à comunidade educativa possibilidades de desenvolver, com a mesma seriedade e competência, as dimensões cognitiva, socioemocional e espiritual-religiosa. É uma gestão que favoreça a formação de lideranças inacianas.

> O desenvolvimento humano e integral permeia a necessidade da formação plena e para toda a vida. Entende-se que trabalhar e conduzir equipes com vistas à gestão colaborativa e à corresponsabilidade da missão deve ser o foco de toda e qualquer organização. Assim, frente a uma sociedade complexa e exigente, não basta a competência educacional, nem o amadorismo nos processos; é fundamental o real investimento na formação de líderes (MENDES; SANTOS; GHISLENI, 2022, 91).

A Companhia de Jesus tem construído seu modo específico de gestão. Busca aprimorar-se em contínuo diálogo com outras formas de conceber e pensar a liderança e a gestão, contudo bebe prioritariamente nas próprias fontes, como os EE, as *Constituições*[9], os encontros locais, regionais e globais e os documentos voltados para a educação básica.

---

9. As *Constituições* são "um instrumento ao mesmo tempo legal e espiritual, autenticamente inaciano, que pudesse ajudá-la [a Companhia] verdadeiramente a melhor avançar no caminho do Divino serviço, segundo o projeto de vida próprio do nosso Instituto" – trecho do prefácio de Kolvenbach às *Constituições* (2004, 16). Elas foram escritas por Santo Inácio de Loyola a partir de 1540, logo após a fundação da Companhia, e foram atualizadas até a morte do autor em 1556. Nelas se encontram os princípios gerais que orientam a Companhia de Jesus para realizar sua missão. Embora fosse encargo de Santo Inácio sua redação, ele quis validá-la junto a outros jesuítas da primitiva Companhia.

Em relação à gestão, os documentos pesquisados são unânimes em afirmar a relevância da gestão colaborativa e participativa nas instituições da RJE, onde a liderança é partilhada e a responsabilidade é de todos. [...] Foi possível perceber, nas declarações dos gestores, o entendimento de que o colaborador precisa aprimorar ou desenvolver as competências socioemocionais, para que possa crescer como pessoa e profissional, tomar decisões assertivas e atingir os objetivos desejados (MENDES; SANTOS; GHISLENI, 2022, 99-100).

Desde o nascimento da Companhia de Jesus, ela se viu envolta em desafios gigantescos. Para enfrentá-los, era necessário pensar em estratégias de organização que favorecessem a melhor consecução do fim proposto. Embora não problematizasse o tema da liderança e gestão como nos tempos atuais, havia uma organização bastante robusta e adequada para o contexto. Lowney (2015, 21) afirma que "os jesuítas antigos jamais se considerariam expoentes da liderança. Raramente usaram o termo liderança como os consultores em gestão o empregam hoje em dia. Em vez de discutirem liderança, viviam-na".

A educação nos primórdios da Companhia de Jesus (tratada no próximo capítulo) rapidamente tornou-se o apostolado de maior relevância da Companhia. Numa perspectiva de gestão educacional, é importante considerar que a rede de ensino jesuíta se expandiu de modo rápido e eficiente, a ponto de, logo após o início da aventura educacional em Messina, na Itália, em 1548, até ser uma reconhecida rede mundial, terem transcorrido apenas algumas décadas. Isso foi possível pela capacidade de ler o contexto em que a Ordem estava inserida, clareza na missão a que se propunha e consciência do perfil de gestor necessário para o êxito da empresa nos diferentes contextos em que ela estivesse inserida.

A Companhia funciona sobre a base do conhecimento das pessoas, para colocá-las onde for melhor para produzir frutos. A máxima autoridade não é, aliás, uma pessoa, mas uma assembleia,

> a Congregação Geral, que delega ao superior geral a autoridade necessária para que a estrutura funcione, mas o obriga a fazer consultas. Esse modelo depois vai se repetindo nas diversas instâncias da ordem. Nenhum superior pode prescindir da consulta na tomada de decisões (SOSA, 2021, 37).

Por outro lado, os desafios que acompanharam a Ordem foram gigantescos e demandaram capacidade de resiliência e reinvenção sucessivas vezes. Dentre os momentos críticos, certamente o mais relevante foi o da supressão da ordem.

> Em 1773, as fileiras crescentes de detratores dos jesuítas os alcançaram, conseguindo que o Papa decretasse sua total extinção, globalmente. Centenas de jesuítas foram presos ou executados; outros foram deportados para vagar pela Europa como refugiados (LOWNEY, 2015, 21).

Em tempos complexos e desafiadores como fora o da supressão, é mais necessário organização, planejamento, estratégias e busca de soluções, por vezes improváveis. Ler o contexto e encontrar espaços para as estratégias mais adequadas, talvez as únicas possíveis, é essencial. Considerando o evento da supressão, é significativo ver a estratégia de "sobrevivência" que os jesuítas encontraram.

Lowney (2015, 68), ao narrar o tempo da supressão numa perspectiva de liderança e gestão, afirma:

> Na verdade, a alegação de que o Papa teria suprimido inteiramente os jesuítas tem certo exagero. Embora mais de 99% da Companhia tenha sido dissolvida, duzentos jesuítas persistiram numa jurisdição improvável, sob o abrigo de uma defensora também improvável. Catarina, a Grande, prezava tanto as quatro escolas jesuítas na Rússia que nunca permitiu que o decreto papal suprimindo a Companhia fosse promulgado em solo russo.

O grupo remanescente explorou essa brecha com tenacidade, elegendo um superior dentre suas fileiras e prosseguindo com suas obras. Com o tempo, pequenos núcleos de jesuítas "suprimidos" saíram da clandestinidade para se juntarem a essa ordem jesuíta na Rússia, forçando uma existência tênue. A Universidade de Georgetown, onde Bill Clinton se formou, orgulha-se de ser a primeira de 28 instituições de ensino fundadas pelos jesuítas nos Estados Unidos. Mas Georgetown foi fundada em 1789, em meio à supressão dos jesuítas e, portanto, por ex-jesuítas.

2.8.5 Gestão na Rede Jesuíta de Educação

No caso da Companhia de Jesus, a estrutura organizacional não está voltada prioritariamente para um negócio de mercado, mas para uma missão pautada em um serviço de qualidade à igreja e à sociedade. Os gestores são nomeados por instâncias superiores, de acordo com o alcance e a universalidade da responsabilidade gerencial atribuída à função. Nesse sentido, a instância máxima é a Congregação Geral, que define quem será o superior geral[10], e esse, por sua vez, desde o governo geral (Roma), define instâncias regionais (conferências e províncias). Os governos provinciais definem localmente as lideranças em âmbito mais amplo ou restrito, como nomear reitores e diretores de universidade e colégios, mas também nomeiam superiores e diretores de outras obras, como centros de espiritualidade, apostolado popular, responsáveis pelas casas de formação etc.

> Esta espiritualidade habilitou os primeiros jesuítas a se apropriarem do humanismo da Renascença e fundarem uma rede de centros educativos, que significavam uma renovação e respondiam

---

10. Sobre o superior geral, ele é a referência máxima na Companhia de Jesus, recebe as orientações da Congregação Geral, instância máxima de decisão, e zela pelo seu cumprimento.

às necessidades urgentes do seu tempo. A Fé e o fomento da *"humanitas"* trabalhavam de mãos dadas (SJ, 1993, 190).

Como citado, a fundação de Rede Jesuíta de Educação data de 2014, mas percebe-se, em uma leitura atenta dos documentos de 1986 e 1993, que essa ideia já existia. Evidentemente, não com características e amplitude da RJE, mas com o cerne de conexão e estímulo mútuo:

> Os colégios jesuítas ainda formam uma rede, unidos não pela unidade de administração ou uniformidade de programas, mas por uma visão e metas comuns; os professores e administradores das escolas da Companhia estão novamente compartilhando ideias e experiências, a fim de descobrir os princípios e os métodos que mais eficazmente possam conduzir à implementação dessa visão comum (SJ, 1998, 75, n° 148).

Nesse trecho, ainda merece destaque "descobrir princípios e métodos que mais eficazmente possam conduzir", pois sinaliza como essas experiências deveriam se consolidar como uma sistematização para o fazer pedagógico, não só como espaço de estudo e pesquisa, mas também de experimentação, de análise e de assimilação.

Considerando, dessa forma, o trabalho de gestão em rede, pode-se definir que a RJE é um conjunto de pessoas e instituições voltadas para a educação, formando "comunidades educativas"[11]. A Rede, portanto, é o conjunto de comunidades educativas, com afinidade cultural e religiosa, com princípios e valores identitários comuns, que estão articuladas e entrelaçadas com o intuito de compartilhar experiências, conhecimentos, soluções, bens, desafios e oportunidades. No caso específico da RJE, esses pontos gravitam e estão enredados num escopo comum que é a educação básica proposta pela Companhia de Jesus no Brasil.

---

11. Compreende-se como comunidade educativa as pessoas que fazem parte do ambiente escolar, ou seja, estudantes, educadores e famílias.

Internamente, nosso desafio é aprofundar o trabalho em rede, tanto no nível interprovincial quanto internacional, bem como com outras instituições da Igreja Católica. Tudo isso sem deixar de lado a colaboração entre as mesmas instituições e setores apostólicos da Companhia. Por outro lado, devemos assumir que o serviço educativo da Companhia de Jesus se expressa em diferentes apostolados, que não podem ser entendidos separadamente. Finalmente, o trabalho em rede é uma dimensão central do nosso modo de proceder (CPAL, 2019, 128).

A Companhia de Jesus, nos anos noventa do século passado, incentivou e mobilizou seu corpo de colaboradores jesuítas e leigos a pensarem mais colaborativamente e em rede. A Congregação Geral[12] XXIV, realizada em Roma (1995), já recomendava à Companhia de Jesus que repensasse suas estruturas de governo para melhor servir à missão. Já a CG XXXV (2008) retomou, ampliou e reforçou a chamada anterior.

A Companhia de Jesus no Brasil abraçou essa orientação e fez um grande movimento de articulação entre as obras apostólicas das antigas províncias para, em novembro de 2014, criar a nova e única província dos jesuítas no Brasil (BRA). Desde o início do processo, em 2009, os jesuítas do Brasil, desejando ir muito além de uma mera reestruturação jurídico-organizacional, [...] comprometeram-se a realizar a missão de maneira articulada, como "corpo apostólico", em vários níveis (BRA, 2016, 17).

Essa nova organização requeria gestores e colaboradores dispostos a fazer o caminho, a se reinventar, a ter um senso crítico e criativo diante da realidade, assim como exigia gestores com capacidade de reflexão. "A gestão de uma obra da Companhia de Jesus é um processo dinâmico

---

12. A Congregação Geral, uma vez reunida, é a instância máxima de governo da Companhia de Jesus.

e passível de mudanças e adequações" (BRA, 2016, 29), logo necessita de gestores com importante capacidade de reflexão, que saibam problematizar suas práticas, que estejam atualizados na área em que atuam, conheçam, em sentido mais amplo, as obras em que os jesuítas atuam (educativas, de ação social, de espiritualidade e outras), sejam lúcidos em ler a realidade considerando o contexto socioeconômico e cultural em que estão inseridas as instituições. Enfim, que esse gestor seja "protagonista das ações e reflexões que realiza tornando-se um profissional investigador, capaz de interpretar e compreender o segmento em que atua" (BRA, 2016, 29).

Outro aspecto relevante para o gestor de uma obra da Companhia de Jesus é que, além de se manter atualizado, acompanhar as mudanças e transformações sociais, políticas e culturais, seja local ou globalmente, possa e saiba "proporcionar à sua equipe uma visão e ação reflexiva e crítica, em vista das possibilidades de inovação e alternativas de respostas às exigências e transformações do mundo atual" (BRA, 2016, 30). Enfim, que se mantenha atualizado e saiba trabalhar colaborativamente e em equipe. Para isso, contribuem as formações que a própria BRA oferece, considerando os tempos atuais, sobretudo com o advento da *internet*, as quais podem ser feitas não só presencialmente, mas também de modo *on-line*, de forma síncrona ou assíncrona.

Desde 2014, ao iniciar a Rede Jesuíta de Educação, a fim de explicitar mais e melhor o que une colégios e escolas jesuítas no Brasil, foram sendo pensadas e implementadas estratégias que permitiam às unidades que compõem a RJE se reconhecerem como parte de uma única rede, na qual os princípios e valores estão entrelaçados e as decisões são cada vez mais articuladas. Percebe-se que, nessa aproximação, articulação e compartilhamento, gerava-se um novo modo de conduzir a missão dentro de um país continental, envolto em desafios e com possibilidades quase infinitas de serviço à sociedade por meio da educação.

> Atuar em rede é reconhecer o fato de que juntos, mediante a combinação de nossos talentos e energia, podemos construir

muito mais e melhor do que isolados. A troca e a reciprocidade são elementos substanciais para a necessária formação de sinergia que transforma organizações e lhes dá vitalidade (LÜCK, 2000, 21).

Para obter maiores benefícios à missão a que se propõe, a RJE buscou estratégias de conexão que pudessem favorecer esse objetivo. Assim, como recorda Capra (2002, 20),

> [...] o fenômeno de produção das conexões – a conectividade – é que constitui a dinâmica da rede. A rede se exerce por meio da realização contínua das conexões, existindo apenas na medida em que houver ligações (sendo) estabelecidas.

Pensar numa perspectiva de rede implica mais pensar a gestão mais colaborativa – reconhecer os que organizam e articulam a rede, as lideranças – do que buscar chefes, a fim de agregar e articular diferentes habilidades e competências. Pensar em rede é promover habilidades, competências, talentos de cada membro ou instituição e colocá-los a serviço do coletivo, do comum, do corpo como um todo. Favorecer a transcendência do tempo e do espaço, a superação de fronteiras, sejam elas geográficas, culturais, sociais, políticas, religiosas, mas, acima de tudo, reconhecer o que une as diferentes instituições e pessoas.

> A colaboração leva naturalmente à cooperação em rede. As novas tecnologias da comunicação criam formas de organização que facilitam a cooperação. Tornam possível que se mobilizem os recursos humanos e materiais em sustento da missão e ultrapassam as fronteiras nacionais e os limites de Províncias e Regiões. Frequentemente mencionado por nossas recentes Congregações Gerais, o trabalho em rede se constrói quando se comunga com uma visão compartilhada e requer uma cultura de generosidade, abertura à colaboração com outros e desejo de celebrar

os êxitos. As redes também dependem de pessoas capazes de contribuir com visão e liderança a uma missão em colaboração. Quando está bem concebido, o trabalho em rede estabelece um sadio equilíbrio entre autoridade e iniciativa local. Fortalece a capacidade local e fomenta a subsidiariedade, garantindo um sentido unitário da missão a partir de uma autoridade central. Os pontos de vista de cada lugar são mais pronta e rapidamente ouvidos (SJ, 2017, 57-58).

Nesse sentido, fez-se necessário, na tessitura da rede, articular e organizar as partes que a compõem para que se sentissem colaboradoras e percebessem a própria importância na teia que vai sendo construída. Nessa perspectiva, é importante o papel do articulador, do gestor ou dos gestores da rede. Segundo Martinho (2002, 26), a "animação da rede é o conjunto de ações necessárias para alimentar o desejo e o exercício da participação para dar ânimo renovado e vigor às dinâmicas de conexão e relacionamento entre os integrantes da rede".

No entrelaçamento dos fios, "cada participante traz seus talentos à rede, estes vão ser utilizados para a resolução dos complexos problemas trazidos pelo grupo" (MARTINHO, 2002, 56). Assim, é possível visualizar e construir diferentes caminhos e pleitear soluções diversas para desafios similares, ou mesmo buscar novas alternativas para desafios que são distintos, mas dizem respeito a todos. Dessa forma, "uma das vantagens da rede é a existência de múltiplos caminhos. A multiplicidade de caminhos no âmbito da rede é a garantia da liberdade que estabelece conexões" (MARTINHO, 2002, 15).

Sosa (2021, 37) afirma que o modo jesuíta de gerir passa pelos elos da confiança, comunicação profunda entre os que tomam decisões e os membros da instituição, supondo capacidade de discernimento antes da ação:

> É algo que agora experimento como superior geral. É assombroso, porque é uma instituição que funciona sobre a base da confiança plena em cada pessoa, a comunicação profunda com

os que tomam as decisões e o conhecimento interno dos membros. É muito flexível e nada tem a ver com a imagem que se tem dos jesuítas como militares. Não se pede para um soldado que ele pense, mas que faça o que lhe ordenam, como lhe ordenam. Com um jesuíta, acontece o contrário: ele deve primeiro pensar e discernir, antes de agir.

Embora na Companhia de Jesus já se trabalhasse colaborativamente e em rede, mesmo não se definindo assim, pois a articulação acontecia por meio de cartas e relatórios que eram sistematicamente redigidos e enviados ao governo canônico, a tendência é associar o trabalho em rede ao advento das novas tecnologias, especialmente a *internet*.
Não resta dúvida de que a *internet* facilitou os processos, pois ela encurta as distâncias, permite comunicação síncrona, algo que era impensável na origem da Companhia de Jesus. Nessa perspectiva, foram incentivados pela Companhia de Jesus o trabalho colaborativo e a organização em rede.

> A *internet* e as redes sociais mudaram a forma como os seres humanos pensam, reagem, comunicam-se e se relacionam. Não é apenas uma questão de novas tecnologias. É um novo mundo no qual vivem as pessoas, especialmente as novas gerações. É o início de uma gigantesca transformação cultural que progride a uma velocidade inimaginável, que afeta as relações pessoais e intergeracionais e desafia os valores culturais tradicionais. Este hábitat ou "ecossistema digital" tornou possível a expansão da informação e da solidariedade, mas também gerou profundas divisões com a viral expansão do ódio e das falsas notícias (CPAL, 2019, 49-50).

A criação da *internet* e o seu desenvolvimento no final do século passado geraram novas possibilidades de organização e articulação social, tanto no âmbito de indivíduos quanto no de empresas. Desse modo, instituições e gestores mais atentos buscaram formas de aproveitar esses novos meios e potencializar suas empresas. A Companhia de Jesus decidiu, em 2014, apostar numa plataforma virtual que colocasse em diálogo as centenas de unidades educativas existentes no mundo.

> A Educate Magis [...] fornece um fórum para disseminar documentos e estimular o aprendizado e o diálogo entre os colégios. É essencial que os educadores jesuítas de todo o mundo se juntem e façam uso desse importante recurso (SJ, 2019a, 80).

Esse movimento, não obstante as muitas vantagens, trouxe novos desafios, tais como informação mais rápida, problemas e descuidos que logo ganham as redes, e associam-se diferentes empresas entre si. No caso dos colégios, a possibilidade de se relacionar um problema de uma unidade com outra, ou, numa óptica mais positiva, o questionamento de por que uma usa meios mais modernos que outras, ou mesmo sobre as possibilidades pedagógicas de aprendizagem, já que uma unidade inova mais do que outra etc.

Em relação à gestão, segundo Mendes, Santos e Ghisleni (2022, 91), documentos da Companhia de Jesus "são unânimes em afirmar a relevância da gestão colaborativa e participativa nas instituições". Cada vez mais, considerando a complexidade do tempo presente, é necessário que os gestores busquem contínua atualização, mas, principalmente, saibam trabalhar colaborativamente, consultar os pares, aprender com experiências similares, iluminar e fortalecer a prática cotidiana com isso.

Prosseguem Mendes, Santos e Ghisleni (2022, 91): "desse modo, a liderança pressupõe a partilha de conhecimentos e experiências, em que diferentes saberes enriquecem o serviço sem desconsiderar o todo, buscando objetivos comuns".

A *internet*, hoje quase onipresente, inicialmente fora pensada para favorecer as estratégias de guerra, mas logo trouxe novas possibilidades de favorecer a sociedade como um todo. "A certa altura, tornou-se difícil separar a pesquisa voltada para fins militares das comunicações científicas e das conversas pessoais" (CASTELLS, 2006, 83). O certo é que a criação da *internet* trouxe novas possibilidades e desafios para a sociedade, não apenas para o universo da educação, mas para todos os setores, sejam eles voltados para serviços, produção industrial, comércio, ou para a educação, a religião, a ciência médica e a cultura. Segundo Castells (2006, 82):

> A criação e o desenvolvimento da *internet* nas três últimas décadas do século XX foram consequência de uma fusão singular de estratégia militar, grande cooperação científica, inciativa tecnológica e inovação contracultural. [...] Quando, mais tarde, a tecnologia digital permitiu o empacotamento de todos os tipos de mensagens, inclusive de som, de imagens e de dados, criou-se uma rede que era capaz de comunicar seus nós sem usar centros de controles. A universalidade digital e a pura lógica das redes do sistema de comunicação geraram as condições tecnológicas para a comunicação global horizontal.

Acrescenta-se a esse contexto a força que uma rede pode produzir no âmbito de uma sociedade que é altamente complexa, competitiva e excludente. Fazer parte de um grupo organizado gera maior chance de estabilidade e durabilidade. O isolamento pode mais facilmente gerar o insucesso, principalmente em meio a alguma crise ou imprevisto. Esse movimento é mais produtivo e atinge melhor o seu fim quando articulado de modo sistêmico. Assim, a educação jesuíta reconhece que "agora é a hora de repetir e agir como sistema internacional de educação que somos, que tem sido construído pelos nossos predecessores jesuítas e leigos nestes últimos 450 anos" (SJ, 2019a, 13).

O gestor, ciente do cenário no qual a instituição está inserida e atento à missão da empresa, buscará formas de responder aos desafios de modo eficiente. Os jesuítas no Brasil esperam que os gestores trabalhem de modo sistêmico,

[...] [o que] compreende a integração entre os pares, os demais setores e áreas da obra. Também ocorre com a atuação das áreas administrativa, acadêmica e pastoral, considerando suas especificidades, relacionando-as e articulando-as, com foco na formação integral das pessoas (BRA, 2016, 36).

A organização em rede supõe alguma articulação e sistematização entre os atores envolvidos na instituição, requer igualmente uma gestão que mobilize os atores e, nos tempos atuais, pressupõe um trabalho colaborativo, que envolva o maior número de colaboradores na busca da finalidade última da instituição. Segundo o documento "Instrução para gestores da Companhia de Jesus no Brasil" (SJ, 2016, 65), o trabalho em rede

[...] envolve pensar articuladamente e enfrentar em conjunto os desafios comuns, por meio de projetos integrados. Supõe dinamizadores, pessoas ou grupos que ajudem a criar outro tipo de cultura de trabalho. Desenvolve um pensar global, estimula a comunicação entre as pessoas e obras, favorece mobilidade apostólica, compartilha e potencializa os recursos humanos e materiais, planeja as atividades de forma que haja continuidade e complementariedade com melhor aproveitamento das competências, com otimização de esforços e com fortalecimento da identidade comum. Implica novos modelos de gestão.

Nessa perspectiva, desejava-se que, com a criação da RJE, formas criativas de articulação em rede fossem buscadas e que essa fosse mais do que uma soma linear de partes, que ela pudesse fortalecer o trabalho apostólico da província, mais especificamente no que se referia à educação básica dos jesuítas no Brasil.

Nesta pesquisa, estuda-se a rede como espaço de colaboração sistêmica e de gestão colaborativa. Considera-se que a rede, numa perspectiva inaciana, contempla tanto a horizontalidade – articulação e cooperação entre as unidades que compõem a RJE – quanto a verticalidade, ou seja, articulações que perpassam o escritório central ou mesmo emanam dele. A mantenedora das unidades possui papel importante na integração e forma como essas buscam cumprir a missão.

> A colaboração induz espontaneamente a cooperação através de redes e estas são uma forma criativa de organização do trabalho apostólico. O trabalho em rede possibilita a colaboração entre as obras apostólicas da Companhia e as instituições de outros, abrindo inéditos horizontes de serviço que ultrapassam aqueles que são tradicionais numa região ou numa província, e mobilizando maiores recursos e possibilidades em favor da missão (CPAL, 2019, 62).

Há uma articulação contínua com a mantenedora, que contribui na leitura do contexto de mercado, acompanha investimentos, define diretrizes orçamentárias, no intuito de garantir a saúde financeira e a maior eficácia apostólica das unidades, favorecendo, portanto, a gestão participativa, sistêmica e colaborativa.

3

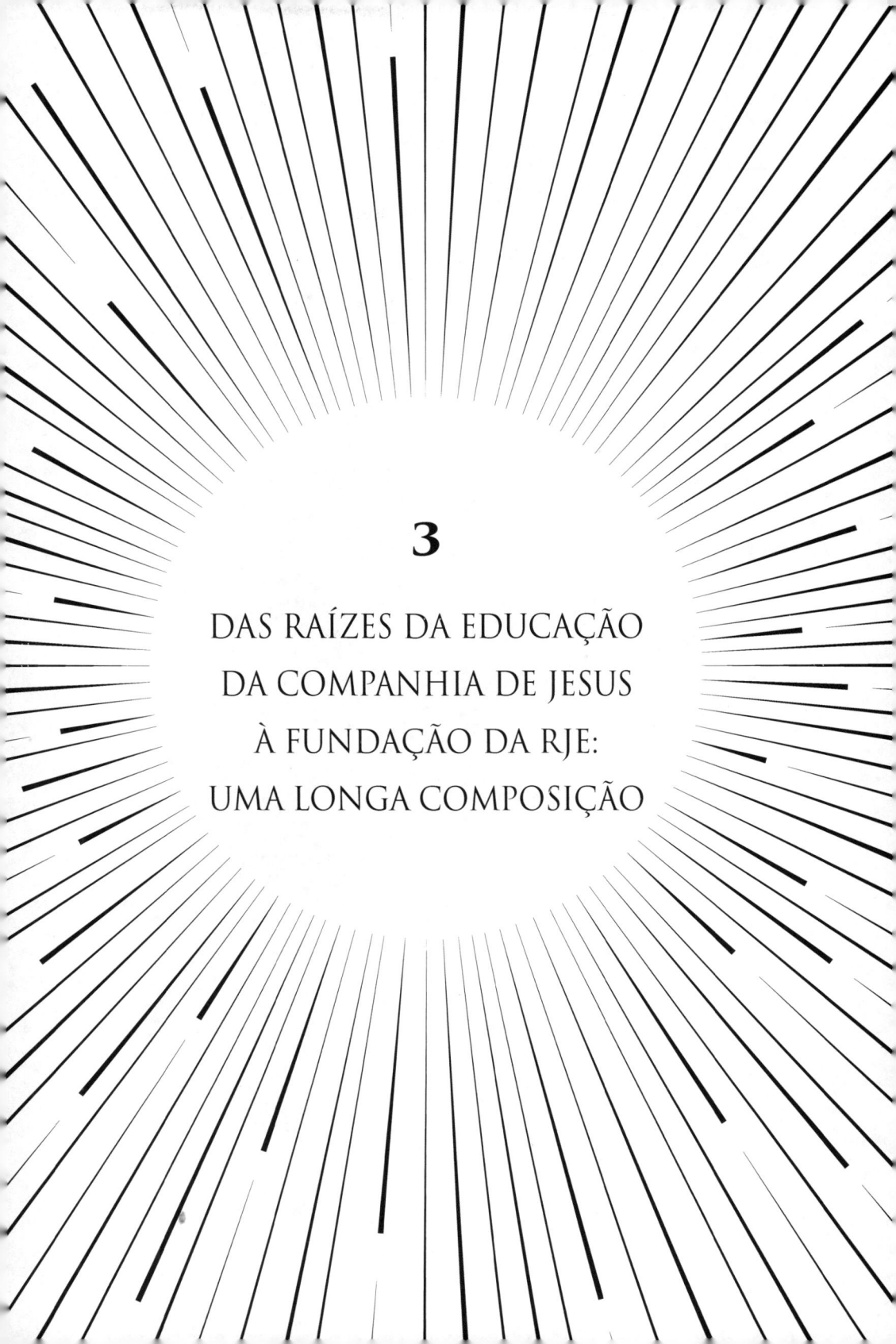

DAS RAÍZES DA EDUCAÇÃO DA COMPANHIA DE JESUS À FUNDAÇÃO DA RJE: UMA LONGA COMPOSIÇÃO

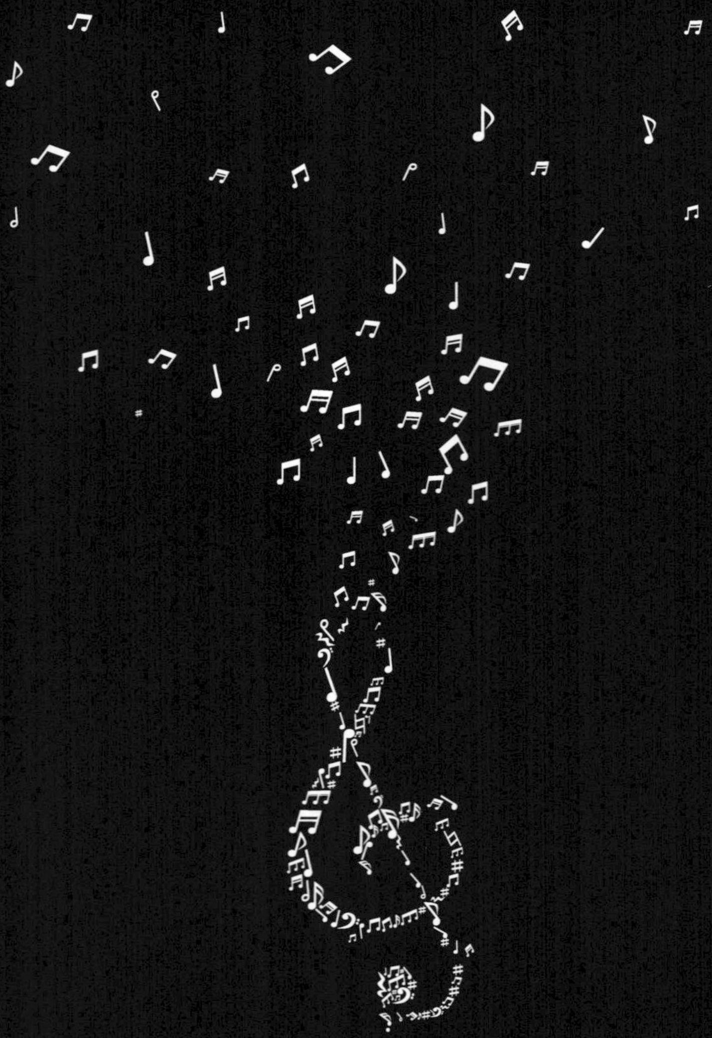

No processo de articulação do apostolado educativo da Companhia de Jesus, alguns eventos se destacam como marcos do seu desenvolvimento ao longo do tempo – como, por exemplo, a importância do *Ratio Studiorum*[1], suas principais adequações históricas, a renovação do apostolado a partir dos anos 1960 – e desembocam no surgimento da RJE e na construção do PEC.

Considerando a organização da Companhia de Jesus em um corpo universal, reunido em vista da missão, pode-se visualizar uma organização global articulada em redes locais, regionais e globais. Assim, a RJE é uma rede de educação que contempla a província do Brasil; há uma federação que inclui todas as redes locais da América Latina e Caribe, assim como o Educate Magis, uma plataforma virtual que inclui as federações regionais dos cinco continentes. Desse modo, pode-se dizer que a educação básica da Companhia de Jesus é uma rede de redes. Esse modo de articulação favorece a identidade comum que permeia a educação básica da Companhia de Jesus no mundo, tanto em nível local quanto global. Passa a ser um espaço relevante para enfrentar os desafios do tempo presente e buscar saídas comuns, partilhar experiências e pensar projetos, fortalecer a identidade institucional e revitalizar a missão coletiva. Trata-se de uma grande música articulada, em sintonia e harmonia, cantando uma mesma canção e buscando a harmonia entre as múltiplas letras, ritmos, sons e compassos.

---

1. O *Ratio Studiorum* é o primeiro e mais relevante documento que sistematiza a organização dos estudos da Companhia de Jesus. Após algumas elaborações prévias, publicou-se a versão definitiva em 1599, já no generalato do padre Acquaviva. Mais adiante, o surgimento do documento e sua relevância no universo da educação na e da Companhia de Jesus serão analisados. Refere-se a ele como documento e, por isso, sempre a utilização do artigo masculino "o" (o *Ratio*).

Nesse movimento, sobressaem-se princípios e características que norteiam o apostolado educativo da Companhia de Jesus, as diferentes articulações em rede que o acompanham ao longo da história e que podem ter iluminado o processo de fundação da RJE e do seu projeto educativo.

3.1 A Origem da Companhia de Jesus

A Companhia de Jesus é uma ordem religiosa, fundada por Inácio de Loyola e seus companheiros, que se conheceram na Universidade de Paris por volta do ano 1530[2]. Embora o grupo já tivesse compromissos comuns em termos de apostolado e serviço à Igreja desde os primórdios, a ordem foi oficialmente aprovada pela Santa Sé em 1540, dentro do contexto da transição da Idade Média para a Idade Moderna.

Inácio de Loyola era um basco que almejava uma carreira militar e o trânsito nas cortes espanholas. Numa das batalhas entre espanhóis e franceses, em Pamplona, no norte da Espanha, Inácio, em 1521[3], foi

---

2. Inácio foi a Paris para estudos de filosofia e teologia. Ali conheceu seus primeiros companheiros e amigos no Senhor e, com eles, fundou a Companhia de Jesus. "Em 15 de agosto de 1534, na capela de Montmartre, em Paris, Inácio e seis companheiros – Francisco Xavier, Pedro Fabro, Afonso Bobadilha, Diogo Laínez, Afonso Salmeirão e Simão Rodrigues – fizeram votos de dedicarem-se ao bem dos homens, imitando Cristo, de peregrinarem a Jerusalém e, caso não fosse possível, de apresentarem-se ao Papa, com o objetivo de colocarem-se à disposição do Pontífice. Um ano depois, os votos foram renovados por eles e mais três outros companheiros – Cláudio Jaio, João Codure, Pascásio Broet". A Companhia de Jesus foi oficialmente aprovada pelo Papa Paulo III em 27 de setembro de 1540. Disponível em: <https://www.jesuitasbrasil.org.br/institucional/santo-inacio-de-loyola/>. Acesso em: 02 nov. 2021.
3. O ferimento aconteceu em 20 de maio de 1521, durante a batalha de Pamplona. "Em 1521, o Rei Francisco I da França iniciou a primeira fase de sua longa luta contra o recentemente eleito imperador Carlos de Habsburgo, que, desde 1516, era também o rei da Espanha. Quando as tropas francesas entraram na Espanha e avançaram para Pamplona, Iñigo [Inácio] estava lá para defendê-la; em 20 de maio, uma bala de canhão explodiu e o atingiu, fragmentando sua perna direita e machucando gravemente sua perna esquerda. Apesar de várias operações dolorosas, os médicos não foram capazes de salvá-lo de uma coxeadura para o resto da vida" (O'MALLEY, 2004, 46).

atingido por uma bala de canhão que feriu gravemente sua perna. A convalescença forçada e a leitura de literatura de cunho religioso, diversa da que estava habituado, fizeram surgir um homem novo, que decidiu dedicar a vida a Deus, vivendo de forma simples e despojada, próximo dos pobres e como um deles. Assim, um homem com múltiplas capacidades e cheio de ambições começou a trilhar novo caminho, direcionando seus dons, conhecimentos e riquezas para outras finalidades. Assumiu, desse modo, a vida de peregrino, despojado e pobre, a exemplo de São Francisco e São Domingos. Mesmo sem ter passado pela academia, evangelizava a partir da experiência espiritual que fizera durante a convalescença e nos anos que a sucederam.

Por restrições impostas pela Inquisição, que não permitia o exercício da evangelização e da pregação por pessoas sem formação teológica universitária, Inácio, já com certa idade, iniciou seu itinerário de escolarização formal. Com a ajuda de pessoas que admiravam sua conversão e mudança de vida, foi estudar na Universidade de Paris. Ali, não obstante as exigências dos estudos, Inácio de Loyola, a partir da experiência de Deus e de conversão que ele mesmo fizera e que lhe permitira ler o mundo com olhar diferente, desde a dimensão espiritual até a acadêmica, começou a oferecer a outras pessoas a possibilidade de fazerem uma experiência de Deus por meio dos Exercícios Espirituais (EE).

Segundo Guibert (2020, 126), "os Exercícios Espirituais (EE) de Santo Inácio representam o mais fundamental da espiritualidade inaciana". Eles são considerados "um caminho pessoal para experimentar o amor de Deus, para conhecer-se melhor [...], repensar as necessidades dos demais e a ajuda que lhes damos" (GUIBERT, 2020, 127, tradução nossa). Pode-se, em certa medida, considerar os EE como a "canção dos jesuítas", uma vez que todo candidato à Companhia de Jesus passa pela experiência dos EE, descobrindo e aprendendo neles a identidade (a "melodia") inaciana.

Nesse sentido, os EE moldam e forjam a identidade dos jesuítas. Assim, durante os estudos, oferecendo a experiência dos EE, Inácio apresentou o senhorio evangélico de Jesus Cristo a um grupo de companheiros de estudos, que passaram a se denominar "Companheiros e amigos no Senhor", pois ele não queria que o grupo assumisse seu nome, como era bastante comum na época entre as famílias religiosas que seguiam seus respectivos fundadores. Portanto, em vez de inacianos, como seria de se esperar, o grupo se denominou Companheiros de Jesus, ou Companhia de Jesus, ou simplesmente jesuítas. A experiência dos EE é recorrente na vida dos jesuítas que anualmente passam por ela, reavivando a "canção identitária" que os constitui como corpo apostólico unido em torno da mesma missão.

Na sua origem, a Companhia de Jesus tinha como missão principal ajudar o próximo, bem como defender e propagar a fé. No entanto, logo no início, surgiu a possibilidade de essa ajuda ocorrer por meio da educação, fruto de pedidos feitos diretamente a Inácio para que ele a oportunizasse a jovens que desejavam uma sólida formação em virtudes e letras, sem, contudo, sentirem-se chamados a associar-se ao corpo apostólico da Companhia de Jesus.

> Inácio não só admitia os colégios como apostolado próprio da Companhia, mas até os incentivava. [...] Não se trata, portanto, apenas de colégios para a formação de novos jesuítas, mas de bons cristãos que, nos seus futuros cargos e atividades, seriam promotores e trabalhadores em prol da Igreja e do bem das pessoas que estivessem em contato com eles (SCHMITZ, 1994, 13).

O primeiro colégio jesuíta para jovens cujo horizonte de vida não era a Companhia de Jesus foi fundado em Messina, na Itália, em 1548. O sucesso da formação oferecida no Colégio de Messina fez com que houvesse sempre mais solicitações de abertura de colégios nos diferentes rincões onde a Companhia de Jesus começava a chegar. Vinte anos após a fundação da congregação e doze após a fundação do primeiro colégio, em 1560, a educação se tornara campo privilegiado de missão. Considerando um escrito de agosto daquele ano, Juan Alfonso de Polanco⁴ (citado por O'MALLEY, 2004, 313), na época secretário-geral da Companhia, dirigiu-se aos jesuítas em nome do padre Diego Laínez⁵, já sucessor de Inácio como superior geral da Companhia de Jesus, explicitando a importância da educação na missão da Companhia de Jesus:

> Há, na Companhia de Jesus, dois caminhos para ajudar nossos próximos: um nos colégios por meio da educação da juventude em letras, no ensino e na vida cristã; e o segundo em todo lugar para ajudar os diferentes tipos de pessoas por meio de sermões, confissões e outros meios que se enquadram em nosso modo costumeiro de proceder.

Inácio usou uma metáfora oriunda do contexto educativo para falar do processo de amadurecimento na fé que se seguiu a sua conversão. No relato sobre sua vida, intitulado *Autobiografia*, acolhido e redigido pelo Padre Luiz Gonçalves da Câmara, seu secretário em Roma, destaca-se:

> Neste tempo, Deus o [Inácio] tratava como um mestre-escola trata a um menino que ensina. Isso sucedia por sua rudeza e dura inteligência, ou porque não tinha quem o instruísse, ou pela firme vontade que o mesmo Deus lhe dera para servi-lo (CÂMARA, 1978, 39).

---

4. Juan Alfonso de Polanco, SJ, nasceu em 1517 e morreu em 1576. Foi secretário geral da Companhia de Jesus durante o governo dos três primeiros superiores gerais (Inácio de Loyola, Diego Laínez e Francisco de Borja). Ele foi um grande incentivador e impulsionador do apostolado educativo na companhia primitiva. A sigla "SJ", inserida após o nome de "Polanco", significa *Societatis Iesus* e é usada após o nome de todos os membros que pertencem (ou pertenceram) à Companhia de Jesus.
5. Laínez foi o 2° superior geral da Companhia de Jesus, substituindo Inácio de Loyola. No governo dele, os colégios tiveram importante expansão na missão da ordem.

Mais tarde, quando colocou por escrito sua experiência espiritual, transformando-a em um roteiro para outras pessoas fazerem o próprio itinerário de conversão, isto é, o livro dos *Exercícios Espirituais*[6], Inácio também lançou as bases de uma *sabedoria pedagógica*. Ao escrever as *Constituições* da Companhia de Jesus, ele percebeu que as regras de vida existentes até então não correspondiam a sua experiência espiritual de encontrar Deus em todas as coisas, para em tudo amar e servir, a qual ele repassava para a nova congregação religiosa que nascia. Inácio queria um grupo de missionários itinerantes cujo estilo de vida fosse parecido com aquele dos apóstolos, principalmente o de São Paulo.

Para isso, porém, Inácio logo percebeu que era necessário ter casas de formação para as futuras gerações de jesuítas. Aqui se encontra o núcleo original que une o aspecto espiritual-religioso e o apostolado educativo da Companhia de Jesus. Os jesuítas nasceram para ajudar as pessoas exercendo o ministério da Palavra de Deus por meio de pregações, confissões, retiros e orientações espirituais em todas as partes do mundo a que pudessem chegar, mas, ao mesmo tempo, valorizando as instituições educativas – colégios e universidades – que ganhavam importância renovada no contexto renascentista da Europa dos séculos XVI e XVII.

Em contexto tão desafiador, a nascente Companhia foi logo ampliando seu escopo de missão, agregando a um apostolado inicialmente

---

6. Livro escrito por Santo Inácio de Loyola (EE). Roteiro para um retiro de 30 dias, organizado em quatro etapas, chamadas de semanas. O autor selecionou e organizou o material bíblico e elementos da doutrina católica para que a pessoa que orienta os EE ajude o(a) exercitante a fazer essa experiência. Existem diferentes maneiras de fazer os EE, principalmente no que se refere ao tempo e à duração do retiro. Inácio conseguiu colocar por escrito seu próprio itinerário espiritual. Assim, refletindo sobre o "vivido", os EE tornaram-se um caminho para se chegar até Deus. Toda pessoa que se entrega à experiência cresce em autoconhecimento e, tendo feito a experiência de ser amada incondicionalmente por Deus, é convidada a discernir e eleger um projeto de vida de adesão e seguimento da pessoa e da causa de Jesus Cristo, colaborando com a missão dele para a VIDA do mundo, em comunhão com a Igreja, e convertendo-se ao modo de vida cristão (RJE, 2021, 71).

voltado para missões itinerantes outro mais fixo e localizado, como é o caso dos colégios:

> Os primeiros jesuítas não se consideravam mais do que pregadores itinerantes, peregrinos da Terra Santa. Vicissitudes históricas, como o convite das autoridades locais de Messina, Palermo, Viena, Coimbra, Roma etc., é que foram ditando mudanças de rumo da ação apostólica da Companhia de Jesus (MIRANDA, 2008, 19).

Assim, muito cedo fica claro que a educação seria um caminho bastante adequado e eficaz para levar a boa-nova a todos os povos. Embora houvesse algumas ressalvas e regras para se abrir os colégios, eles surgiam e se multiplicavam rapidamente. Ressalta-se que a missão dos primeiros jesuítas indicava a abertura para a situação e a demanda da sociedade na qual se inseriam. Dessa abertura, ergueram-se os primeiros colégios. Essa mesma postura diante da sociedade é geradora de mudanças nos colégios ao longo do tempo, inclusive na atualidade.

Esse espírito de abertura para o contexto e de se deixar interpelar pela realidade faz com que, ao longo dos mais de quatro séculos de serviço à educação, a Companhia de Jesus siga buscando formas e estratégias de responder eficazmente aos desafios do tempo presente. A abertura para a articulação mais colaborativa e em rede das suas instituições educacionais em todo o mundo tem raízes. No Brasil, esse contexto favoreceu a fundação da Rede, assim como a de um Projeto Educativo Comum que oportunizasse e favorecesse a articulação em rede, em vista de maior fruto para o Reino.

3.2 A sistematização da educação na Companhia de Jesus

O movimento ora problematizado tem suas raízes na longínqua e vasta tradição educativa da Companhia de Jesus, que remete a mais de quatro séculos de dedicação a essa causa. Desde o primeiro Colégio Jesuíta, em

Messina, até os tempos atuais, são mais de 470 anos de experiência, problematizações e sistematizações teóricas, assim como generoso e criativo trabalho educativo.

Após a fundação do Colégio de Messina, e considerando seu impacto positivo na formação das juventudes, surgiram muitos outros inspirados no alcance apostólico e acadêmico daquele colégio. A Companhia de Jesus reconheceu, desde o princípio, nos colégios, um espaço único, privilegiado e eficaz de evangelização, em coexistência com a humanização, ambos pilares da espiritualidade e missão jesuítas.

O crescimento exponencial gerou a necessidade de uma organização que permitisse aos colégios fundados em diferentes lugares e contextos a manutenção da unidade jesuíta na diversidade. A riqueza de estar presente num contexto diverso requeria uma unidade na identidade, nos princípios, nos valores e nos direcionamentos. Assim, o 5º superior geral da Companhia de Jesus, padre Claudio Acquaviva, decidiu compor um grupo de trabalho com a função de pensar uma "espinha dorsal" comum para a educação nos colégios. Tratava-se de pensar e descobrir uma "canção", uma identidade comum, para os colégios existentes e que estavam por nascer.

Desse grupo de trabalho, nasceu não por acaso ou espontaneamente o *Ratio Studiorum*, dentro do contexto do humanismo renascentista. Esse documento pode ser visto, dessa forma, como a primeira "canção" formal da Companhia de Jesus voltada para o apostolado educativo, a melodia que identificaria e reuniria os membros jesuítas para a vivência e o trabalho educacionais cotidianos. O *Ratio*, de algum modo, é uma "consistente canção", na qual e da qual emanam outras canções pelo mundo afora. Ele congrega e aproxima a diversidade, além de permitir a unidade na multiplicidade de contextos, tempos e lugares.

Sobre os estudos, Inácio já tratara deles na parte IV das *Constituições*:

> [...] onde se encontra uma série de princípios e normas para as universidades, colégios e estabelecimentos educativos da Companhia. No entanto, Inácio não desceu a muitos pormenores.

> Um de seus princípios foi sempre o de adaptar-se à realidade concreta e de acomodar-se aos lugares, tempos e pessoas (MESA, 2019, 126)[7].

Assim, pode-se intuir que, a partir das *Constituições*, já se delineou o desejo de uma sistematização e de um tratado mais pormenorizado. Segundo Mesa (2019), Inácio dava liberdade a diretores e reitores dos colégios para que elaborassem os próprios planos de estudos, seguindo o princípio da adaptação, na espera da construção e promulgação das anunciadas *Normas Comuns*. Havia muita autonomia nas unidades locais, contudo se buscava um espírito comum que emanasse dos Exercícios Espirituais e, posteriormente, do *Ratio Studiorum*.

> Para se entender a filosofia educacional da Companhia de Jesus, é necessário situar-se na época, e, especialmente, compreender o espírito de Santo Inácio. Na realidade, foi baseado nos Exercícios Espirituais e nas experiências de Sto. Inácio que se iniciou o apostolado educacional da Companhia. [...] Tanto isso é verdade, que as primeiras experiências educacionais da Companhia, bem como o próprio *Ratio Studiorum*, supõem conhecidos e praticados os princípios dos Exercícios Espirituais, não apenas seu espírito, mas até a sua metodologia (SCHMITZ, 1994, 9).

Dessa forma, surgiram diversos e diferentes documentos que acabaram sendo insumo para a construção do *Ratio*. Em sua origem, esses documentos versavam sobre a educação dos jesuítas e eram direcionados diretamente para ela, mas logo foram oferecendo possibilidades para estudantes não jesuítas.

---

7. Original em espanhol. Tradução feita pelo autor.

3.3 A literatura de referência na Companhia de Jesus

A atuação dos jesuítas na educação foi e continua sendo relevante na formação de sujeitos cientes de suas potencialidades e capazes de atuar como atores de transformação social, haja vista a representatividade quantitativa do apostolado jesuíta na área de educação no mundo:

> A educação secundária da Companhia de Jesus engloba hoje mais de 840 colégios, em 72 países, totalizando mais de 890 mil estudantes. Além disso, a Companhia de Jesus mantém 1.300 instituições e projetos de educação popular através da Rede Fe y Alegria, atendendo a mais de 1,2 milhão de pessoas. Outra iniciativa na educação básica é feita pelo Serviço Jesuíta a Migrantes e Refugiados, beneficiando cerca de 167 mil pessoas nessas condições (SJ, 2021).

Boa parte da atuação dos jesuítas é orientada por documentos criados por seus membros e colaboradores na educação e evangelização. Aqui, busca-se resgatar elementos e contextos da elaboração das obras mais significativas (com mais utilização e citação), bem como as principais orientações e princípios que delas emanam. Pressupõe-se que essa apresentação pode servir como pesquisa para outros estudiosos, ao mesmo tempo que é fonte de análise dos dados desta pesquisa.

Embora esses documentos ou publicações não sejam diretamente fundadores da RJE, assinalam elementos e princípios que acompanham os membros da Companhia e que motivaram, de alguma forma, a fundação da rede. Além disso, inspiraram e inspiram a forma de gestão e de construção dos espaços educacionais das escolas jesuítas do Brasil.

A Companhia de Jesus constituiu, ao longo do tempo, um vasto repertório de obras que refletem contribuições de atores comprometidos com a educação, que incidiram diretamente nas práticas do apostolado educativo e qualificaram os mais de quatro séculos de atuação. As reflexões e definições sobre gestão e prática educativa, bem como a crença na importância da missão, permitiram a superação de desafios, dificuldades e mesmo agressões à Companhia. São também esses documentos, ao explicitar princípios e práticas, que indicam a atualização constante da Companhia, de forma que, hoje, no século XXI, ela segue contribuindo na transformação da sociedade por meio da educação.

3.4 Alguns fragmentos da "canção"

A parte IV das *Constituições da Ordem* traz um primeiro indicativo da importância dos colégios para a realização da missão da Companhia de Jesus. Essa parte é dedicada à formação como meio para o fim. Por isso,

> [...] uma vez que se reconhecem nos candidatos o requerido fundamento de abnegação de si mesmos e o seu necessário progresso na virtude, devem-se procurar os graus de instrução e o modo de utilizá-la para ajudar a melhor conhecer e servir a Deus, nosso Criador e Senhor. Para isso a Companhia funda colégios (SJ, 2004, 115).

Além disso, a primeira Companhia reconhecia a importância da boa formação e o quanto poderia ser favorecida por meio da educação destinada àqueles que tinham reta intenção, mas pouco acesso às letras. Na busca por pessoas preparadas para a missão, a Companhia de Jesus decidiu abrir colégios e aceitar jovens com dons e talentos para prepará-los para a messe:

> E, como homens bons e instruídos se encontram poucos, em comparação com os outros, e mesmo desses a maior parte quer mais é descansar dos trabalhos passados, achamos muito difícil que a Companhia possa desenvolver-se com vocações de homens instruídos, bons e sábios [...]. Por tal motivo, pareceu-nos bem a todos, em nosso desejo de a conservar e aumentar para

maior glória e serviço de Deus, nosso Senhor, tomar outro caminho: admitir jovens que, pela sua vida edificante e pelos seus talentos, deem esperança de vir a ser homens ao mesmo tempo virtuosos e sábios, para cultivar a vinha de Cristo Nosso Senhor. Devemos, igualmente nas condições indicadas na Bula, aceitar colégios, [...] porque assim aumentará o número dos que se há de empregar nele, e serão ajudados a progredir mais na ciência e nas virtudes (SJ, 2004, 115-116).

Na quarta parte das *Constituições*, "Como instruir nas letras e em outros meios de ajudar o próximo e os que permanecem na Companhia", a Ordem apresenta a importância de se abrir colégios para oferecer adequada formação em vista da missão. Para tanto, trata de temas como a sustentabilidade dos colégios, a importância dos benfeitores e o reconhecimento desses, o perfil dos que estudarão nesses colégios, as matérias que serão estudadas, como acompanhar e progredir nos estudos, o governo dos colégios, o papel dos gestores (reitores) etc. Aponta, de igual forma, para a importância na gestão que leva em conta pessoas, tempos e lugares:

Se as circunstâncias do lugar, do tempo, ou das pessoas pedirem alguma alteração quanto aos exercícios de repetições, discussões escolares, e de falar latim, deixa-se a decisão ao discernimento do Reitor com a autorização, ao menos do geral, do seu superior (SJ, 2004, 129).

Em seguida, em 1599, veio o *Ratio Studiorum*. Observou-se, na sequência, um hiato cronológico de mais de três séculos em que não houve a redação de documento significativo em termos de direcionamentos ao corpo universal da Companhia de Jesus. Só em 1966, com a Congregação Geral XXXI (CG XXXI)[8], foi apresentado um decreto dedicado

---

8. A congregação geral é a instância máxima de governo na Companhia de Jesus. A 36ª CG, última congregação até o presente momento, realizada em 2016, elegeu como superior geral o padre Arturo Sosa, SJ, um jesuíta venezuelano.

à educação, motivado pelos novos ares de maior diálogo e abertura para com o mundo moderno, suscitados pelo Concílio Vaticano II (1958-1962), e o tema da atualização do apostolado educativo e da sua sistematização em documentos norteadores pareceu tornar-se uma prática assumida pelos superiores da congregação.

Marco significativo para esse movimento de explicitação foi o documento "Nossos colégios hoje e amanhã", de 1980, do então superior geral da Companhia, padre Pedro Arrupe[9], eleito justamente na CG XXXI, reconhecido como "refundador" da educação jesuíta. Instigado por esse documento, ou melhor, pelas suas orientações e apontamentos, seguiram-se outros documentos significativos, especificamente "Características da Educação da Companhia de Jesus" (1986), "Pedagogia Inaciana: uma proposta prática" (1993) e, em termos de América Latina, o "Projeto Educativo Comum da CPAL" (2005).

Pode-se afirmar que um novo ciclo de renovação e explicitação de princípios, orientações e práticas se configurava em 2012, já como tema das fundamentais e necessárias articulação e atuação em rede. Embora de alcance global, esse ciclo se desenvolveu e foi contextualizado localmente, nos diferentes países em que a Companhia estava presente. Nesse ciclo, considerou-se e reforçou-se a rede como espaço adequado para

---

A CG é convocada para tratar de temas relevantes ao apostolado e missão da Companhia de Jesus, ou para escolher um novo superior geral. É um momento em que a Companhia de Jesus avalia sua vida e missão, define e/ou confirma o futuro de sua missão a serviço da Igreja e da sociedade. Ela conta com representantes eleitos em todas as províncias jesuítas do mundo.

9. Padre Pedro Arrupe nasceu em Bilbao, País Basco, Espanha, em 14/11/1907 e morreu em 05/02/1991. Ingressou na Companhia de Jesus em 1927 e, em 1938, partiu para o Japão, ficando por lá até ser eleito superior geral em 22 de maio de 1965. Com vasta experiência internacional, fez estudos na Bélgica, Alemanha, Holanda e Estados Unidos. No entanto, sua experiência mais marcante, certamente, foi a de ser missionário no Japão, onde testemunhou a bomba de Hiroshima na Segunda Guerra Mundial e se comprometeu diretamente no socorro das vítimas dessa catástrofe. Sua atuação no apostolado educativo foi marcante. Para alguns pensadores, como Luiz Fernando Klein, SJ, é considerado o refundador da Companhia de Jesus.

potencializar mais e melhor as possibilidades inerentes a um conjunto significativo de unidades educativas espalhadas pelo mundo.

> A 36ª Congregação Geral nos recorda que "a colaboração leva naturalmente à cooperação em rede. As novas tecnologias da comunicação criam formas de organização que facilitam a cooperação. Tornam possível que se mobilizem os recursos humanos e materiais em sustento da missão e ultrapassem as fronteiras nacionais e os limites de Províncias e Regiões" (Decreto 2, n. 8). Para responder a esse chamado, nossos colégios e as redes locais e regionais devem comprometer-se a estar numa irmandade global para que nossas comunidades escolares possam ver a si mesmas como parte de um *corpo universal com uma missão universal* (35ª CG, Decreto 2, n. 20) (RJE, 2021, 92-93).

A convicção fundante da orientação é de que um trabalho articulado em rede permitiria melhor serviço à igreja e à sociedade, com uma proposta de educação pensada por um conjunto maior de atores e alinhada a contextos locais, sem desconsiderar as perspectivas de mundo enredado, em que o sujeito da educação não se restringe a uma localidade geográfica. Nessa perspectiva, diferentes encontros globais foram pensados e realizados, resultando em orientações e compromissos coletivos que fortaleceriam a rede global e as redes regionais de colégios da Companhia de Jesus.

> De fato, trata-se de uma nova mentalidade e modo de proceder que requer nossa criatividade e compromisso para encontrar formas de trabalhar juntos e conseguir um novo nível de gestão para nossos colégios. Esse processo fortalecerá nossos colégios em nível local e global e os tornará mais relevantes para as sociedades a que servimos (RJE, 2021, 93).

A perspectiva de visão global e em rede levou à definição de encontros em âmbito continental e global, reunindo centenas de atores jesuítas e leigos. A cada encontro, os sujeitos do pensar explicitaram suas compreensões em um documento para iluminar, desafiar e orientar o apostolado para uma contextualização e adequação das proposições, de modo a traduzi-las em ações educativas que incidissem, numa perspectiva inaciana, nos estudantes da educação básica confiados aos jesuítas. Quatro encontros globais[10], com produção de documentos orientadores em cada um deles, tiveram grande repercussão na educação jesuíta na última década.

> A Companhia de Jesus, em sintonia com as orientações da Igreja Universal e Latino-americana, tem trilhado um rico caminho de revitalização da tradição educativa que construiu ao longo dos últimos quatro séculos. O Colóquio Internacional sobre Educação Básica Jesuíta (ICJSE), realizado em Boston (EUA), em 2012, marcou o início de um ciclo de troca de experiências, reflexões e decisões sobre os caminhos de renovação do trabalho realizado na educação básica em nível mundial. O Seminário sobre Pedagogia e Espiritualidade Inacianas (SIPEI), encontro de especialistas realizado em Manresa, Espanha, em novembro de 2014, marcou o segundo momento desse ciclo no qual se estabeleceram compromissos de renovação mundialmente importantes. Aos dois primeiros movimentos citados (ICJSE e SIPEI), segue-se o 1º Encontro Mundial de Delegados desse segmento que, recolhendo dados das diferentes realidades, define um mínimo comum que caracteriza o trabalho apostólico dos jesuítas na área de educação básica (RJE, 2021, 20).

O documento "Acordos do Colóquio de Diretores – Boston" (Estados Unidos, 2012) é fruto de um encontro que reuniu mais de 400 diretores

---

10. Os quatro encontros são: Boston, EUA (2012); Manresa, Espanha (2014); Rio de Janeiro, Brasil (2017); JESEDU-Global (2021). Este último, devido à pandemia de Covid-19, foi transformado da forma presencial prevista para 2020 para um encontro virtual em 2021.

de colégios e escolas jesuítas do mundo todo. Em seguida, um seminário reuniu aproximadamente 100 profissionais especialistas em espiritualidade e/ou pedagogia inacianas, que se debruçaram em explicitar o sujeito a ser formado e educado nos estabelecimentos educacionais da Companhia de Jesus. Esses especialistas produziram o documento "Declaração Final do Seminário Internacional sobre Pedagogia e Espiritualidade Inacianas (SIPEI)" (Manresa, Espanha, 2014). Por fim, fechando esse primeiro ciclo de encontros globais, realizou-se o Congresso dos Delegados de Educação em 2017, no Rio de Janeiro, Brasil, com a participação de uma centena de educadores, jesuítas e leigos, profissionais responsáveis por redes locais e/ou regionais e alguns convidados de outras redes setoriais jesuítas, como, por exemplo, Educação Popular – Fé e Alegria – e Educação Universitária. Do encontro, resultou o documento "Acordos Finais do Congresso JESEDU/RJ, 2017". Os presidentes e diretores de redes presentes assumiram treze compromissos a serem considerados nas redes jesuítas espalhadas pelo mundo.

Instituições educativas da Companhia de Jesus passaram a formar uma rede e intencionaram determinados resultados na sua ação apostólica. Trabalho articulado e orientado por documentos que direcionam e posicionam a missão educativa acompanham a educação jesuíta desde sua origem no longínquo ano de 1549; no entanto, mais recentemente, diversos documentos animaram e impulsionaram o trabalho colaborativo e em rede. Documentos como "Colégios Jesuítas: uma tradição viva no século XXI" (2019), "Preferências Apostólicas Universais da Companhia de Jesus" (2019) e "Direito universal a uma Educação de Qualidade" (2019) são importantes para os que atuam na educação na Companhia de Jesus na América Latina, a fim de que o trabalho seja cada vez mais integrado e articulado.

> Desde o seu nascimento, a Companhia de Jesus se configura como um organismo internacional chamado a uma missão que não conhece fronteiras nacionais ou continentais. Aqueles que participam da missão atual da Companhia, jesuítas, religiosos, leigos(as),

são pessoas de muitas nações formando o mesmo corpo internacional e multicultural. O crescimento do trabalho em rede tem nos permitido transcender os limites das obras apostólicas, das províncias e regiões. [...] A Companhia se sente chamada a renovar a sua característica tensão entre firmar raízes, inculturando-se nas comunidades locais, e a oferecer uma resposta com horizontes universais, cada vez mais articulada, enredada, que contribua para tornar a interculturalidade uma dimensão enriquecedora da humanidade globalizada (CPAL, 2019, 93).

Além dos documentos elaborados em colegiados e encontros, merecem destaque contribuições de autores jesuítas das antigas províncias do Brasil (especialmente a produção voltada para a educação jesuíta e a pedagogia inaciana): Egídio Schmitz, autor de *Os Jesuítas e a Educação: A Filosofia Educacional da Companhia de Jesus* (1994), e Luiz Fernando Klein, autor de *Educação Jesuíta: Tradição e Atualização* (2020).

Para conhecer elementos significativos da história da Companhia, a obra "Os primeiros jesuítas" (2004), de John W. O'Malley, é referência para um apanhado histórico. Essa obra apresenta, de modo pormenorizado, o surgimento da Companhia de Jesus, sua principal missão e considerações sobre como ela se enveredou, logo em seus primórdios e de modo intenso, no apostolado educativo. O recorte histórico são os primeiros 25 anos da Companhia de Jesus (1540-1565), período em que a ordem se estabelece com vigor no apostolado em geral e, principalmente, no educativo. Outro referencial para o tema da gestão é Lowney[11], que, no livro *Liderança Heroica*, põe em linguagem de gestão o modo de organização proposto por Inácio.

---

11. Chris Lowney publicou um livro chamado *Liderança Heroica*, traduzido por Edições de Janeiro e publicado em 2015. O autor é um agente bancário norte-americano que, após passar muitos anos como estudante jesuíta, aplicou alguns dos princípios de gestão que experimentou no tempo da formação inaciana ao mundo dos negócios.

Outras obras de grande valia são as relativas à educação básica publicadas pelos superiores gerais padre Pedro Arrupe, padre Peter Hans Kolvenbach, padre Adolfo Nicolás e, mais recentemente, padre Arturo Sosa. Esses documentos registram o contexto do surgimento da RJE, os principais movimentos individuais e coletivos, os atores envolvidos, os direcionamentos ou mesmo condicionamentos externos que levaram à constituição da RJE no formato em que se apresentou. O atual superior geral, padre Arturo Sosa, aponta para a importância do apostolado educativo no tempo presente e a abertura para novas frentes e espaços para a missão educativa, como, por exemplo, os refugiados:

> Onde há a presença da Companhia, acaba por surgir uma proposta educativa, seja ela formal ou informal. Vê-se isso, por exemplo, no trabalho com os refugiados, que num primeiro momento se entendeu centrado na atenção de uma emergência efêmera, mas pouco a pouco foi se comprovando que o problema ia se prolongar, de modo que se começou a oferecer educação aos refugiados, que não têm alternativas (SOSA, 2021, 228).

Para o fortalecimento e qualificação do apostolado voltado para a educação, o trabalho colaborativo e em rede é cada vez mais urgente, necessário e vital:

> Uma das linhas que queremos seguir no apostolado educativo é precisamente criar redes, o que começa com o desenvolvimento de um mesmo sentimento de identidade e de solidariedade. É possível ajudar-se mais e aprender muito de uns lugares para os outros; [...] a ideia que queremos desenvolver é esta: não somente trabalhar na identidade pedagógica comum, mas que se possa pôr em andamento também a solidariedade real, incluindo a material (SOSA, 2021, 239).

Cada um desses documentos pode ser visto como uma canção, que apresenta melodia e acordes próprios, e, simultaneamente, como parte de uma composição maior, mais ampla, até mesmo mais orquestral (mantendo o campo lexical da música), pois eles se harmonizam e se complementam no apostolado educativo da Companhia de Jesus.

3.5 O caminho até o *Ratio Studiorum*

Há diferentes documentos que precederam e influenciaram a redação do *Ratio*, dentre eles os que estavam direcionados para os primeiros colégios que atenderam alunos não jesuítas. A oferta dessa educação para leigos não estava nos planos de Inácio, mas solicitações e demandas para atender a esse público foram surgindo com frequência cada vez maior. Por exemplo, "em 1545, Inácio concordou que Simão Rodrigues, um dos membros fundadores da Companhia de Jesus, se tornasse o tutor do filho do rei João III de Portugal" (O'MALLEY, 2004, 316).

Influenciado pelo duque de Gandia, Francisco de Borja[12], Inácio abriu a possibilidade de estudo para não jesuítas: "Inácio, sempre favorável às sugestões do duque, concordou, e, em 1546, os jesuítas começaram a ensinar 'publicamente', isto é, a estudantes que não eram jesuítas" (O'MALLEY, 2004, 319). Em seguida, em 1547, a bula *Licet debitum* "[...] concedeu ao Geral [autorização] para designar os membros da Companhia a ensinar teologia e todas as outras disciplinas em qualquer lugar, uma permissão difícil de ser conseguida naquela época" (O'MALLEY, 2004, 316).

---

12. Francisco de Borja nasceu em 28/10/1510 e faleceu em 30/09/1572. Ele fez parte da primeira geração de jesuítas, aqueles que ainda conheceram Inácio de Loyola. Foi eleito o 3º superior geral da Companhia de Jesus em 1565. No seu generalato, os colégios prosperaram, passando de 50, por ocasião da morte de Inácio (1556), para 245 em 1600 (NOGUERA-RAMIREZ, 2011). Borja promulgou o 1º *Ratio Studiorum* (1569), que foi ponto de partida para a redação do que fora promulgado definitivamente em 1599 e prosperou durante vários séculos. Foi também um grande incentivador das missões dos jesuítas, especialmente para a América Latina.

A partir daí, o caminho para que os jesuítas enveredassem para a educação como apostolado foi se encurtando rapidamente. A fundação do colégio de Messina foi emblemática nesse sentido. Segundo Mesa (2019), Messina é o protótipo dos colégios que a ele se seguem. Assim, a partir do pedido de autoridades locais que garantiriam a viabilidade institucional dos colégios, em março de 1548, Inácio escolheu dez jesuítas – quatro padres e seis escolásticos – dentre os seus melhores talentos disponíveis em Roma com origem internacional (O'MALLEY, 2004). Para Inácio, o formato desenhado para Messina resolveu alguns desafios que vinham acompanhando a Companhia nascente, como, por exemplo, o financiamento da formação dos jesuítas mais jovens.

O êxito nos estudos fez com que surgissem novas demandas. Inácio, contudo, tinha consciência de que, para fundar um colégio, era necessário que alguém fornecesse os elementos básicos para a viabilidade do empreendimento, como alimentação e acomodação aos jesuítas, de modo que pudessem dedicar-se à educação de modo gratuito.

Por ocasião da morte de Inácio, em 1556, os jesuítas já mantinham trinta e cinco colégios[13], e, apenas uns anos depois, a educação já se tornara importante missão:

---

13. As trinta e cinco instituições jesuítas voltadas para a educação formal de que se fala acima eram de cinco tipos principais: 1) Casas, chamadas de colégios, onde os jesuítas em formação viviam depois de terem sido admitidos aos primeiros votos na Companhia, após o período de dois anos de noviciado. Como escolásticos – nome que se dá até hoje aos jesuítas que se preparam para serem ordenados padres –, residiam nessas casas, mas tinham aulas de Filosofia e Teologia fora delas; 2) Colégios, semelhantes aos primeiros, mas onde também havia aulas e se fazia todo o percurso do curso superior de Filosofia ou Teologia, reunindo, portanto, características de residências religiosas, que, na Companhia, não são chamadas de conventos nem de mosteiros, mas de centros de estudos (faculdade ou universidade); 3) Colégios, similares às nossas instituições educativas contemporâneas de ensino fundamental (anos finais) e ensino médio, mas só para meninos; 4) Colégios-residências para seminaristas não jesuítas, que moravam aí, estudavam fora, mas recebiam orientação espiritual e de estudos por parte dos jesuítas enviados a trabalhar nesses colégios; 5) Colégios internos para estudantes leigos (GANSS, 1970, 174) [Tradução do autor].

DAS RAÍZES DA EDUCAÇÃO DA COMPANHIA DE JESUS À FUNDAÇÃO DA RJE

No seio da Igreja Católica, a Companhia de Jesus foi a primeira ordem de religiosos a assumir formalmente o ministério do ensino e a fundar escolas, seminários e universidades, não só para a formação dos seus próprios membros, mas também para a educação dos leigos (MIRANDA, 2008, 19).

Na medida em que as organizações escolares dos jesuítas se multiplicavam, ficava clara a necessidade de uma sistematização que direcionasse os programas curriculares, favorecesse uma identidade comum e permitisse a unidade na diversidade. Tratava-se de conhecer e cantar uma "canção comum", ou melhor, reconhecer-se parte de uma mesma missão e fortalecê-la desde os diferentes lugares e contextos culturais em que o colégio surgia e estava. Assim, pensou-se num documento que alcançasse um

> [...] mínimo de coerência e um padrão de qualidade e de exigência (currículo, programas, preparação de professores, modos de ensinar, exercícios, apontamentos e outras práticas didáticas, compêndios, livros de estudo, horários, calendários escolares, férias, feriados, exames, atos públicos...) (MIRANDA, 2008, 23).

Com esse espírito, construiu-se o *Ratio Studiorum*. Sua promulgação trouxe um plano de estudos sistematizado e deu um novo direcionador para o jovem, crescente e cheio de vitalidade apostolado educativo dos jesuítas. O documento, construído a partir das experiências feitas em diferentes colégios, em distintos países e culturas, de modo colaborativo, com diversas consultas, com idas e vindas em termos de sistematização das experiências e práticas pedagógicas, chegou à redação definitiva em 1599. A partir desse momento, havia um documento (uma "canção") que favorecia a unidade entre as obras educativas, assim como permitia e fomentava uma gestão pautada em orientações e princípios comuns.

Este primeiro plano de estudos sistemático, acompanhado de regulamento para a organização escolar, válido onde quer a que Companhia de Jesus viesse a exercer o seu *munus*, é a expressão mais autêntica e duradoura de um modelo de ensino humanista, que foi alicerce para a construção da *humanitas* – na Europa, na Índia, no Japão ou no Brasil (MIRANDA, 2008, 18).

Embora os modelos de um colégio pudessem inspirar outros e houvesse uma percepção comum da importância da educação, era necessário avançar. Tamanha quantidade de experiências e contextos facilmente gerava dúvidas do que era essencial, do que convinha ser contemplado ou ser evitado. Surgiu, dessa forma, a solicitação ao governo geral em Roma, por parte dos jesuítas destinados a trabalhar na educação, de uma orientação para maior unidade no modo de proceder nos diferentes colégios. Assim,

> [...] sob o generalato do Pe. Acquaviva (5º superior geral da Companhia), foram realizadas contínuas reelaborações. Através do trabalho de uma comissão de seis padres, de diversas nacionalidades, chegou-se a um documento de trabalho, em abril de 1586. [...] Este documento, enviado aos Provinciais e discutido, colegialmente, a nível internacional, permitiu a elaboração de um documento, ulteriormente melhorado, em 1591: as *Regulae Officiorum*, que, depois de sucessivas experiências, tornou possível a edição definitiva de 1599 (MIRANDA, 2008, 48).

Foi a única orientação oficialmente promulgada e por isso teve força de regulamentação obrigatória. Ao enveredar pelos caminhos da educação formal, o objetivo de Inácio de Loyola e seus companheiros era a propagação, a defesa e o esclarecimento da fé católica pelo mundo. "Inácio percebeu que a educação era não só um meio para o desenvolvimento humano e espiritual, mas também um instrumento eficaz para a defesa da fé católica" (SÜNDERMANN, 2003, 171).

Segundo Durkheim (2002 *apud* NOGUERA-RAMIREZ, 2011, 72), "o monopólio da universidade como corporação docente foi quebrado no século XVI com a constituição da Companhia de Jesus, que, em curto período, conseguiu uma espécie de hegemonia na vida escolar europeia".

Depois de Messina (1548), fundaram-se o colégio de Palermo (1549) e o Romano[14] (1551), que teve papel destacado na propagação da Companhia, pois era destinado à formação de professores para os outros colégios. Mais tarde, em 1552, fundou-se o Colégio Germânico[15]. Em 1585, havia 15 colégios jesuítas na França e 20 na Alemanha. Em números globais, em 1579, eram 144 colégios jesuítas, passando a 245 em 1600 (NOGUERA-RAMIREZ, 2011).

Não foi apenas a rápida expansão dos colégios jesuítas nem só uma questão de quantidade que impressionam. Segundo Noguera-Ramirez (2011, 73), "não foi só um assunto de quantidade: na França, por exemplo, 'todos os grandes nomes dos séculos XVII e XVIII foram alunos dos jesuítas' (DURKHEIM, 2002 [1938], 223)". Dessa forma, a influência da educação jesuíta entre os séculos XVI e XVIII é contundente, e esse sucesso é fruto de um método desenvolvido em diversos cenários e sistematizado no *Ratio Studiorum*, conforme afirma Noguera-Ramirez (2011). O método não trazia grandes inovações, mas seguia o conhecido *modus parisiensis*.

> Os dois grandes modelos das universidades medievais foram Bolonha e Paris, daí pode-se falar de um "*modus italicus*" mais expositivo, mais catedrático, mais centrado no professor, e um "*modus parisiensis*" mais ativo, mais centrado no aluno e na sua atividade (NOGUERA-RAMIREZ, 2011, 73).

O *modus italicus* sugere afinidades com um centro de ensino, enquanto o *modus parisiensis* sugere uma maior aproximação com o que se

---

14. O Colégio Romano continua existindo até o presente momento, trata-se da Universidade Gregoriana.
15. O Colégio Germânico continua ativo, localizado na praça Barberine, em Roma, destinando-se a estudantes oriundos de países de língua alemã.

entende, neste livro, como centro de aprendizagem. Considere-se a possibilidade de que, desde o princípio, ainda que não conceituado como hoje, no que se refere à educação, a Companhia de Jesus tendia para um modelo educativo que priorizasse mais a aprendizagem do que o ensino, permeado de experiências, debates e experimentos.

Segundo Franca (1952, 8),

> Paris foi o modelo escolhido pelos padres na organização do seu primeiro grande colégio. Em matéria de repetições, disputas, composições, interrogações e declamações, o método adotado e seguido foi deliberadamente o *"modus parisiensis"*, que aparece constante e frequentemente na correspondência destes tempos primitivos.

O modo e sua proposta educativa tiveram importante êxito, a ponto de, já em fins de 1548, o padre Nadal[16] enviar carta a Inácio dizendo que "se tornara necessário abrir mais uma aula de gramática porque os alunos passavam de 180. No ano seguinte já eram 214, sem contar os cursos superiores de nível universitário" (FRANCA, 1952, 9).

Na origem e na rápida expansão da educação da Companhia de Jesus, merece atenção, além do colégio de Messina, o Colégio Romano, que fora fundado, em 1551,

---

16. Jerônimo de Nadal, nascido em 11 de agosto de 1507, em Palma de Maiorca, Espanha, entrou na Companhia de Jesus nascente e foi muito próximo a Santo Inácio de Loyola. Viajou por vários países (Espanha, França, Portugal) apresentando o primeiro esboço das *Constituições* e favoreceu a consciência de corpo apostólico dos primeiros jesuítas, aportando às *Constituições* reações e observações percebidas e recolhidas dessas visitas. Foi o primeiro diretor do primeiro Colégio da Ordem, o de Messina, Itália, em 1548. Com o falecimento de Inácio, conduziu os processos que elegeram o sucessor de Inácio na Companhia de Jesus. Era continuamente consultado, após o falecimento de Inácio, para assuntos importantes da Companhia de Jesus. Faleceu em 03 de abril de 1580, em Roma.

> [...] graças à doação de Francisco de Borja, então duque de Gandia [...]. Em princípios de 1551, [...] numa casa alugada na Via Del Campidoglio, lia-se, numa tabuleta, a seguinte inscrição: *Scuola di grammatica, d'umanità e di dottrina cristiana, gratis* (FRANCA, 1952, 10).

Quanto ao projeto de enveredar para a educação, é relevante destacar a gratuidade do ensino, a universalidade do corpo de educadores e a rápida expansão da proposta marcada pelo método *parisiensis*:

> O corpo docente, para preencher as finalidades que tinha Inácio em vista, era muito escolhido e, sem exclusivismos de nacionalidades, recrutado nas diferentes nações com o critério único da competência e eficácia. [...] Quanto ao plano de estudos e programa de ensino, adotou-se inicialmente no Colégio Romano o que já havia se provado bem em Messina, o *modus parisiensis*, manifestamente preferido por Inácio ao *modus italicus*, apesar da oposição de algumas autoridades romanas (FRANCA, 1952, 11).

Pode-se concluir que, desde o princípio do apostolado educativo da Companhia de Jesus, percebia-se a importância de direcionadores comuns, que permitissem aos colégios fundados em diferentes rincões pelo mundo afora ter diretrizes e orientações comuns, ajudar-se mutuamente e garantir uma identidade (ou uma canção) comum. O *Ratio*, promulgado em 1599, foi um passo decisivo para garantir a unidade na diversidade, a fidelidade na dispersão e o foco na missão comum de educar para que os jovens fossem excelentes nas virtudes e nas letras. O documento permitiu um senso de pertencimento e de comunhão aos colégios jesuítas que se espalharam rapidamente por todo o mundo.

> Pode-se dizer que, apesar de todas as dificuldades e dúvidas, ele representou um grande passo à frente no sistema educacional dos jesuítas, pois ofereceu normas gerais e válidas para os

procedimentos mais comuns. Serviu, inclusive, de inspiração para outras pessoas ou até instituições, que se inspiraram nos seus princípios e normas, para organizarem os seus sistemas de ensino e educação. [...] O *Ratio* é, de certo modo, um predecessor dos modernos sistemas de educação e ensino, dos diversos países, que estabelecem certas normas gerais e comuns a serem seguidas por todo o sistema do respectivo país. Sem normas comuns, difícil seria estabelecer um sistema estável de educação (SCHMITZ, 1994, 83).

3.6 A educação da Companhia de Jesus a partir do *Ratio*

O documento *Ratio Studiorum* é o resultado de um exercício de construção coletiva, que direcionou o apostolado educativo da Companhia de Jesus durante dois séculos. De fato, permaneceu como o único documento orientador para os colégios jesuítas em todo o mundo até a supressão da Companhia de Jesus em 1773[17]. Segundo Schmitz (1994, 84),

> [...] todo o trabalho da Companhia em prol da educação foi interrompido, em 1773, pela supressão da Ordem. Perdeu-se toda

---

17. A supressão aconteceu no ano de 1773, e a restauração foi em 1814. Dentre as principais razões apresentadas para a perseguição à Companhia de Jesus, por parte de alguns setores da Cúria Papal Romana e das cortes borbônicas, destaca-se o "princípio de adaptação", que afirmava que alguns missionários da Ordem adotavam práticas rituais tradicionais locais (do ambiente em que se encontravam), a fim de se aproximar cultural e politicamente das populações nativas. Com esse comportamento "sincrético", segundo algumas congregações romanas, desvirtuava-se a essência da fé e possibilitava-se a expansão da laicidade em detrimento dos rituais católicos. Ressalte-se, aqui, que os jesuítas buscavam, na verdade, a "acomodação", princípio postulado pelo famoso irmão de ordem Alessandro Valignano no Japão e aplicado por Matteo Ricci na China e Roberto de Nobili na Índia. Simultaneamente, a reorganização das reduções do Paraguai (envolvidas em disputas territoriais entre Espanha e Portugal, na América Colonial) prejudicou o trabalho missionário jesuíta por claras razões políticas e econômicas (RODRIGUES, 2014).

uma experiência e um sistema muito bem organizado de ensino e educação, construído ao longo de dois séculos e que nunca mais foi substituído, ou plenamente reconstruído.

De acordo com O'Malley (2004, 216), o *Ratio* trata mais

> [...] da organização curricular e do fazer pedagógico, não sendo tanto uma teoria educacional. Suas sementes estão plantadas por Inácio na quarta parte das *Constituições*. O *Ratio* acabou tornando-se a primeira sistematização do processo educativo da história, isto é, uma organização reunindo colégios independentes, mas estreitamente conectados entre si. Um tal sistema tão espalhado por diversas partes e avaliado constantemente é o que faz da iniciativa educacional dos jesuítas algo tão exitoso, além de conferir à educação jesuíta o lugar que ela tem na história da educação.

O legado do *Ratio* de 1599 foi sedimentar a visão central da missão educativa da Companhia de Jesus desde os primórdios até hoje, isto é, a formação da pessoa como um todo. Nas palavras de Klein (1997, 38),

> No contexto social, cultural e eclesial do século XVI, com tantas desagregações e rupturas, a grande preocupação do *Ratio Studiorum* era assegurar a unidade de mente e coração dos diretores, educadores e alunos dos colégios jesuítas, provendo-lhes, por isso, normas que, bem aceitas e implementadas, favorecessem a consecução dos objetivos pretendidos.

No século XIX, com a restauração dos jesuítas em 1814 e a retomada ampla, eficiente e mais adequada das atividades educativas, julgou-se importante e necessária a revisão e a adaptação do *Ratio* de 1599.

Já a primeira Congregação Geral após a restauração se preocupou com a possível e necessária adaptação da *Ratio Studiorum* às circunstâncias dos novos tempos. Via-se claramente que a antiga *Ratio* não correspondia mais aos tempos modernos, nem poderia ser aplicada da forma como se apresentava, pois os tempos eram completamente diferentes dos primitivos em que foi elaborada, testada e aplicada a primeira *Ratio* (SCHMITZ, 1994, 85).

Houve, assim, várias tentativas para se compor um novo *Ratio*, mas sem sucesso[18]. Os tempos eram outros; mesmo buscando consulta ampla e passando por diferentes sistematizações, não se logrou um novo *Ratio*. Buscar uniformidade nos colégios presentes em diferentes lugares, contextos e culturas não era mais possível. Por esse motivo, o *Ratio* de 1832 "não teve grande repercussão nem aceitação porque os tempos estavam totalmente mudados, e não houvera a necessária e urgente adaptação às novas circunstâncias de tempos, lugares e pessoas" (SCHMITZ, 1994, 83).

O projeto mais bem elaborado foi publicado em 1832, mas nunca foi promulgado por nenhuma Congregação Geral[19] (SCHMITZ, 1994; KLEIN, 1997). O *Ratio* de 1832 não deu conta de atender às novas exigências educacionais, contudo apresentou alguns avanços que foram sendo incorporados nas propostas curriculares dos colégios. Dentre os avanços daquele documento em relação ao primeiro, destacam-se mudanças em relação ao currículo:

> [...] com alteração de carga horária; equiparação da língua vernácula ao latim e ao grego; introdução de disciplinas modernas; incorporação de outras disciplinas anteriormente consideradas acessórias: história, geografia e matemática; recomendação de cursos de química e astronomia (KLEIN, 1997, 40-41).

18. Nas palavras de Klein (1997, 41), "O texto [o *Ratio* de 1832] nunca foi sancionado oficialmente por uma Congregação Geral, permanecendo como orientação à espera de edição definitiva a ser enriquecida pelas observações de toda a Ordem, como havia sido o *Ratio* de 1599".
19. Note-se que, desde a aprovação formal da Companhia de Jesus em 1540, só houve trinta e seis Congregações Gerais até 2021. A maior parte delas teve como objetivo principal a eleição de um novo superior geral.

DAS RAÍZES DA EDUCAÇÃO DA COMPANHIA DE JESUS À FUNDAÇÃO DA RJE

O desejo de um novo *Ratio* é compreensível porque a Companhia quis repetir o processo que levou à redação do primeiro documento. A ordem religiosa vivera uma experiência muito positiva e exitosa durante o primeiro ciclo de sua missão educativa, isto é, antes da supressão em 1773, o que se deveu, em grande parte, à existência do documento de 1599.

Mesmo atenta às novas circunstâncias de tempos, pessoas e lugares, era natural que a Companhia restaurada desejasse, a partir de 1814, trilhar de novo os caminhos de sucesso de antes da supressão. Há de se considerar também graves fatores externos que alteraram profundamente o panorama social, político, econômico e cultural de então: as revoluções francesa e americana; diversas expulsões dos jesuítas e o consequente fechamento de suas instituições educativas; a normatização dos programas educativos pelos governos dos Estados modernos, que se interessavam mais pela educação; a necessidade de os colégios jesuítas cobrarem os estudos dos alunos por falta de apoio financeiro; a perda da importância cultural dos colégios jesuítas em várias nações (BANGERT, 1985).

A Companhia de Jesus perseguiu o ideal de um novo *Ratio* porque o antigo ficou obsoleto. Ao mesmo tempo, ela foi se dando conta de que era impossível que um único documento pudesse atender ao novo contexto educacional – com novas disciplinas e conteúdos curriculares, por exemplo – e conseguisse normatizar o trabalho educativo em regiões culturalmente tão diversas. Importante destacar que o multiculturalismo permeia várias dimensões do mundo moderno.

Em 1844, havia noventa e três colégios jesuítas em todo o mundo, e a demanda por um novo *Ratio* só diminuiu quando a 25ª Congregação Geral[20] decidiu, em 1906, que uma redação renovada do *Ratio Studiorum* não deveria ser realizada. É relevante, no entanto, mesmo sem a elaboração

---

20. A 25ª Congregação Geral aconteceu em 1906. Ela havia anunciado a impraticabilidade de se elaborar novo *Ratio* em âmbito mundial: "Não se deve fazer nova redação do *Ratio Studiorum* nos tempos atuais. Encerrava-se assim o velho sonho de sua revisão, persistente desde a restauração da Ordem" (KLEIN, 1997, 42).

de um novo *Ratio*, considerar que "a 25ª Congregação Geral (de 1906), reconhecendo a ampla diversidade de legislações educacionais, autorizou as províncias a elaborar um plano próprio de estudos a ser promulgado com a aprovação do superior geral" (KLEIN, 1997, 41). Com essa determinação, é mantida a possibilidade de atualização, inovação e renovação dos centros educativos.

Em 1941, o então superior geral, Padre Ledochowski[21], publicou um documento com novas regras para os estudos filosóficos e teológicos dos estudantes jesuítas que se preparavam para a ordenação presbiteral, adaptando esse itinerário formativo ao que havia sido promulgado pelo Papa Pio XI em 1931. Esse documento foi o último a ser chamado de *Ratio Studiorum*, quando de sua publicação oficial anos mais tarde, já no governo do Padre Janssens[22], sucessor do padre Ledochowski, em 1954[23]:

> A 29ª Congregação Geral, em 1946, discutiu as observações dos jesuítas sobre o *Ratio* do pe. Ledochowski, como ficou sendo chamado, e encarregou o superior geral, pe. João Batista Janssen, de redigir e promulgar novo e definitivo *Ratio*, apenas para os estudos superiores dos jesuítas; ele o foi em 1954. Este foi o último texto denominado *Ratio Studiorum* (KLEIN, 1997, 44).

---

21. Padre Wlodimir Ledochowski nasceu em Loosdorf, Áustria, em 07/10/1866 e morreu em 13/12/1942. Ingressou na Companhia de Jesus em 1889, foi eleito o 26º superior geral da Companhia de Jesus em 1915 e conduziu a Companhia durante as duas grandes guerras e a depressão econômica na década de 1930.
22. Padre Jean-Baptiste Janssens nasceu em Mechelen, Bélgica, em 22/12/1889 e morreu em 05/10/1964. Foi superior geral de 1946 a 1964, sucedendo Ledochowski e precedendo o padre Arrupe, com um trabalho de destaque pela unidade da Companhia.
23. Desde 1954, houve três outros documentos principais sobre os estudos filosóficos e teológicos dos jesuítas em formação: 1) em 1967, o Padre Arrupe publicou as *Normae Generales de Studiis*, incorporando as novidades trazidas pelo decreto *Optatam Totius*, do Concílio Vaticano II, sobre a formação de futuros padres; 2) em 1979, o mesmo padre Arrupe adaptou aquelas normas gerais às exigências da Constituição Apostólica *Sapientia Christiana*, escrita pelo Papa João Paulo II sobre universidades e faculdades eclesiásticas; e 3) as adaptações e normas complementares da parte IV das *Constituições*, escritas por Inácio de Loyola, aprovadas pela 34ª Congregação Geral em 1995.

DAS RAÍZES DA EDUCAÇÃO DA COMPANHIA DE JESUS À FUNDAÇÃO DA RJE

Cabe explicitar, neste momento, a opção metodológica de esta pesquisa se ater à educação básica formal. Não se aborda o setor universitário, nem o setor da educação beneficente, tampouco a assistência social, voltada mais para um processo de inclusão de estudantes socioeconomicamente carentes.

Um olhar mais disruptivo e inovador surgiu nos anos 1960, quando a Igreja passou a dialogar com a sociedade de forma mais constante, respeitosa, consistente e muitas vezes também conflitiva. Nessa década e na seguinte, surgiram novos desafios, e, consequentemente, a Companhia de Jesus lançou um novo olhar sobre o próprio apostolado educativo.

> Do ponto de vista histórico, a primeira sistematização da proposta pedagógica jesuítica ocorreu no final do século XVI, no *Ratio Studiorum*. Com a supressão da Companhia de Jesus (1773), esse sistema perdeu seu vigor. A partir da Restauração da Companhia (1814), o trabalho com colégios foi sendo retomado lentamente, segundo as condições de cada continente e país (GUIDINI, 2020, 21).

Esse novo olhar e um diálogo mais próximo com a modernidade contribuíram para que a Companhia de Jesus reavaliasse uma vez mais seu modo de fazer educação. Surgem diversas interpelações dentro e fora da Companhia de Jesus ponderando a atualidade apostólica dos colégios. Segundo Klein (1997), enquanto as províncias vinham elaborando planos regionais para o estudo dos seus membros, até a XXXI Congregação Geral os colégios permaneciam sem orientações atualizadas[24], congregação esta que "pode ser considerada um marco na renovação do trabalho pedagógico dos jesuítas por ter se inspirado na fecunda produção do

---

24. A 31ª Congregação Geral é especialmente relevante, pois acontece simultaneamente ao Concílio Ecumênico Vaticano II, em dois momentos. O primeiro deles ocorre de maio a julho de 1965, e o segundo, de setembro a novembro de 1966. Tinha por finalidade eleger o superior geral e adequar a legislação da ordem às normas do Vaticano II.

Concílio Ecumênico Vaticano II" (KLEIN, 1997, 45). Essa Congregação Geral merece atenção porque ela tratou amplamente do apostolado educativo dos jesuítas e elegeu o padre Pedro Arrupe como superior geral em 21 de maio de 1965. O decreto 28, dentre os 56 decretos[25], é especialmente relevante:

> Intitulado Apostolado da Educação, o terceiro em extensão, com 32 itens. Considerando a importância dos temas abordados e a ênfase com que os apresentou aos jesuítas, essa assembleia constitui-se num fundamental marco, detonador do processo de renovação dos colégios da Ordem (KLEIN, 1997, 46).

Em momento de grande lucidez e visão de futuro, o padre Pedro Arrupe, em 13 de setembro de 1980, fez um discurso intitulado "Nossos Colégios hoje e amanhã" e desafiou o apostolado educativo dos jesuítas a se redesenhar, repensar e reposicionar considerando os novos tempos[26]. Eclodiu, dessa forma, intenso movimento formativo e de renovação, que se estendeu ao longo das décadas seguintes e que suscitou novos e relevantes documentos, entre os quais *Características da Educação da Companhia de Jesus* (1986) e *Pedagogia Inaciana: uma proposta prática* (1993) e, mais recentemente, *Colégios jesuítas: uma tradição viva no século XXI* (2019).

Na ocasião, não obstante o incentivo e o apoio aos envolvidos na educação da Companhia de Jesus, especialmente no término do ensino básico, padre Arrupe advertiu para o risco e o perigo da inércia e da acomodação frente a um mundo em contínua transformação:

---

25. Decreto é uma decisão ou orientação da Congregação Geral dos jesuítas referente a questões jurídicas ou a aspectos da vida e trabalho dos seus religiosos.
26. Em 1971, o Padre Arrupe já havia aprovado oficialmente o *Preâmbulo*, que foi a introdução ao documento de fundação da Associação Jesuíta de Educação Básica (JSEA, em inglês) nos Estados Unidos, hoje chamada Rede de Escolas Jesuítas (Jesuit Schools Network). Observa-se, uma vez mais, a construção em rede de consensos que, após amadurecimento, acabam constituindo o núcleo dos futuros documentos norteadores da missão da Companhia de Jesus na educação básica, dos quais se falará mais adiante.

[...] uma comunidade que é levada a julgar que seu colégio não necessita de mudança está ameaçando, a prazo fixo, a agonia do próprio colégio. É questão de uma geração. Por mais doloroso que seja, é mister podar a árvore para que recobre as forças. São indispensáveis a adaptação das estruturas e a formação permanente às novas condições (ARRUPE, 1980, 25).

Esse documento é de grande importância e, segundo Klein (2020), após a restauração da Companhia de Jesus em 1814, é a declaração mais completa do governo jesuíta sobre o enfoque que seria dado ao apostolado educativo. Dada sua ressonância, ele desencadeia um processo de fidelidade criativa, segundo Kolvenbach[27], ou é considerado marco de refundação dos colégios, segundo Klein (1997). A partir desse documento inspirador, com grande lucidez e visão de futuro, apontando para razões que justificam a existência e a fundação de centros educativos, a Companhia de Jesus deu um salto na sua renovação, adequando e atualizando seus documentos para esse novo tempo.

Ainda segundo Klein (2020, 15), Arrupe destaca como critérios para o discernimento: "abertura a todos sem discriminação socioeconômica, excelência humana e 'inacianidade'". Além disso, é descrito o tipo de pessoa a ser formada – ou seja, pessoas equilibradas, dispostas ao serviço evangélico, abertas ao tempo presente e ao futuro –, assim como é reforçada a importância de buscar a excelência humana nos processos de ensino e de aprendizagem.

---

27. Padre Peter Hans Kolvenbach nasceu em Druten, na Holanda, em 30/11/1928, e morreu em Beirute, em 26/11/2016. Foi eleito o 29º superior geral da Companhia de Jesus, sucedendo ao padre Pedro Arrupe, e renunciou ao cargo em 2008. Seu generalato foi marcado por intensa produção intelectual, com fortalecimento do apostolado educativo e social da Companhia de Jesus. Deve-se a ele a compreensão de que a pessoa que queremos formar em nossos centros educativos é um sujeito consciente, competente, compassivo e comprometido, o que passou a ser denominado "educar para os 4Cs".

O conceito de "comunidade educativa", compreendido como grupo composto por estudantes, famílias, colaboradores leigos, jesuítas e antigos alunos, nasceu a partir da alocução do padre Arrupe. O religioso insistia na importância de os colégios se integrarem com a comunidade local e a sociedade, sendo esse movimento uma força de transformação.

> Homens de serviço segundo o Evangelho. É o homem para os "demais", como muitas vezes vocês me ouviram falar. No momento, porém, e especialmente para nossos alunos cristãos, quero redefini-lo sob um novo aspecto. Devem ser homens movidos pela autêntica caridade evangélica, rainha das virtudes. Falamos tanto de fé/justiça, mas é da caridade que a própria fé e o anseio de justiça recebem a sua força (ARRUPE, 1980, 13).

Provocado pelas interpelações feitas pelo Padre Arrupe sobre a importância do trabalho colaborativo em rede, o processo de inovação e renovação em âmbito nacional, regional e internacional se fortalece. "Esta articulação de nosso trabalho com as instituições educativas homólogas em um âmbito eclesial local, regional e nacional reforçará a nossa efetividade apostólica e nosso sentido eclesial" (ARRUPE, 1980, 22).

Com a publicação das *Características da Educação da Companhia de Jesus* (1986) e da *Pedagogia Inaciana: uma proposta prática* (1993), eclodiram movimentos mundiais, continentais e locais de atualização desse projeto. Na América Latina, o grande marco data de 2005 com a publicação, pela Conferência dos Provinciais da América Latina, do Projeto Educativo Comum da América Latina[28]. Nesse documento, conforme mencionado, é

---

28. O Projeto Educativo Comum (PEC) da "Conferência dos Provinciais Jesuítas da América Latina" (CPAL) foi publicado em 2005. O documento foi direcionado aos educadores das três redes dirigidas pela Companhia de Jesus no continente: no que se refere ao ensino superior, a Associação das Universidades Jesuítas da América Latina (AUSJAL); no que se refere à educação básica,

reafirmada a opção por princípios e valores que identificam o selo pedagógico jesuítico (GUIDINI, 2020, 22).

Junto aos documentos que foram fonte inspiradora e norteadora do processo de atualização do apostolado educativo dos jesuítas, pensaram-se encontros amplos de colaboradores jesuítas e leigos voltados para a educação básica, numa perspectiva global, em rede, criando afinidade, além de adesão afetiva e efetiva ao processo em curso. Nesse sentido, merecem menção o Encontro de Boston (EUA, 2012), e o Seminário Internacional de Pedagogia e Espiritualidade Inacianas (SIPEI), que aconteceu em Manresa, na Espanha, em 2014. Em seguida, o Encontro Mundial de Delegados para Educação, no Rio de Janeiro, Brasil, em 2017. Já mais recentemente, em tempo de pandemia, realizou-se o quarto Encontro Mundial, o JESEDU-Global 2021[29], de forma virtual.

Um novo ciclo da educação jesuíta começou no mundo e no Brasil, inspirado por esses documentos e interpelado pelos sentimentos e reflexões desses encontros presenciais. Ficaram mais explícitos os desafios, a riqueza, a diversidade, a importância e a força do trabalho colaborativo e em rede do apostolado educativo da Companhia de Jesus. Reforçou-se a percepção de ser a educação jesuíta um "instrumento apostólico" para contribuir na missão da Igreja. Esta última, atualmente, tem por objetivo

---

a Federação Latino-Americana de Colégios Jesuítas (FLACSI); e no que se refere à educação popular, a Fundação Fé e Alegria. Assim, o PEC da CPAL dá orientações para as três grandes frentes apostólicas voltadas para a educação da Companhia de Jesus no continente latino-americano, diferentemente do PEC da RJE, que é direcionado apenas para a educação básica dos colégios e escolas jesuítas do Brasil.

29. Estava previsto outro encontro presencial, que ocorreria na Indonésia, para refletir e atuar sobre problemas e desafios educativos contemporâneos, o JESEDU-Jogja 2020. A impossibilidade de fazê-lo na modalidade presencial, devido à pandemia de Covid-19, contudo, fez com que fosse virtualizado e intitulado JESEDU-Global 2021.

> [...] promover a reconciliação e a justiça a partir do discernimento em comum e mediante a colaboração com outros. Aí os colégios colocam em prática a tríade proposta pelo pe. Pedro Arrupe, então superior geral dos Jesuítas: ensino, educação e evangelização (KLEIN, 2020, 5).

Os sucessores do padre Arrupe reafirmaram a importância do apostolado educativo e incorporaram novas compreensões e concepções sobre ele. Desse modo, foi sendo questionado qual sujeito se quer formar e para que mundo será formado. Nessa perspectiva, surgiram diferentes interpelações, mas a que teve maior ressonância e que levou a ulteriores movimentos foi proposta pelo superior geral padre Peter-Hans Kolvenbach. Ele concebeu o aluno formado num colégio da Companhia de Jesus como uma pessoa consciente, competente, compassiva e comprometida. O segundo grande encontro global reuniu um significativo grupo de profissionais versados em pedagogia e espiritualidade inacianas, que se debruçaram sobre os quatro "Cs" construindo o perfil do sujeito a ser formado em um colégio inaciano.

> Para o pe. Peter-Hans Kolvenbach, sucessor do pe. Arrupe, o objetivo do colégio é formar "homens dos 4 Cs": 1) Conscientes de si, da sociedade e da realidade circundante, 2) Competentes e profundos academicamente, 3) Compassivos para assumir o sofrimento dos outros, e 4) Comprometidos com a transformação das estruturas sociais injustas (KLEIN, 2020, 6).

Os centros educativos da Companhia de Jesus se comprometem com a proposta de educação integral pensando o ser humano de forma ampla e global, desenvolvendo pessoas conscientes de seu papel na sociedade, competentes nas ciências e no espírito, sujeitos críticos, responsáveis, éticos e comprometidos. Os egressos das escolas da Companhia de Jesus são mais do que pessoas de sucesso no mundo dos negócios e da cultura; são pessoas de virtudes e valores, capazes de deixar marcas positivas de compromisso social e responsabilidade ambiental por onde passarem.

Um novo ciclo mais participativo de renovação educativa vem acontecendo nas instituições educativas jesuítas desafiadas pelas mudanças na sociedade e no universo da educação. Atentas às novas possibilidades e cientes do sujeito a ser formado hoje, elas refletem sobre as possibilidades de incidência social e cultural que a congregação religiosa tem ao se organizar, articular e atuar em rede.

Na perspectiva de trabalho em rede, cabe destacar por oportuno o papel da plataforma Educate Magis[30], que permite reconhecer, por um lado, rica e vasta tradição educativa iniciada no longínquo século XVI e, por outro lado, sua força atual que poderia resultar da soma de mais de 800 colégios, em 72 países, atendendo mais de 890 mil estudantes, articulados de forma colaborativa e em rede, que permite a conexão entre os diferentes colégios e escolas jesuítas no mundo, seja no âmbito da formação, partilha de experiências, organização de eventos globais, regionais e nacionais, seja na oferta de um conjunto significativo de cursos em diferentes assuntos e na constituição de um arquivo vivo dos principais documentos da Companhia de Jesus no âmbito da educação.

A educação básica da Companhia de Jesus está aberta para o trabalho igualmente robusto e significativo no que se refere à educação popular, que se articula pela Rede Fe y Alegria, que atende a 1,2 milhão de pessoas nas aproximadamente 1.300 instituições de ensino e de aprendizagem. O Serviço Jesuíta a Migrantes e Refugiados (SJMR), hoje, é outra frente educacional voltada, como o próprio nome indica, para o atendimento de migrantes e refugiados, com mais de 160 mil assistidos.

---

30. Segundo a plataforma Educate Magis, "*Las escuelas Jesuitas participan de un sistema educativo global que es culturalmente vinculante, adaptable y transformativo. En 2019 hay 827 escuelas Jesuitas en la Red global, 1,674 proyectos de Fe y Alegría y 61 proyectos educativos del JRS*" ("As escolas jesuítas participam de um sistema educacional global que é culturalmente vinculante, adaptativo e transformador. Em 2019, há 827 escolas jesuítas na rede global, 1.674 projetos Fé e Alegria, e 61 projetos educacionais do JRS") (CJ, [2021], tradução nossa).

A formação integral da pessoa é o horizonte maior das instituições educacionais da Companhia de Jesus:

> [...] toda ação educativa converge para a formação da pessoa, enfatizando a necessidade de reconhecer as potencialidades do indivíduo e garantindo o desenvolvimento dos aspectos cognitivo, socioemocional e espiritual-religioso (RJE, 2021, 39).

A consciência da grandeza de instituições e pessoas envolvidas, de suas potencialidades de transformação social e de formação de cidadãos capazes de discernimento e eticamente responsáveis gerou um novo movimento de articulação da educação básica. Surgiu, assim, um ciclo de inovação e renovação, agora ciente do potencial que a educação básica jesuíta possuía (e possui) e da necessidade de uma organização, para ser ampla e efetiva, de forma global, colaborativa e em rede.

Estrutura e organização do governo da Companhia – global, regional e local, referência de documentos

A relação superior e diretor de obra[31] traz elementos importantes para o novo tempo que está permeado de desafios provenientes da

---

31. A Companhia de Jesus como ordem religiosa, poderíamos dizer, tem dois braços: um canônico e outro civil. Ambos dialogam, se entrelaçam e, por vezes, se confundem. No aspecto canônico, existem documentos (*Constituições, Exercícios Espirituais*, estatutos, diretrizes comuns) que visam gerar uma unidade e identidade inaciana a todas as obras confiadas à Companhia de Jesus. Assim, esses documentos que versam sobre a vida e a missão, sobre o modo de ser e proceder, dão as diretrizes para as atividades apostólicas nos diferentes campos e esferas de apostolado em que a Companhia se faz presente. Por outro lado, no aspecto civil, existem legislações distintas nos diferentes países, as quais valem tanto para a comunidade religiosa quanto para as obras de acordo com países, cidades e lugares em que estão situados. Desse modo, nesta tese, quando se fala em superior religioso, é numa perspectiva canônica ou religiosa, e, quando se fala em diretor de obra, é numa perspectiva da legislação civil.

organização social e da legislação civil. Consideram-se todos cidadãos, e considera-se que o diretor de obra vivencie o espírito inaciano[32] que permeia a missão e brota dos EE, sem descuidar da competência técnica e da legislação que rege as relações em diferentes níveis em cada um dos países, aqui pensando no que se refere ao Brasil. Desse modo, nas Constituições da Ordem e nas Normas Complementares[33],

> [...] esperava[-se] oferecer à Companhia um instrumento ao mesmo tempo legal e espiritual, autenticamente inaciano, que pudesse ajudá-la verdadeiramente a "melhor avançar no caminho do divino serviço, segundo o projeto de vida próprio de nosso Instituto" (SJ, 2004, 16).

O trabalho de atualização das *Constituições* passou por muita escuta, diversas contribuições, grupos de trabalho que fizeram leituras críticas e foram consolidando as contribuições, para finalmente ser apresentado e aprovado na Congregação Geral XXXIV. Naquela ocasião, em 27 de setembro de 1995, o então superior geral, padre Kolvenbach, apresentou

---

32. Pode-se dizer que espírito inaciano são os princípios e valores inerentes à Companhia de Jesus e que brotam primeiramente da experiência dos Exercícios Espirituais de Santo Inácio de Loyola. Supõe uma sintonia e uma harmonia com a letra e a música da canção da Companhia de Jesus. Ambas, letra e música, são atualizadas continuamente segundo o contexto, considerando pessoas, tempos e lugares. Além do mais, o "espírito comum" supõe uma disposição de beber da mesma fonte (EE e documentos institucionais) para ter liberdade de ação e capacidade de ler em cada espaço e tempo, em cada contexto, pois está movido pelo espírito. Trata-se de mais que uma parceria (de termos os mesmos princípios), que uma aliança (de termos as mesmas crenças). Mais do que um olhar comum é um sentir comum.
33. As Constituições são "um instrumento ao mesmo tempo legal e espiritual, autenticamente inaciano, que pudesse ajudá-la verdadeiramente a melhor avançar no caminho do divino serviço, segundo o projeto de vida próprio do nosso Instituto" (prefácio de Kolvenbach às *Constituições*) (SJ, 2004, 16). As Constituições estão sistematizadas para que deem conta da vida e missão de um jesuíta, desde a entrada na Companhia até o fim, que é a atuação na missão que visa louvar e servir a Deus, nosso Senhor, trabalhando pelo povo de Deus, fiel à Igreja.

o documento recordando o processo colaborativo de confecção do texto e a alegria de ter um documento que melhor favorecesse a contribuição da Companhia de Jesus na missão da Igreja. Ele se expressava assim:

> Com grandíssima satisfação, caríssimos irmãos, vos oferto nossas Constituições renovadas com suas "Normas Complementares", para serem meditadas na oração pessoal e comunitária e observadas com o espírito com que foram escritas. Que elas sejam para nós, com a ajuda de Deus, segundo o desejo do Mestre Inácio, "um caminho para chegar a Ele" no cumprimento corajoso de nossa missão na Igreja, como "servidores da missão de Cristo", sob o Romano Pontífice, para sua maior glória e para o bem, salvação e consolação das pessoas às quais somos enviados em qualquer parte do mundo (SJ, 2004, 17).

O governo da Companhia de Jesus é uma estrutura hierárquica, não obstante seu órgão máximo de decisão seja a Congregação Geral, que delega ao superior geral algumas pautas as quais ele, com seu conselho e profissionais, grupos ou comissões de diferentes áreas, leva a bom termo.

A revisão do Direito próprio da Ordem foi considerada como tarefa central da Congregação XXXIV. Ao apresentar o tema "Nosso direito e nossa vida", o padre geral iniciou recordando que o fundador, Santo Inácio, não queria deixar as "suas constituições" como definitivamente concluídas, e que seu companheiro e sucessor Diego Laínez

> [...] via nesta obra inaciana inacabada uma interpretação à fidelidade criativa, à responsabilidade da Companhia reunida em Congregação Geral para renovar, enriquecer e iluminar, a partir de novas experiências, exigências e urgências apostólicas, o caminho apontado por Inácio, o peregrino (SJ, 1996, 34).

Na Companhia de Jesus, há, no horizonte, a contribuição de profissionais colaboradores da administração, no entanto compete ao diretor, segundo a SJ (2005a, n. 162, 94), "determinar, na gestão ordinária", considerando as orientações da Companhia. Para tanto, "é conveniente que também as obras contem com uma comissão econômica semelhante à comissão econômica[34] da Província" (SJ, 2005a, n. 150, 91).

Já coordenadores e administradores locais das obras como os colégios devem estar em contínuo diálogo com o administrador provincial, principalmente em temas laborais e fiscais (SJ, 2005, n. 286, 133). Além disso, a "Instrução para Administração dos Bens" (IAB) orienta para a importância de encontros entre os homólogos administrativos. "É proveitosa a comunicação frequente e as reuniões entre os administradores locais, seja de casas ou de obras próprias e encomendadas" (SJ, 2005a, n. 287, 134).

No que se refere ao acompanhamento do aspecto administrativo, a Companhia de Jesus recomenda o uso de auditores externos, e os relatórios resultantes, se se julgar conveniente, poderão ser anexados aos relatórios que periodicamente são enviados à Cúria Geral.

> [292] As auditorias externas são recomendáveis como procedimento normal e ordinário nas administrações provinciais e nas principais casas e obras próprias e encomendadas da província, especialmente quando os relatórios financeiros se tenham de apresentar a organismos públicos (SJ, 2005a, n. 292, 135).

Para o governo da Companhia fazer a devida gestão em termos de assuntos econômicos, existe, em cada província, uma comissão econômica[35], que pode ser formada por jesuítas e leigos, a qual cuida dos

---

34. Na IAB, número 150, fala-se sobre a comissão econômica em casas maiores, a qual serve de referência para obras maiores, como são os colégios.
35. Segundo a IAB, número 326: "Existirá uma Comissão Econômica Geral, constituída pelo Administrador geral, o Vice-Administrador geral, os Assistentes, o Revisor da Administração geral e outros membros, jesuítas e/ou leigos, que o Geral tenha por bem designar" (SJ, 2005, n. 326, 146). A sua principal atribuição "é estudar os assuntos econômicos mais importantes, de incumbência do P. Geral e do Administrador geral, e dar o seu parecer sobre eles" (SJ, 2005, n. 327, 147).

assuntos econômicos mais importantes seja da província, seja em obras importantes como os colégios. O administrador provincial deve convocar e ouvir a comissão em todos os assuntos de importância na administração geral, ressaltando-se que todas as reuniões devem ser registradas em atas (SJ, 2005a, n. 328).

3.7 Um ciclo de renovação – perspectiva de rede global

Esses documentos foram trazendo elementos novos para o apostolado educativo e exigindo uma organização mais sistematizada e global, que fez surgir a consciência e o desejo de trabalhar cada vez mais colaborativamente e em rede. Nessa perspectiva, foi desencadeado um grande movimento global a partir de 2012.

O primeiro encontro global foi o Colóquio Internacional de Boston[36]. Ele reconheceu a riqueza em que se constituía o apostolado educativo jesuíta, considerando sua presença em mais de 70 países, com obras de envergadura reconhecidas como de excelência em quase todos os lugares em que se encontravam. Os participantes reconheceram e se convenceram de que o evento era sinal de um novo tempo e que ele requereria e justificaria mudança no modo de a instituição se organizar e proceder.

> Ao final da reunião, todos nós participantes convencemo-nos de que os novos "sinais dos tempos" justificam uma mudança em nosso modo de proceder. Esse modo de proceder inclui comunicação e colaboração permanentes por meio de um desenvolvimento contínuo da nossa rede internacional de escolas. O propósito dessa colaboração é prestar um melhor serviço à fé,

---

36. O 1º Colóquio Internacional de Educação Básica da Companhia de Jesus foi realizado em Boston, em 2012, nos EUA. Nesse evento, que reuniu mais de 400 educadores, na maioria gestores e diretores de escolas dos cinco continentes, afirmava-se que o "mundo é a nossa casa" e se visualizava a potência que se constituía a educação jesuíta presente em grande parte do globo.

> à justiça e ao cuidado do meio ambiente, construir pontes com os jovens e suas comunidades de fé, desenvolver comunidades jesuítas-inacianas apostólicas mais fortes, e prover nossos estudantes com oportunidades para uma educação verdadeiramente global (RJE, 2021, 80).

Esse novo modo de proceder incluiria desenvolver meios e formas de fortalecer a rede global, favorecendo a colaboração permanente entre as redes regionais e locais e suas respectivas unidades educativas. A experiência do evento e a riqueza do conhecimento construído e compartilhado impulsionaram coordenadores e responsáveis pelo encontro a prosseguir nessa busca por interação.

Assim, foram estabelecidos acordos, nos quais se assumia um compromisso de trabalho em rede global. Almejava-se a possibilidade de educar cidadãos que fossem protagonistas no processo de globalização, para além dos aspectos econômicos, em uma perspectiva solidária, cooperativa e reconciliatória, que respeitasse a vida humana e a natureza.

> Nossa rede internacional de escolas está numa posição única para educar cidadãos globais capazes de participar num processo de globalização da solidariedade, da cooperação e da reconciliação que respeita completamente a vida humana, a dignidade e toda a criação de Deus. Nosso compromisso de construir uma rede como corpo universal e nosso chamado às fronteiras provêm da nossa consciência do mundo e do nosso desejo de ajudar efetivamente nossos estudantes a enfrentar os desafios globais (RJE, 2021, 81).

A partir dessa experiência, os responsáveis pela educação básica jesuíta, com os presidentes de redes, delegados de educação e diretores de escolas, comprometeram-se a desenvolver as próprias redes locais conectadas e fortalecidas pelas redes regionais e por uma rede global, cientes de que poucas redes no mundo poderiam ter a potência de transformação do que a possibilitada pela Companhia de Jesus. Essa possibilidade de articulação e ação global, mais do que um alento em tempos desafiadores e incertos, foi vista como uma responsabilidade e um compromisso de transformação social, partilha de boas práticas, uso da tecnologia em prol da educação, intercâmbio de saberes etc. Nesse sentido, também foi destacado que, não obstante haja prioridades locais relevantes, seria enriquecedor assumir compromissos em perspectiva global.

Para a articulação global, é mister fazer uso dos recursos das tecnologias que permitam encurtar as distâncias físicas, o que era, historicamente, um dificultador para o trabalho colaborativo e em rede. Mesmo a diversidade cultural não deveria ser um impeditivo, mas, ao contrário, ser um catalisador que incentivasse reconhecer a riqueza na diferença e buscar a unidade. Com as múltiplas formas de ensinar, de aprender, de metodologias e de experiências presentes nos diferentes países em que estão escolas e colégios, é possível oferecer ambientes educativos seguros e repletos de possibilidade de aprendizagens. Assim, do evento de Boston, em 2012, foram explicitadas possibilidades e compromissos, a saber:

1. Desenvolver nossa própria rede e comunidade global.
2. Trabalhar com nossas redes locais e regionais já estabelecidas.
3. Usar a tecnologia como forma de criar, desenvolver e fomentar nossas relações globais.
4. Desenvolver acordos de geminação, programas de serviço comunitário, experiências de aulas virtuais e muito mais, para facilitar aos estudantes experiências que realmente os preparem para se tornarem líderes na transformação do mundo.
5. Proporcionar um ambiente educacional seguro, embasado no respeito e na dignidade. Este ambiente, propício para o aprendizado, o crescimento e o desenvolvimento, estará livre de qualquer forma de abuso[37] (RJE, 2021, 81).

---

37. Os compromissos de Boston, na sua integralidade, estão traduzidos e vêm como anexo no Projeto Educativo Comum (PEC) da Rede Jesuíta de Educação (2021).

Movido por esses compromissos, o encontro de Boston terminou sugerindo algumas ações no intuito de fazer frutificar o que fora visto, ouvido, experienciado, refletido e decidido. No bojo da reflexão, estava a necessidade de fortalecer a articulação global como fruto de alguns princípios comuns que emanavam da tradição educativa dos jesuítas, das novas possibilidades visualizadas desde as reflexões propostas pelos recentes superiores gerais, das oportunidades advindas das novas tecnologias da informação que permitem uma nova forma de articulação das unidades entre si, das redes e de uma rede global. Dentre elas, definiu-se que o secretariado da educação secundária e pós-secundária da Companhia de Jesus e a Comissão Internacional para o Apostolado da Educação Jesuíta (ICAJE) desenvolvessem e empreendessem novos e criativos esforços com a rede global dos colégios.

Como estratégia concreta para a ação, foi proposto que houvesse um referencial para manter-se sistematicamente atento, conectado, e que pudesse ser um interlocutor desse movimento; que fosse criado um fórum que favorecesse a comunicação, a colaboração e a elaboração de uma rede global; e, ainda, uma terceira ação, talvez a mais relevante no sentido de visibilidade da continuidade do movimento iniciado: "recomendamos que a experiência deste colóquio continue no futuro, e, portanto, planeja-se um segundo colóquio, a ser realizado em 2016 ou 2017 em local e data a serem determinados no futuro" (RJE, 2021, 82). Após o encontro de Boston, foi julgado oportuno e necessário pensar num novo encontro com especialistas em pedagogia e espiritualidade inacianas, a fim de se refletir sobre a pessoa a ser formada em nossos centros educativos.

O segundo encontro global foi o Seminário Internacional de Pedagogia e Espiritualidade Inacianas (SIPEI)[38], ocorrido em Manresa, em

---

38. O Seminário Internacional de Pedagogia e Espiritualidade Inacianas (SIPEI) aconteceu de 02 a 08 de novembro em Manresa, na Espanha. Participaram presencialmente 80 educadores, entre jesuítas e leigos, todos convidados pelo secretário da Companhia de Jesus. Nesse encontro, pela primeira vez puderam participar em alguns momentos, de forma virtual, educadores dos seis continentes. Nesse movimento, participaram mais de quatro mil educadores, já se constituindo

2014, na Espanha. Nesse encontro, nasceu, consolidou-se e foi assumido o compromisso de que a pessoa a ser formada em nossos centros educativos seria alguém consciente, competente, compassivo e comprometido, retomando assim o já citado discurso de Peter-Hans Kolvenbach. Concomitantemente à organização do seminário internacional, foi sendo gestada e validada uma plataforma virtual que pudesse reunir as informações principais de todos os colégios e escolas da Companhia de Jesus no mundo inteiro, permitir intercâmbio de saberes, experiências e inovações, além de favorecer articulações entre as redes regionais, bem como entre as unidades educativas que a compõem. Acresce-se a esse panorama um repositório digital dos principais documentos da Companhia de Jesus e a possibilidade de promover encontros, seminários e congressos em rede global[39]. Considerando o desafio de articular unidades presentes em espaços e culturas tão díspares, essa plataforma possui grande relevância e importantes resultados, considerando que o JESEDU-Global 2021, último congresso mundial, foi totalmente virtual e articulado na plataforma do Educate Magis[40].

    em um ensaio do que viria a ser a plataforma Educate Magis, aprovada como espaço de socialização de experiências e saberes ao fim do evento.

39. Embora já existissem repositórios digitais espalhados pelo mundo, geralmente ligados às universidades, sentiu-se a necessidade de haver um espaço comum para isso. Na América Latina, por exemplo, a Conferência dos Provinciais Jesuítas da América Latina mantém um Centro Virtual de Pedagogia Inaciana (CVPI). O serviço foi desenvolvido pelo Centro de Reflexão e Planejamento da Educação (CERPE) da província da Venezuela. Criado, em 2007, pela CPAL como um serviço público voltado para a área de educação, nele se encontra uma biblioteca digital com acervo importante voltado para o universo da educação. O material é um suporte para as redes de educação da CPAL, como FLACSI, AUSJAL e Fé e Alegria. Nele se encontram subsídios para a formação de educadores, pesquisas acadêmicas, trocas de experiências etc. Atualmente, o CVPI dispõe de documentos em diversas línguas, especialmente em espanhol, inglês e português. Para saber mais, basta conferir o seguinte endereço: <www.pedagogiaignaciana.org>.
40. O Colóquio se deu de forma virtual, na plataforma Educate Magis. O tema do colóquio foi educar para um futuro cheio de esperança, inspirado numa das preferências apostólicas universais da Companhia de Jesus: "caminhar com os jovens na construção de um futuro cheio de esperança". A reflexão e o

O apoio da plataforma em termos de articulação e envolvimento da rede global já se iniciara no SIPEI em 2014. Naquela ocasião, num exercício de envolver, a distância, milhares de educadores das redes e unidades educativas da Companhia de Jesus no mundo, foi apresentada a todos essa plataforma, que desde então vem sendo um instrumento de destaque, talvez imprescindível, na articulação da rede global.

Dessa forma, a partir de novembro de 2014, o Educate Magis passou a ser o espaço de articulação da rede em âmbito global. No encontro mundial de delegados para educação no Rio de Janeiro, em 2017, é ratificado o compromisso de divulgar e assumir a plataforma em suas respectivas redes e unidades: "Os delegados comprometem-se a fazer da Educate Magis uma ferramenta integral e um recurso nos colégios para ajudar na animação da sua dimensão global" (RJE, 2021, 89).

A Rede Jesuíta de Educação no Brasil surge nesse contexto de fidelidade criativa e tradição educacional jesuíta, com riqueza de oportunidades de inovação e multiculturalidade. Ela nasceu, oficialmente, em janeiro de 2014, impulsionada pelos movimentos em nível regional e global da Companhia de Jesus em curso, animada por experiências exitosas de outras redes e fortalecida pela orientação da própria Companhia que pedia uma organização cada vez mais pautada por trabalho em rede. Nesse sentido, o terceiro encontro global aconteceu no Rio de Janeiro (JESEDU/Rio) em 2017.

> As escolas jesuítas do Brasil, a partir de uma nova configuração em rede, têm sido provocadas a buscar uma gestão que leia os sinais dos tempos, promova mudanças, avanços e inovações sustentadas por novos conceitos de ensino e aprendizagem. São novas epistemologias que se impõem, novas formas de conceber a gestão educacional (RISÉRIO; JACOBS, 2020, 94).

discernimento se centraram no aprofundamento de quatro aspectos: educar para a fé, educar para a profundidade, educar para a reconciliação e educar para a cidadania global.

Desse modo, o contexto local e global no qual o apostolado educativo da Companhia de Jesus vinha se ressignificando foi um terreno propício e adequado para nascer a RJE. É visível a necessidade de buscar ler o contexto de cada tempo e período, reconhecer desafios, novidades e possibilidades que o acompanham. A educação jesuíta em âmbito global e local experimenta mudanças, resultado de diferentes contextos históricos, que mostram que ela "tem passado por ciclos, ondas de renovação, na tentativa de adaptar-se aos 'tempos e lugares', como dizia Santo Inácio" (RISÉRIO; JACOBS, 2020, 95). Esse tempo novo reforça o trabalho em rede e desemboca na fundação da RJE em busca de renovação.

Esse amplo arcabouço teórico e prático de mais de 400 anos dedicados à formação humana revela importante legado educativo e deixa marcas no tempo presente. Dos extratos de história aqui apontados, ficam visíveis práticas educativas alicerçadas e enraizadas em uma longa e vasta tradição, ancorada na união de mentes e corações, articulada de diferentes formas nos respectivos contextos, permeada por dificuldades, desafios e conquistas, compondo as melodias e ritmos de uma bela canção.

Essas experiências e práticas são capazes de preparar o terreno para construir princípios e valores para darem sustento à organização em rede. Assim, possibilitam gestão séria e competente, permeada pela fé e pelo conhecimento, fruto de experiência e investigação, calejada pelo enfrentamento de vicissitudes e desafios dos diferentes contextos da sociedade em contínua mudança.

A cada capítulo concluído, novos versos são compostos e novas possibilidades surgem, que, acrescentadas a essa narrativa de construção e reconstrução coletiva, abrem espaço para uma tradição que é viva e se reinventa segundo pessoas, tempos e lugares.

4

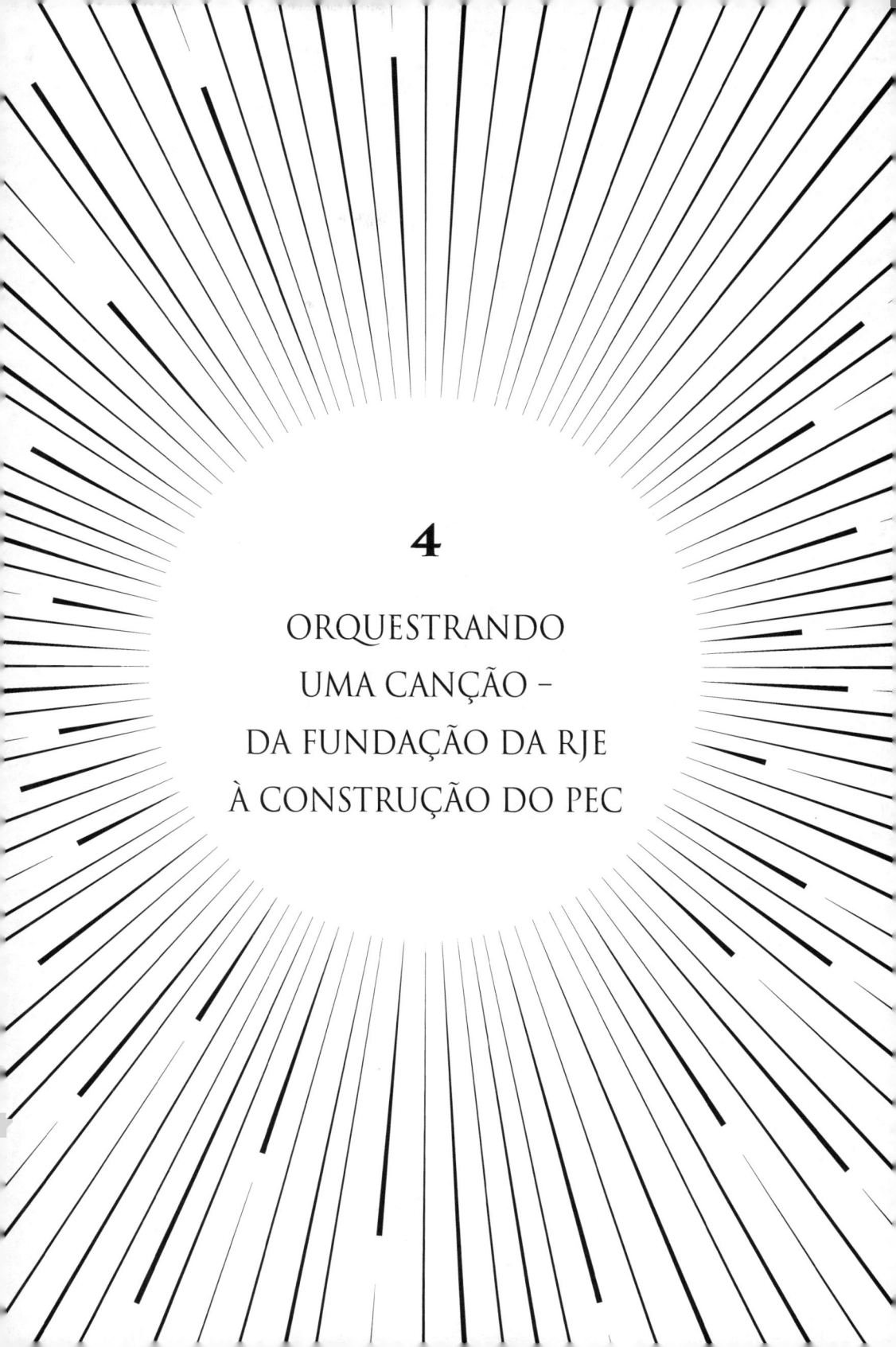

ORQUESTRANDO UMA CANÇÃO – DA FUNDAÇÃO DA RJE À CONSTRUÇÃO DO PEC

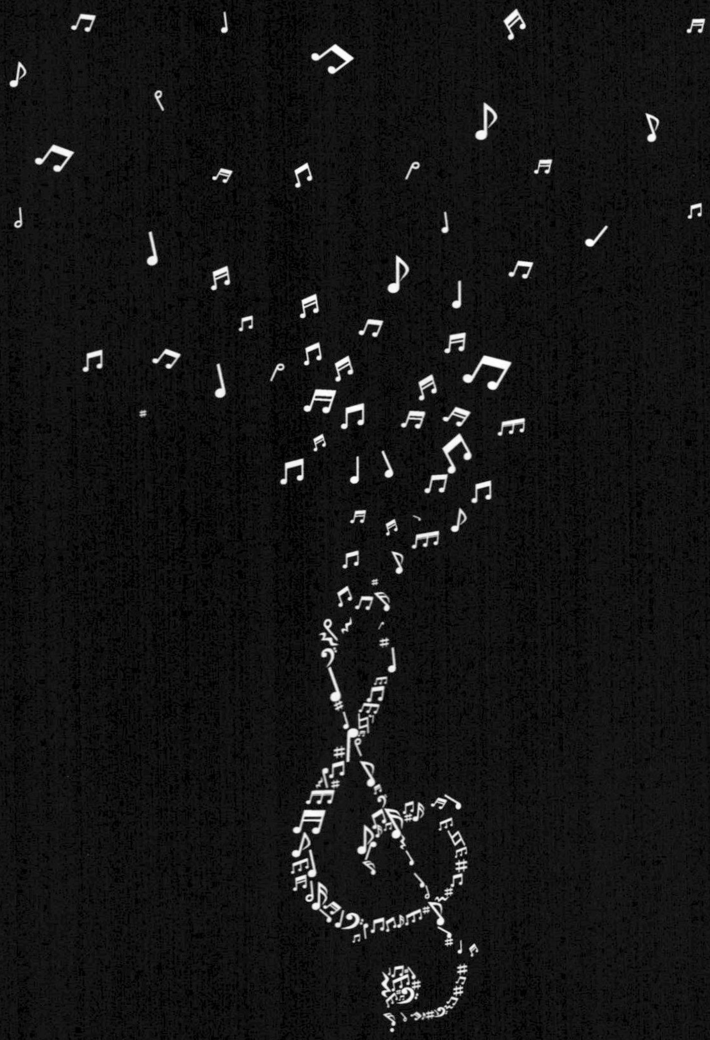

A educação oferecida pela Companhia de Jesus no Brasil está presente desde a chegada dos jesuítas à Terra de Santa Cruz. Logo nos primórdios, intuiu-se que a educação seria um caminho adequado para a evangelização no novo continente.

No Brasil de hoje, a educação básica dos jesuítas acompanha o movimento global anteriormente pontuado. A Companhia de Jesus no Brasil também assumiu um processo de reorganização das suas estruturas e do modo de gestão para atender mais e melhor à missão que assume em terras brasileiras. Desse modo, em novembro de 2014, o corpo de jesuítas presentes no Brasil em três províncias e uma região dependente se redesenha e reposiciona em uma única província, trazendo desafios e oportunidades. Esse movimento de organização dos jesuítas no Brasil foi seguido pela reorganização administrativa das respectivas mantenedoras. Esses fatos não foram objeto direto desta pesquisa, mas a permeiam na medida em que o recorte adotado aborda a presença apostólica na área da educação básica da Companhia de Jesus no Brasil. Nesse sentido, a reorganização da presença apostólica dos jesuítas em solo brasileiro[1] deu novo impulso ao setor educacional.

---

1. Quando a RJE foi criada, em janeiro de 2014, os jesuítas estruturavam-se, em sua organização canônica, em três diferentes províncias e uma região dependente: Brasil Meridional (BRM), Brasil Centro-Leste (BRC), Brasil Nordeste (BNE), Região Dependente da Amazônia (BAM). As três estavam presentes em diferentes missões apostólicas, como centros de espiritualidade, centros sociais, paróquias, assim como no apostolado educativo de educação popular, educação universitária e, especialmente, na educação básica. A partir de novembro daquele ano, constituiu-se uma nova província no âmbito canônico (religioso) com ressonâncias no aspecto civil. A Rede Jesuíta de Educação, dada sua amplitude, foi instituída, por primeiro, já em janeiro daquele ano. Não obstante, à província única, no aspecto civil, seguiam quatro mantenedoras, a saber CETEC, ANI, ANEAS e ASAV. Atualmente, seguem duas, ANEAS e ASAV, tendo esta incorporado a ANI, que anteriormente havia incorporado a CETEC.

Em 2014, terminava um longo processo de construção de uma nova província, que englobaria as três províncias jesuítas então existentes no país e reorganizaria a missão como um todo, inclusive no apostolado educativo, o que contemplava, portanto, a educação básica. Sobre esse assunto, Guidini (2020, 24) relata:

> Ao longo dos últimos trinta anos, o percurso de renovação pedagógica jesuítica no Brasil tem se mostrado efetivo no desenvolvimento de pesquisas, seminários, debates e práticas. Atentos ao contexto, como fruto do amplo movimento pedagógico internacional, foi estruturada no Brasil, em 2014, a Rede Jesuíta de Educação (RJE), vinculada à Província Jesuíta Brasil (BRA), atuando desde a educação infantil até o ensino médio.

Concomitantemente, os responsáveis pelas províncias até aquele momento pediram a diretores e diretoras dos colégios que pensassem um modo de organização que permitisse um trabalho mais colaborativo e em nível nacional. Assim, foi feita importante pesquisa nas três províncias buscando verificar a vitalidade dos colégios e as possibilidades de qualificar o serviço prestado à Igreja e à sociedade.

Em carta de 19 de março de 2012, o Provincial do Brasil, padre Carlos Palácio, nomeou a profa. dra. Sônia Maria de Vasconcellos Magalhães para o cargo de coordenadora do processo de transição da área de educação básica no Brasil para o triênio 2012-2014 (BRAb 2012/08)[2]. Naquela ocasião, foi estabelecido um plano trienal, com um foco para cada ano: em 2012, mapeamento e visão geral dos colégios; em 2013, discernimento e decisão sobre a presença apostólica da

---

2. Carta do governo provincial anunciando a nomeação da professora dra. Sônia Magalhães como responsável por coordenar o processo de transição da área de educação das antigas províncias para a realidade de uma nova e única província, que seria criada num futuro próximo. O resultado desse processo resultou no pedido de jesuítas ao Provincial para que nomeasse um jesuíta para coordenar a criação de uma rede nacional de colégios jesuítas.

Companhia na área de educação básica; em 2014, encaminhamento das decisões tomadas.

Para dar andamento a essa iniciativa, foi criado um grupo de trabalho (GT), com representantes das diferentes províncias, que tinha por finalidade conduzir a pesquisa, sistematizar o conteúdo produzido, visitar as unidades, verificar o *status* de cada unidade em relação às propostas, pensar formas de dar retorno sobre o consolidado da pesquisa, assim como, à luz do discernimento inaciano, verificar o modo como se daria a presença dos jesuítas na educação básica no Brasil nos anos subsequentes.

Em um encontro dos diretores-gerais dos colégios jesuítas do Brasil em Fortaleza, CE[3], nos dias 08 e 09 de abril de 2013, foi apresentado o relatório *Mapeamento dos Colégios*. Com o propósito de favorecer a integração e articulação das unidades educativas entre si e como rede, julgou-se oportuno repensar a organização da educação básica em rede nacional. Os resultados dessa pesquisa e as proposições dos diretores-gerais foram enviados aos provinciais.

No mesmo ano, nos dias 11 e 12 de setembro, aconteceu outro encontro dos diretores-gerais em Indaiatuba, SP. Estavam presentes 13 dos 15 diretores, assim como padre Geraldo Kolling, responsável pela organização e montagem da área administrativa da nova Província, o prof. Jorge Dau, diretor administrativo do Colégio Santo Inácio do Rio de Janeiro, e a sra. Fanny Schwartz, consultora de sustentabilidade das organizações, com o intuito de aproximar o movimento em curso na educação básica dos elementos envolvendo a administração da Província e de avançar nos estudos e na possibilidade de fundação de uma rede.

---

3. Antes da fundação da RJE, os diretores-gerais e/ou reitores dos colégios se reuniam ocasionalmente, geralmente uma vez ao ano, para partilha de experiências e desafios. No entanto, o encontro de 2013, em Fortaleza, tinha uma pauta nova. Tratava-se de apresentar uma pesquisa de dados e informações feita ao longo do ano anterior e sonhar a possibilidade de uma organização nacional em uma única província, considerando que, até então, havia três províncias independentes no país, cada qual com alguns colégios, organizados de modo específico conforme os movimentos próprios de cada região, e que esse era um movimento em curso na Companhia de Jesus no mundo.

Pouco depois, em 29 e 30 de outubro de 2013, na mesma cidade de Indaiatuba, os diretores, reunidos para estudar a integração nacional da área de educação básica, decidiram pedir ao provincial que delegasse a um jesuíta a missão de coordenar a educação básica em âmbito nacional. Surge, nesse momento, a semente do que viria a ser a Rede Jesuíta de Educação (RJE).

Na ocasião, já aconteciam encontros nacionais esporádicos, que tinham o intuito de partilhar experiências e desafios, sem, contudo, definir um propósito comum de atuação ou deliberações que pudessem demandar mudanças de rumos nas respectivas instituições de ensino. Os resultados da pesquisa apontavam para a riqueza das ações educativas individualizadas e a necessidade de construir uma rede nacional que congregasse as unidades educativas jesuítas do Brasil e que fosse orientada e inspirada por um projeto comum.

A partir dessa demanda, o Provincial do Brasil, padre Carlos Palácio, tendo ouvido os provinciais, nomeou, em carta de 19 de novembro de 2013 (Br 2013/63), padre Mário Sündermann, SJ, para a função de delegado para educação básica da BRA, por um período de três anos, com responsabilidade de gestão e governo[4], e a professora Sônia Magalhães para assessorar o processo. Na mesma ocasião, todos os colégios passaram para a jurisdição da Província do Brasil, ficando o delegado do provincial para educação básica com a responsabilidade de conduzir o processo de fundação da RJE. Na carta de nomeação, o Provincial faz menção ao processo que vinha em curso até então:

---

4. Função de gestão e de governo: no âmbito da SJ, responsabilidade de gestão significa um olhar mais civil sobre os processos de gestão. "Enquanto pessoas jurídicas de direito privado, as obras devem adequar-se aos ordenamentos jurídicos [...]", enquanto a responsabilidade de governo se volta mais para a dimensão canônica, que envolve a missão propriamente dita. "A construção de processos administrativos (contábeis, tributários, financeiros, de gestão de pessoas, entre outros) claros, transparentes e sistematizados garante que as obrigações legais sejam cumpridas em sua integralidade. Além disso, permite que a estrutura de governo da Província tenha condições de acompanhar o andamento das obras em todo o território nacional" (SJ, 2016, 24).

> Como você sabe, nos últimos dois anos, os colégios jesuítas no Brasil passaram por um período de articulação e integração, preparando-se para uma nova organização em nível nacional que garanta maior integração dos próprios colégios entre si e, ao mesmo tempo, uma maior articulação com as demais presenças apostólicas da região onde estão situados. Após este tempo de preparação, na última reunião de diretores-gerais de nossos colégios, chegou-se a um amplo consenso sobre a importância de criar um serviço que consolide estes dois movimentos (integração e articulação). Na última consulta da BRA, realizada de 11 a 14 de novembro, no Rio de Janeiro, analisamos e consideramos pertinente a estrutura proposta pelos diretores para este serviço, a saber: a nomeação de um delegado para a educação básica da BRA, que assumirá responsabilidades de governo e de gestão em nossa rede de colégios, em nome do Provincial do Brasil [...] (PJB, 2013a, 1).

A nomeação ocorreu para um período de três anos – renováveis, segundo costume da Companhia de Jesus –, e foram atribuídas ao delegado para educação básica:

1. a organização e a consolidação da nova estrutura em rede dos colégios jesuítas no Brasil;
2. a elaboração de um Projeto Educativo Comum (PEC);
3. a construção de um ambiente que permitisse: (a) o diálogo, (b) a articulação e (c) a partilha de experiências e projetos comuns em unidades educativas (via Moodle-RJE);
4. o mapeamento de lideranças capazes de empreender a renovação desejada etc.[5]

---

5. Carta do Provincial por ocasião da nomeação do delegado para educação dirigida aos diretores-gerais dos colégios jesuítas do Brasil, de 19 de novembro de 2013.

Nessa mesma data (19 de novembro), uma carta foi enviada aos diretores-gerais de todos os colégios anunciando a nomeação do delegado para educação básica da BRA, suas atribuições e as consequências da nomeação[6]. O documento inicia recordando que, nos anos anteriores (2012/2013), os colégios jesuítas do Brasil passaram por um período de articulação e integração, preparando-se para uma nova organização em nível nacional. Ainda faz menção ao amplo consenso entre os diretores de que convinha (e era oportuna) a articulação em nível nacional. Assim, após ponderar o assunto na Consulta Canônica do Provincial, a estruturação proposta foi considerada pertinente.

Simultaneamente, anunciou-se que, "[...] com essa nomeação, todos os colégios jesuítas do Brasil passam, a partir de agora, para jurisdição do Provincialado do Brasil, e as instâncias de articulação nas atuais províncias deixam de existir" (PJB, 2013b, 2).

A relevância dessa carta está no anúncio da criação da Rede Jesuíta de Educação para todo o corpo de gestores das unidades e, por meio deles, a todos os colaboradores, estudantes e famílias que fazem parte das comunidades educativas. Como data de referência, aponta para janeiro de 2014 o início dos trabalhos do delegado para a educação básica. Além disso, explicita os trabalhos que serão prioritários no exercício de gestão do delegado do provincial, a saber:

> Organização e consolidação desta nova estrutura; elaboração do projeto educativo comum para nossos colégios; elaboração de um estatuto de funcionamento da Rede Jesuíta de Educação no Brasil; mapeamento de lideranças para direção de unidades dentro e fora das escolas; gerenciamento do processo de sucessão no cargo de direção-geral nas unidades; definição, junto ao Provincial do Brasil, dos nomes dos possíveis

---

6. A carta enviada aos diretores de todas as comunidades educativas da Província em 19 de novembro de 2013. Arquivada na Província como "BRAb 2013/65", tem por assunto: "Comunicação sobre a nomeação do Delegado para Educação Básica da BRA".

sucessores; acompanhamento do programa de qualidade da FLACSI (PJB, 2013b, 1-2).

Além dessas orientações mais específicas para a gestão da Rede em implementação, outras atribuições foram destinadas ao delegado para educação, como manter diálogo direto com o Provincial e as lideranças jesuítas presentes nas cidades onde existirem colégios; coordenar o processo de integração dos diretores-gerais dos colégios, fortalecendo o sentido de corpo e a corresponsabilidade na missão educativa, assim como

> Representar o Provincial do Brasil em todas as instâncias relacionadas com a educação escolar no Brasil (ANEC, CNBB etc.) ou no exterior (FLACSI etc.). Visitar anualmente os colégios, acompanhando projetos e processos em andamento (PJB, 2013b, 2).

Esse movimento trouxe importante novidade para o processo de organização da educação básica dos jesuítas do Brasil, que não mais se reportavam diretamente ao Provincial, mas sim a um jesuíta por ele delegado e dedicado totalmente para a educação básica. A carta reforçava que "a função de delegado tem dupla natureza: assume responsabilidade de governo e de gestão" (PJB, 2013b, 2), e, sempre que necessário e conveniente, ele poderia fazer intervenções junto aos responsáveis pelas unidades para corrigir rumos e indicar alternativas de trabalho etc. Por fim, a carta – assinada pelos superiores maiores das então províncias e região, a saber: superior da Região da Amazônia, provinciais das três províncias regionais e o Provincial do Brasil[7] – indicava uma mudança estrutural que apontava para a fundação da Rede, a saber:

---

7. A nova e única Província Jesuíta do Brasil foi criada em 14 de novembro de 2014. Até então funcionavam três províncias e havia um superior regional, além do Provincial do Brasil. Eram eles: padre Adelson Araújo dos Santos, SJ, superior regional da BAM; padre Mieczyslaw Smyda, SJ, provincial da BRC; padre Miguel de Oliveira Martins Filho, SJ, provincial da BNE; padre Vicente Palotti Zorzo, SJ, provincial da BRM; e padre Carlos A. Palácio, SJ, Provincial do Brasil.

Com esta nomeação, todos os colégios jesuítas do Brasil passam, a partir de agora, para a jurisdição do Provincialado do Brasil, e as instâncias de articulação nas atuais províncias deixam de existir. Como se trata de uma delegação (o que supõe responsabilidade de governo e de gestão), em 2014, caberá ao delegado visitar todos os colégios. Nós, atuais provinciais, visitaremos somente nossas comunidades, recebendo, evidentemente, a conta de consciência dos jesuítas que trabalham nos colégios (PJB, 2013b, 2).

As duas cartas de novembro de 2013 que anunciavam a nomeação do delegado para educação e a carta enviada aos diretores de todas as unidades informando que os colégios passariam à jurisdição da BRA podem ser consideradas fundacionais da RJE. *Ipso facto*, as organizações existentes nas antigas províncias deixariam de existir, e, a partir de janeiro de 2014, os trabalhos começariam. Pode-se considerar, assim, que a fundação da Rede se deu em janeiro de 2014. A partir dessa data, passa-se a compor e, mais do que isso, a compartilhar o surgimento da "canção RJE".

4.1 Início dos trabalhos da RJE

No dia primeiro de janeiro de 2014, uma carta do delegado para educação informava aos diretores-gerais que o escritório central da RJE passaria a funcionar no Rio de Janeiro, junto ao Centro Cultural João XXIII, na Rua Bambina, n. 115, Bairro Botafogo. Sua equipe de apoio seria formada pela profa. Sônia Magalhães, como assessora do delegado para educação, e pelo prof. Alexandre Valente, como gestor de projetos. Eram os primeiros passos da nova rede.

Assim, o ano de 2014 foi direcionado para a composição da RJE, a construção de consciência de pertença a um corpo articulado em rede, com visitas às unidades, relatórios dessas visitas, implantação do Sistema Integrado de Gestão (SINERGIA) e da plataforma Moodle como espaço compartilhado de experiências e articulações de projetos comuns num país continental. Nesse sentido, foi sendo gestada e reconhecida a importância de se possuir um Projeto Educativo Comum (PEC). Além disso, os primeiros movimentos vinham proporcionando a consciência de uma articulação em rede e a necessidade de gestores com essa consciência e disposição para assumir os movimentos necessários. Desse modo, tanto nas unidades quanto no escritório foram sendo testadas formas mais adequadas de organização.

Dentre os movimentos organizativos, estava a elaboração de um estatuto para a Rede, o que ocorreu ao longo de 2014, com sua aprovação *ad experimentum* pelos diretores-gerais e pelo conselho superior da RJE no dia 11 de dezembro daquele ano. Já em 2015, o escritório passou por alterações. A profa. Sônia Magalhães, assessora do delegado para educação, em março de 2015, assumiu a direção-geral do Colégio São Luís Gonzaga de São Paulo, e a assessoria passou a ser realizada mais pelos membros do conselho superior. Foi contratado um secretário executivo para a RJE[8], e, ao longo do ano, foram convidados e nomeados os coordenadores de qualidade e processos da RJE. Eram profissionais de diferentes unidades educativas que prestariam, simultaneamente, um serviço à RJE: profa. Sônia Magalhães (Colégio São Luís, SP), referência para os processos acadêmicos; sr. Gilberto Vizini (Colégio Medianeira, Curitiba), referência para os processos administrativos; prof. Juliano Oliveira (Colégio Loyola, Belo Horizonte), referência para os processos de formação cristã e pastoral da rede.

---

8. Em fevereiro de 2015, assumiu como secretário executivo da RJE o senhor Pedro Risaffi, antigo aluno do Colégio Santo Inácio do Rio de Janeiro. Em meados daquele ano, a profa. Sônia Magalhães assumiu a direção-geral do Colégio São Luís, em São Paulo. Obs.: em 2017, o padre Luiz Fernando Klein assumiu a função de assessor da RJE, contribuindo na assessoria pedagógica das unidades e apoiando o delegado para educação em suas necessidades. No início de 2018, após avaliação e período de experimento, a Província Jesuíta do Brasil mudou sua organização. A RJE passou a ter um diretor-presidente, em vez de um delegado para educação, e esse se reportava ao secretário para educação, que era o articulador entre as três redes que compõem o Apostolado Educativo Jesuíta no Brasil (educação básica e ensino universitário – a educação popular na Província Jesuíta do Brasil é uma educação beneficente e de assistência social, voltada mais para um processo de inclusão de estudantes socioeconomicamente mais carentes). Nessa ocasião, a RJE deixaria, uma vez mais, de ter um assessor pedagógico.

Após diversas alterações e a adequação ao que propunha o Projeto Educativo Comum, lançado em 2016, uma nova versão do estatuto foi aprovada pelo então Provincial do Brasil, padre João Renato Eidt[9], em 14 de março de 2017.

4.2 A RJE

A RJE tem, no horizonte, conforme sua visão, "ser uma rede de centros inovadores de aprendizagem integral que educam para a cidadania global com uma gestão colaborativa e sustentável" (RJE, 2021, 13). A RJE almeja "promover educação de excelência, inspirada nos valores cristãos e inacianos, contribuindo para a formação de cidadãos competentes, conscientes, compassivos, criativos e comprometidos" (RJE, 2021, 13). Sua gestão visa favorecer as unidades para que atinjam a missão de serem centros inacianos de aprendizagem integral que eduquem para a cidadania global.

Por meio da RJE,

> [...] a Companhia de Jesus oferece educação a crianças, adolescentes, jovens e adultos – e suas respectivas famílias –, entende seu labor educativo como parte da missão da Igreja e compromete-se a contribuir para transformar o mundo segundo os valores do Evangelho (BRA, 2017, 7).

Na segunda versão, já atualizada e relida à luz do PEC, o estatuto apresenta a missão da RJE dizendo que ela buscará se articular colaborativamente, inspirada e reforçada pela sua identidade, permeada pelo compromisso social de promoção de melhorias da educação em nosso país. Compromete-se, dessa forma, a

---

9. Com a criação da Província dos Jesuítas do Brasil em novembro de 2014, assume como Provincial o padre João Renato Eidt, que aprova o estatuto definitivo.

> [...] promover um trabalho integrado entre as unidades que a compõem, a partir de uma mesma identidade e do sentido de corpo apostólico, com mútua responsabilidade pelos desafios comuns. Para além disso, é também missão desta Rede contribuir, de diferentes formas, para a melhoria da educação no país (BRA, 2017, 7).

O estatuto da RJE, em seu artigo quinto, apresenta sua finalidade, a saber: ser espaço de serviços educativos, formativos e de gestão de qualidade nas unidades; ser caminho inovador; buscar e promover as melhores práticas nas dimensões do processo educativo que emanam do PEC, com orientações a partir do Sistema de Qualidade na Gestão Escolar (SQGE). A escola é

> §1º. Lugar desde o qual se ofereça um conjunto de serviços educativos, formativos e de gestão de qualidade às Unidades para ajudá-las em sua missão educativa. §2º. Lugar de socialização das aprendizagens e melhores práticas nas quatro dimensões do processo educativo: Curricular; Organização, Estrutura e Recursos; Clima Institucional; e Relação com a Família e a Comunidade Local (BRA, 2017, 2).

Em nível de gestão, a Rede "criou espaços para a união de esforços econômicos, acadêmicos e de gestão, instâncias para partilha de saberes, recursos financeiros e de infraestrutura" (BRA, 2017, 9). Desde sua origem, pensava-se em uma rede com estrutura leve, bastante articulada com as unidades, capaz de mobilizá-las e aproximá-las entre si e com desdobramento nacional. Sabia-se, inicialmente, que seria imprescindível ter canais de contato e aproximação que permitissem a articulação nacional. Assim, um dos primeiros movimentos de articulação foi a implantação da plataforma Moodle-RJE em todas as unidades, a qual permitiria diálogos constantes, processos formativos, levantamento de pesquisas entre todas as unidades da RJE, além de ser um espaço que estimulasse o uso das tecnologias nas mediações pedagógicas, especialmente em sala de aula, nas respectivas unidades.

Se, por um lado, a articulação de gestão e a gestão pedagógica aconteciam mais via plataforma Moodle, por outro, os aspectos administrativos, econômicos e financeiros seriam articulados seguindo-se os princípios do Sistema Integrado de Gestão (SINERGIA)[10], em vias de implementação a partir de 2014 em todas as unidades. Esses processos foram gerando a consciência de rede, não obstante as dificuldades inerentes ao movimento dadas as distâncias geográficas, os modelos personalistas de gestão, a ausência da cultura de rede, as estruturas físicas desatualizadas, a formação e atualização dos quadros. Em algumas unidades, havia maior aderência em alguns aspectos; em outras, nem tanto; todas as unidades, contudo, necessitaram passar por um processo de pensar-se e repensar-se parte constitutiva da RJE.

A fundação da Rede Jesuíta de Educação coincidiu com a instituição do cargo de delegado para a educação básica, vigente entre o início de 2014 e o fim de 2017, quando foi extinto. Em 2018, cria-se a função de diretor-presidente da Rede[11] em substituição à de delegado para educação básica.

---

10. O SINERGIA é um sistema integrado de gestão pensado e desenvolvido para as unidades educativas da Rede Jesuíta de Educação e para a Província Jesuíta do Brasil, com o propósito de otimizar processos mais colaborativos e integrados em rede. Tem como alguns dos seus princípios a segurança da informação, o acesso dos dados em tempo real e a possibilidade de consolidados administrativos de todas as unidades da Rede, o que auxilia enormemente a resposta a demandas legais próprias de entidades sem fins lucrativos.
11. Ao criar a Província dos Jesuítas em 2014, a nomeação do delegado para coordenar os processos advindos dessa criação foi *ad experimentum*. Após quatro anos da nova estrutura, foi feita uma grande avaliação, e houve mudanças na estrutura organizacional. O campo da educação passou a ter um secretário para educação (o 1º Secretário da BRA foi o Padre Sérgio Eduardo Mariucci, SJ), com a função de articular as grandes redes de educação da Província, a saber: ensino universitário, ensino básico e educação popular, com cada uma delas tendo um representante específico. No caso da educação básica, foi nomeado um diretor-presidente da RJE com função de gestão e articulação (o 1º presidente da RJE foi o Ir. Raimundo Barros, SJ, entre janeiro de 2018 e maio de 2022).

4.3 Construção do Projeto Educativo Comum da RJE

A elaboração do Projeto Educativo Comum foi de grande relevância no processo de fundação da RJE. Seu objetivo foi o de construir diretrizes que revissem e reposicionassem a ação apostólica da Companhia de Jesus na área de educação básica no Brasil. Além disso, ele deveria orientar a necessária renovação, ajuste e/ou qualificação do que já existia em âmbito nacional (RJE, 2016). O documento foi elaborado coletivamente, e o processo de construção foi fundamental na concepção, percepção e adesão à consciência de rede.

SQGE

No processo de pensar um documento que pudesse direcionar e mobilizar as diferentes unidades educativas em torno de uma missão comum, foi feita uma escolha por um texto que prezasse pela riqueza do apostolado educativo da Companhia de Jesus e que se munisse dos documentos que historicamente imprimiram o fio condutor da missão nos e dos colégios. Nesse sentido, foram considerados os documentos da Companhia de Jesus que tivessem relação com o apostolado educativo comum.

Permearam, dessa forma, a organização e a sistematização, além de documentos fontais – como o *Ratio*, *Congregações gerais*, *Instrução para Administração de Bens* (IAB) e, principalmente, documentos mais recentes, como *Características da Educação da Companhia de Jesus* (1986), *Paradigma Pedagógico Inaciano* (PPI) –, acordos dos encontros globais, como o de Boston (2012) e o Seminário Internacional de Pedagogia e Espiritualidade Inacianas (SIPEI, 2014)[12] etc. Merecem destaque especial os estudos e a proposta do Sistema de Qualidade na Gestão Escolar (SQGE), que foi a principal referência para organização do documento[13].

---

12. Disponível na versão atualizada do PEC, publicada em 27 de agosto de 2021.
13. O Sistema de Qualidade na Gestão Escolar (SQGE) é uma ferramenta de autoavaliação e melhoria aplicável às instituições educativas, em implementação desde o ano de 2013, desenvolvida pela Federação Latino-Americana de Colégios

O SQGE se estrutura em quatro âmbitos, que, no PEC, foram traduzidos e adequados para quatro dimensões da formação integral. Segundo Henrici (2023), o SQGE trata de uma estratégia de rede com a finalidade de impulsionar o processo de avaliação e melhoria nos centros pertencentes a FLACSI. Segundo Henrici (2023, 216, tradução nossa),

> [...] há três aspectos distintos do SQGE que reafirmam seu selo inaciano: (a) o propósito educativo e a orientação à melhoria escolar; (b) o respeito ao contexto próprio de cada centro escolar e suas responsabilidades nas decisões a respeito da avaliação e da melhora; e (c) o valor do trabalho em rede e a sinergia que a rede produz nos processos de melhoria escolar.

A partir de 2013, o SQGE foi sendo implantado em três colégios do Brasil[14], dando início, nas respectivas unidades, a um ciclo que incluiu autoavaliação, implantação de melhorias e nova autoavaliação.

A construção da "espinha dorsal" do PEC contou com presença significativa do SQGE da FLACSI, cujo foco está no processo formativo do estudante, e que busca a aprendizagem integral discente. Em nível de América Latina, desde 2008, a proposta do Sistema de Qualidade foi

---

da Companhia de Jesus (FLACSI), em parceria com a Universidade Alberto Hurtado, do Chile, e a Universidade Católica do Uruguai, com foco na identidade educativa da Companhia de Jesus e no alcance e potencialização da aprendizagem integral. Assume como fundamentos teóricos para sua sistematização os estudos sobre fatores associados à eficácia escolar, e por isso se estrutura com base em quatro âmbitos centrais: (a) pedagogia e currículo; (b) organização, estrutura e recursos; (c) clima escolar; e (d) família e comunidade. O SQGE busca impulsionar, nos centros educativos, o desenvolvimento de uma cultura de qualidade, por meio da prática permanente de sistematização de processos, reflexão, avaliação e melhoria, que se prolongue nas unidades educativas para além do período de sua aplicação (RJE, 2021, 75).

14. Os três primeiros colégios a entrarem no SQGE foram: Colégio Catarinense (Florianópolis, SC), Colégio São Luís Gonzaga (São Paulo, SP) e Colégio São Francisco de Sales (Diocesano – Teresina, PI).

sendo desenvolvida, tendo sido testada em alguns colégios da federação. Representantes de diversas escolas foram capacitados para atuarem como facilitadores nos processos de autoavaliação, desenho e implementação de melhorias nas unidades.

O SQGE busca seus objetivos a partir de quatro âmbitos: o curricular; o da organização, estrutura e recursos; o do clima escolar; o da relação família e comunidade local. Nesse movimento sistêmico, busca-se um ciclo contínuo de autoavaliação e de implementação de melhorias no que se refere às dimensões: de pedagogia e currículo; de organização, estrutura e recursos; de clima escolar; de família e comunidade local (OLIVEIRA, 2022). Os âmbitos foram insumo importante na construção do PEC e foram integrados ao processo de construção de centros de aprendizagem na perspectiva de garantir a formação integral de crianças e jovens capazes de agir localmente, cientes de que seus movimentos e sua forma de ser e estar no mundo possuem incidência global.

> Trata-se de um sistema de qualidade cujo foco é a aprendizagem de todos os estudantes do colégio, tendo como base a proposta educativa da Companhia de Jesus, proposta essa que, por sua vez, tem como fim o desenvolvimento de um perfil humano, traduzido nos documentos institucionais no compromisso de formar pessoas conscientes, competentes, compassivas e comprometidas (OLIVEIRA, 2022, 40).

O SQGE foi permeando as reflexões no tocante ao *status* das unidades da RJE, e quase naturalmente se inserindo no PEC. Após a assimilação do contexto brasileiro, como se fosse um marco situacional, percebeu-se que as demandas vistas como mais relevantes nos seminários presenciais, nas escutas das unidades e nos retornos para os GT apontavam para quatro eixos (currículo; organização, estrutura e recursos; clima organizacional; relação família e comunidade) e comungavam com o que se chamava de âmbitos do SQGE, sempre com foco no estudante e na aprendizagem integral discente.

PEC e SQGE se formaram a partir de processos distintos e separados, mas o contexto fez com que se aproximassem e, de certa forma, acabassem se fundindo. O SQGE está mais voltado para cada uma das unidades: é um processo de autoavaliação, de planos de melhora, de nova autoavaliação, ou seja, é um ciclo "virtuoso" que vai levando os colégios a darem um salto de qualidade no que se refere à aprendizagem dos estudantes.

Já o PEC, como o próprio nome explicita, é um projeto de cunho educativo comunitário, que visa inspirar, orientar e direcionar a ação nas unidades em vista de melhor viver a missão educativa da Província Jesuíta do Brasil no que se refere à educação básica como um todo. Trata-se de orientações e diretrizes para uma rede, composta por centros de aprendizagem integral.

Essa aproximação, por um lado, deu força a ambos: ao SQGE, pois ele passou a estar ainda mais presente em todas as unidades, mesmo que de modo não idêntico; e ao PEC, pois passou a receber insumos específicos para definir que modelo de escolas e colégios estava sendo buscado, ou seja, centros de aprendizagem integral cujo conceito provinha do SQGE. Por outro lado, como movimentos distintos e finalidades específicas, essa quase fusão gerou lacunas, seja no aprofundamento dos conceitos, seja na metodologia de implementação de um e de outro.

Nesse sentido, os seminários de aproximação e reconhecimento das instituições educativas de educação básica, dos gestores e dos educadores das diferentes unidades tiveram como fio condutor teórico as problematizações que estavam sendo feitas pelo SQGE, já em processo de implementação em algumas unidades e com meta de alcançar todos os colégios. O PEC teria que o considerar a partir de orientações de uma autoavaliação do processo educativo e desenhar, propor e implantar projetos de melhoria, para, em seguida, fazer uma nova autoavaliação. O ciclo todo supõe, pelo menos, dois anos de estudo, trabalhos, avaliações e acompanhamento.

Atualmente, algumas unidades estão realizando um novo ciclo de autoavaliação e projetos de melhora, enquanto outras estão ainda iniciando o primeiro ciclo de autoavaliação. A novidade está no fato de que as escolas de inclusão social estão contempladas neste momento. Assim, uma reflexão pertinente e que merece toda a atenção da RJE é o fato de, desde o início do sistema até o presente, terem se passado mais de 10 anos e algumas unidades só estarem começando o ciclo neste momento.

4.4 Elaboração do PEC

O processo de construção do Projeto Educativo Comum (PEC) da Rede Jesuíta de Educação (RJE) ocorreu em um movimento de renovação que supunha a colaboração de todos, direta ou indiretamente, e requeria, para isso, a adesão das diferentes unidades educativas que compunham a rede nascente. Assim, foi crucial o papel dos gestores das unidades, que deveriam preparar o terreno para o importante passo que definiria o futuro da Rede. Nem sempre houve clareza de adesão, nem sentimento de participar efetivamente do processo. O desejo que permeava os encontros de diretores-gerais era de ter um documento que fosse inspirador, orientador e, em alguns momentos, normatizador.

O PEC, na medida do possível, almejava considerar e respeitar as realidades locais, como, por exemplo, normas e regras das Secretarias de Educação, tanto estaduais quanto municipais, a relação das unidades com o próprio entorno, a relação com os sindicatos de colaboradores e patronais etc. Sentia-se a necessidade de formar a consciência de pertença a uma rede nacional; o processo de construção seria uma oportunidade para conhecer e reconhecer as demais unidades educativas em sua riqueza local, seus principais projetos, suas estruturas organizacionais, seus sonhos e desafios, suas necessidades e possibilidades. Desse modo, a construção do PEC foi tempo não só de pensar, sistematizar e criar um documento que serviria para nortear a missão educativa nas respectivas unidades da RJE, mas também de estar atento para que o respeito às realidades locais não impedisse o movimento de renovação e inovação necessário, tampouco favorecesse a manutenção de escolas e colégios mais parecidos com "pequenos feudos", autossuficientes, que não se comprometessem com a educação jesuíta no país como um todo.

Uma vez definido que seria de grande valia um documento da RJE para inspirar, nortear e direcionar o apostolado educativo, o primeiro passo foi sistematizar um comunicado dando início ao processo de composição desse texto, clarificando o objetivo a ser alcançado, o processo a ser seguido e o movimento a ser desencadeado.

Um Grupo de Trabalho (GT1) foi constituído[15] como movimento estratégico com as atribuições principais de pensar, planejar e conduzir seminários presenciais que envolvessem educadores das diferentes áreas que compõem os colégios e as escolas da Rede. Foram realizados, dessa forma, dois seminários, um com educadores voltados mais para a docência e gestão pedagógica[16] e outro com os educadores voltados para a área administrativa e de formação cristã e pastoral[17]. Os seminários propiciaram a aproximação presencial dos educadores das diferentes unidades, o reconhecimento mútuo, partilhas de experiências, expectativas, projetos, e explicitaram as similaridades, mas também vieram à tona diferenças presentes nas unidades, a diversidade de atividades, projetos, organizações, por vezes até contraditórios. Os seminários também objetivaram reforçar a unidade e a importância de começar um novo caminho comum. No decorrer das atividades dos seminários, foram sendo elaborados mapas conceituais que permitiram visualizar onde os colégios e as escolas estavam e onde desejariam estar nos cinco anos seguintes.

---

15. Fizeram parte do GT1 do PEC educadores das diferentes unidades educativas da RJE: Alexandra Gazzinelli (Loyola), Alexandre Loures Barbosa (ETE), Ana Maria Loureiro (Santo Inácio - Rio), Carlos Alberto Jahn (Medianeira), João Carlos Ramiro Oliveira (Vieira), Juliano Oliveira (Loyola), Louisa Carla Schröter (Catarinense) (coordenadora), Maria Margareth Rodrigues dos Santos (Diocesano), Sérgio Silveira Santana (Vieira).
16. O 1º seminário voltado para a área acadêmica para a construção do PEC, ocorrido em 16 e 17 de abril de 2015, contou com a participação de 90 educadores das unidades educativas, foi organizado pelo GT1, pela equipe do escritório central e aconteceu em Botafogo, RJ, na Rua Bambina, 115.
17. O 2º seminário voltado para educadores das áreas administrativa e de formação cristã aconteceu nos dias 11 e 12 de maio de 2015, no mesmo local do primeiro, e foi organizado pelo GT1 e pela equipe do escritório central.

Após os seminários, o GT1 se reuniu uma vez mais (nos dias 1º e 02 de junho de 2015) para construir um mapa mental com as contribuições recebidas e elaborar uma estratégia de disseminação do que fora problematizado e sonhado nos seminários. Além disso, após os seminários presenciais, sua disseminação foi delegada aos participantes, e esse movimento, de forma geral, teve boa aceitação em todas as unidades educativas. Em movimento de escuta às unidades, percebeu-se que a adesão afetiva e efetiva ao processo e o real envolvimento dos educadores nas unidades dependiam muito dos gestores, especialmente dos diretores-gerais.

Após um breve período de trabalho nas unidades, foram recolhidas suas contribuições. Novamente, o GT1 se debruçou sobre as contribuições que vieram e as sistematizou num questionário, que definia os principais temas a serem contemplados no documento e que foi disponibilizado na plataforma Moodle, para que o maior número de colaboradores das unidades tivesse acesso ao conteúdo. As experiências de disseminação dos seminários nas unidades foram consolidadas no documento *Experiência de Disseminação Pós-Seminários PEC* e serviram de insumo para sistematizar o "documento mártir"[18] do PEC.

Em seguida, foi constituído novo GT PEC[19] (GT2PEC), com a atribuição de avaliar o que fora recolhido, organizado e sistematizado pelo GT1 e a incumbência de redigir o documento a partir das contribuições recebidas. Assim, importante encontro aconteceu no escritório central no RJ, nos dias 27 e 28 de agosto de 2015, que marcou a "passagem do

---

18. Compreendo "documento mártir" como a primeira sistematização do texto, que, posteriormente, foi avaliado por alguns profissionais das unidades ou expertos da educação, que deram suas contribuições como leitores críticos. Após esse movimento, finalmente chegou-se à redação final do documento como publicado em agosto de 2016.
19. Em carta de 14 de julho de 2015, foi constituído o GT2 do PEC, com a atribuição de fazer a redação do documento. Participaram dele os seguintes educadores da rede: Ana Maria Loureiro (CSI-RJ), Juliano Oliveira (LOY-BH), Maria Margareth dos Santos (DIO-PI), Paulo Henrique Cavalcanti (LOY-BH) e padre Sérgio Mariucci, SJ (JES - Juiz de Fora), com a assessoria da profa. Sônia Magalhães (Escritório da RJE - RJ).

bastão" dos trabalhos do GT1 para o GT2. O encontro se constituiu em uma experiência de partilha de intuições, consensos, desafios, ao mesmo tempo que apontava para as dificuldades experimentadas e que poderiam ainda surgir, considerando a diversidade de formas de ler a realidade, a falta de cultura de rede, as diferenças nas legislações e normas voltadas para a educação em nível municipal, estadual e regional. Concomitantemente, era visível o acalento de um mesmo sonho, a possibilidade de construir algo novo. Foi um diálogo esperançoso entre o grupo que motivara o processo até então e um GT mais reduzido, com apenas cinco membros (alguns dos quais estavam no GT1), o qual sistematizaria o documento.

O papel do GT2 foi marcado por um trabalho intenso que se manteve conectado com a rica e complexa realidade local, atento aos documentos-fonte da Companhia de Jesus e às problematizações que advinham do SQGE da FLACSI. Uma síntese do que foram os trabalhos do GT e do que viria a ser a atribuição do GT2 foi apresentada na carta-convite aos membros do GT2.

Nesse convite, o delegado para educação se expressava aos cinco membros convidados para o trabalho da redação do documento nesses termos:

> Como deve estar acompanhando, a Rede Jesuíta de Educação (RJE) está caminhando a passos largos na construção de um Projeto Educativo Comum (PEC). Trata-se de um documento que reveja e reposicione o trabalho apostólico da Companhia de Jesus na área de educação básica e, ao mesmo tempo, oriente e norteie as necessidades de renovação, ajuste e/ou qualificação do que existe hoje. O trabalho já vai adiantado. Foram feitos diferentes estudos, problematizações, encontros, confrontos, estratégias de disseminação e levantamento de informações. Todo este trabalho foi promovido por um grupo de educadores, do qual você fez parte e conhece bem a dinâmica. Agora, chega o momento de redigir o documento apoiando-se nas informações

recolhidas e confrontando-as com o que é problematizado na academia e em outras redes de educação. Você está sendo convidado para levar avante o processo de construção do documento (RJE, Convite. GT2 do PEC, 2015/07/14).

O convite também mencionava o SQGE – como indicativo do processo de renovação –, o movimento em rede global, e destacava que o trabalho de elaboração deveria provocar nas unidades reflexão sobre a realidade local a partir do marco global explicitado nos encontros de Boston (2012) e no SIPEI (2014). "Este trabalho deverá ser feito de maneira tal que a elaboração do documento provoque nas unidades um movimento de reflexão sobre aquele contexto particular a partir do marco mais amplo que foi apresentado no SIPEI" (RJE, Convite. GT2 do PEC, 14/07/2015).

O movimento de construção do documento norteador da Rede nascente dava passos importantes, e os desafios eram significativos. Por diferentes estratégias, estudos, articulações e consultas, buscava-se envolver o maior número possível de educadores das unidades que compunham a Rede. Assim, o GT1

> [...] propôs textos para reflexão, organizou e conduziu os seminários presenciais, fez relatórios e sínteses, mobilizou a disseminação e preparou um exercício de hierarquização a partir dos eixos centrais do mapa conceitual produzido nos seminários presenciais (RJE, Convite. GT2 do PEC, 14/07/2015).

Coube ao GT2 a redação do documento, ciente de que o objetivo era contribuir no reposicionamento do trabalho apostólico da Companhia de Jesus na área de educação básica e, ao mesmo tempo, orientar e nortear as necessidades de renovação, ajuste e/ou qualificação do que existe hoje. Como assessora do processo, foi nomeada a professora Sônia Magalhães, que era a coordenadora de qualidade e processos acadêmicos da RJE e apoiava a implementação do SQGE da FLACSI no Brasil.

Havia consciência de que um documento dessa envergadura demandava estudo, reflexão e consultas internas e externas. Assim, se anunciava aos membros do GT2 do PEC que o processo também previa "leitura crítica de profissionais de outras áreas, ligados à RJE ou não" (RJE, Convite. GT2 do PEC, 2015/07/14). Previam-se encontros presenciais e a distância. Sabia-se que o trabalho demandava tempo[20] e generosidade[21]. Contava-se, assim, com a generosidade e o apoio dos colégios que cediam os profissionais para essa jornada.

No processo de coleta das informações, contemplando sonhos, desejos, necessidades, desafios, dificuldades e expectativas para o documento a ser redigido, foram constatadas a riqueza, a vastidão do material e a necessidade de fazer escolhas. Nem tudo poderia ser contemplado, nem tudo era igualmente relevante, nem todos os desejos eram reais necessidades. Seria necessário fazer escolhas, e para tal verificou-se o que era mais destacado, o que sobressaía e estava mais em sintonia com as orientações que provinham do movimento de renovação presente no apostolado educativo da Companhia de Jesus. Os assuntos mais presentes foram aglutinados em cinco temas especiais, a saber: currículo, aprendizagem, formação de educadores, gestão e rede, condensados em três eixos estruturantes na seguinte ordem: currículo e aprendizagem, formação de educadores, gestão e trabalho em rede.

A partir da compilação dos dados, destacaram-se os dez indicadores mais relevantes de cada eixo, e desenvolveu-se um exercício inaciano de hierarquização[22] que permitiu a constatação do que seria mais relevante

---

20. Foi estabelecido como cronograma de trabalho, avaliado e aprovado no 1º encontro presencial, no RJ, nos dias 27 e 28 de agosto: "O tempo de envolvimento estimado para esta tarefa é o seguinte: 72 horas de reuniões presenciais (no Rio), diluídas em três encontros de dois dias já previstos em calendário; aproximadamente 60 horas de trabalho realizado desde a escola, incluídas eventualmente algumas horas de videoconferência, segundo seja necessário" (RJE, Convite. GT2 do PEC, 14/07/2015).
21. Foi também estabelecido que não haveria remuneração extra para essa atividade, mas que a Rede arcaria com custos de viagens, alimentação e hospedagem (RJE, Convite. GT2 do PEC, 14/07/2015).
22. Para melhor constatar o que se percebia como mais relevante no processo de construção do documento, a partir do que fora abordado nos seminários,

para consolidação da RJE, suas unidades educativas e seus respectivos educadores.

Essas escolhas estratégicas serviram para a construção do "documento mártir"[23] e para posteriores tomadas de decisão na implementação do documento. Essa versão foi sucessivamente submetida a leitores críticos de dentro da Rede, diretores de colégios, membros do conselho superior da Rede e outros profissionais da RJE. Enfim, leitores simultaneamente críticos e profissionais ligados à educação e à RJE.

Antes de chegar à redação final, o documento mártir passou por diversas versões. Na definitiva, os quatro âmbitos do Sistema de Qualidade na Gestão Escolar (SQGE) da Federação Latino-Americana de Colégios Jesuítas (FLACSI) aparecem como dimensões do processo educativo. Uma vez consolidado o documento, ele foi apresentado às equipes diretivas da Rede[24]. O encontro foi o primeiro do gênero e, desde então,

---

pesquisas e consultas, foi sistematizado um "exercício de hierarquização". Em 20 de agosto de 2015, na condição de responsável pela Rede, escrevi a todos os educadores da RJE convidando-os a participar, uma vez mais, da construção do PEC, por meio do exercício de hierarquização das propostas. Esse se daria em torno de três eixos: currículo e aprendizagem, formação e capacitação dos colaboradores na missão, gestão e rede. Mais de 2.200 profissionais prestaram sua contribuição nessa fase, dizendo o que consideravam prioritário no momento para a rede nascente.

23. Chamamos de "documento mártir" a primeira sistematização ou versão inicial do documento. No caso do PEC, ele foi escrito pelo GT2 do PEC e passou pela apreciação dos diretores, que puderam localmente recolher sugestões, leitores críticos, revisão gramatical, conselho superior, composição gráfica etc. Até chegar à versão definitiva, conforme afirmado anteriormente, foram feitas sete versões, considerando que o GT da redação tinha a incumbência de considerar, avaliar e validar as muitas sugestões que vinham e, de modo discernido, reter e incluir no documento definitivo o que efetivamente ajudasse a atingir o fim almejado.
24. Entendemos "equipe diretiva" como os profissionais com responsabilidade última nas unidades educativas, a saber: diretor-geral, diretor acadêmico, diretor administrativo e coordenador da formação cristã e pastoral. Por vezes, existe uma configuração diferente dependendo do contexto local, como, por exemplo, existem unidades menores que têm o diretor-geral, mas não o administrativo e/ou o pedagógico, ou ainda, unidades que têm um diretor de gestão de pessoas.

repete-se a cada ano[25]. Assim, na medida em que o documento era composto, simultaneamente era concebida a canção a ser anunciada e ensinada aos diferentes autores e atores que compunham a RJE.

4.5 Aprovação do documento

Uma vez validado no primeiro Encontro das Equipes Diretivas da RJE, o documento foi apresentado ao Provincial, padre João Renato Eidt, que o aprovou exortando todos a fazerem dele o fio condutor da fundação da Rede e de centros inacianos de aprendizagens. Nessa ocasião, a versão virtual do documento já seria disponibilizada para as unidades educativas da RJE, no intuito de que elas já se familiarizassem com ele e se preparassem para o seminário de lançamento[26].

Em seguida, o documento passou pelos processos de revisão gramatical, *design* de apresentação, editoração e divulgação. A escolha da capa mereceu especial atenção, pois ela representa um "quebra-cabeça" que recorda a importância de cada unidade (peça) estar em sintonia com a rede, que as unidades não são iguais, mas são imprescindíveis para que o quadro se componha de forma harmônica, que elas precisam se aproximar umas das outras, que cada uma carrega sua unicidade e identidade, que a Rede é mais do que um conjunto de unidades sob o mesmo "guarda-chuva", ou a mera soma das partes, e que essa diversidade enriquece a gestão colaborativa em rede.

---

25. O 1º encontro ocorreu no escritório central, entre os dias 07 e 09 de março de 2016. Participaram do encontro o padre José Alberto Mesa, secretário da Companhia para a educação básica, e Xavier Aragay, coordenador do Projeto Horizonte 2020 dos colégios jesuítas da Catalunha. Na ocasião, foi apresentada e aprovada a versão final do PEC pelas equipes diretivas das unidades. Iluminados pela experiência da Catalunha, os participantes falavam da possibilidade não de transpor a experiência, mas de inspirar-se nela para então começar o movimento de inovação e transformação nas unidades da RJE.
26. O PEC foi promulgado no dia 29 de agosto de 2016, durante o I Seminário de Educação da Rede, realizado no CECREI, em São Leopoldo (RS).

Uma vez aprovada a proposta de diagramação e composição gráfica pelo conselho superior e pelo fórum de diretores-gerais da unidade, o documento foi impresso, projetando outro grande movimento de mobilização das unidades para seu lançamento formal.

A finalização do PEC revelou um percurso de 14 etapas, a saber:

I. Constituição do GT1;
II. Preparação virtual para os seminários;
III. Realização de dois seminários presenciais;
IV. Disseminação da experiência dos seminários nas unidades;
V. Consolidação dos conteúdos;
VI. Constituição do GT2 para a redação do documento;
VII. Encontro entre o GT1 e o GT2 para "passagem de bastão"[27]: socialização da experiência e do material recolhido;
VIII. Hierarquização e priorização dos temas mais relevantes para o documento;
IX. Leituras críticas;
X. Apresentação aos diretores-gerais;
XI. Apresentação ao conselho superior;
XII. Validação pelas equipes diretivas;
XIII. Aprovação pelo Provincial;
XIV. Seminário de lançamento.

4.6 Seminário de lançamento do PEC

Foi criado um grupo de trabalho[28] multidisciplinar, com representantes de diferentes unidades educativas, para pensar e organizar um

---

27. Trata-se de uma imersão de três dias para socializarem a experiência feita, passar o conteúdo visto como relevante e traçar um cronograma para a redação do documento e dos processos de "validação" dele. O encontro aconteceu em 27 e 28 de agosto de 2015, no escritório da RJE no RJ.
28. Fizeram parte do grupo de trabalho (GT): Fernando Guidini (Medianeira, Curitiba), Jane Medrado (Antônio Vieira, Salvador), Aidil Brites (Antônio

seminário. Eles compuseram o verso e a melodia musical daquele encontro que marcou um momento importante da jovem rede. Definiram a programação do seminário, os palestrantes, o planejamento e organização dos trabalhos e a distribuição das vagas. O seminário foi uma oportunidade para o fortalecimento da consciência da pertença a uma rede e para certificar-se que outra educação era possível. O objetivo do evento era ofertar uma oportunidade de

> [...] favorecer a apropriação afetiva e efetiva do documento em seus fundamentos e práticas, tendo em vista a revitalização e atualização da proposta educativa da Companhia de Jesus no Brasil. Portanto, é um momento único, e será importante antecipadamente se familiarizar com os conteúdos propostos. [...] Por isso, uma vez mais, animo a todos, especialmente os mais tímidos ou os que visitaram pouco o seminário virtual, criado para nos preparar melhor para o seminário, a que o acessem. No curso também encontrarão diversas orientações práticas e úteis para o evento (RJE, Convite 2016_019 – Boas-Vindas Seminário. RJ, 22/08/2019).

O seminário presencial fora precedido de um estudo, abordando temas relevantes em relação ao conteúdo central, sendo que a proposta estava estruturada e articulada na plataforma Moodle-RJE.

Por ocasião do seminário, foi assinado um convênio entre o delegado para educação e a reitoria da Universidade do Vale do Rio dos Sinos, que ensejou a oferta de formação em nível de pós-graduação *lato sensu* e *stricto sensu* (especialização em Pedagogia Inaciana, mestrado profissional em Gestão Escolar e, tendo no horizonte, o doutorado em Educação)

Vieira, Salvador), Ir. Jorge de Paula (Escola Santo Afonso Rodrigues, Teresina), Ana Loureiro (Santo Inácio, RJ), padre Sérgio Mariucci (Jesuítas, Juiz de Fora), Cleiton Gretzler (Anchieta, Porto Alegre), Alexandre Valente (escritório central), Pedro Risaffi (escritório central) e Dário Schneider (coordenador) (Anchieta, Porto Alegre).

para educadores e lideranças da Rede. Assim, já se iniciavam ações concretas de formação, considerando a dimensão do clima escolar do PEC, que versa sobre a formação dos colaboradores e gestores.

Esse gesto foi relevante, pois era um sinal visível de possíveis ganhos desde a organização em rede e já respondia concretamente a demandas formativas que brotaram de consultas e pesquisas em vista da construção do PEC, nas quais ficou em destaque, no exercício de discernimento e hierarquização, o apelo a projetos formativos comuns. Dentro dos principais desafios e desejos manifestados pelos mais de dois mil educadores que responderam ao exercício de hierarquização, apareceu, no eixo voltado aos "educadores e colaboradores nas obras", como tópico de maior relevância, a

> [...] criação de um plano de Formação Permanente da RJE a ser implementado local, regional e nacionalmente, segundo o tipo de atividade que envolva os profissionais das diferentes áreas distinguindo programas específicos de indução, capacitação e aprofundamento (RJE, 2016, 107).

A partir dele, logo no seminário de lançamento do PEC, foram apresentados, em parceria com a UNISINOS, um curso de especialização em Pedagogia Jesuíta e o mestrado profissional em Gestão Escolar, projetos que ainda hoje estão em andamento e já formaram diversos profissionais, tanto especialistas em Educação Jesuíta quanto mestres em Gestão Escolar.

4.7 Implantação do PEC

Entre os dias 29 e 31 de agosto de 2016, a RJE patrocinou um grande seminário de lançamento do PEC[29], realizado no Centro de

---

29. Os anfitriões do seminário foram os educadores do Colégio Anchieta de Porto Alegre, os quais cuidaram da logística do evento, junto com o grupo de trabalho, que fora constituído pela RJE para pensá-lo.

Espiritualidade Cristo Rei (CECREI), em São Leopoldo, RS. Participaram do seminário educadores de todas as unidades, que foram incentivados a disseminar a experiência feita em suas instituições, e as equipes diretivas, que assumiram o compromisso de pensar uma rota de implementação local a partir dos números 115 e 116 do PEC.

Desse modo, a implementação seguiria duas etapas. A primeira consistia no confronto entre a realidade da unidade local e as orientações do documento. A partir dessa perspectiva, cada unidade construiria um plano de implementação do PEC. Como prazo para esse trabalho de elaboração de projetos de melhoria, inovação e transformação, fora dado o ano de 2016, e a responsabilidade para conduzir e acompanhar o processo seria da equipe diretiva de cada unidade. Como meta, foi definido que a primeira parte, a construção da rota de implementação, deveria ocorrer até o final daquele ano; já a segunda seria contemplada no triênio de 2017 a 2019, seguida da reavaliação do processo em 2020.

> Ao final de 2016, todas as Unidades deverão contar com uma rota de trabalho, indicando os ajustes a serem feitos em cada área, o tempo e os recursos necessários para tal e os limites que eventualmente existam para avançar na direção indicada pelo PEC. A segunda etapa será pôr em prática as definições do plano de ação de cada Unidade. O tempo para o movimento inicial de renovação será de três anos: janeiro de 2017 a dezembro de 2019. O ano letivo de 2020, último no horizonte definido pelo PEC, será de avaliação e redirecionamento dos processos de renovação em curso (RJE, 2016, 84).

O seminário serviu para gerar maior adesão afetiva e efetiva ao documento e reconhecimento recíproco entre os participantes. A partir da promulgação do PEC, em agosto de 2016, cada unidade educativa foi solicitada a elaborar a respectiva rota de sua implementação. As rotas foram apresentadas pelos diretores-gerais na reunião ordinária realizada no Colégio Loyola em Belo Horizonte, entre os dias 17 e 19 de outubro de 2016.

A diversidade dos projetos e seus variados modos de apresentação apontaram a impossibilidade de acompanhá-los integralmente. Foi sugerido que se explorasse algum modo de fomentar uma maior comunhão na compreensão do contexto, nas possibilidades de sistematização dos projetos e na contemplação dos movimentos da educação em curso no nosso país. Para auxiliar o planejamento, a execução e o acompanhamento dos planos de implementação do PEC, os diretores-gerais sugeriram a criação de uma matriz comum de projetos. Assim, foi acordado que o escritório central da Rede proporia um método que permitisse maior comunhão na sistematização dos projetos favorecendo melhor acompanhamento. O instrumento começou a ser elaborado pelo escritório central no último trimestre de 2016 e foi aprimorado ao longo de 2017, com sugestões de diversos grupos que compunham a gestão da RJE: conselho superior, equipe de facilitadores[30], diretores-gerais e equipes diretivas.

A matriz comum de projetos deveria contemplar, além do que é próprio de um projeto (como objetivos, justificativas, responsável, prazos, custos etc.), os indicadores propostos pelo SQGE da FLACSI, o que

---

30. Segundo o Art. 15º do Estatuto da RJE, a Rede conta com o apoio para demandas específicas da Rede de facilitadores das dimensões do PEC. Art. 16º: Cabe a eles, dentre outras coisas, principalmente: "§1º Acompanhar e orientar, na dimensão que lhes corresponde, os processos de implementação e consolidação do PEC nas Unidades Educativas. §2º Favorecer entre as Unidades a partilha e o intercâmbio de recursos humanos, infraestrutura, recursos e ações que possam respaldar o cumprimento das finalidades da RJE. §3º Manter-se atento a publicações e práticas produzidas por entidades governamentais, da Igreja, da Companhia de Jesus e da sociedade civil que possam inspirar e apoiar o PEC. §4º Manter contato frequente com os demais Facilitadores das Dimensões, buscando a interface entre as dimensões do PEC, mediante a comunicação, a interação e a sinergia. §5º Acolher as orientações e solicitações do Delegado para Educação Básica quanto ao desempenho de suas funções e mantê-lo informado sobre o acompanhamento dos processos em curso. §6º Acompanhar os movimentos de articulação nos respectivos fóruns de homólogos da FLACSI e estimular a participação das Unidades da RJE nos mesmos. §7º Os Facilitadores de Dimensão do PEC poderão constituir, com a aprovação do Delegado, grupos de trabalho para tratar sobre questões específicas do acompanhamento realizado" (RJE, 2017, 5-6).

poderia ser uma articulação para diferentes públicos. A partir daí, todas as unidades se comprometeram a organizar, nessa mesma matriz, projetos estratégicos. Cada unidade deveria propor pelo menos um projeto estratégico inovador e ressignificar com certa dose de inovação alguns projetos de cunho estratégico já desenvolvidos, para que houvesse uma rede inovadora.

A estratégia visava não podar a criatividade e as possibilidades presentes em cada unidade, mas compor uma rede de centros de aprendizagem, no modelo de um quebra-cabeça, em que cada unidade tivesse sua riqueza e identidade próprias, as quais se concretizariam ampla e completamente quando em sintonia, harmonia e conexão com as demais unidades.

O segundo encontro das equipes diretivas[31], que aconteceu no RJ entre os dias 05 e 07 de abril de 2017, teve como principal pauta a apresentação pelas unidades de um ou mais projetos inovadores, com a perspectiva de validação da matriz comum da RJE, a fim de que esses projetos pudessem ser acompanhados internamente pelas unidades e externamente pela rede.

Em seu processo de implementação, foram dados passos sucessivos, buscando o maior envolvimento possível das unidades. Em algumas etapas[32],

---

31. O 2º encontro de todas as equipes diretivas realizou-se de 05 a 07 de abril de 2017, na Casa de Retiros Padre Anchieta, no Rio de Janeiro, com 60 educadores jesuítas e leigos. O ponto central foi a apresentação e o exame dos projetos estratégicos registrados na Matriz Comum de Projetos. Temas principais: recordação da trajetória da RJE, projetos registrados na Matriz Comum, repasse dos projetos comuns da RJE, lançamento do livro do 1º Concurso de Redação e Arte. Na ocasião, foi aprovada a Matriz Comum de Projetos, que se tornou o espaço para a sistematização dos projetos estratégicos inovadores e ressignificados pela implantação do PEC.
32. O processo de implementação do PEC segue um percurso de oito etapas, a saber: 1º elaboração das rotas de implementação pelas unidades; 2º apresentação das rotas no fórum de diretores-gerais; 3º retorno do CS sobre as rotas; 4º construção da matriz de projetos; 5º validação da matriz no encontro das equipes diretivas; 6º retornos dos projetos cadastrados pelos facilitadores; 7º capacitação dos gestores de projetos de cada escola e colégio; 8º atualização dos projetos já cadastrados por cada unidade educativa, por meio dos profissionais

havia maior adesão; em outras, menor; algumas unidades avançaram mais, enquanto outras nem tanto. Essa socialização permitiu uma maior aproximação do que vinha sendo pensado em cada unidade e uma manutenção de características próprias de cada uma delas, além de trazer para a Rede a diversidade de projetos inovadores e estratégicos, nos quais a riqueza e a experiência de uns pudessem iluminar os outros, ao mesmo tempo que favorecesse a união de corações e mentes. Uma vez validada essa matriz de projetos, foi solicitado que todas as unidades definissem os profissionais que seriam responsáveis por acompanhar o desenvolvimento dos projetos apresentados.

Em outubro de 2017, o conselho superior se reuniu em Florianópolis, SC[33], para avaliar os projetos enviados pelas unidades e devolveu, por meio do escritório central, a apreciação de cada um deles, assim como proposições de melhoria. Percebeu-se a falta de iniciativas ou criatividade em boa parte das unidades, diversas propondo apenas pequenos ajustes no que já existia, o que poderia ser visto como "mais do mesmo", e, por fim, a necessidade de as equipes gestoras das unidades assumirem efetivamente o caminho de inovação e transformação em vista de construir centros inacianos de aprendizagem integral.

Não obstante os muitos desafios, o PEC foi sendo acolhido e gerando adesão efetiva aos movimentos da Rede. A partir do escritório central da Rede, houve uma orientação de que se relessem, nas unidades, os principais documentos, como o regimento interno e o projeto político-pedagógico à luz do PEC. No escritório, movimento idêntico com

---

      que participaram da capacitação em novembro. A partir daí, seguiu-se o 1º Cadastro de Projetos Estratégicos e o acompanhamento deles por meio dos facilitadores e do conselho superior da RJE.

33. Entre os dias 26 e 28 de outubro de 2017, o conselho superior realizou sua 6ª reunião, em Vila Fátima, em Florianópolis. Na ocasião, o assunto principal foi a análise das Rotas de Implementação do PEC e a Matriz Comum de Projetos. Cada unidade recebeu um retorno personalizado de suas propostas com observações que poderiam facilitar e qualificar o acompanhamento, dando vida e sabor ao desafiador processo de implementar o PEC na respectiva unidade.

os documentos da RJE ocorreu, como, por exemplo, a releitura do estatuto e de projetos envolvendo formação de estudantes e educadores.

Considerando o ciclo de construção do documento, sua aprovação, lançamento e elaboração de rotas de implementação, percebeu-se o desafio de criar a unidade na diversidade, manter a criatividade sem perder a comunhão com as demais unidades, buscar uma adesão que fosse além do aspecto racional e compusesse a sadia dialética com a perspectiva afetiva. Foi ficando mais claro o papel do escritório central na coordenação das unidades e do delegado para educação na gestão dos processos, assim como no acompanhamento e animação dos colaboradores na implementação do PEC, a fim de se evitar repetições improdutivas e de se efetivar um movimento real de renovação, inovação e transformação.

4.8 O PEC como elemento estruturante da Rede

É possível pensar o PEC como gerador de rede, pois, em sua construção, no seu conteúdo e nas suas possibilidades, constitui uma identidade institucional. O PEC tornou-se uma importante referência para os principais movimentos em curso nas unidades e na RJE. A partir dele, são relidos os documentos mais relevantes das unidades. Ele é insumo para pensar, construir e implementar novos projetos e, ainda, mote para um movimento criativo de busca por novas formas e estratégias de ensinar e de aprender. Trata-se de uma visão sistêmica[34], na óptica da "Instrução para gestores da Companhia de Jesus no Brasil" (2016).

A construção do PEC foi um movimento aglutinador que gerou importante adesão à rede, bem como definiu eixos comuns sobre os quais se consolidaria a educação básica do apostolado educativo dos

---

34. Visão sistêmica, pelo documento da Província dos Jesuítas do Brasil, é compreendida como "aquela que olha para a organização não apenas como somatória de partes, mas como um conjunto de subsistemas que integram e geram interdependência" (BRA, 2016, 65).

jesuítas no Brasil. Foi, então, consagrada a missão: "promover educação de excelência, inspirada nos valores cristãos e inacianos, contribuindo para a formação de cidadãos competentes, conscientes, compassivos, criativos e comprometidos" (RJE, 2021, 15).

A formação integral de sujeitos para o mundo que se deseja construir, com base nos quatro Cs – consciente, competente, compassivo e comprometido –, é reconhecida como fazendo parte do núcleo inteligível da educação jesuíta. Trata-se de, no processo formativo, ter no horizonte a sociedade a ser pensada e gestada para o futuro e o perfil de cidadão que a compõe. Pensa-se numa formação que promova um cidadão que se oriente por princípios e valores inacianos durante o processo formativo e mais ainda após deixar a instituição jesuíta:

> [...] o modo jesuíta de gestão, ao se organizar, revela suas características gerais ou traços comuns, a saber: a apostolicidade em todas as ações que realiza, assumindo o seguimento a Jesus e ao Evangelho como sua mais forte referência; a humanização e o desenvolvimento integral das pessoas na busca de ordenação (afeições); a universalidade e forte referência ao bem comum; a profundidade e a interioridade; a liberdade e a indiferença na relativização dos meios em busca do sentido; o discernimento enquanto seu critério decisório mais forte, a transcendência enquanto tradução do ponto de vista de que a realidade materializada não é suficiente nem esgota as possibilidades da existência, de onde advém o cuidado assumido com a espiritualidade inaciana (MAIRINK; WERLE, 2020, 47).

Para cumprir sua missão, a RJE desenvolveu um projeto amplo e transversal, expresso no PEC e que explicita seu compromisso no campo da educação. O objeto de pesquisa que aqui se desenvolve vem sendo detalhado com ele e a partir dele. Ao mesmo tempo, o PEC nasce junto com a rede e constitui fundamento da RJE, além de colocar desafios para a gestão educacional confessional jesuíta no Brasil.

Considerando o PEC em sua estrutura, verifica-se que

> O documento é introduzido pelos fundamentos da proposta pedagógica jesuítica, tendo por base a matriz evangélica, além da apresentação dos atuais princípios educativos da Companhia de Jesus. Então, discorre sobre quatro dimensões (currículo; estrutura; clima interno; família e comunidade), conceituando dispositivos pedagógicos relacionados às necessidades de renovação e qualificação da educação (GUIDINI, 2020, 24-25).

A formação integral requer instituições com projetos claros, estruturas organizacionais e funcionais articuladas e que sejam capazes de colocar os estudantes no centro dos processos formativos, respondendo, desse modo, aos desafios que permeiam a comunidade educativa contemporânea. Considerando que alguns colégios, por diferentes motivos, não fizeram o movimento de atualização de seus gestores e professores, de suas estruturas e recursos, foi necessária uma atenção maior no que se refere à gestão mais profissional. Nesse sentido, o caminho de inovação e renovação supõe instituições que superem modelos domésticos e que busquem modelos mais profissionais de gestão. O Provincial, ao aprovar o documento, lançou o desafio coletivo de

> [...] todos juntos transformar escolas e colégios em verdadeiros centros de aprendizagem, compromissados com uma educação de qualidade formando e educando pessoas conscientes, competentes, compassivas e comprometidas (RJE, 2016, 11).

O deslocamento das ações pedagógicas centralizadas no docente e no ensino para as ações focadas no estudante e na aprendizagem permitem dizer que, no âmago do PEC, está a afirmação do estudante como centro dos processos educativos. Assim, pode-se intuir que o PEC, "em sua tese, defende que a aprendizagem se dá na perspectiva do desenvolvimento pleno do sujeito, colocando o estudante como centro dos processos de aprendizagem" (GUIDINI, 2020, 25).

Segundo Mairink e Werle (2020), embora se apregoe a centralidade do estudante na RJE, ainda há um longo caminho a ser trilhado no seu modo de gestão. Considerando a diversidade de lugares e culturas em que estão inseridas as unidades educativas da RJE e que impactam diretamente o modo de desenvolver processos, existem desafios comuns voltados para uma escuta mais apurada dos estudantes. O trabalho desses pesquisadores aponta para "jovens que estão cheios de coisas para dizer (*feedbacks*), que não são otimizados estrategicamente ou capitalizados pelos processos de gestão" (MAIRINK; WERLE, 2020, 48). Como o PEC pretende que se coloque o estudante no centro do processo formativo, existe um desafio importante a ser superado, que é garantir maior protagonismo ao discente (RJE, 2021) no processo formativo que educa para a formação integral em vista da cidadania global.

> Sobre o processo decisório, a pesquisa indicou que os estudantes dão ênfase ao multiprotagonismo da gestão na escola. A percepção dos estudantes sugere que a instância decisória mais forte é o conselho e que o diretor e os coordenadores parecem tomar parte nessas decisões e implantá-las na gestão. As demandas dos pais parecem ter mais influência no processo decisório do que a consulta aos estudantes ou à comunidade (MAIRINK; WERLE, 2020, 48).

É possível visualizar a relevância do PEC na gestão e na organização da RJE, na medida em que o PEC é citado em diversos documentos, como no projeto político-pedagógico, no regimento interno e em sua explicitação em projetos de renovação e inovação curricular e da estrutura física, no sentido de direcionar, organizar, sustentar e fundamentar diferentes movimentos, projetos e processos das unidades e da Rede. De documento produzido pela RJE, ele passa a ser instrumento constitutivo não apenas de rede, mas da Rede. O PEC recorda a missão comum que orienta a Rede, incorpora e fortalece o SQGE, inspira mudanças pedagógicas e melhorias nas estruturas físicas das unidades que compõem a Rede, fundamenta diferentes projetos estratégicos das unidades, fortalece, inspira e sustenta a centralidade do estudante e da aprendizagem. Desse modo, constata-se, como já mencionado anteriormente, que o PEC é um dos importantes geradores da Rede.

Em capítulos futuros, será desenvolvido o tema da fundação da RJE, da construção e implementação do PEC e de elementos de gestão que permearam o processo, a partir da sistematização da experiência de educadores que participaram diretamente da constituição da rede – uns mais, outros menos, uns de modo mais aprofundado e constante, outros nem tanto, mas todos contribuintes para a composição da canção da RJE e portadores de elementos que permitem fazer a própria síntese da experiência vivida –, bem como do uso de registros de natureza diversas (relatos de encontros, eventos e reuniões, apresentações em PowerPoint, registro fotográfico ou material em vídeo). Segundo a liberdade dos respondentes, tudo pôde ser insumo para qualificar a sistematização da fundação da RJE e da construção do seu projeto educativo comum.

4.9 Organização nacional e regional da educação básica

Antes da criação da RJE, os colégios jesuítas já estavam consolidados nas diferentes regiões do Brasil, isto é, nas províncias do Nordeste (BNE), Centro-Leste (BRC) e Meridional (BRM). Embora seguissem as orientações gerais da Companhia de Jesus, possuíam organização e estrutura bastante autônomas e independentes. Havia, contudo, um desejo de constituir espaços de partilha de saberes, aprofundamentos comuns e trocas de experiências. Para consolidar esse desejo, foram pensados congressos inacianos que problematizassem temas relevantes no respectivo tempo e contexto e que possibilitassem a aproximação entre jesuítas e leigos(as) dedicados(as) ao apostolado educativo da Companhia de Jesus no Brasil.

Segundo Klein (2016b, 20-21),

> A série dos congressos, todos com a participação de mais de 300 educadores dos colégios e universidades jesuítas do Brasil, teve início em Itaici (Indaiatuba, SP), de 16 a 20 de julho de 1991, quando tratou de aprofundar as nove seções do documento *Características da Educação*, promulgado poucos anos antes. O segundo congresso deu-se de 18 a 21 de julho de 1997, também em Itaici, que trabalhou o tema "A Pedagogia Inaciana rumo ao século XXI". Em julho de 2002, ocorreu o terceiro congresso, novamente em Itaici, com o tema "Educação e mudança social por uma pedagogia da esperança". O quarto foi em Florianópolis, de 26 a 29 de julho de 2005, organizado pelo Colégio Catarinense, sob o título "Pedagogia Inaciana e os novos sujeitos históricos". O último congresso aconteceu em Salvador, em 2010, organizado pelo Colégio Antônio Vieira, com o tema "Educação Inaciana, Ética e Diálogo com as culturas". As apresentações e intervenções feitas nos cinco congressos estão publicadas, constituindo-se num precioso material de estudo e pesquisa.

A FLACSI teve contribuição importante na criação da Rede Jesuíta de Educação. Além de aproximar o Brasil mais direta e concretamente dos movimentos presentes nas províncias jesuítas da América Latina, apontava para experiências palpáveis de organização em rede. A Federação ofereceu e segue oferecendo diferentes cursos e encontros de e para os homólogos das equipes diretivas, considerando os diretores-gerais, acadêmicos, administrativos e da formação cristã e pastoral. Além disso, promoveu campanhas que mobilizaram toda a rede jesuíta latino-americana, como, por exemplo, a campanha "Inacianos pelo Haiti"[35], que articulou

---

35. Em 2011, a FLACSI propôs a campanha de apoio financeiro para o projeto de fortalecimento das escolas de Fé e Alegria no Haiti, após o terremoto de 2010. Essa foi a primeira iniciativa conjunta entre as instituições da FLACSI, e a RJE contou com grande participação de estudantes e educadores dos Colégios

estudantes, educadores e famílias para ajudar na reconstrução do Haiti após o grande terremoto de 2010. O êxito da campanha, prevista para três anos, levou a uma segunda campanha igualmente significativa, dessa vez com o objetivo de arrecadar recursos para oferecer formação docente e pagar salários de educadores.

Movimentos como esses favorecem a consciência da Rede tanto nacional quanto regionalmente, apontam para o alcance apostólico e de transformação social que a articulação em rede pode propiciar, além de explicitarem as possibilidades que emanam de uma organização em rede na perspectiva de partilha de bens, conhecimentos, experiências e saberes.

4.10 Primeiro ciclo da RJE (2014-2020)

Como se viu, a RJE se propôs a criar um modelo de organização e gestão leve e dinâmico. Pensou-se não tanto em um escritório forte e centralizador, mas em uma rede robusta e abrangente. Nessa perspectiva, era fundamental envolver todas as unidades pertencentes à RJE e delegar-lhes um protagonismo que disseminasse a consciência de pertença à Rede e, ao mesmo tempo, mantivesse a criatividade local. Para esse fim, a estrutura da rede considerava a capacidade de escuta e sistematização de boas práticas e iniciativas.

Jesuítas do Brasil. Na primeira fase da Campanha, de 2011 a 2013, o foco era contribuir com o fortalecimento institucional da rede de escolas de Fé e Alegria no Haiti. Com o slogan "Um dólar pelo Haiti", a campanha convidou cada membro da comunidade educativa a contribuir com um dólar. Em fevereiro de 2015, Jimena Castro, coordenadora do projeto, esteve na reunião dos diretores-gerais, no Rio de Janeiro, para apresentar a segunda fase da campanha "Uma Pom Pou My Profe" ("uma maçã para meu professor"), com o foco em identificar e retribuir o trabalho dos professores e incentivar o fortalecimento de sua formação docente. A meta da segunda etapa da campanha foi arrecadar 160 mil dólares entre os 90 colégios da FLACSI até o final de 2016. Ao longo de 2015, as unidades da RJE haviam aportado 60 mil dólares.

Assim sendo, além dos três profissionais do escritório, a Rede contava com a contribuição dos colaboradores das unidades, uns mais fixos, como os quatro coordenadores dos âmbitos do SQGE da FLACSI, que, posteriormente, seriam os facilitadores das dimensões do PEC, e os membros do conselho superior, composto, no primeiro momento, por diretores-gerais das escolas e superiores de Plataformas Apostólicas[36] da recém-criada Província dos Jesuítas do Brasil e, no segundo momento, diretores-gerais, diretores acadêmicos e um representante dos núcleos apostólicos da Província.

Caberia ao delegado para educação articular as atividades do escritório e acompanhar as unidades em seu processo de constituição em rede. Para tanto, havia a orientação de que o delegado visitasse todas as unidades educativas da RJE pelo menos uma vez ao ano, para conhecimento da realidade local e animação e orientação delas.

A visita tinha por motivação a escuta ampla da unidade mediante conversas individuais com as principais lideranças, com grupos focais, por vezes com estudantes, assim como uma fala com os educadores da unidade. Nesse processo, buscava-se auscultar a percepção que os interlocutores tinham sobre o momento atual da unidade e se essa apresentava o movimento em curso na Rede.

A implantação da plataforma Moodle era o foco maior de um primeiro movimento como caminho para articulação da RJE e respectiva inovação nas práticas pedagógicas. Além disso, a pauta das visitas nos primeiros anos insistia na importância de contribuir efetivamente para a construção do PEC. Em seguida, após o lançamento do Projeto Educativo Comum, as questões giravam em torno de sua implementação. A

---

36. A Província Jesuíta do Brasil, na sua origem e de forma *ad experimentum*, organizava-se canonicamente por Plataformas Apostólicas. Elas articulavam a presença apostólica dos jesuítas num determinado espaço geográfico. O modelo foi descontinuado em 2018, após ampla avaliação, julgando-se mais adequado optar por "Núcleos Apostólicos", que seguem articulando presenças apostólicas da Companhia de Jesus em espaços geográficos menores do que os anteriores.

verificação dos principais desafios presentes na unidade e as estratégias para superá-los eram fio condutor dessas visitas, que resultaram em relatório à respectiva unidade, o qual a subsidiaria nos processos de renovação e inovação em curso.

Outros momentos importantes que exigiam a visita do delegado às unidades diziam respeito a questões relevantes e específicas, como, por exemplo, mudanças na equipe diretiva, especialmente na direção-geral da unidade, construção do planejamento estratégico, grandes e expressivos investimentos nas estruturas, alguma celebração mais significativa de aniversário do colégio, alguma crise ou conflito maior dentro da unidade ou dela em relação à sociedade em geral.

Grupos de trabalhos (GTs) garantiam a dinamicidade dos processos. Além de trazerem o que era vivo e vida nas unidades, seja em avanços, seja em desafios, eles também tinham o papel de disseminar o que vinha sendo gestado e construído em rede. Foram criados diversos GTs, que, com entregas de grande relevância, deram vitalidade à RJE.

Esse movimento de construção do PEC com seus respectivos desdobramentos foi de fundamental importância para a rede e para as unidades. Dentre as várias ações já mencionadas, destacam-se a composição do GT1 e GT2 com educadores de diferentes unidades, os seminários presenciais com participação de educadores e membros das áreas acadêmica, administrativa e de formação cristã e pastoral, o exercício inaciano de hierarquização e priorização dos temas mais relevantes, e a definição dos leitores críticos. Nesse sentido, os movimentos desse complexo processo de construção coletiva ensejaram e viabilizaram a adesão afetiva e efetiva ao documento, quando promulgado. Rotas de implementação do PEC foram propostas pelas comunidades educativas que se constituíram, uma vez aprovadas pela RJE, em referência das ações locais.

Cabe lembrar, por oportuno, a implementação do Sistema Integrado de Gestão (SINERGIA) em todas as unidades, com apoio, orientações e acompanhamento da Rede. Além disso, o suporte do Instituto de Pesquisa de Mercado (IPM) da UNISINOS para aferir o grau de percepção gerado pelas unidades educativas nas cidades de sua atuação, seus pontos fortes e seus limites ofertou uma visão mais global dos membros que compõem a RJE.

Fechado o primeiro ciclo de implementação do PEC em 2020, iniciou-se o segundo ciclo em 2021, que contou com uma "versão atualizada" do documento[37]. O número 118 do documento anuncia:

> Com a conclusão do primeiro ciclo de implementação do Projeto Educativo Comum, a Rede Jesuíta de Educação deflagrou, em suas Unidades, o processo de avaliação e abertura do segundo ciclo de implementação, compreendendo o período de 2021 a 2025 (RJE, 2021, 65).

Os movimentos descritos neste capítulo, a origem conceitual e a fundação da RJE, a construção do PEC, guardadas as devidas proporções, permitem pensar em novo tempo analogamente ao tempo da concepção do *Ratio Studiorum*. Assim, a RJE vem passando por rico processo de construção histórica, com significativas transformações, até chegar ao lançamento do PEC, à adesão afetiva e efetiva dos grupos envolvidos com ele, com suas rotas de implementação e seu exercício constante de avaliação. Esse somatório de decisões manifesta a vontade política da Companhia de Jesus de continuar a ser protagonista na educação básica no contexto nacional, revela um novo modo de gestão e reflete a importância da educação jesuíta na realidade brasileira.

4.11 O estatuto da RJE

No processo da fundação da RJE, também fizeram parte outros projetos e movimentos, como três versões do estatuto: inicialmente,

---

37. O lançamento da versão atualizada do PEC ocorreu nos dias 25 e 26 de agosto de 2021, num seminário a distância, organizado pelas unidades educativas de Teresina, PI. Mais informações em: <http://www.redejesuitadeeducacao.com.br/portfolio-items/rje_lancamento_pec/>. Acesso em: 10 out. 2021.

uma versão *ad experimentum* (2014), uma segunda concebida à luz do PEC (2017) e, por fim, uma versão mais definitiva (2021), contemplando, além do PEC, outros documentos da Província Jesuíta do Brasil (BRA) e do apostolado educativo da Companhia de Jesus no Brasil e no mundo.

As três versões do estatuto tiveram cada uma sua finalidade, e uma versão superava a outra à medida que novas demandas e documentos surgiam.

4.11.1 A primeira versão do estatuto – **ad experimentum**

A primeira versão foi construída logo no início da RJE e aprovada no final de 2014, já com a nova Província Jesuíta do Brasil (BRA) criada. Subsidiaram a sistematização desse documento estatutos de outras redes jesuítas da América Latina e orientações das antigas províncias do Brasil[38]. O estatuto, no primeiro capítulo, apresenta "identidade, missão e visão", e a nova rede como

> [...] uma associação que reúne os colégios jesuítas dos diferentes pontos do país. Através desta Rede, a Companhia de Jesus oferece a crianças e jovens – e suas respectivas famílias – uma tradição educativa baseada na espiritualidade e na pedagogia inacianas (RJE, Estatuto, 2014, Art. 4º, 1).

Além disso, no artigo 2º, afirma-se que "por meio da Rede, a Companhia de Jesus potencializa a colaboração entre os colégios e outras frentes apostólicas" (RJE, Estatuto, 2014, Art. 2º, 1). Como principal missão, destaca "promover o trabalho integrado entre as unidades que a

---

38. Recorda-se que, quando foi criada a RJE, ainda havia três províncias, e os colégios estavam conectados com três mantenedoras distintas. Em novembro de 2014, foi criada a nova e única província da Companhia de Jesus no Brasil. Contudo, já no início de 2014, os então provinciais decidiram que os colégios passariam todos para a jurisdição do Provincialado do Brasil e responderiam diretamente ao delegado do provincial para educação básica.

compõem; [...] com mútua responsabilidade pelos desafios comuns, [...] contribuir, de diferentes formas, para a melhoria da educação no país" (RJE, Estatuto, 2014, Art. 3º, 1).

Na perspectiva da visão, a primeira versão do estatuto afirmava que,

> [...] ao constituir-se como presença apostólica que atua em rede, articulando as unidades educativas entre si e também com as demais presenças apostólicas das respectivas plataformas, a Companhia de Jesus pretende que o trabalho educativo realizado nos colégios seja cada vez mais aberto e orientado pelo espírito de corpo e pelo discernimento (RJE, Estatuto, 2014, Art. 4º, 1).

Já o capítulo II da 1ª versão do estatuto (2014) apresentava os objetivos e as finalidades da Rede. Nesse sentido, diz que a RJE estava constituída para que os colégios sejam cada vez mais lugar de transformação evangélica da sociedade por meio da formação de homens e mulheres conscientes, competentes, compassivos e comprometidos (art. 5º). Para atingir esse fim, fomentariam as melhores práticas pedagógicas e administrativas (§ 1º); favoreceriam a capacitação dos profissionais que atuam nas unidades (§ 2º), favoreceriam o intercâmbio entre alunos, professores, gestores e famílias dos colégios para maior crescimento das comunidades educativas (§ 3º); promoveriam a reflexão em vista de maior impacto nas regiões onde estão situados os colégios (§ 4º); participariam de grupos e comunidades vinculados ao desenvolvimento educacional (§ 5º); seriam um lugar para oferecer serviços educativos ajudando os colégios em sua missão educativa (§ 6º). Enfim,

> O programa de trabalho da Rede se define a partir de três elementos: (a) missão da Companhia no Brasil, já definida em consonância com as orientações da Companhia Universal e da Igreja; (b) Projeto Educativo Comum; e (c) demandas do contexto educacional brasileiro (considerando a especificidade de cada região) (RJE, Estatuto, 2014, Art. 6º, 2).

Em seguida, o estatuto apresentava, no capítulo III, a estrutura da RJE e as competências de instâncias e pessoas. Recordava que a autoridade máxima da província é o provincial, que, por meio do seu delegado, preside o conselho superior da RJE e o conselho dos diretores-gerais (Art. 7º). Por meio dele, estabelecem-se vínculos com outras instâncias da educação, como Fé e Alegria e ensino universitário. O delegado tem atribuições de governo[39] e gestão[40] (Art. 8º) e "será, *ex officio*, diretor de educação nas mantenedoras nas quais houver unidades educativas mantidas" (RJE, Estatuto, 2014, Art. 8º, §3º, 3). Determina-se, de igual modo, o que compete ao delegado (Art. 9º): prestar, periodicamente, contas do andamento do trabalho nos colégios; manter um contato estreito com os superiores das plataformas apostólicas e os demais delegados e secretários para garantir a integração da missão educativa no contexto mais amplo da missão apostólica no Brasil; participar do fórum de gestores da BRA (RJE, Estatuto, 2014, Art. 9º, §1º, 2º e 3º).

Um aspecto relevante era que o delegado deveria visitar anualmente os colégios acompanhando projetos e processos em curso e apresentar relatórios dessas visitas ao provincial (Art. 9º, §4º). Paralelamente, deveria representar o provincial em todas as instâncias relacionadas à educação escolar no Brasil, como ANEC, CNBB ou, no exterior, como a FLACSI.

Além disso, deveria acompanhar a implantação do Projeto Educativo Comum (PEC), naquela altura em gestação, mas ciente de que deveria agir "fazendo, sempre que necessário, ajustes, correções de rumo junto aos diretores-gerais" (RJE, Estatuto, 2014, Art. 9º, §6º, 3). Concomitantemente, acompanharia o desempenho dos diretores-gerais, à luz das orientações do PEC, e, quando necessário, discutiria no conselho superior

---

39. Segundo o estatuto, artigo oitavo, §1º: "No âmbito de governo, pela delegação recebida do Provincial, deve-se garantir que a identidade jesuítica e inaciana seja traduzida no modo como os colégios organizam seus planos e práticas nas diferentes áreas" (RJE, Estatuto, 2014, Art. 8º, §1º, 3).
40. Segundo o estatuto, artigo oitavo, §2º: "No âmbito da gestão, cabe ao delegado acompanhar a execução dos planos de trabalho de cada unidade e coordenar o trabalho realizado pela equipe técnica alocada no escritório central da Rede" (RJE, Estatuto, 2014, Art. 8º, §2º, 3).

a necessidade de mudanças nos titulares das funções antes mesmo dos prazos previstos, apresentando ao provincial as propostas definidas junto ao conselho. Também pertencia a seu escopo acompanhar e coordenar o processo sucessório dos diretores-gerais quando completassem o ciclo[41], além de observar a sucessão nos cargos das demais diretorias (acadêmica, administrativa e pastoral) (Art. 9º, §7º, 8º e 9º).

O delegado contava com apoio de um conselho superior, que era

> [...] instância de governo que ajuda o Delegado no discernimento e nos encaminhamentos de assuntos que dizem respeito à Rede, assim como naqueles aspectos que são responsabilidade imediata do Delegado nas escolas (RJE, Estatuto, 2014, Art. 11, 4).

Determinava-se que a escolha do conselho era feita pelo delegado e aprovada pelo provincial; na composição, havia membros das equipes diretivas e outras lideranças da BRA, com um mandato de dois anos (renováveis), garantindo-se, assim, uma renovação gradativa dos membros. Ele se reunia, ordinariamente, três vezes ao ano e podia ser convocado, extraordinariamente, pelo delegado (cf. Art. 11º, §1º a 3º).

Competia ao conselho superior assessorar o delegado em assuntos de governo e gestão da rede e das unidades, participar da consultiva para nomeação de novos diretores, aconselhar o delegado na terna a ser enviada ao provincial e definir, junto ao delegado e após consulta ao conselho dos diretores-gerais, o programa de trabalho da Rede (Art. 11º, §4º).

A primeira versão também tinha um olhar específico e atencioso para o programa de qualidade da FLACSI. Para esse fim, foram nomeados profissionais responsáveis para acompanhar os diferentes âmbitos do SQGE e os processos das respectivas áreas nas unidades da Rede. Nesse sentido, cada um dos coordenadores tinha a incumbência de acompanhar os processos das respectivas diretorias nas unidades.

---

41. Como modo de proceder, a Companhia de Jesus nomeia os diretores-gerais para um triênio, que pode ser renovável.

O documento entrou em vigor a partir da data de sua publicação, a saber, 11 de dezembro de 2014, assinado pelo então recém-nomeado Provincial do Brasil, padre João Renato Eidt, SJ, e pelo delegado para educação, padre Mário Sündermann, SJ.

4.11.2 *A segunda versão do estatuto*

A segunda versão do estatuto foi aprovada em março de 2017, já numa perspectiva mais definitiva, mantendo-se a estrutura dorsal do documento *ad experimentum*, ou seja, dividindo-se em três capítulos. O primeiro era dedicado à "identidade e missão"; o segundo dizia "dos objetivos e finalidade da RJE"; e o terceiro, "da estrutura da RJE e das competências das instâncias e das pessoas". A incorporação do PEC, lançado no ano anterior, foi sua grande novidade.

Nessa perspectiva, mudou-se a atribuição dos coordenadores dos âmbitos do SQGE para facilitadores das quatro dimensões do PEC. Os profissionais convidados para essa função eram representantes das equipes diretivas das unidades. Reforçou-se a oportunidade e a necessidade de socializar experiências e aprendizagens, considerando possibilidades de enriquecer a RJE. O estatuto declara que a RJE é um

> [...] lugar de socialização das aprendizagens e das melhores práticas nas quatro dimensões do processo educativo: currículo; organização, estrutura e recursos; clima institucional; e relação com a família e a comunidade local (RJE, Estatuto, 2017, Art. 5°, §2°, 9).

Uma mudança, ou mesmo um salto, na estruturação do estatuto teve lugar no artigo oitavo, que, na primeira versão (*ad experimentum*), no Art. 12°, dizia que o delegado para educação contava com uma equipe técnica de três profissionais: "coordenador de programas de qualidade e processos acadêmicos; coordenador de programas de qualidade e processos de formação cristã; coordenador de programas de qualidade e processos administrativos" (RJE, Estatuto, 2014, 5). A esses profissionais cabia acompanhar o SQGE, os trabalhos acadêmicos realizados nas unidades e a implantação do PEC.

Na segunda versão (2017), mantém-se a possibilidade de contar com profissionais de apoio das unidades, mas esses são definidos a partir das dimensões do PEC. Assim, passou a rezar que o delegado para educação poderia contar com profissionais das unidades da Rede, e se definiram coordenadores para as dimensões do PEC[42], mudando a estrutura para dar vazão às demandas para a implementação dele e reforçando a estruturação do documento em quatro dimensões.

> Para implementar os programas e projetos da Rede, assim como para dar suporte às demandas específicas das Unidades, o delegado conta com o secretário executivo, com a equipe de facilitadores das dimensões do PEC (curricular; de organização, estrutura e recursos; de clima institucional; e de relação com família e comunidade local) e com colaboradores especialistas conforme a necessidade (RJE, Estatuto, 2017, Art. 8º, 11).

No âmbito de gestão, caberia ao "delegado colaborar na definição e acompanhamento da implementação do PEC em cada uma das unidades da Rede [...]. Ele será *ipso facto* diretor de educação nas mantenedoras onde existem colégios" (RJE, Estatuto, 2017, Art. 9º, §2º, 11).

Caberia também ao delegado "acompanhar a implantação do PEC nas unidades da Rede, sugerindo, sempre que necessário, ajustes e correções de rumo junto às equipes diretivas" (RJE, Estatuto, 2017, Art. 10º, §2º, 12).

---

42. No Art. 8º, é explicitado o papel do delegado, que, além de coordenar o trabalho do secretário executivo, figura que não existia na versão *ad experimentum*, é responsável pelo trabalho dos "coordenadores das dimensões (curricular; de organização, estrutura e recursos; de clima institucional; de relação com a família e a comunidade local) e dos colaboradores do escritório central, orientando e acompanhando os programas e projetos liderados por estes profissionais" (RJE, Estatuto, 2017, Art. 10º, §10º, 12).

Também se reforçava a importância de "assegurar a representação do provincial junto às principais instâncias da sociedade e da Igreja, no Brasil e no exterior, empenhadas na melhora da qualidade educativa, como ANEC, CNBB, AUSJAL, FLACSI, Fé e Alegria" (RJE, Estatuto, 2017, Art. 10º, §2º, 12).

Os facilitadores das dimensões do PEC foram nomeados pelo delegado para educação básica e renovados gradativamente, mediante diálogo com os consultores. Propunha-se, ainda, que eles se reuniriam pelo menos duas vezes ao ano para avaliar os principais projetos estratégicos de implementação do PEC em curso nas unidades e na Rede. Dentre as atribuições deles, o estatuto elencava: acompanhar e orientar a implementação do PEC nas unidades dentro da dimensão que corresponde a cada um; favorecer a partilha e o intercâmbio dos recursos humanos e de infraestrutura para respaldar o cumprimento da missão da RJE; manter-se atento a publicações, evoluções e novidades no campo da educação para inspirar e apoiar a implementação do PEC; manter contato entre os demais facilitadores das dimensões do PEC para garantir trabalho mais colaborativo e integrado (RJE, Estatuto, 2017, Art. 15º e 16º).

4.11.3 A terceira versão do estatuto

Nova versão do estatuto foi realizada em 2022, considerando tanto a evolução da RJE como organização, quanto o redesenho da estrutura de governo da Companhia de Jesus no Brasil (BRA). Nesse sentido, foi considerada a versão atualizada do PEC, que apresenta missão, visão, princípios e valores comuns a todas as unidades que compõem a rede. Desse modo, não mais se definiria a missão localmente, mas se adequariam a missão e a visão da RJE para cada unidade.

Na carta de apresentação, já se percebia uma alteração da estrutura e, consequentemente, de novas funções e lideranças. O padre provincial citou três agentes com atribuições diferentes e que refletiriam uma nova forma de organização da RJE. Se, no primeiro estatuto, havia um delegado do provincial para educação básica, na versão de 2022, destacavam-se três instâncias[43]: um secretário para educação, um diretor-presidente e um diretor da RJE. Na aprovação do estatuto, o provincial disse que, na primeira fase da RJE, o estatuto refletiu um modelo de organização interna

> [...] apresentando um conjunto de normativas e orientações para o trabalho. Foi um importante momento no que se constituiu depois numa estrutura organizacional, fluxos operativos e responsabilidades das diferentes instâncias e sujeitos que compõem a rede (RJE, Estatuto, 2022, 3).

Com o avanço dos trabalhos e atualização das estruturas de governança,

> [...] foi preciso atualizar o estatuto para que este reflita os avanços conquistados e os aprimoramentos necessários. [...] Aprovo a segunda versão[44] do estatuto da RJE e espero que ele ajude no trabalho que a rede vem desenvolvendo com muita dedicação (RJE, Estatuto, 2022, 3).

Desse modo, a 3ª versão do estatuto trouxe diversas novidades, redefinindo a missão, a visão e incluindo princípios e valores não presentes nos estatutos anteriores. Além disso, segue uma lógica similar à usada para organizar e sistematizar a versão atualizada do PEC, a saber, atualiza

---

43. Por ocasião da fundação da RJE, foi instituída a função de delegado do provincial para a educação básica, com responsabilidade de gestão e de governo. Ele tinha por responsabilidades principais consolidar a fundação da RJE e construir o PEC. Em 2018, com reestruturação da BRA, foi criada a função de secretário para educação, que passa a acompanhar as três redes de educação da província: a) Fundação Fé e Alegria; b) educação básica; e c) ensino superior. Na RJE, a figura do delegado para educação básica foi substituída por um diretor-presidente da RJE. Já em 2022, essa última foi substituída pela função de diretor da RJE, no momento assumida pelo prof. Fernando Guidini, primeiro colaborador não jesuíta nessa função.
44. Na versão de 2022, não foi contabilizada a versão *ad experimentum* de 2014; assim, essa é vista como segunda versão, não terceira, como foi adotado nesta pesquisa.

parágrafos que possuíam marcos cronológicos, considerando o novo contexto civil e canônico. Em termos de província, surgiram novas estruturas organizacionais, como, por exemplo, a descontinuidade de Plataformas Apostólicas[45] e a criação de Núcleos Apostólicos[46]. Mais do que mera mudança de nome, essa ação implicava novas formas de relacionamento e articulação, para as quais o estatuto precisava se voltar.

Outra diferença relevante que se apresenta na 3ª versão do estatuto é a que se refere aos fatores que interferem e definem o programa da Rede. Diferente do Art. 6º da versão de 2017[47], o artigo oitavo do estatuto de 2022 substituiu "as demandas do contexto educacional brasileiro, de acordo com a especificidade de cada região", por "Plano Estratégico da RJE":

> O programa de trabalho da RJE se define a partir de três fatores: (a) a missão da Companhia de Jesus no Brasil, definida em seu Plano Apostólico, em consonância com as orientações da Companhia Universal e da Igreja; (b) o Projeto Educativo Comum da RJE e (c) o Plano Estratégico da RJE (RJE, Estatuto, 2022, Art. 8º, 9).

---

45. O Art. 4º do estatuto da RJE de 2017 (p. 7, grifo nosso) diz que "ao constituir-se como presença apostólica que atua em rede, articulando as Unidades Educativas entre si e também com as demais presenças apostólicas *das respectivas Plataformas*, a Companhia de Jesus pretende que o trabalho educativo realizado nas Unidades seja cada vez mais orientado pelo espírito de corpo e pelo discernimento".
46. O Art. 6º do estatuto de 2022 (p. 6, grifo nosso) diz que, "ao constituir-se como presença apostólica que atua em rede, articulando as Unidades Educativas entre si e com as demais presenças apostólicas dos *respectivos Núcleos Apostólicos*, a Companhia de Jesus pretende que o trabalho educativo realizado nas Unidades seja cada vez mais orientado pelo espírito de corpo e pelo discernimento".
47. Versão do estatuto de 2017, Art. 6º (p. 9, grifo nosso): "O programa de trabalho da Rede se define a partir de três fatores: (a) a missão da Companhia de Jesus no Brasil, definida em seu Plano Apostólico, em consonância com as orientações da Companhia Universal e da Igreja; (b) o Projeto Educativo Comum da RJE e (c) *as demandas do contexto educacional brasileiro, de acordo com a especificidade de cada região*".

A estrutura organizacional vai ficando mais clara e talvez mais complexa, conforme ilustra a Figura 1.

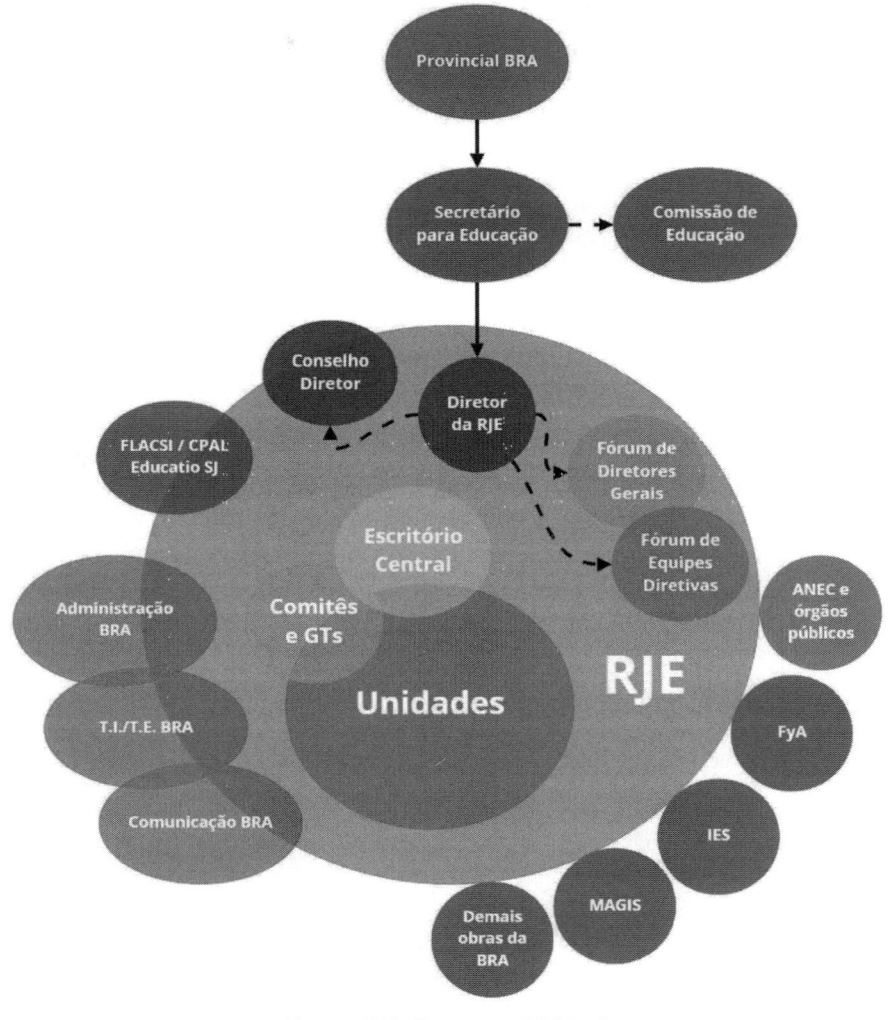

Figura 1 – Estrutura e Governança da RJE

Fonte: RJE, Estatuto, 2022, 8

A versão atual do estatuto, embora não seja objeto direto desta pesquisa, traduz bem as mudanças da estrutura da RJE desde sua fundação. Dentre as mais significativas estão a função de delegado que deixou de existir e o surgimento de outras instâncias às quais são distribuídas as atribuições que outrora eram do delegado e a que se acrescentam novas. O secretário coordena a comissão de educação da Província[48], assessora o provincial em seu discernimento sobre as obras educativas (Art. 10º, §3º, 9), acompanha a representação da BRA no âmbito da educação junto aos organismos representativos da Companhia de Jesus e outros (Art. 10º, §5º, 9). Ele, ainda, pode ser diretor de educação das mantenedoras em que houver unidades educativas mantidas (Art. 10º, §6º, 9) – antes era (*ipso facto*) diretor de educação nas mantenedoras (RJE, Estatuto, 2017, Art. 9º, §3º, 11). Simultaneamente, o diretor da RJE segue com atribuições de gestão e de governo, mantendo diversas incumbências do outrora delegado do provincial, como: "garantir que a identidade jesuíta e inaciana seja traduzida nos projetos político-pedagógicos (PPP), que, por sua vez, determinarão a organização dos planos e práticas nas diferentes dimensões das unidades"; incidir, com o conselho diretor da RJE, no "acompanhamento e implementação do PEC e do planejamento estratégico em cada unidade"; presidir "o conselho diretor da Rede, o fórum das direções-gerais e o fórum das equipes diretivas". Além disso, mantém contato estreito com outras instâncias de governo da província, especialmente aquelas onde os colégios e escolas estão localizados, acompanha o movimento das "principais instâncias da sociedade e da Igreja, no Brasil e no exterior", "coordena os processos de sucessão ou renovação das direções das unidades, acompanha o desempenho dessas mesmas direções". Deve, de igual modo, "visitar as unidades educativas para animar, acompanhar, avaliar e orientar a implementação dos projetos educativos e exercer o cuidado inaciano das principais lideranças". Ainda garante o alinhamento da RJE com outras redes regionais e globais da Companhia de Jesus, como a FLACSI e a Rede Global dos Colégios (RJE, Estatuto, 2022, Art. 11º, §1º, 2º, 3º e 5º, 9-10)[49].

---

48. Participam da Comissão de Educação da Província os diretores de cada uma das três redes (Educação Básica, Educação Popular e Educação Universitária) e mais um membro de cada rede. Todos nomeados pelo provincial.
49. Todas as citações do parágrafo estão contempladas nessa referência.

Paralelamente, perdeu o *status* de "delegado do provincial" e passou a possuir "*status* de diretor de obra da província" (RJE, Estatuto, 2022, Art. 11°, §4°, 9), deixando de participar *ipso facto* da diretoria das mantenedoras como diretor de educação. Além disso, como mudança significativa, o diretor da RJE "receberá do secretário para educação orientações para o bom exercício de suas funções e [deverá] prestar-lhe contas periodicamente da sua atuação e do funcionamento da RJE" (RJE, Estatuto, 2022, Art. 11°, §5°, 9).

Para o exercício de sua função, o diretor da RJE conta com apoio de diversas instâncias:

> Art. 12°. Para desempenhar sua função, o(a) diretor(a) da RJE conta com o apoio do conselho diretor, do fórum das direções-gerais, do fórum das equipes diretivas, dos comitês permanentes, do secretário executivo e da equipe do escritório central, que dinamizam os aspectos estratégicos, táticos e operacionais do funcionamento da RJE (RJE, Estatuto, 2022, Art. 12°, 10).

Na versão de 2022, percebeu-se, como mudança, a ausência da menção aos facilitadores ou coordenadores das dimensões do PEC ou áreas. Reforçou-se o papel do conselho diretor, do fórum das direções-gerais e do fórum das equipes diretivas, comitês permanentes, além do apoio de profissionais como o secretário executivo e da equipe do escritório central. Eles devem acompanhar e incidir na implementação do PEC. Nesse sentido, explicitam-se atribuições mais diretivas na implementação do PEC, com destaque ao papel das direções-gerais.

> O fórum das direções-gerais reúne-se ao longo do ano, conforme necessidade, para informar, avaliar e discernir sobre o funcionamento da Rede e a implementação do PEC nas respectivas Unidades e propor medidas para sua aplicação no âmbito geral da Rede (RJE, Estatuto, 2022, Art. 14°, §2°, 12).

Caberá aos diretores-gerais (direções-gerais) terem foco nos direcionadores do PEC, do SQGE e do planejamento estratégico, três grandes eixos de articulação da missão educativa nas respectivas unidades.

> Ter como foco do seu trabalho os direcionamentos do PEC, do Sistema de Qualidade da Gestão Escolar e do planejamento estratégico da RJE no intuito de garantir a formação e a aprendizagem integral da comunidade educativa, atuando clara e decididamente no âmbito pedagógico, no currículo e nas práticas de ensino e aprendizagem (RJE, Estatuto, 2022, Art. 15º, §2º, 12).

4.12 Congressos da RJE

O 1º Congresso da RJE, que foi realizado no Colégio São Luís, em SP, de dois a cinco de outubro de 2019, foi marco importante no processo de constituição da RJE. Na lógica da continuidade histórica da rede em contexto de Brasil, é legítimo informar que ele foi o 6º Congresso Inaciano de Educação Nacional, tendo sido organizado por um GT[50] definido pelo diretor-presidente da RJE, em maio de 2018. Já no convite enviado aos membros que comporiam o GT, foi solicitado considerar diversos aspectos dando o fio condutor do Congresso, a saber:

---

50. Membros do GT que prepararam e organizaram o 1º Congresso da RJE: Fabio Luiz Marian Pedro, diretor administrativo do Colégio Catarinense; Juliana Argolo, diretora administrativa do Colégio Antônio Vieira; Julival Alves, assessor pedagógico do Colégio Diocesano; Luciana Alde, diretora de desenvolvimento do Colégio São Luís de SP; Pedro Risaffi, secretário executivo da RJE; Rita Mury, coordenadora pedagógica do Colégio Santo Inácio, RJ; Roberto Tristão, diretor acadêmico do Colégio Loyola. Além do GT, trabalharam outras duas equipes, uma voltada à comunicação e outra como equipe editorial. No dia 08 de maio de 2018, foi enviado pelo diretor-presidente da RJE um convite a cada um dos membros do GT, dando as diretrizes do trabalho a ser realizado (RJE, 2018b).

Os 5 anos de RJE e o movimento que tem sido vivido; o Projeto Educativo Comum; a visão de futuro e os eixos direcionadores do Planejamento Estratégico da RJE; garantir protagonismo dos estudantes e colocá-los no centro do processo; inovar no formato do Congresso, fazendo diferente do que já existe no mercado; abrir vagas para a FLACSI, Fé e Alegria e outras Redes Católicas do Brasil; [...] (RJE, 2018b, 1).

Além disso, esse GT almejava questões de ordem prática, tal como definir o local do evento e, mais claramente, os objetivos, o título do congresso, a programação e as atividades, o cronograma de execução, os custos etc. Determinava, também, uma data para um encontro presencial no escritório da RJE, no Rio de Janeiro, para executar a tarefa proposta. Desse modo, o evento foi preparado com esmero por profissionais das diferentes unidades, capitaneado pelo escritório central, com o objetivo de celebrar os cinco anos de Rede, e direcionado a educadores e estudantes da RJE. Foram convidados membros de outros apostolados da Companhia de Jesus e redes de educação confessionais do Brasil.

O congresso foi um momento único para conhecer, reconhecer, apreciar e ensinar a cantar a "canção" da RJE. Foi marcante o primeiro grande encontro reunindo estudantes, educadores, gestores e outros convidados. Uma grande sinfonia e ao mesmo tempo um momento oportuno para ver onde e como a "canção" deveria ser interpretada com mais expressão, afinação e vigor. Que elementos musicais da composição (maestros, instrumentos, letras e partituras) estavam faltando para que a RJE tivesse sentido, sabor e força transformadora para as comunidades educativas que a compõem?

Reuniram-se educadores e estudantes das 17 unidades educativas, jesuítas e leigos, além de profissionais representantes de outras redes[51] da Companhia de Jesus. Assim, pode-se afirmar que o congresso

---

51. Estiveram presentes representantes da FLACSI (Federação Latino-Americana de Colégios da Companhia de Jesus, com sede em Bogotá, Colômbia), da *Jesuit*

[...] foi um tempo para celebrar a caminhada da Rede Jesuíta de Educação Básica (RJE) nos primeiros cinco anos de vida e para reafirmar o compromisso com a educação para a cidadania global; [...] tempo para celebrar os avanços e partilhar as conquistas (RJE, 2021, 9).

Nas palavras de irmão Raimundo Barros, então diretor-presidente da RJE,

Celebrar cinco anos de vida da RJE pode parecer um exagero, mas a caminhada feita mostra que muitos passos foram dados; a RJE se constituiu como espaço colaborativo, de formação, de engajamento e, acima de tudo, de trabalho em comum e, por isso mesmo, celebrar os cincos se mostrou necessário e motivo de alegria (RJE, 2021, 9).

Educar para a cidadania global foi o tema que permeou o congresso, o qual, segundo diferentes pensadores, foi abordado de distintas maneiras. Merecem destaque alguns dos presentes para a reflexão do tema: o Prof. Dr. padre José Alberto Mesa, SJ, secretário mundial para a educação secundária da Companhia de Jesus, que apresentou o tema "Educação jesuíta para a cidadania global"; o Prof. Dr. padre Luiz Fernando Klein, SJ, delegado para educação da Conferência dos Provinciais da América Latina (CPAL), que apresentou o tema "Educação de qualidade

---

Schools Network (EUA); da rede de Escola da Catalunha *Jesuïtes Educació* (Barcelona); representante do Sistema de Qualidade na Gestão Escolar (SQGE) do Uruguai; e representante da Educate Magis (Irlanda). Além disso, profissionais da Faculdade Jesuíta de Filosofia e Teologia (FAJE), da Universidade do Vale do Rio dos Sinos (Unisinos), da Pontifícia Universidade Católica do RJ (PUC-Rio), da Universidade Católica de Recife (UNICAP); representantes da Fundação Fé e Alegria, do programa Magis Brasil. Ainda marcaram presença "educadores de instituições católicas convidadas para discussão, reflexão, troca de experiências, explicitação e proposições de práticas e desafios associados ao tema da educação para a cidadania global" (RJE, 2021, 13).

para todos: desafio aos centros educativos"; a profa. dra. Bernadete Gatti, pesquisadora da área de educação e formação de professores, que apresentou o tema "Educação para a cidadania global – Formação de educadores"; o prof. dr. Fernando Reimers, diretor da Iniciativa de Inovação Educacional e do Programa de Política Educacional Internacional da Escola de Educação da Universidade de Harvard, que apresentou o tema "Desafios e práticas inovadoras em educação para a cidadania global".

O congresso foi marcado por diversas oficinas, mesas-redondas, pôsteres, celebrações e partilha de experiências, além das conferências maiores. Todos, em conjunto e individualmente, puderam contribuir na composição da música da rede. No evento, foi feita a aula inaugural do curso de pós-graduação "Cidadãos para o Mundo", promovido pela Faculdade Jesuíta de Filosofia e Teologia (FAJE) em parceria com a RJE.

A RJE nasceu num contexto em que a sociedade se articulava em rede, em diferentes níveis e áreas. Castells (2006, 222-223) recorda que "as informações circulam pelas redes: redes entre empresas, redes dentro de empresas, redes pessoais e redes de computadores". A tradição de trabalho colaborativo e articulado em rede da Companhia de Jesus, segundo Mesa (2021, 42-43), pode ser visto como "a grande corrente que nos impulsiona. É uma tradição que nos ajuda a desafiar e inspirar, ou seja, temos onde nos segurar para aceitar e aprofundar os desafios de hoje".

Trata-se de compreender que o "mundo é nossa casa" e como se quer estar, atuar e ser no mundo. Trata-se de reconhecer o contexto local e global no qual as unidades que compõem uma rede estão e qual sua contribuição para que a realidade possa ser cada vez mais um lugar de cidadania, justiça, cuidado com a vida em suas múltiplas manifestações; um mundo onde caiba todos, com dignidade humana, de filhas e filhos de Deus, numa perspectiva cristã. Nesse sentido, Mesa (2021, 42) afirma que o desafio a ser percebido é

> [...] que o mundo é nossa casa. A casa comum de todos os seres humanos. Trata-se de uma consciência nova a adquirir, pois nem sempre foi assim. Antigamente enxergávamos o mundo apenas

como nações, antes como impérios ou tribos. No entanto, hoje percebemos que também somos habitantes deste mesmo planeta e que todos pertencemos a essa família humana comum.

Considerando os jovens que passaram pelas instituições educativas jesuítas, espera-se e trabalha-se para que sejam cidadãos do mundo; contudo, eles não são preparados com a consciência do que isso implica. Assim, fica o desafio de olhar com mais objetividade e compromisso para essa realidade de cidadãos globais.

> Atualmente, estamos num contexto em que as novas gerações estão constituídas por cidadãos do mundo, porque essa é a sua realidade; [...] se hoje não preparamos as gerações que vocês têm na sala de aula para uma cidadania global, não é porque não somos visionários, e sim por sermos cegos, já que isso é uma realidade. Por esse motivo, devemos educar nossos estudantes, as famílias e a todos nós dentro dessa realidade e perspectiva (MESA, 2021, 45).

Esse tema se justificava (e se justifica) pela premência que vem tendo em diferentes contextos e, de modo especial, dentro do universo da educação básica da Companhia de Jesus. O JESEDU/RJ (2017), no acordo número doze, já apontava para o compromisso e a importância de os responsáveis pelas redes locais e regionais, assim como as equipes diretivas das centenas de unidades educativas presentes no mundo, se comprometerem com a educação para a cidadania global.

A cidadania global, segundo Akkari e Maleq (2020, 3, tradução nossa), objetiva:

> [...] capacitar os alunos a agirem de forma responsiva em relação às questões globais e chamar a atenção para a necessidade premente de fomentar cidadãos globais, promovendo, assim, sociedades mais pacíficas, inclusivas e sustentáveis. Intimamente ligada

aos direitos humanos, transmite valores de respeito, diversidade, tolerância e solidariedade.

Nesse contexto, entendo cidadãos globais como aqueles que

> [...] buscam aprofundar sua consciência de seu lugar e responsabilidade, local e global, em um mundo cada vez mais interconectado; aqueles que se solidarizam com outros na busca de um planeta sustentável e um mundo mais humano, como verdadeiros companheiros na missão de reconciliação e justiça (RJE, 2021, 15-16).

Enfim, o Primeiro Congresso Inaciano da RJE trouxe oportunidades de conhecimento e reconhecimento mútuos, celebrando conquistas de pessoas, de unidades e da Rede, tomando consciência de que se tem muito mais conteúdo comum do que particular, que se bebe de uma mesma fonte e que se está envolto em desafios semelhantes. Que trabalhar juntos e colaborativamente, sem dúvida, exigirá abnegação, compromisso, renúncias e esforços de cada um, demandará tempo e uma atitude de sair do "mais do mesmo", romper a lógica do "sempre foi assim" e superar o que sempre foi feito, mesmo que tenha sido bom num dado momento e contexto, considerando as mudanças em curso, seja na sociedade, seja no universo da educação no Brasil e no mundo, seja no contexto da Companhia de Jesus. Não é possível responder aos desafios atuais sozinho e com as respostas de outrora; é preciso caminhar juntos e pensar novas soluções. Alberto Mesa (2021, 49) alerta:

> [...] é muito fácil repetir o que sempre fazemos, o que conhecemos. No entanto, isso não nos leva muito longe. Eu sempre digo aos professores e tento aplicar na minha própria vida: se estou fazendo as coisas do mesmo jeito há cinco anos, isso é um indicativo negativo. Se estou fazendo as coisas que fazia há dez anos, é péssimo, e, se faço as coisas como fazia há

quinze anos, estou morto. Porque não podemos, como dizia o pe. Arrupe, oferecer respostas velhas a problemas novos. Essa ideia é parte da nossa tradição. Então, temos que ir longe e caminhar juntos.

O congresso sobre "O desafio da educação de qualidade para todos" reforçou a importância de um olhar mais concreto e comprometido com os mais fragilizados e excluídos da educação. A tradição educativa dos jesuítas revela desde os primórdios um compromisso com uma educação de qualidade para todos.

> Desde o início da longa tradição educativa institucionalizada de 471 anos, a contar desde a fundação do colégio San Nicolò, em 1548, em Messina, a Companhia de Jesus tem assumido como "ponto de honra" a educação dos mais pobres e vulneráveis. Ela não se conforma de ver, por vezes, que o seu nome esteja associado e bem-estabelecido conforme, outrora, alguns a tenham identificado (KLEIN, 2021, 125-126).

O congresso foi marcado pela presença de estudantes que apresentaram projetos e atividades numa perspectiva de formação integral, contribuindo com reflexões sobre a palestra "O desafio da educação", que não é mais apenas para os estudantes, mas dos e com os estudantes. Reimers (2021) aponta para a importância de trazer os estudantes para desafios e problemas reais, perceber que a escola não é um espaço isolado do mundo, mas que ela interage com a realidade, é interpelada por ela e pode interferir nela.

> Dessa forma, propor que a escola deva ajudar os estudantes a conhecer, compreender e desenvolver um afeto em que eles se importem com as coisas, desenvolver a capacidade de influenciar a realidade, que é local e global ao mesmo tempo, é simplesmente educar para a vida. Não existe outra vida neste mundo onde

as pessoas possam se isolar dos processos globais que influenciam a realidade local e global. Ao mesmo tempo, acredito que, como pensavam Rousseau, Pestalozzi, Dewey ou Paulo Freire, a escola deve dar aos estudantes a possiblidade de trazer para ela problemas reais e, desenvolvendo uma capacidade de trabalhar sobre eles para conseguir [a própria compreensão da realidade] (REIMERS, 2021, 64).

Existem problemas locais, globais e desafios universais que devem permear os currículos das escolas e, mais do que isso, fazer parte dos estudos e reflexões do cotidiano. É fundamental reconhecer que uma escola com princípios e valores inacianos não pode ficar indiferente diante das grandes temáticas globais. Para tanto, é importante começar com grandes perguntas, questionamentos relacionados com os

> [...] objetivos do milênio, sobre como conseguir um mundo sem pobreza, sem fome, onde todas as pessoas tenham boa saúde e bem-estar. Esses desafios que são de todos nós e também dos estudantes, desde crianças, acredito que são o material natural de uma escola que busca empoderar as pessoas para a vida. Tentar isolar os estudantes desses desafios seria como tentar colocá-los em outro planeta, em outro mundo, numa realidade que não existe. Contrariamente a isso, trazer esses desafios para dentro da escola pode ajudar a compreender como essa prática está relacionada com o mundo que os alunos veem fora da escola (REIMERS, 2021, 65).

Merecem destaque, no processo de cantar a canção da RJE, o protagonismo juvenil marcado pelos estudantes presentes no congresso e que, em sua carta à RJE, manifestaram sua alegria e gratidão pela oportunidade de participarem, reforçaram seu compromisso com a cidadania global e seu protagonismo nas mudanças do mundo que eles mesmos desejam ver e viver. Apontaram para um desafio crucial de envolver e comprometer toda a comunidade educativa[52] (estudantes, educadores, gestores e famílias) no processo de formação integral.

Os estudantes ainda apontaram projetos concretos, como o "ONU colegial" e a implementação de novas atividades que possam resultar de construção coletiva entre estudantes, educadores e direções dos colégios. Por fim, os estudantes manifestaram seu desejo de serem agentes multiplicadores – "fogo que acende outros fogos", ponte entre os demais alunos –, apresentando a experiência do congresso aos demais nas respectivas unidades educativas. Terminaram a carta com um compromisso, quase um gesto profético, de propagar ideais e propostas acerca da cidadania global: reconhecem que a transformação da realidade não se restringe a palavras, mas implica compromissos, ainda que de modo pequeno e simples na realidade que os circunda. Estão cientes de que muitas das mudanças desejadas serão vividas pelas futuras gerações[53].

Os estudantes participantes do Congresso reconheceram a riqueza que permeou o evento e se comprometeram com os desafios da cidadania global. Dada a importância de eventos dessa natureza, pela oportunidade de conhecer, reafirmar e cantar a canção da Rede, os estudantes acordaram que seria desejável que encontros como esse se repetissem.

Ficou prevista para o ano de 2024 a realização do II Congresso da RJE, com a celebração dos dez anos da Rede. Considerando-se essa oportunidade para compartilhar experiências e saberes que vão sendo

---

52. Os estudantes se manifestaram assim no congresso: "Em relação à efetivação de nossos ideais, consideramos imprescindível que haja troca de experiências entre alunos, famílias e funcionários das escolas de maneira que os projetos e desejos dos alunos sejam não só ouvidos, mas verdadeiramente incentivados e abraçados pelas instituições. [...] Pensamos, ainda, que mais conexões precisam ser realizadas para que ocorra uma maior integração entre os estudantes da rede" (Carta dos estudantes participantes do 1º Congresso da RJE, 2021, 197).
53. "O conhecimento é como a 'boa-nova' que precisa ser anunciada e difundida ao máximo pelo mundo. [...] É com esse olhar sonhador, positivo e determinado que nós, estudantes, temos a ambição de mudar, mesmo que pouco, a realidade ao nosso redor. Temos consciência de que muitas mudanças não serão vivenciadas na prática por nós, porém, se estivermos contribuindo para um futuro melhor das próximas gerações, todo esforço terá valido a pena" (RJE, 2021, 197).

produzidos por educadores e estudantes, ressaltou-se a importância de primar pela participação discente, valorizando e potencializando o protagonismo dela (RJE, 2021).

Do congresso resultou o livro *I CONGRESSO RJE: Educação para a Cidadania Global*, publicado pela Edições Loyola em 2021. O livro contém o registro histórico das diferentes conferências, oficinas, experiências e celebrações.

4.13 Planejamento estratégico da Rede

Importantes decisões da Rede começaram a acontecer num espaço de escuta e consulta mais ampliado denominado "encontro das equipes diretivas". Nesses encontros, eram tratados temas diversos das unidades, geralmente contemplando aspectos das três grandes áreas (acadêmica, administrativa, e de formação cristã e pastoral). Nos primeiros encontros, contudo, sempre havia um tema de alcance amplo e global. Desse modo, no primeiro encontro nacional com as equipes diretivas da RJE[54], no RJ, em março de 2016, foi apresentado e aprovado o Projeto Educativo Comum, que então passou para outras instâncias do governo provincial para sua aprovação final.

No segundo encontro das equipes diretivas, também no RJ, foi avaliado o trabalho que as unidades vinham fazendo com uma matriz

---

54. O primeiro encontro das equipes diretivas da RJE foi marcante para o desdobramento da Rede à luz do que viria a ser a implementação do PEC. A ata do encontro traz elementos interessantes como: "Em plenária, foi registrado o aprofundamento sobre o documento PEC nas dimensões do currículo, da formação/capacitação docente e dos processos de gestão de pessoas. Novamente, o reforço sobre as dinâmicas de Rede, a compreensão dos colégios como centros de aprendizagem, a integração sistêmica das equipes diretivas, além da preocupação comum frente ao refundar dos nossos colégios e escolas a partir de um currículo inovador, formador de pessoas competentes, conscientes, compassivas e comprometidas". Além disso, foram definidos alguns cuidados que deveriam ser tomados para a posterior implementação do PEC, o que, de algum modo, resultou na necessidade do PE da RJE (RJE, RJ, 07 a 09 de março de 2016. Ata, 1).

comum de projetos, que deveria contemplar três grandes movimentos em curso nas unidades da Rede, a saber: 1) implementação do PEC[55] demandada para todas as unidades; 2) implantação do SQGE que vinha ocorrendo em várias unidades da rede; e 3) desenvolvimento do planejamento estratégico (PE), também presente em algumas unidades da rede. Contemplar essas três necessidades trouxe diferentes demandas para a matriz comum de projetos, que fora desenvolvida no escritório central da Rede. Já no terceiro encontro, em Itaici, SP, o foco esteve no planejamento estratégico (PE) da RJE.

No intuito de qualificar sua missão, a RJE entendeu que seria oportuno pensar e agir mais estrategicamente. Desse modo, seguindo o movimento já presente em algumas unidades da rede, foi decidido, em fórum de diretores, que seria necessário um planejamento estratégico (PE) para a RJE, considerando as demandas do contexto atual e com foco em dar vazão às orientações de implementação do PEC. Assim,

> [...] nos dias 17, 18 e 19 de abril, aconteceu, em Itaici, o 3º Encontro das Equipes Diretivas[56] da RJE, cujo foco principal foi a

---

55. O 1º Encontro das Equipes Diretivas terminou com a retomada do que foi refletido e socializado, e a partir disso "foi proposto pelo próprio delegado um exercício de retomada dos dois dias de encontro a partir dos seguintes destaques: finalização do documento PEC, chamado à responsabilização, compromisso e trabalho em equipe, reforço sobre as dimensões do currículo, formação/capacitação docente e gestão de pessoas e foco sobre a aprendizagem. Destacou a experiência espanhola como capaz de abrir horizontes, animar, desafiar, inspirar. Reforçou o coletivo, a necessidade da atualização, inovação e transformação". Ao defender que os alunos aprendem entre si, desafiou o grupo a transformar os centros de ensino em centros de aprendizagem. Finalmente, registrou três pressupostos: 1) não mais do mesmo; 2) se mudarmos, corremos risco, mas o maior risco é não mudar; 3) necessidade de ver nas fronteiras e limites não obstáculos, mas sim desafios e oportunidades. Apresentou, na sequência, a rota de trabalho para a implantação do PEC, contemplando duas tarefas e o cronograma previsto. Resgatou ainda o cuidado com o tripé pedagógico tempo, espaços e pessoas a partir de um questionamento final: "2020: que projetos e processos de aprendizagem queremos nos colégios da Rede?" (RJE, 2016, 3).
56. O encontro aconteceu em Itaici, SP, com a participação das equipes diretivas. O trabalho foi conduzido pelo professor Gustavo Martins, que já vinha

elaboração do planejamento estratégico da Rede. Na tarde do dia 19, reuniu-se o conselho superior junto aos facilitadores das dimensões do PEC para sintetizar o trabalho desenvolvido pelos demais diretores nos dias anteriores. O resultado do trabalho em breve será disponibilizado às equipes diretivas para darmos seguimento à elaboração do PE da RJE (RJE, 2018c).

Essa experiência de imersão gerou um movimento oportuno e desafiador para a RJE, pois se tratava de pensar em projetos estratégicos comuns que tivessem sua articulação desde a rede, mas que incidissem mais efetivamente nas unidades que a compunham.

A imersão trouxe novos desdobramentos para a gestão da RJE e a relação entre as unidades e a RJE. Em comunicado para as unidades da rede, em 05 de junho de 2018, o diretor-presidente da Rede apontava os passos que seriam seguidos a partir daquele momento. O trabalho feito passaria pelo crivo do conselho superior da RJE e, em conjunto com os facilitadores das dimensões do PEC, empreenderia um movimento para consolidar o material produzido e elaborar a matriz do planejamento estratégico da RJE. Com cronograma do trabalho feito e validado com o assessor do PE, esse material seria enviado para as unidades fazerem

---

assessorando o PE da província e o PE de várias unidades da RJE. O trabalho abordou o cenário econômico, sociocultural, tecnológico, religioso e da Companhia de Jesus, indicando sempre macrotendências, impactos para o setor educacional e a RJE. Além disso, foi visto o movimento do mercado da educação no Brasil. Uma vez mais cientes do contexto no qual estavam inseridos, foi feita a "análise SWOT", visualizando ameaças, oportunidades, forças e fraquezas. Uma vez com os resultados da "SWOT", foi pensada e proposta uma primeira versão de missão, visão e valores da RJE. O material foi posteriormente aprofundado e purificado. Como "eixos estratégicos" foram definidos: 1º) inovação pedagógica; 2º) formação; 3º) comunicação e *marketing*; 4º) governança e gestão. Esses foram aprofundados e resultaram em "diversos objetivos estratégicos" que se desdobraram em projetos. O conteúdo foi bem explicitado no PowerPoint que retrata o que fora o trabalho naquela ocasião e que foi gerando ações para a RJE. Compuseram-se novas versões e melodias para a RJE a partir do seu Projeto Educativo Comum.

uma análise crítica da matriz de planejamento estratégico e darem sua contribuição final. Segundo o diretor-presidente,

> Essa análise deve ser exaustiva e com o objetivo de fazer os ajustes necessários ao texto e, principalmente, aos objetivos estratégicos. Façam as devidas considerações, propostas de ajustes, melhorias etc. e insiram na atividade que está inscrita no curso das equipes diretivas no Moodle-RJE (RJE, 2018d, 1) (documento interno).

Na ocasião, a plataforma Moodle-RJE era a principal referência de articulação entre as unidades e se constituía num repositório documental da rede. O comunicado terminava apontando para o final de junho (30/06/2018) como prazo para as contribuições. Após isso, o conselho superior, com a participação de alguns profissionais convidados, faria o trabalho de elaboração de indicadores/metas, modelo de governança etc. Por fim, o trabalho seria submetido uma vez mais às equipes diretivas para a aprovação final, e, após esse itinerário de construção coletiva entre Rede e unidades, seria submetido à aprovação do padre provincial.

O resultado do PE da RJE trouxe, além dos diversos projetos transversais comuns, o alinhamento com a missão da Província dos Jesuítas no Brasil e elementos importantes para a consolidação da RJE, como missão, visão e valores. Houve um consenso de que as unidades assumiriam essa tríade, apenas adequando a linguagem aos respectivos centros de ensino e de aprendizagem. Após uma reunião do conselho superior, no RJ, em 15 de março de 2019, a proposta do PE foi consolidada, e validados missão, visão e valores: "Promover educação de excelência, inspirada nos valores cristãos e inacianos, contribuindo para a formação de cidadãos competentes, conscientes, compassivos, criativos e comprometidos" (RJE, 2019, 6).

Nas unidades que compõem a Rede, assumiu-se a missão como sendo também a específica de cada centro de aprendizagem que compõe a rede. Além disso, foi definida como missão que rege a Rede até o presente momento de construção desta pesquisa: "Ser uma rede de centros inovadores de aprendizagem integral que educam para a cidadania global com uma gestão colaborativa e sustentável" (RJE, 2021, 14).

No caso das unidades educativas que compõem a Rede, a visão geral seria adaptada. Em vez de "ser uma rede de centros de aprendizagem", cada unidade assume a missão de "ser um centro inovador de aprendizagem integral que educa para a cidadania global com uma gestão colaborativa e sustentável". Da missão comum, altera-se o conceito de "rede" para o de "centro", criando assim uma canção comum, como se fosse um mantra a ser ensinado e cantado nos próximos anos em todas as unidades que a compõem.

Além disso, é relevante destacar que os valores[57] igualmente foram definidos e assumidos por cada unidade. A partir desse movimento, a RJE tem pensado projetos e ações, como, por exemplo, atualização dos projetos político-pedagógicos, regimentos escolares, projetos de melhoria nas estruturas físicas, com espaços amplos, flexíveis, transparentes e multiúso. Com o advento da pandemia, diversos projetos foram colocados "em espera", pois urgiam necessidades de reposicionamento, organização e ação a partir das consequências do Covid-19.

4.14 Pesquisa de mercado

Em 2016, considerando a importância de dados mais objetivos sobre a situação dos colégios que compunham a Rede para efetivar a implantação do PEC, foi decidido que seria oportuno fazer uma pesquisa de mercado.

Para dar andamento ao projeto, foi constituído um grupo de trabalho (GT), que tinha como incumbência conduzir o processo junto ao IPM, à Rede e às unidades. O prazo de execução fora, inicialmente, o primeiro semestre de 2017, mas acabou se estendendo em virtude de dificuldades de algumas unidades em se adequar à agenda do Instituto. Numa perspectiva de gestão colaborativa, foi importante que as unidades participassem

---

57. Amor e serviço; justiça socioambiental; discernimento; cuidado com a pessoa; formação integral; colaboração e sustentabilidade; criatividade e inovação (RJE, 2019, slides 7 a 9). Uma explicitação maior de cada um desses valores se encontra no Projeto Educativo Comum (PEC) da RJE (2021, 14-15).

do desenho do escopo da pesquisa e se comprometessem no processo de aplicação e coleta de dados.

Em uma memória da criação e do funcionamento da Rede Jesuíta de Educação até outubro 2017, sistematizada pelo padre Luiz Fernando Klein, SJ, e revista por padre Mário Sündermann, SJ, e Pedro Risaffi, afirma-se sobre o tema:

> O projeto foi desenvolvido ao longo de 2016 a pedido dos diretores-gerais na reunião que tiveram em fevereiro de 2015, em Curitiba. Foi contratado o IPM, Instituto de Pesquisa de Mercado, da Unisinos, com o intuito de verificar a viabilidade econômico-financeira das escolas e colégios. O instrumento de pesquisa foi testado e validado no Colégio Anchieta, de Porto Alegre, durante o mês de março de 2017, antes de ser aplicado nas demais unidades. O custo da pesquisa foi assumido pela RJE e pela Província, evitando que alguma unidade não pudesse fazê-lo devido à escassez de recursos. A pesquisa foi destinada apenas às Unidades Educativas com alunos pagantes (RJE, Documento interno, 2017, 29).

O relatório consolidado da RJE foi apresentado pelos profissionais do IPM em outubro de 2018. Nele, estava contida uma análise comparativa dos diagnósticos realizados a partir dos resultados das pesquisas conduzidas junto aos colégios da Rede Jesuíta de Educação ao longo de 2017 e 2018, com o objetivo de oferecer um quadro sintético comparativo para subsidiar e embasar a tomada de decisão estratégica em nível nacional[58]. No processo da pesquisa, foram selecionadas oito dimensões da análise[59]

---

58. O documento está em formato digital, datado de outubro de 2018, sob o título: "RELATÓRIO CONSOLIDADO: análise dos desafios e das oportunidades de mercado dos colégios da Rede Jesuíta de Educação no Brasil". Realização do IPM, UNISINOS, encomendado pela RJE.
59. A saber: 1. Contexto Externo: Ambiente social, econômico e demográfico da cidade; 2. Respostas ao Contexto: Maneira como o colégio responde aos movimentos de mercado; 3. Alinhamento às Expectativas: Adequação da entrega do colégio às expectativas do público; 4. Posicionamento: Alinhamento entre

para apresentar o diagnóstico da RJE, exibindo-se o resultado por uma escala de três cores, em que o "vermelho" era desfavorável, o "amarelo" demandava atenção, e o "verde" era considerado favorável.

Figura 2 – Síntese dos diagnósticos dos colégios pesquisados

Instituição	Contexto Externo	Respostas ao Contexto	Alinhamento às expectativas	Posicionamento	Satisfação	Suporte Comunitário	Finanças	Estrutura Organizacional
Teresina: Colégio Diocesano	●	●	●	●	●	●	●	●
Fortaleza: Colégio Santo Inácio	●	●	●	●	●	●	●	●
Salvador: Colégio Antônio Vieira	●	●	●	●	●	●	●	●
Santa Rita do Sapucaí: Escola Técnica FMC	●	●	●	●	●	●	●	●
Juiz de Fora: Colégio dos Jesuítas	●	●	●	●	●	●	●	●
Belo Horizonte: Colégio Loyola	●	●	●	●	●	●	●	●
Nova Friburgo: Colégio Anchieta	●	●	●	●	●	●	●	●
Rio de Janeiro: Colégio Santo Inácio	●	●	●	●	●	●	●	●
São Paulo: Colégio São Francisco	●	●	●	●	●	●	●	●
São Paulo: São Luís	●	●	●	●	●	●	●	●
Curitiba: Colégio Medianeira	●	●	●	●	●	●	●	●
Florianópolis: Colégio Catarinense	●	●	●	●	●	●	●	●
Porto Alegre: Colégio Anchieta	●	●	●	●	●	●	●	●

Fonte: IPM, 2018, 6 (adaptado)

A partir da Figura 2, uma leitura pode ajudar a entender o contexto da Rede. Foram 11 colégios participantes, com oito itens avaliados em cada um, o que totaliza 88 itens. Desse total, cinco (5,68%) deles estavam em vermelho, sendo que dois colégios (Nova Friburgo e Teresina) apresentavam dois itens cada um; 27 (30,68%) deles estavam em

posicionamento pretendido e imagem percebida; 5. Satisfação: Grau de satisfação dos diferentes públicos com o colégio; 6. Suporte Comunitário: Senso de pertencimento e proximidade com a comunidade escolar; 7. Finanças: Situação da saúde financeira do colégio (resultado operacional); 8. Estrutura Organizacional: Tamanho, peso e complexidade da estrutura organizacional.

verde, sendo que apenas um colégio (Belo Horizonte) possuía mais itens favoráveis em relação ao todo na análise individual; e 56 (63,64%) deles estavam em amarelo, ou seja, em alerta. Para uma rede, ao serem somados os "desfavoráveis" com os que "demandam atenção", possuir em torno de 70% de itens não confortáveis é extremamente relevante e preocupante.

Além dessa análise, a pesquisa explicitou o complexo contexto no qual os colégios da Rede estão inseridos, a partir de diferentes variáveis do mercado. No que se refere à economia e à demografia, apontou-se a diminuição da renda e de número de filhos por família. No que se refere à tecnologia no âmbito pedagógico, revelou a complexidade na relação escola e sociedade, bem como a de professor e estudante, o que explicitou novos desafios que a acelerada mudança traz para os colégios. Além disso, a pesquisa mostrou que as novas gerações de estudantes são mais imediatistas, e os pais passam a adotar "uma postura de cliente, contribuindo para a deslegitimação da escola junto aos alunos" (IPM, 2018, 9).

Constatou-se outro aspecto relevante e que se constitui num desafio para a gestão: a estrutura organizacional, seja nas unidades, seja na Rede. Essa estrutura, que leva avante a missão da educação básica dos jesuítas no Brasil, ainda reflete um modelo tradicional de educação. Nesse sentido, as inovações desejadas e necessárias nem sempre têm a ressonância em nível de gestão mais estratégica (IPM, 2018).

Se, por um lado, os desafios e as dificuldades são muitas e tendem a se ampliarem, por outro lado existem oportunidades que podem favorecer a missão, uma vez que há o desejo de uma nova organização com a capacidade de ofertar uma educação de qualidade, permeada pelos valores humanos e cristãos e voltada à cidadania global, à comunidade escolar e ao contexto local em que o colégio está inserido. Como o modo de ser e proceder da Companhia de Jesus supõe considerar pessoas, tempos e lugares, princípios como adaptação, reinvenção e criação são alicerces inacianos que permitem identificar desafios e transformá-los em oportunidades ainda maiores.

5

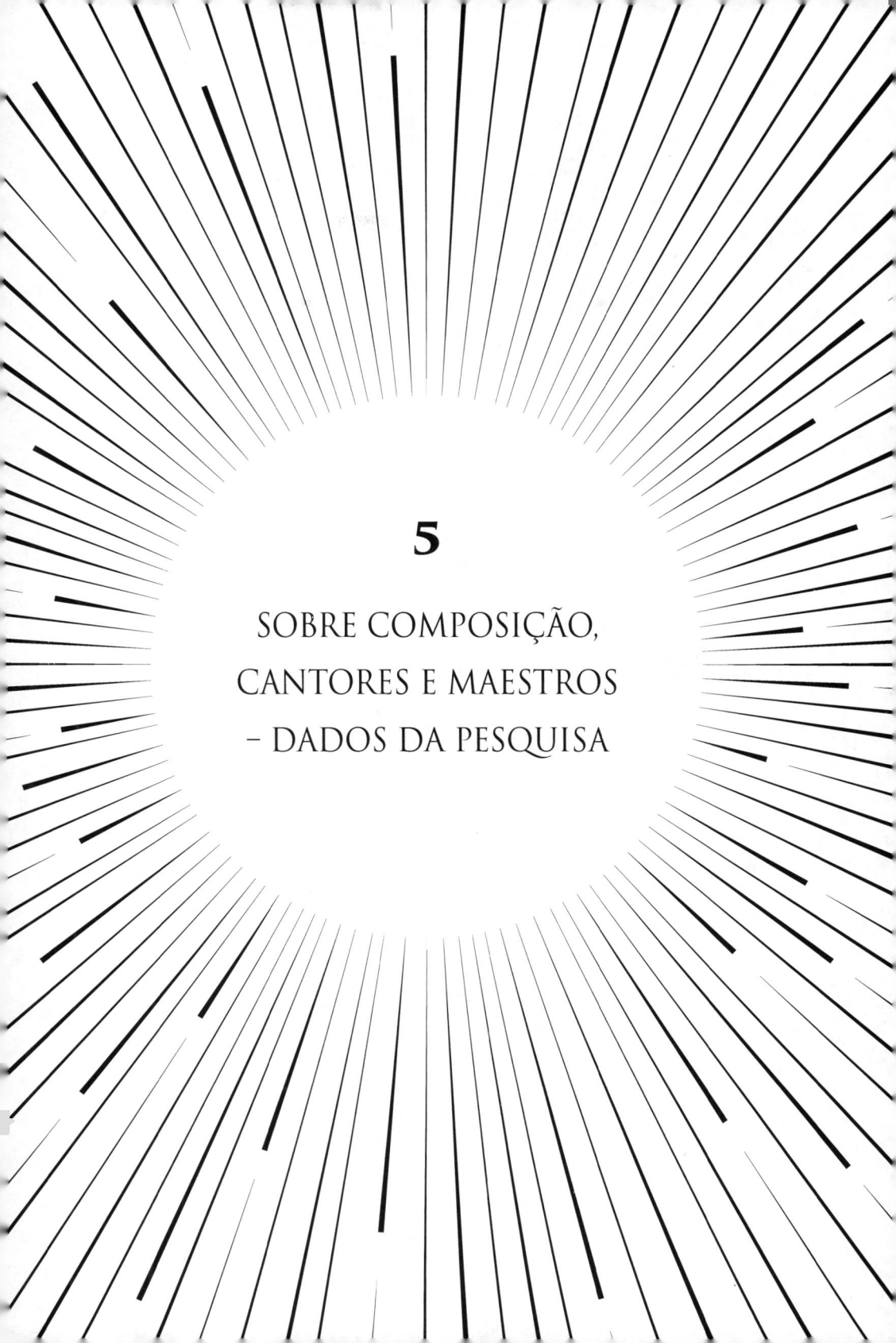

SOBRE COMPOSIÇÃO, CANTORES E MAESTROS – DADOS DA PESQUISA

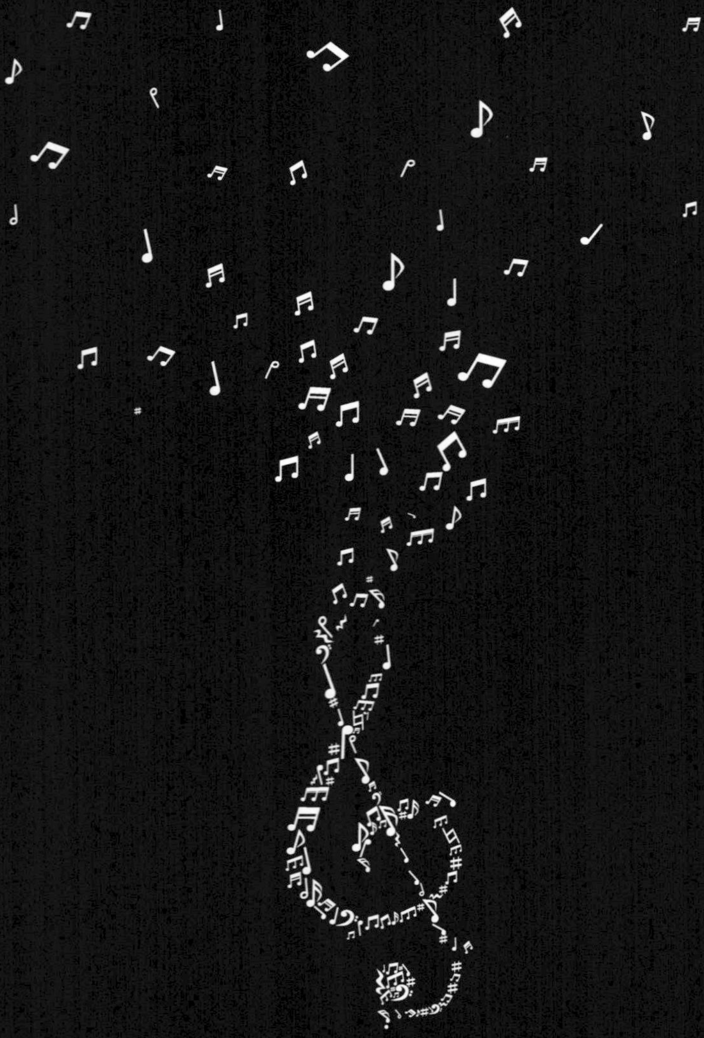

Neste capítulo, será apresentada a análise do material empírico coletado, considerando as três fontes de dados: a análise documental, a narrativa da experiência da fundação da RJE e a elaboração do PEC. Os documentos tratados estão aos cuidados da RJE e ficaram mais restritos a atas, informes, relatórios (da pesquisa de mercado, das visitas às unidades, de eventos), bem como documentos consolidados, como o próprio PEC e o estatuto da RJE. Além dessas informações e a partir delas, foi agregado o que existia como memória viva ou registrada do pesquisador que participara diretamente de vários processos.

Nesse sentido, para validar percepções, leituras e garantir a fidedignidade da pesquisa, aplicou-se um questionário a gestores das diferentes unidades da RJE, o que permitiu que outros autores e participantes do processo da fundação da Rede pudessem dar sua contribuição a partir do que viveram – ou mesmo consultando documentos aos quais tinham acesso – e, assim, desde o lugar onde atuam no momento, explicitar a incidência da RJE e do PEC no cotidiano escolar da respectiva escola e/ou colégio.

A motivação para a aplicação do questionário fora feita presencialmente, num encontro das equipes diretivas da RJE, em Nova Friburgo, RJ, entre os dias 26 e 28 de agosto de 2022. Na ocasião, o pesquisador informou aos membros das equipes diretivas que estava fazendo uma pesquisa para o doutorado, explicitando o conteúdo e os objetivos dela de acordo com a curiosidade de cada um. Apontou para o perfil dos respondentes, questionou alguns diretores se teriam sugestão de nomes que se enquadrassem nesse perfil e informou que, em outubro de 2022, após a banca de qualificação, seria enviada uma carta apresentando a pesquisa e dando orientações para que se respondesse ao questionário, que seria disponibilizado via plataforma Microsoft Forms[1].

---

1. A plataforma Microsoft Forms permite criar pesquisas e questionários, favorecendo que pessoas possam responder de diferentes lugares e permitindo o

Na ocasião, levantaram-se possíveis nomes de gestores intermediários que poderiam contribuir na pesquisa. O pesquisador questionou alguns diretores sobre quanto tempo julgariam ser necessário para responder a um questionário mais extenso, e a maior parte manifestou que um prazo adequado seria em torno de três a quatro semanas, assim como não seria bom que o prazo fosse extenso demais. Desses diálogos, surgiu a definição de que o questionário estaria à disposição para ser respondido durante o período de um mês.

Os questionários foram construídos numa perspectiva de perguntas abertas, o que, de algum modo, torna a análise um pouco mais complexa. Segundo Goldenberg (2004), os questionários podem ser estruturados de diferentes maneiras: podem conter perguntas fechadas quando as respostas são altamente padronizadas, o que facilita a análise, mas traz a desvantagem de limitar as pessoas às alternativas ofertadas, mesmo havendo outras possibilidades.

Em outra perspectiva, podem conter perguntas abertas, que permitem "resposta livre, não limitada por alternativas apresentadas; o pesquisado fala ou escreve livremente sobre o tema que lhe é proposto. A análise das respostas é mais difícil" (GOLDENBERG, 2004, 86). Nesta pesquisa, optou-se por questões abertas, buscando ampliar o lastro de abrangência do instrumento, não obstante ser necessário lidar com maior complexidade das respostas mais livres em seu conteúdo e analisar/comparar a forma de expressão diversa dos pesquisados. A ideia, portanto, foi uma abertura ao diálogo, a fim de melhor recuperar e sistematizar as experiências dos participantes. Hollyday (2006, 37) diz que,

> Definitivamente, a sistematização permite incentivar um diálogo entre saberes: uma articulação criadora entre o saber cotidiano e os conhecimentos teóricos, que se alimentam mutuamente, [...] o que reafirma a importância fundamental de sistematizar

acompanhamento dos respondentes quase em tempo real. Além disso, tende a ser "amigável" a diferentes navegadores da *web* e facilita a sistematização das respostas.

nossas experiências, não só pelas possibilidades que têm, mas pela responsabilidade que implica para nós, educadores e educadoras populares.

Considerando o volume de informações analisadas, o questionário era composto por questões abertas[2] que giraram em torno de três grandes eixos, a saber: 1°) fundação da Rede; 2°) construção e implementação do PEC; 3°) gestão inaciana. A partir das perguntas que integram esses eixos, sistematizaram-se as respostas aglutinando-as em sete categorias amplas: no primeiro eixo, as categorias 1ª) fundação da Rede e 2ª) relação colégio e escritório; no segundo eixo, 3ª) construção e lançamento do PEC, 4ª) implementação do PEC e 5ª) atualização do PEC; e no terceiro eixo, 6ª) princípios de gestão inaciana e 7ª) projetando o futuro.

Considerando o desejo de "abranger o máximo de amplitude na descrição, explicação e compreensão do objeto de estudo" (GOLDENBERG, 2004, 63), foi necessário buscar um suporte que permitisse a combinação de diversas metodologias, na perspectiva de triangulação dos dados coletados por elas, com apoio de instrumentos que qualificassem o processo. Por isso, optou-se por usar o *software* ATLAS.ti, que permite organizar os dados coletados, considerando a diversidade de fontes e informações, assim como analisar os conteúdos coletados nas distintas fontes.

Desse modo, num primeiro momento, após a leitura, organizaram-se os questionários em "Respondente 1"[3] a "Respondente 44", sendo que "1" era o primeiro questionário e "44", o último inserido no ATLAS.ti. Segundo Bardin (2016, 49), essa numeração é relevante, pois, "evidentemente, é fundamental atribuir um número a cada entrevista". Com isso, buscou-se o anonimato dos respondentes ao incorporar suas contribuições na elaboração da tese. Procedeu-se à leitura das respostas, grifando o que foi considerado mais relevante, tendo como critério a relação com as categorias e os eixos propostos. Fez-se o *upload* dos 44 questionários

---

2. Para maior detalhamento do que fora perguntado no questionário, basta acessar o Apêndice A, no final da pesquisa.
3. Conforme apontado no capítulo 2, dedicado à metodologia, na presente pesquisa, "Respondente 1" será sinalizado como "R1", e assim sucessivamente.

para o ATLAS.ti e de diversos documentos da RJE considerados relevantes para o tema da pesquisa.

Após a análise dos questionários, fez-se um relatório dos dados, que conta com uma introdução que recupera o objetivo da pesquisa. A partir do "que esperava encontrar, quais as hipóteses de trabalho me nortearam, qual grupo escolhi e quais as razões para essa escolha" (GOLDENBERG, 2004, 95), relatam-se os passos dados e as dificuldades encontradas, assim como possíveis questões não respondidas.

5.1 Processo de envio dos questionários

Em formato do Office Forms, o questionário foi encaminhado, via *link*, ao *e-mail* de quarenta e oito gestores que atuam nas unidades da Rede Jesuíta de Educação e no escritório central. O período inicial para recebimento de respostas foi estipulado entre os dias 10 e 31 de outubro de 2022, mas foi necessário atender a pedidos de extensão até o dia 07 de novembro de 2022. Os questionários foram precedidos de uma carta explicitando a importância da contribuição, informando que os dados seriam trabalhados de forma sigilosa e que, sendo necessário, o pesquisador entraria em contato com os respondentes para esclarecer dúvidas.

5.2 Os respondentes

Quanto aos sujeitos da pesquisa, definiram-se educadores que estavam no grupo de referência de construção da RJE e de lançamento do PEC. Nesse perfil, enquadravam-se seis diretores-gerais (dos quais quatro responderam ao questionário), nove diretores acadêmicos e cinco diretores administrativos, quatro coordenadores de formação cristã e três membros do escritório central (todos responderam). Além deles, 21 gestores de diferentes coordenações nos respectivos colégios foram convidados (dos quais dezenove responderam e dois justificaram a não contribuição após o prazo dado para a resposta).

Assim sendo, dos quarenta e oito questionários enviados, obtiveram-se quarenta e quatro respostas. Foram contempladas doze unidades e o escritório central, sendo que de uma unidade havia nove respostas; de outra, sete; e assim seis, cinco, quatro, [duas unidades com] três, [duas unidades com] dois e [três unidades com] um respondente, como é possível verificar no Gráfico 1.

A partir do Gráfico 1, pode-se observar que a participação de membros da equipe diretiva totalizou exatamente 50% dos respondentes, cabendo a outras coordenações (43,20%) e ao escritório (6,80%) a complementação das respostas.

A maior participação se deu, dentro das equipes diretivas, entre os diretores acadêmicos, com nove (20,44%) respostas, seguida pelos administrativos, com cinco (11,36%), e pelos diretores-gerais e coordenadores de formação cristã, empatados, com quatro (9,10%) cada um.

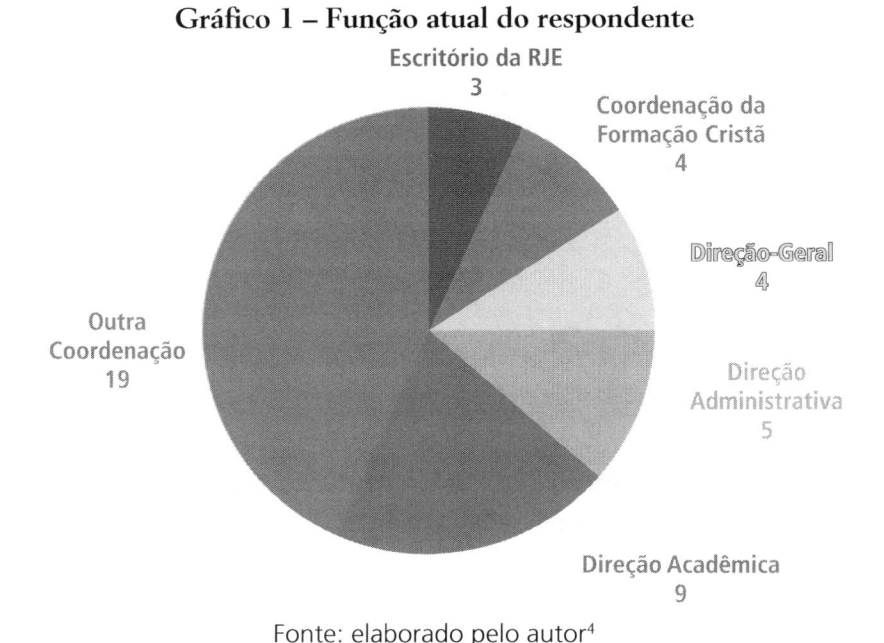

Gráfico 1 – Função atual do respondente

Escritório da RJE: 3
Coordenação da Formação Cristã: 4
Direção-Geral: 4
Direção Administrativa: 5
Direção Acadêmica: 9
Outra Coordenação: 19

Fonte: elaborado pelo autor[4]

---

4. Os gráficos refletem a elaboração conceitual do autor e contaram com a colaboração de Michel Sousa Dias, analista de TI do Colégio Loyola, para seu *design*.

Quanto ao tempo de vínculo com a Companhia de Jesus, conforme o gráfico 2, dezenove (43,18%) disseram que estavam há mais de vinte anos, onze (25%) tinham vínculo com a Companhia de quinze a vinte anos, treze (29,55%), de dez a quinze anos, e apenas um (2,27%), de oito a dez anos. Destaca-se que 43 (97,73%) respondentes estavam há mais de dez anos na instituição, o que reforçava os laços profissionais entre as partes.

Gráfico 2 – Tempo de trabalho na Companhia de Jesus

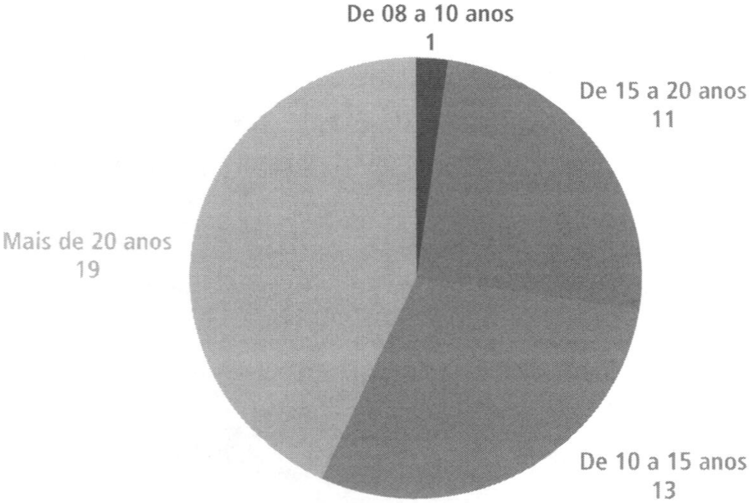

De 08 a 10 anos
1

De 15 a 20 anos
11

Mais de 20 anos
19

De 10 a 15 anos
13

Fonte: elaborado pelo autor

Já no quesito "tempo na atual função", mostrado no gráfico 3, sete (15,90%) estavam há mais de sete anos na função, outros 19 (43,20%) estavam entre cinco e dez anos, e 18 (40,90%), há menos de cinco anos.

Nas funções de direção-geral e acadêmica, a Companhia de Jesus, por meio da Rede Jesuíta de Educação, projeta seis anos de permanência no cargo, sendo a nomeação para um período de três anos, renovável por mais três anos, segundo o costume jesuíta. Nessa perspectiva, as nomeações para as funções de diretor(a) acadêmico(a) ou diretor(a)-geral tendem a ter, na sua nomeação, explicitado o tempo de exercício, como, por exemplo, na nomeação feita pelo diretor-presidente da RJE,

Ir. Raimundo Barros, em 26 de março de 2018 (Nomeação 2018_05 – Diretora Acadêmica CSI/CE):

> Diante disso e após os encaminhamentos feitos, [...] venho por meio deste comunicado, e em consonância com o estatuto da RJE, nomear a [nome] diretora acadêmica do Colégio [...]. A nomeação é para três anos, renováveis segundo os costumes da Companhia de Jesus.

Nesse sentido, os gestores que estão nas funções de direção acadêmica e/ou direção-geral as ocupam, geralmente, há menos de cinco anos.

Gráfico 3 – Tempo em que está na atual função

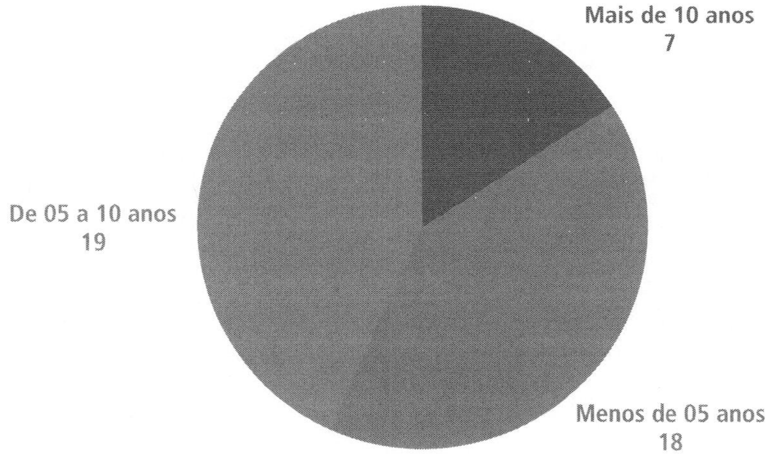

- Mais de 10 anos: 7
- De 05 a 10 anos: 19
- Menos de 05 anos: 18

Fonte: elaborado pelo autor

Como percepção geral, pela amplitude das respostas, considera-se que a maior parte dos respondentes dedicou tempo significativo para responder ao questionário, provavelmente por terem uma relação quase direta com o pesquisador, por terem bom conhecimento sobre o assunto e por se sentirem comprometidos com a unidade e/ou a Rede. O fato é que as respostas foram amplas e generosas, constituindo um rico e vasto material empírico para subsidiar a compreensão dos processos pesquisados.

5.2.1 Formação dos respondentes

A pesquisa evidenciou a formação acadêmica dos respondentes. Em outubro de 2022, conforme o Gráfico 4, oito (18,18%) possuíam especialização/MBA, um (2,27%) era mestrando, 17 (38,64%) eram mestres, 14 (31,81%) estavam com doutorado em andamento e quatro (9,10%) eram doutores. Dos respondentes doutores, dois (4,54%) eram do escritório da Rede e outros dois (4,54%) eram diretores acadêmicos. Destaca-se aqui a importante qualificação acadêmica, chegando a 81,82% entre mestres e doutores (com cursos já concluídos ou em curso).

Gráfico 4 – Formação acadêmica

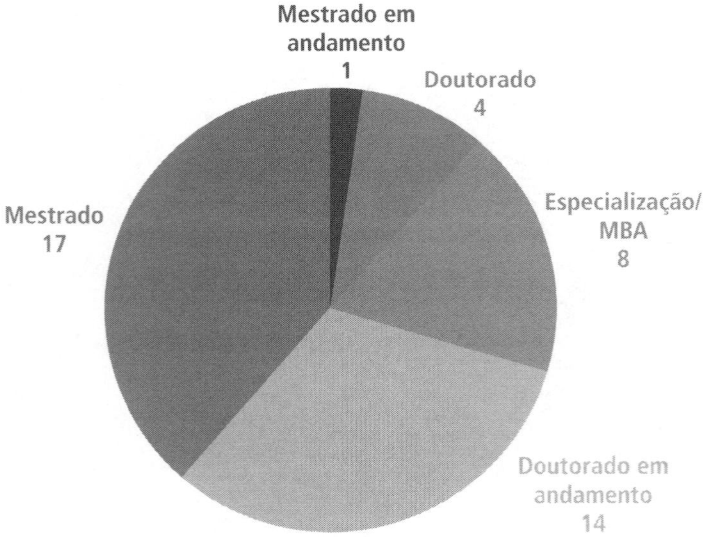

- Mestrado em andamento: 1
- Doutorado: 4
- Especialização/MBA: 8
- Doutorado em andamento: 14
- Mestrado: 17

Fonte: elaborado pelo autor

Considerando o aspecto da formação dos entrevistados, percebe-se importante diversidade de titulações. Dentre os profissionais que não estavam nas equipes diretivas (cf. Gráfico 5), havia nove (20,45%) com mestrado concluído, seis (13,63%) com doutorado em andamento e quatro (9,10%) com especialização/MBA. Entre os membros do escritório, havia dois (4,54%) com doutorado e um (2,27%) com mestrado.

SOBRE COMPOSIÇÃO, CANTORES E MAESTROS – DADOS DA PESQUISA

Gráfico 5 – Função x Formação

Função (Formação)	Quantidade
Coordenação de Formação Cristã (Doutorado em andamento)	2
Coordenação de Formação Cristã (Especialização/MBA)	1
Coordenação de Formação Cristã (Mestrado)	1
Direção Acadêmica (Doutorado em andamento)	5
Direção Acadêmica (Doutorado)	2
Direção Acadêmica (Mestrado)	2
Direção Administrativa (Especialização/MBA)	3
Direção Administrativa (Mestrado em andamento)	1
Direção Administrativa (Mestrado)	1
Direção-Geral (Doutorado em andamento)	1
Direção-Geral (Mestrado)	3
Escritório da RJE (Doutorado)	2
Escritório da RJE (Mestrado)	1
Outra coordenação (Doutorado em andamento)	6
Outra coordenação (Especialização/MBA)	4
Outra coordenação (Mestrado)	9

Fonte: elaborado pelo autor

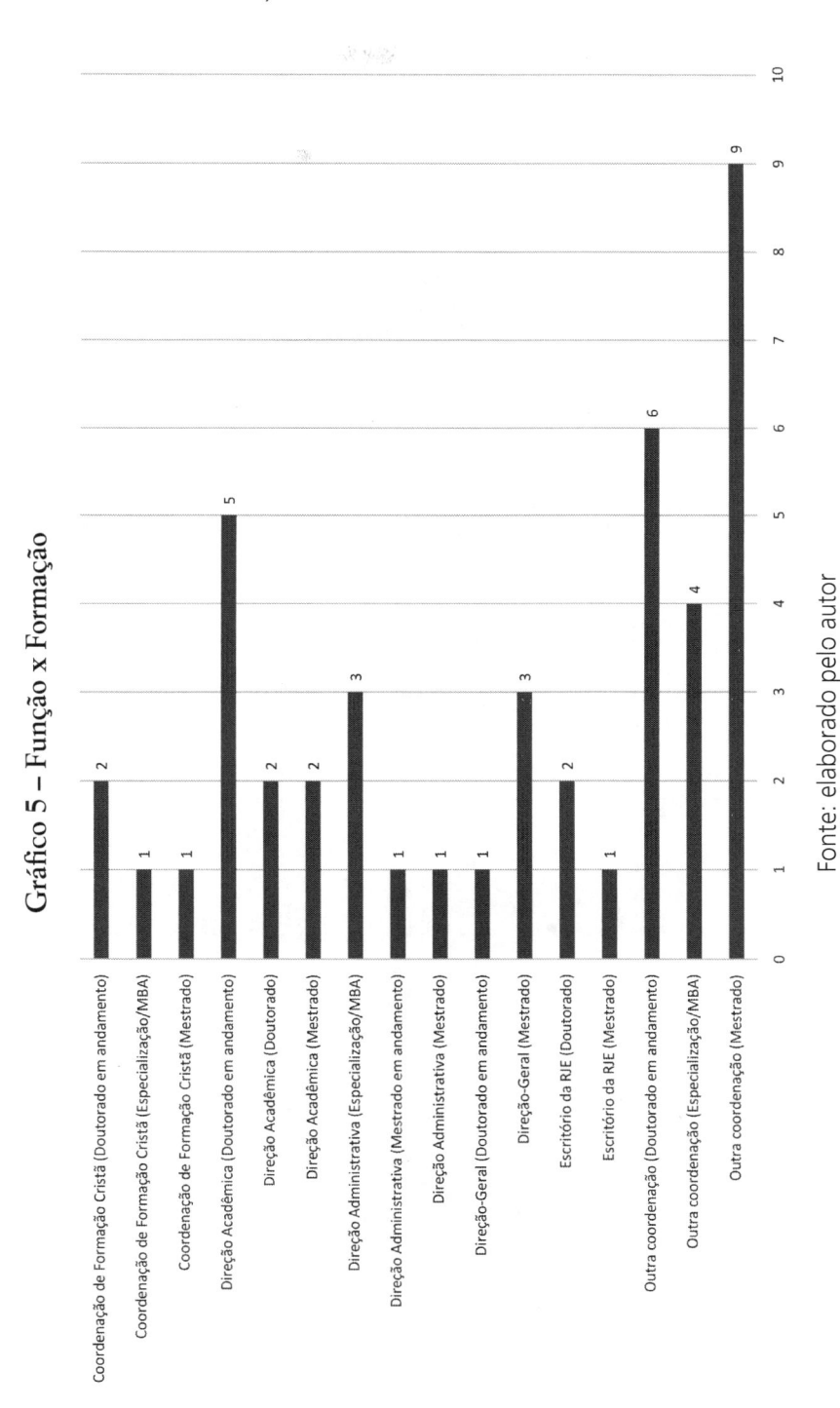

Diretores-gerais

Nas direções-gerais (cf. Gráfico 6), havia três (75%) respondentes com mestrado e um (25%) com doutorado em andamento.

Gráfico 6 – Função x Formação (direção-geral)

Fonte: elaborado pelo autor

Diretores acadêmicos

Em relação aos diretores acadêmicos (Gráfico 7), havia dois (22,22%) com doutorado, dois (22,22%) com mestrado e cinco (55,56%) com doutorado em andamento.

Gráfico 7 – Função x Formação (direção acadêmica)

Fonte: elaborado pelo autor

Diretores administrativos

Na direção administrativa (cf. Gráfico 8), verifica-se que três (60%) tinham especialização/MBA, um (20%) estava com mestrado em andamento e outro (20%) tinha mestrado concluído.

Gráfico 8 – Função x Formação (direção administrativa)

Fonte: elaborado pelo autor

Coordenadores da formação cristã

Por fim, na formação cristã, havia dois (50%) com doutorado em andamento, um (25%) com mestrado e um (25%) com especialização/MBA.

Gráfico 9 – Função x Formação (coordenação da formação cristã)

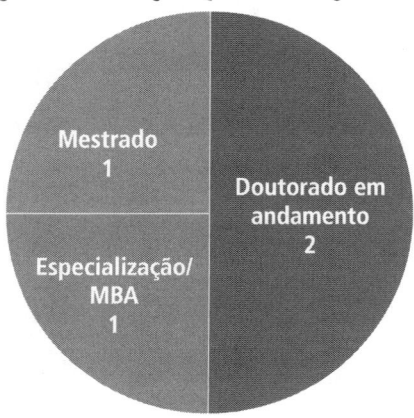

Fonte: elaborado pelo autor

Coordenadores em outras funções nas unidades

Considerando a gestão intermediária, o questionário foi respondido sobretudo por gestores da área pedagógica, especialmente coordenadores de unidade[5] ou de série. Entre eles (cf. Gráfico 10), havia seis (33%) em processo de doutoramento, nove (45%) com mestrado concluído e quatro (22%) com especialização ou MBA.

**Gráfico 10 – Função x Formação
(coordenação em outras funções)**

- Doutorado em andamento: 6
- Mestrado: 9
- Especialização/MBA: 4

Fonte: elaborado pelo autor

Membros do escritório central

Por fim, dos três respondentes do escritório da RJE, dois (67%) são doutores e um é mestre (33%), conforme o Gráfico 11.

---

5. Há diferentes organizações administrativo-pedagógicas nos colégios e escolas da RJE. Em algumas, a organização acontece por unidades, que consiste no agrupamento de um conjunto de anos/séries. Por exemplo: Unidade 1 – composta por turmas do Maternal 3 ao 3º ano do Ensino Fundamental I.

Gráfico 11 – Função x Formação
(escritório da RJE)

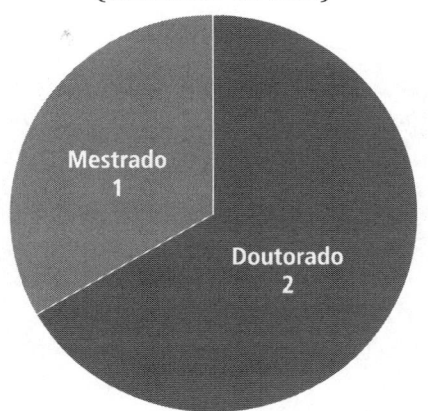

[Gráfico de pizza: Mestrado 1; Doutorado 2]

Fonte: elaborado pelo autor

5.3 Unidades da RJE que participaram diretamente da pesquisa

Considerando as premissas para participação na pesquisa, em algumas unidades houve mais educadores contemplados do que em outras. As unidades que tiveram mais colaboradores foram o Colégio Antônio Vieira (Salvador, BA), o Colégio Anchieta (Porto Alegre, RS), o Colégio Medianeira (Curitiba, PR) e o Colégio dos Jesuítas (Juiz de Fora, MG), cada um com cinco ou mais respondentes, totalizando mais de 60% do público. Outras sete unidades também contribuíram com um a quatro educadores, além de três educadores do escritório central da RJE, conforme o gráfico 12. Os participantes do escritório da Rede estão contabilizados nas unidades em que estavam quando a RJE foi fundada, ou seja, em 2014.

Gráfico 12 – Unidade em que atuava no surgimento da RJE (2014)

- Colégio Anchieta - Nova Friburgo
- Colégio Santo Inácio - CE
- Escola Padre Arrupe
- Colégio Diocesano
- Colégio Santo Inácio - RJ
- Colégio Catarinense
- Escola Técnica de Eletrônica ETE
- Colégio Loyola
- Colégio Anchieta de Porto Alegre
- Colégio dos Jesuítas
- Colégio Medianeira
- Colégio Antônio Vieira

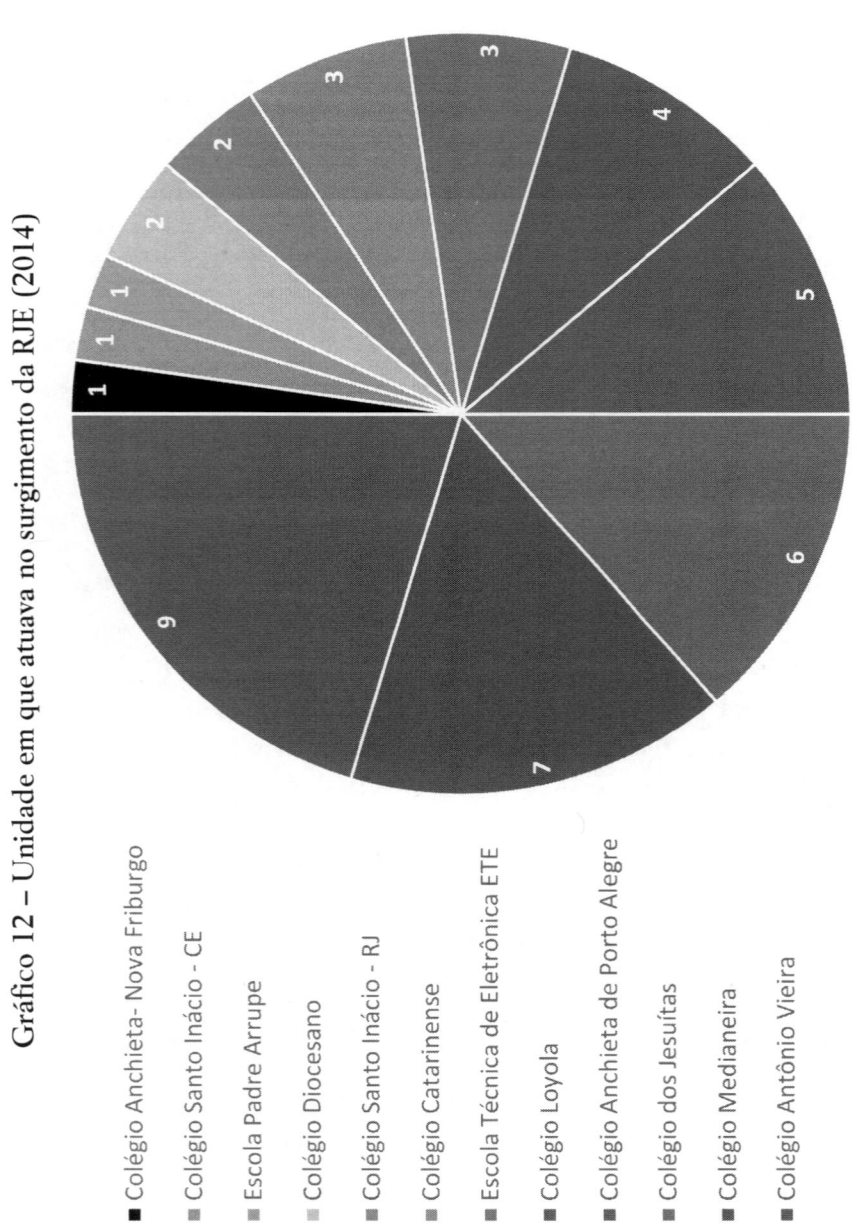

Fonte: elaborado pelo autor

5.4 Versos e melodias de uma canção (eixos temáticos)

Esta seção consiste na organização, sistematização e análise das respostas ao questionário aplicado na pesquisa. Os pressupostos para a análise têm presente que a abordagem deve ser ampla, considerando a complexidade que envolve a criação da RJE: diversas unidades espalhadas por um país continental; demandas da criação da nova província; unidades por vezes centenárias e com lideranças que nem sempre estavam convictas da importância de trabalhar em rede, tal como os documentos da Companhia de Jesus preconizam. Tais aspectos decorrem de análises presentes na documentação da Companhia de Jesus e que foram sendo construídas ao longo do processo de construção da RJE, do Projeto Educativo Comum e da percepção dos que responderam ao questionário proposto pelo pesquisador.

Para organização e interpretação inicial dos questionários, foram pensados dois eixos: 1) fundação da RJE, e 2) construção e implementação do PEC. Observou-se, contudo, que seria importante acrescentar um eixo que tratasse especificamente de gestão inaciana, que permeia e orienta todo o trabalho desenvolvido. Desse modo, os códigos foram reorganizados em categorias, que, por sua vez, deram corpo aos eixos analisados.

Em um segundo momento, codificaram-se as respostas, apontando para o que pudesse ser mais relevante, tendo em vista os objetivos e propósitos da pesquisa. Foi um olhar amplo, buscando contemplar o que pudesse fazer sentido e enriquecer a pesquisa, evitando filtros ou pré-julgamentos. Nesse sentido, o volume de códigos ficou significativamente grande. Foram 347 códigos, sendo o de maior ocorrência "a atualização do PEC foi uma decisão acertada", com 26 menções. Ao mesmo tempo, no primeiro exercício de codificação havia 166 códigos de citação única.

Para avançar na aproximação dos códigos, foram criados grupos temáticos em torno dos temas ou das macroperguntas do questionário. Constituíram-se sete grupos de códigos: cinco foram usados no capítulo

V e dois no capítulo VI, a saber: 1°) fundação da Rede; a) antes da fundação da RJE (33 citações[6]); b) fundação da Rede (48); c) Rede: oportunidades e implicações (19); 2°) relação colégio e escritório; a) relação colégio e escritório central (29); b) RJE e eventos: homólogos, congressos, seminários, formação (9); 3°) construção do PEC; a) construção do PEC (34); 4°) implementação do PEC: a) seminário de lançamento do PEC (6); b) implementação do PEC (49); c) matriz de projetos (7); 5°) relançamento do PEC: a) relançamento (12). No VI capítulo, foram trabalhados os eixos: 1°) princípios de gestão inaciana: a) gestão e princípios (34); b) gestão, GTs e comitês (10); c) gestão inaciana (24); d) liderança inaciana (26); 2°) projetando o futuro: a) projetando o futuro (22). Além desses grupos, foi criado um ("outros") com quinze (15) códigos.

Com o volume significativo de códigos, optou-se por novo processo de codificação, aproveitando aprendizagem e intuições de conteúdo e possibilidades de melhor agregação. Nesse segundo movimento, a codificação focou cada uma das sete perguntas do questionário, que foram definidas como categorias, as quais resultaram em 42 códigos, com os quais se associaram 885 citações destacadas das 44 respostas dos questionários.

Feito o processo de codificação e associação de citações, iniciou-se a construção do texto considerando o testemunho e as narrativas dos respondentes. Buscou-se aproximar percepções comuns, incorporar falas significativas para os processos analisados e articular, em um texto coeso, as contribuições dos diferentes atores que responderam ao questionário.

A partir dessas informações, o *software* ATLAS.ti foi importante, pois favoreceu o acesso, com presteza, dinamicidade e eficiência, aos dados a serem verificados para recuperar, validar, qualificar ou aprofundar determinada informação. O *software* favoreceu a aproximação e apropriação de citações codificadas, grupos de códigos e categorias para análise mais ampla e precisa.

---

6. O número entre parênteses indica o volume de citações codificadas presentes na categoria. Uma mesma citação pode aparecer em mais de um código.

A seguir, apresenta-se a análise construída a partir das respostas que foram aglutinadas nos grupos temáticos. A partir dos três eixos e das sete temáticas, construiu-se uma narrativa referente à percepção dos entrevistados, a qual revela compreensões sobre o processo de constituição da Rede Jesuíta de Educação, bem como sobre a elaboração e implementação do Projeto Educativo Comum. Como explicitado, os dois primeiros eixos temáticos resultaram em cinco categorias, duas voltadas à RJE (fundação e relação com o escritório da Rede) e três voltadas ao PEC (construção, implementação, atualização), que, somadas, orientaram a estrutura do presente capítulo. O terceiro eixo foi trabalhado em duas categorias, uma voltada à gestão e outra à projeção do futuro, que estão apresentadas no capítulo VI, no qual se abordaram as características e os princípios da gestão inaciana.

5.5 Fundação da RJE

Tendo em vista os objetivos da pesquisa, procedeu-se à identificação do tema "fundação da RJE". No questionário aplicado, esse tema levanta questões que ajudam a ampliar o entendimento de como os entrevistados narram o processo denominado "fundação". Nesse sentido, as respostas que foram aglutinadas ao redor dessa temática possibilitaram sistematizar a narrativa desses atores que estavam implicados com esse momento. A seguir, encontra-se a apresentação da narrativa sistematizada, considerando como as respostas descrevem os eventos envolvidos na fundação, explicam o desenvolvimento de processos e avaliam esse momento.

O movimento de fundação da Rede Jesuíta é um ponto de chegada e de partida. Antes do seu surgimento, a organização das unidades educativas da Companhia de Jesus no Brasil era feita desde o que fora denominado como antigas províncias. Constituíam-se em organizações independentes, diversas e geralmente sem aproximação, referência e compartilhamento significativo entre si, embora houvesse aproximações entre as unidades nas províncias. A R41[7] recorda esse contexto: "[...] quando o Brasil era dividido em províncias, havia até pactos e documentos compartilhados entre algumas unidades do Sul e Sudeste, porém nada ainda como princípio de formação de uma rede". A relação entre os colégios se dava, numa perspectiva macro, pela Associação Brasileira de Colégios Jesuítas (ABCJ), que não tinha incidência direta nas unidades, e a prática principal consistia em reuniões esporádicas para troca de experiências, geralmente em âmbito de diretores-gerais e/ou reitores. Naquela ocasião, havia estruturas organizacionais diferentes nas antigas províncias. A estruturação em unidades autônomas e com vinculações regionais diversas, antes da rede e da unificação das províncias, é bem expressa pela R36:

> Os colégios, antes da Rede, eram organizados na Associação Brasileira dos Colégios Jesuítas – ABCJ, cujo trabalho se restringia a algumas reuniões semestrais, mas sem muita relevância. Já se detectavam alguns problemas de sobrevivência vividos por alguns colégios. Mas não havia aprofundamento dos cenários, contextos e problemas vividos.

Embora houvesse uma percepção de que a aproximação entre as gestões fosse importante, inclusive para a sobrevivência de algumas unidades, havia uma autonomia que deveria ser repactuada e/ou reconstruída por meio de estratégias a serem definidas. Superar essa autonomia era uma necessidade, pois, como afirma a R9, "a aparente autonomia das unidades acabava por fragilizar o movimento identitário dos princípios da Companhia de Jesus". Nessa perspectiva, "essa mesma autonomia facilmente poderia levar a uma independência de gestão e certo distanciamento da Companhia de Jesus e dos seus outros apostolados",

---

7. Cada respondente será identificado por "R" seguido pelo número de registro nas entrevistas. Assim R1, R2, R3... até R44. Usa-se, de acordo com o gênero do respondente, o artigo "o" ou "a" antes das menções.

como avalia o R37. Para superar essa fragmentação e direcionar o apostolado educativo, a Companhia de Jesus no Brasil entendeu que era necessária uma organização em rede.

Algumas unidades estavam com concepções gerenciais e práticas mais próximas da lógica de organização em rede. Contudo, em boa parte delas, havia necessidade de convencimento e de criação de uma visão compartilhada acerca das potencialidades. Enquanto as unidades da ANI eram consideradas não articuladas, como indica a R35,

> [...] a escola, até 2015, era filiada à Associação Nacional de Instrução (ANI); era uma relação um pouco distante que não proporcionava um trabalho integrado com outras escolas [...]; estava mais identificada como ação social e assistencial do que como uma escola formal.

Já as unidades da Centro-Leste possuíam articulação reconhecida via Associação dos Colégios Jesuítas (ACOJE), como evidencia R6: "[...] tínhamos como norte o provincial da BRC e o apoio pedagógico da Associação dos Colégios Jesuítas – ACOJE". Em relação à província do Sul, R2 afirma que "antes tinha-se uma visão de recorte, a partir da província local (BRM) e da mantenedora". No sul do Brasil, a comissão de educação criava uma perspectiva de contribuição e parceria entre as unidades, porém era bem menos estruturada do que o esperado de uma rede.

Quando perguntados sobre a percepção das unidades e suas articulações antes da rede, diversos respondentes apontaram para uma relação institucional estabelecida principalmente por meio dos jesuítas que atuavam nos colégios e com foco de atuação local, quase sempre com limitada interação entre colaboradores leigos. No entendimento de R3, "antes da RJE, a relação com os demais atores da Companhia de Jesus era pontual e mais focada nos jesuítas do que nos colaboradores leigos". Nesse mesmo sentido, a fala de R4 resume, de forma significativa, essa realidade antes da criação da RJE:

A relação gerencial se dava em termos de reconhecimento dos princípios inacianos, bem como sua aplicação pedagógica e em termos das relações entre os diferentes sujeitos do processo educativo, contudo sempre em nível local, não havendo maiores relações e intercâmbios entre e com unidades de modo mais intenso (R4).

Em alguns casos, a percepção dos colaboradores sobre a estrutura organizacional na qual a unidade educacional se inseria era também desconhecida, "a relação gerencial da unidade com a mantenedora era distante, quase desconhecida para a grande maioria dos colaboradores" (R13). Ao mesmo tempo, merecem destaque as percepções de que o acompanhamento acontecia por meio de visitas dos provinciais e algumas práticas de formação para professores e gestores (R5). Nesse contexto, também é destacada a atribuição, e de certa forma o desafio, do gestor local de mobilizar, de forma mais isolada, sua unidade educativa e os colaboradores, bem como de ter de enfrentar os desafios gerenciais e responder a eles. Nas palavras de R6,

> Antes da criação da RJE, o papel de motivar, estimular e inspirar, com o intuito de garantir um ambiente agradável nas escolas e de criar um sentimento de tranquilidade e confiança, era de responsabilidade dos membros da equipe diretiva de cada unidade.

Antes da criação da RJE, também havia certo distanciamento e desconhecimento, por parte dos educadores de outras instâncias, do governo da Companhia de Jesus, seja em nível nacional, regional e global. Era comum conhecer somente a mantenedora e, por vezes, a província que mantinha interações diretas com o colégio. Como podemos ver na fala de R43:

> Antes da constituição da RJE, eu tinha a percepção de que o "chefe/responsável" pelo colégio era apenas a mantenedora ASAV e

ponto. Não conhecia outras instâncias, como FLACSI e CPAL, por exemplo. Muito menos, que existiam outras mantenedoras que cuidavam de colégios jesuítas pelo Brasil etc. E, no que diz respeito aos documentos norteadores da Companhia de Jesus, parecia que havia apenas a leitura e o estudo de documentos antigos, mas articulados com outros autores contemporâneos. Não lembro de ver/ter contato com documentos contemporâneos jesuítas antes da RJE.

Entre as características das práticas institucionais da época, destaca-se que elas costumavam se restringir às províncias de pertencimento dos colégios e seus respectivos colaboradores, conforme a fala da R5: "[...] participei de alguns encontros entre educadores de unidades educativas de outras cidades, mas sempre da mesma província". É relevante destacar que, por ocasião da fundação da RJE, as unidades educativas desenvolviam projetos e atividades diversas, algumas mais articuladas, outras menos, o que parte dos entrevistados percebe como modelo que permitia maior autonomia, favorecia a tomada de decisão, era mais ágil e com gestão centralizada, na medida em que respondiam diretamente ao provincial.

> O diálogo com o provincial favorecia a chancela sobre as decisões e encaminhamentos locais. Um ponto positivo era o intercâmbio entre as sete unidades da BRC, as quais partilhavam projetos formativos para funcionários e estudantes. Quanto aos recursos, era reconhecida a capacidade interna de administração dos bens e investimentos que resultavam em condições de retroalimentar a missão (R37).

Paralelamente, constata-se que, antes da fundação da RJE, as gestões eram mais personalistas, mais "à imagem e semelhança do gestor da vez" do que propriamente da missão e de um projeto educativo amplo. Ao mudar o diretor, facilmente mudavam-se processos e práticas, em algumas situações com perda de práticas exitosas que representavam bem a missão institucional. De acordo com a R5, o personalismo decorria da autonomia e se caracterizava como algo negativo, uma vez que

> [...] um dos pontos negativos é que, com essa autonomia, cada equipe diretiva nova que chegava imprimia a sua "marca", e os projetos educativos e o modelo de gestão ficavam personalistas e tomavam rumos de acordo com a perspectiva de gestão de cada um deles.

Havia menor acompanhamento e uma menor gestão de conhecimentos adquiridos ao longo do tempo e que poderiam favorecer o alcance de resultados importantes para a missão. Além disso, não eram tão frequentes as trocas de experiências formativas ou soluções de desafios e dificuldades, e havia menos projetos comuns e menos ajuda mútua. A fala de R6 resume a situação quando aponta mudanças após a criação da RJE:

> Após 2014, projetos como o Sinergia ajudaram no entendimento da relação entre mantenedora e mantidas, nos aspectos tanto da administração financeira quanto da missão. Passou a ser possível monitorar o cumprimento das metas e diretrizes emanadas da mantenedora. Com a criação de indicadores de monitoramento, como nível de evasão, taxa de matrícula, inadimplência, número de bolsistas, entre outros, foi possível entender de forma mais clara a diferença entre o observado e o esperado. Reuniões com a RJE se tornaram mais frequentes, com objetivos bem definidos a curto, médio e longo prazo. Além disso, capacitações foram ampliadas e disponibilizadas com maior periodicidade.

Se, por um lado, em nível nacional, havia certa fragmentação, distanciamento entre unidades e uma desintegração entre as antigas províncias, por outro lado, estava em curso um movimento global de interpelação à educação básica da Companhia de Jesus. Desse modo, com o advento dos encontros globais voltados para educação realizados pela Companhia de Jesus, ampliam-se as percepções e destacam-se a importância, a necessidade e os ganhos de uma articulação em rede, seja em nível global, regional ou nas províncias. Ao mesmo tempo, descortina-se um movimento de reorganizar as províncias, agrupando organizações de um mesmo país, como o Brasil, ou juntando províncias de diferentes países, em resposta aos desafios contemporâneos e à diminuição do número de jesuítas. A partir dos encontros, a criação de uma rede passa a ser pauta importante e recorrente nas diversas discussões.

As discussões levaram a ações concretas, tanto no âmbito da educação (básica, universitária e popular), quanto nas demais frentes apostólicas. No Brasil, para dinamizar esse processo, foi criada uma estrutura de governo composta por membros (pelos provinciais) das respectivas províncias e especialistas em áreas específicas, constituindo o que foi chamado de Provincialado, que tinha como objetivo principal a definição de uma nova e única província de amplitude nacional, que reorganizasse e potencializasse as forças apostólicas no país. Estabeleceu-se o apostolado educativo, mais notadamente o voltado para educação básica, que recebeu atenção especial, sendo criada uma equipe de transição, a partir de 2012[8], na qual o tema da criação de uma rede nacional passou a ser pauta recorrente nos encontros nacionais dos diretores-gerais.

Para isso, foi relevante a coordenação responsável por fazer uma transição, envolvendo representantes das antigas províncias, de modo a colocar em diálogo mais estratégico os colégios que estavam com organizações específicas. Assim,

---

8. Em carta de agosto de 2012, o padre provincial do Brasil nomeia a professora Sônia Magalhães para o cargo de coordenadora do processo de transição da área de educação básica no Brasil para um biênio (2012/02 a 2014) (BRAb 2012/08).

> Assumiu essa coordenação a profa. Sônia Magalhães... Os colégios do Sul e Sudeste estavam organizados em uma associação denominada ACOJE[9], que desenvolvia um trabalho importante com constituição de fundos de ajuda mútua e também de formação e integração de homólogos (R36).

O objetivo com a transição era de que os colégios gradativamente instituíssem uma organização mais dialogada e com elementos comuns. A diversidade de organizações nas províncias e a ausência de alinhamentos e parcerias efetivas geravam movimentos distintos e pouquíssimo compartilhamento de conhecimento e práticas exitosas, que poderiam ajudar a missão de unidades de outras províncias.

Embora fosse tomando forma e corpo na alta gestão da Companhia de Jesus no Brasil e atores importantes passassem a se movimentar no sentido de construir uma rede em nível nacional, o movimento tinha pouca incidência na vida das unidades, não gerando de imediato uma adesão. Surgiam, contudo, sinais de que algo novo e diferente estava em construção. O Evento de Boston ressonava nas unidades locais.

> Experiências afetivas e efetivas: desse período, não me recordo de experiências institucionais mais afetivas ou efetivas. Ficou, sim, a clareza de que a instituição estava distante das atuais orientações pedagógicas da Companhia de Jesus. Foi nesse momento que nos chegaram os acordos de Boston, ou mesmo a formação para o SQGE (R22).

---

9. Um esclarecimento: apenas os colégios da Província Centro-Leste estavam organizados via ACOJE. Havia um projeto comum, profissionais liberados para acompanhar os colégios, pensar e articular projetos comuns, assim como havia um fundo destinado a ajuda mútua. Os colégios da Província Meridional (Sul) tinham uma articulação via comissão de educação, sem contar com uma estrutura fixa; nem mesmo havia profissionais liberados para isso, como ocorria na ACOJE. Já a Província do Nordeste não possuía nem uma nem outra, ou, considerando a articulação entre as unidades, não havia uma instância instituída.

Nos encontros dos diretores-gerais, ao longo de 2012 e 2013, começou-se a desenhar um modelo de rede possível e definir estratégias para torná-la uma realidade. Para embasar e potencializar o trabalho de compreensão do contexto e características dos colégios existentes no Brasil, contratou-se um levantamento junto a empresa especializada do *status* de cada unidade educativa, o que resultou em um importante relatório apresentado aos diretores-gerais em reunião nos dias 08 e 09 de março de 2013[10].

Esse relatório apontava as fortalezas e os desafios de cada colégio, e a leitura dele gerou nos gestores a percepção da necessidade urgente de uma articulação mais estratégica. Diante das informações significativas sobre cada uma das unidades educacionais, surgiu a convicção da necessidade de construção de um projeto educativo comum, que pudesse orientar a articulação em rede e nortear o processo de renovação desejado e necessário, bem como dar suporte aos ajustes necessários em diversos colégios (RJE, 2016).

Em sintonia com o movimento global, com seus documentos e suas orientações, foi estabelecida uma articulação local na perspectiva da unificação das províncias, desejando mais do que apenas a junção delas, mas a criação de uma província renovada. No processo de criação de uma nova província, também se desenvolveu a RJE.

> Várias foram as estratégias e ações que contribuíram para colocar a presença jesuíta no Brasil num movimento de revisão e de revitalização de sua missão educativa, em sintonia com as proposições do Colóquio Internacional sobre Educação Básica Jesuíta – Boston/2012; o Sistema de Qualidade na Gestão Escolar/FLACSI – 2012 [...]; o Simpósio Internacional de Pedagogia e Espiritualidade Inacianas – Manresa/2014; a Constituição da nova/única Província da Companhia de Jesus no Brasil e da Rede Jesuíta de Educação – 2014 [...]; o processo de escrita colaborativa

---

10. Documento de uso interno da RJE e da província.

> do Projeto Educativo Comum – 2015; os diversos espaços colaborativos das equipes diretivas e das lideranças acadêmicas e administrativas podem ser considerados articuladores e norteadores do processo de constituição da Rede (R17).

A convicção de que era possível e necessária uma articulação em nível nacional trouxe novos cenários para a educação jesuíta no Brasil. Novas melodias foram sendo criadas e novas músicas surgiam, não obstante a necessidade de busca por harmonias e arranjos.

Fazia-se necessário superar a cultura local e regional e ampliar as relações, um processo de certa forma complexo, pois a perda de autonomia e domínio de ambientes também poderia gerar oposição às propostas da rede. A fala do R37 indica claramente o ambiente que deveria ser trabalhado para incorporar as mudanças de abordagem na Província do Brasil.

> Em 2014, o Colégio integrava a Província Brasil Centro-Leste. A relação gerencial e apostólica era direta com o provincial e com o ecônomo da província e estávamos no fim do que foi a ACOJE (Associação de Colégios Jesuítas da BRC). A missão e os valores eram direcionados internamente, sem uma orientação externa. Em termos de mantenedora, o Colégio integrava a AJEAS – Associação Jesuíta de Educação e Assistência Social. A relação era direta e com muita autonomia local, diria até certa independência, notadamente para o diretor-geral e para o conselho diretor (R37).

Decidida a criação da rede, foi necessário definir seu funcionamento, sua estrutura organizacional e, sobretudo, elaborar um estatuto para orientar os trabalhos. O primeiro estatuto foi publicado em dezembro de 2014, com o intuito de sistematizar a estrutura organizacional e definir o papel dos principais atores – delegado, assessora, gestor de projetos, conselho superior, fórum de diretores, coordenadores dos processos acadêmicos, administrativos e de formação cristã etc. – que dariam vida e articulação ao escritório e mobilizariam os processos da rede em relação às unidades e em sintonia com elas.

> Desde o início da organização do escritório central, tive a impressão de que o setor estava mais próximo do colégio. Essa relação próxima foi se consolidando ao longo do tempo. O acesso a seus membros, nos diferentes momentos, e as orientações e documentos que emanavam (e emanam) do EC têm favorecido essa construção. A esses documentos, passei a ter acesso diretamente após assumir a direção acadêmica (R39).

A reorganização das obras gerou algum sentimento de perda, principalmente em espaços em que havia práticas que extrapolavam unidades locais, pois modificou atores e as próprias práticas. Em um primeiro momento, sentimentos de perda eram significativos e são representados na fala da R11:

> Em outubro de 2013, quando foi declarada extinta a ACOJE, Associação dos Colégios Jesuítas da antiga BRC, com quase duas décadas de existência, um ciclo se fechava. Em 2015 assistimos à última atividade em conjunto envolvendo os sete colégios: a Semana Santa Jovem. Sentimos o fim de projetos, como a bienal de artes e os encontros de liderança juvenil (ENAC e ENAquinho).

Ao mesmo tempo, novas perspectivas se descortinavam e foram percebidas pelos mesmos atores como ampliação dos horizontes de pertencimento e atuação conjunta.

> Ainda em 2013, ano do Magis Brasil, da JMJ e do encontro de homólogos da FLACSI no Rio de Janeiro […], foi se descortinando o horizonte de um pertencimento maior. Logo, veio também o

bicentenário da Restauração da Companhia de Jesus. Aos poucos, tomávamos conhecimento de obras e documentos que se tornaram referenciais pedagógicos para os colégios da Companhia de Jesus, via Centro Virtual de Pedagogia Inaciana, uma plataforma digital com documentos, fontes bibliográficas, vídeos e outros recursos selecionados para apoiar os centros educativos da Companhia de Jesus da América Latina e Caribe (R11).

Estabeleceu-se também que o delegado para educação faria visitas regulares e extraordinárias às unidades, como já citado anteriormente. Sobre isso, afirma o R37: "Destaco as visitas anuais do delegado de educação. No início da RJE, o diálogo era mais entre os diretores e o escritório". Visitas do delegado também poderiam ocorrer para auxiliar em algum desafio ou crise, como desencontros entre membros da equipe diretiva, mudanças nessa equipe e que, por vezes, geravam desgastes tanto na unidade quanto na rede.

> Um entrave, percebido desde o início da Rede, foi a alta rotatividade nas equipes diretivas. A descontinuidade, o fator humano e técnico, a intensidade, a incerteza, a mudança [...], em certos momentos, geraram instabilidade face ao volume de demandas e de solicitações externas (R17).

O movimento de construção de uma rede nacional, agrupando e dando voz e vez a tantos atores e instituições diferentes, cada um com sua identidade local e sua tradição reconhecida na cidade onde se situava, demandava um esforço constante e coletivo de todos. Requeria uma participação responsável e disposição em renunciar a alguns processos ou projetos de amplitude local para abraçar o que fortalecesse a Rede como um todo. Implicava uma mudança de foco, que pode ser percebida na fala da R36:

> A RJE significa uma mudança cultural profunda, integração, horizontes comuns, trabalho colaborativo e participativo. Cultura

exigente, promotora de muitos deslocamentos institucionais e pessoais. A partir dela nos constituímos como um corpo apostólico, sistêmico, que busca avançar a partir de horizontes educacionais nacionais e globais (R36).

Importante perceber que o movimento da construção da RJE buscou envolver lideranças das diferentes unidades, dando maior espaço e visibilidade às vozes e instituições, por vezes mais silenciadas, para que todos pudessem contribuir na construção da rede. Com a fundação da RJE, surgiam novas relações entre obras, mas, sobretudo, surgia uma articulação nova, a qual estabeleceu novos processos e requereu entendimentos internos e externos.

5.6 Relação unidades e escritório central (RJE)

Em relação ao início da RJE, destaca-se que

> A criação do escritório central foi um verdadeiro marco na RJE, pois a interação com as unidades passou a ter caráter prático, uma instância física e real para onde convergiam e de onde eram catalisadas as orientações, documentos, sugestões, dores e alegrias das unidades (R41).

Ao mesmo tempo, havia dúvidas sobre como seria, sobretudo por ter novos atores, o escritório central. Isso se mostra com R30: "[...] no princípio, entendo que a relação com o escritório era mais por obediência do que afetiva. Com o passar do ano, aumentou o sentimento de pertença e reconhecimento dentre as unidades e com os pares". Logo foi possível observar que uma articulação nacional traria benefícios, mas também demandaria ressignificar as organizações e os processos em nível de cada unidade.

Nesse sentido, uma vez definidos os profissionais que comporiam o escritório, as respectivas atribuições e um cronograma de ações, inicia-se efetivamente um novo ciclo da educação básica da Companhia de Jesus no Brasil. Dentre as mais significativas mudanças, está a relação constante do escritório com as unidades e vice-versa. Em primeiro de janeiro de 2014, o delegado para educação encaminha duas cartas para todas as unidades da Rede. A primeira tratava do SQGE que estava em curso em três unidades e que seria ampliado para as demais em tempo oportuno, chamando atenção para a importância da formação dos facilitadores externos e internos do SQGE. Já a segunda carta versava sobre a organização do escritório, sua composição e local de funcionamento.

Em um primeiro movimento, fora acordado com os diretores-gerais que a Rede não assumiria projetos em andamento nas antigas províncias, mas focaria suas forças em projetos novos, já considerando a possibilidade de serem um ganho para todas as unidades.

Outro movimento importante foram as visitas do delegado para educação às unidades, tendo como pautas prioritárias a escuta dos principais gestores, conversas com grupos focais e encontro com o corpo de educadores. Nessa primeira rodada de visitas, apresentavam-se a Rede nas suas diferentes unidades e a importância de preparar o terreno para construir um projeto comum (compor a canção da RJE). Ressaltou-se que todas as comunidades implantariam a plataforma Moodle-RJE, que seria o espaço comum de diálogo e troca de experiências e favoreceria a organização dos componentes curriculares nas respectivas unidades, apontando para o uso das tecnologias nas mediações pedagógicas. Cada visita resultava em relatório que era remetido à equipe diretiva local, valorizando os passos dados, indicando atividade em curso, apontando os caminhos da RJE e convidando os envolvidos a participar efetivamente do processo. Nesse sentido, destaca-se que

> [...] toda essa nova estrutura teve na sua primeira fase de implantação a força de consolidação decisiva na figura do delegado do provincial para educação básica, que contagiava a todos com o seu entusiasmo, com uma forma de liderar que gerava inclusão e participação. Através das visitas que fazia às unidades, mobilizava

as pessoas com uma escuta sensível, encorajadora e incentivadora. O seu papel foi determinante para a valorização das escolas do Nordeste, dos leigos, a quem apoiava decisivamente, e das mulheres na direção-geral das unidades (R36).

Outro movimento relevante, no primeiro período da RJE, foi a renovação dos quadros diretivos. Na busca por novos profissionais em funções estratégicas, seguia-se o modo de proceder da Companhia de Jesus ("3+3")[11]. A partir dessa lógica, verificou-se a necessidade de mudança em funções estratégicas, notadamente nas direções-gerais, conforme o tempo em que cada diretor(a) estava na função. O R22 observa que, "em 2014, a presença local do delegado para educação em alguns dias, com foco na troca das direções, marcou a cultura local, pois ali se anunciaram mudanças em termos da macrogestão institucional". A percepção das trocas é referenciada pelo R18:

> Após integrar a equipe diretiva, pude acompanhar de forma mais próxima os movimentos da escola e consequentemente os da RJE. A essa altura, ficou mais claro para mim a importância de estarmos conectados a uma rede e podermos contar com ela em vários aspectos. Desde a troca de experiências até a possibilidade de realização de atividades em parceria.

Na perspectiva das relações, o escritório da RJE, por meio do delegado (a partir de 2022, cargo alterado para diretor da RJE) e/ou seus sucessores, também marcava presença, representando o provincial em outras redes, como a Associação Nacional da Educação Católica (ANEC), a Federação Latino-Americana de Colégios Jesuítas (FLACSI), mais tarde a plataforma global de colégios Jesuítas (Educate Magis), além

---

11. Desde o início da RJE, seguindo um modo de proceder próprio da Companhia de Jesus, os diretores-gerais e os diretores acadêmicos são nomeados para um triênio, passível de repetição. A nomeação do delegado para educação, inclusive, foi para um triênio.

de contribuir, quando necessário, em diálogos dos colégios com as secretarias de educação municipais e estaduais. Somam-se a isso as presenças sistemáticas e deliberativas nas outras frentes apostólicas dos jesuítas no Brasil, na implantação do SINERGIA, nas Plataformas Apostólicas, nas diretorias das mantenedoras, nos movimentos administrativos, como o orçado e realizado das unidades, da Rede e da mantenedora.

As relações entre unidades e escritório eram subsidiadas por documentos da Companhia de Jesus em âmbito global e em nível nacional. O escritório produzia outros documentos, sistematizando os processos em cursos e relatórios das visitas anuais, informes mensais, comunicados, atas diversas (conselho superior, fórum de diretores, encontros das equipes diretivas, atas dos grupos de trabalhos etc.):

> [...] foi relevante a construção da relação com o delegado para educação, sempre em diálogo aberto e franco, em parceria na gestão, atendendo à relação meio-fins para o cumprimento da missão. Parcerias com o secretário executivo no âmbito dos projetos, da construção inicial de uma cultura de rede. Com o gestor de projetos, o diálogo e encaminhamentos com a plataforma Moodle, sempre em vistas de uma maior qualificação de acordo com a necessidade local. Em seus projetos, o escritório nos teve como parceiros, e a cultura local é de participação ativa no que nos é proposto como Rede (R22).

Outro movimento importante foram os encontros entre homólogos[12]. Eles serviam para ajustar processos, minimizar os impactos das diferenças existentes entre as unidades, além de fortalecer a identidade inaciana, potencializar dons, talentos e recursos, desenhar projetos

---

12. Na pesquisa, usa-se a palavra (ou variações) "homólogos" para os pares de uma mesma função. Por exemplo, homólogos acadêmicos são os diretores acadêmicos das unidades da RJE; homólogos da comunicação são os responsáveis pelas equipes de comunicação nas unidades etc.

comuns, especialmente na área da formação. O R17 explicita a importância de encontros entre pares, a relevância de eventos e reuniões para aproximar educadores com distintas experiências e imersos em culturas específicas. Ele se expressa assim:

> Acredito que as reuniões periódicas com os homólogos, assim como os eventos – reuniões das equipes diretivas, Seminário de lançamento do PEC (2016), JESEDU I (2017) e II (2021), PUEBLA (2018), congressos, simpósios, reuniões de trabalho, entre outros – são momentos marcantes em que se reúnem os pares de diferentes países, realidades e culturas para conquistar afinidade de pensamento e unidade de ação. Deles colhemos mais intensamente a percepção de que "somos muitos e, ao mesmo tempo, somos um", de que temos uma grandiosa missão para dar conta. A RJE nos tem desafiado demais e nos tem ensinado bastante (R17).

O R3 amplia essa compreensão destacando a implantação de um novo modo de colaboração, uma vez que "interação, trocas de experiência e colaborações se tornaram uma prática muito presente em nosso cotidiano". Nas respostas ao questionário, é reconhecido que a organização da RJE, considerando a execução de suas demandas, optou por contar com a participação das unidades, que cediam colaboradores para que contribuíssem na solução de dificuldades diversas e pensassem saídas novas e criativas para os desafios postos, o que foi visto como relevante. Assim se expressa o R37 sobre o tema:

> Com a fundação da RJE, o [...] foi interpelado, pois havia questionamentos de que o Colégio era muito distante das outras unidades. Nesse sentido, uma mudança significativa diz respeito à cessão de colaboradores para projetos, comitês e GTs da RJE (R37).

Nesse movimento contínuo de construção coletiva, pouco a pouco as diferenças iniciais passaram de uma desconfiança mútua a oportunidades de enriquecer o corpo como um todo.

> Elaborar a rota de implantação a partir de seus direcionadores foi muito importante e enriquecedor para as unidades. Participei de diversos conselhos e GT. Conselho superior da RJE, GT Currículo, Gestão de Pessoas, Formação Continuada, para citar alguns (R8).

Simultaneamente, perceberam-se lacunas, na medida em que a RJE não assumiu projetos das antigas províncias. Assim, as unidades que queriam seguir com projetos específicos teriam que se organizar desde as suas unidades, conforme localização geográfica ou pertencimento a Plataformas Apostólicas, mas sem a mediação da RJE. Isso gerou desgastes e insatisfações por parte de diversos educadores, que percebiam que essa ação pudesse "interferir de modo a retirar a autonomia local, que impediria a unidade de mobilizar-se de modo mais contextualizado quanto ao que seria peculiar em seu cenário específico" (R4).

A importância do escritório é representada em diversas falas dos pesquisados, a exemplo de R3: "A constituição do escritório da RJE foi de grande importância para o colégio. Ele nos deu uma sensação de segurança e um norte em momentos decisivos do nosso cotidiano". Já para R6, "O escritório passou a ser o ponto de referência para as unidades. Nele, temos o apoio e as diretrizes dos processos, principalmente na área da educação [...]". As falas demonstram o papel de articulação do escritório, pois se tratava de referenciar, orientar e encaminhar as unidades. Isso porque, como constata a R11, "o escritório central tornou-se o catalisador dos processos, a central que ligava os nós para formar a rede. Desde as questões de tecnologia, orientações práticas, convites, informativos, comunicados, mediações, consulta".

Nesse movimento de fundação da RJE e criação do escritório central, identificou-se que a construção do PEC integra esse processo como momento de aproximação, integração e experiência de efetiva *atualização* do modo de gestão colaborativa em rede.

5.7 Construção do Projeto Educativo Comum

Nesta seção, é sistematizada a narrativa do processo de construção do PEC por meio da incorporação da percepção de atores que participaram desse momento constitutivo da RJE. A narrativa destaca os passos dados para a construção do PEC, desde a carta enviada aos diretores dos colégios detalhando o processo e a intencionalidade da construção do projeto, passando pelo estabelecimento do GT da Organização e GT da Redação[13], bem como pela realização de seminários de sensibilização, do processo de disseminação e coleta de informações e das práticas para a participação dos profissionais das unidades e sistematização do material. Apresenta-se, ainda, o exercício inaciano de hierarquização dos desejos, sonhos e necessidades que subsidiou a redação do documento e a contribuição dos leitores críticos, até culminar na aprovação do documento pelas equipes diretivas das unidades e pelo governo provincial.

Dentro do movimento de sensibilização, fora enviada uma carta[14] aos diretores-gerais em 12 de dezembro de 2014, indicando o objetivo de elaborar o PEC da Rede e apresentando um programa a ser desenvolvido em 2015, deixando para 2016 os processos de revisão, formatação, impressão do documento e construção do cronograma de implementação.

A carta enviada tinha por finalidade explicitar o processo, sensibilizar os envolvidos e ser referência única e comum para as mobilizações nas unidades. Assim todos beberiam das mesmas orientações e poderiam

---

13. Dada a relevância dos papéis dos GTs 1 e 2 do PEC, usa-se GT da Organização para se referir ao GT1, e GT da Redação para referenciar o GT2, objetivando clareza e simplificação na informação. O primeiro, com atribuição de sensibilização, organização, recolhimento de conteúdos e envolvimento da comunidade educativa, e o segundo, com atribuição de sistematizar e redigir o documento.
14. Cf. Apêndice B.

contribuir na composição da música da Rede, cada qual contribuindo com suas melodias, harmonias, ritmos e letras da canção.

> O processo de construção do PEC envolveu colaboradores leigos de todas as unidades, e estes estavam tão motivados e envolvidos no processo que contagiavam quem não estava participando das equipes. Então, de alguma forma, estávamos todos envolvidos (R3).

Visando à sensibilização, nas visitas do delegado às unidades, o objeto principal, no primeiro ano da rede, era o conhecimento das instituições que constituíam a RJE e a preparação do ambiente para a construção do PEC. Nesse sentido, buscava-se conhecer algo de suas características, riquezas e desafios, sensibilizando para as realidades múltiplas e distintas que deveriam ser conhecidas e contempladas na construção do PEC.

Era necessário compreender as riquezas e os desafios que os diversos colégios agregariam à Rede. Considerando as dimensões continentais do Brasil, desde o princípio se observou a necessidade de um espaço comum de articulação, que facilitaria o compartilhamento de informações, decisões, orientações e compreensões.

> A comunidade educativa teve acesso ao conteúdo e à própria implantação do PEC por meio de ações de comunicação. Todo esse planejamento ajudou na consolidação da cultura do PEC como referencial do nosso projeto educativo e foi um grande *start* de visibilidade e compreensão do Colégio como uma das unidades de Rede educativa, com missão, visão e princípios bem definidos e alinhados com o apostolado da Companhia de Jesus (R9).

O espaço de articulação deveria superar, de alguma forma, as distâncias, e considerou-se que os recursos de tecnologia de informação e comunicação poderiam ser as ferramentas adequadas. Assim, optou-se, logo em 2014, por implantar a plataforma Moodle, ou Moodle-RJE[15], em todas as unidades, tendo maior atenção para aquelas que ainda não a usavam, ou a usavam pouco. "Um movimento positivo de relação com a RJE foi a implantação do sistema Moodle, o qual nos possibilitou avanços na tecnologia educacional e inovação pedagógica" (R37).

O Moodle-RJE foi definido como espaço importante de articulação e troca de informações, suporte tecnológico para mediações junto a estudantes e educadores e, principalmente, para intercambiar documentos e trocar informações e estratégias para a construção coletiva do PEC. O impacto da implantação da ferramenta pode ser observado pela fala de R22: "[...] igualmente, em poucas semanas, o que parecia difícil se tornou realidade: a implantação da plataforma Moodle e o maior suporte tecnológico ao professor".

As decisões sobre o uso de recursos ou necessidade de implementar algo costumavam vir acompanhadas de apoio por parte do escritório. Não se propunha ser um processo de decisão que simplesmente delegasse a implantação para as unidades. Havia a perspectiva de orientação e suporte para que as definições pudessem se transformar em práticas efetivas. O apoio oferecido às unidades é observado na fala que segue:

> Lembro com carinho do suporte recebido do querido [...] que, de forma competente e atenciosa, não poupava esforços para que o projeto Moodle fosse uma realidade. Também me auxiliou muito construindo soluções para o GT Didáticos. Tabelas, gráficos, planilhas não eram problema; [...] faz muita falta ainda hoje (R33).

---

15. Desde o escritório da Rede se gerenciava a plataforma. O gestor de projetos era o responsável por atualizar e adequar a plataforma nas respectivas unidades, dando suporte técnico para sua implantação e uso. Como se tratava de uma *Plataforma Free*, foi contratada uma empresa para uniformizar o uso e adequá-la para a educação básica considerando o contexto da RJE. Essa organização foi denominada Moodle-RJE.

No entanto, nem sempre o apoio foi suficiente. A falta de acompanhamento no processo de implantação do Moodle-RJE também gerou diversos desconfortos e desgastes em algumas unidades. Para alguns, parecia uma demanda da Rede sem sentido e um trabalho burocrático necessário para atender aos que estavam à frente do processo. Alguns colégios demoraram a perceber a importância da plataforma para a implementação da RJE e sua relevância para a construção coletiva do PEC. Também demoraram a perceber a riqueza do uso da ferramenta para a qualificação das mediações pedagógicas nas unidades. Essa percepção do descompasso e da falha no processo de envolvimento e compreensão pode ser compreendida quando observada a fala que se segue:

> Percebo como aspecto negativo a falta de organização dos sistemas (Moodle), em que ficariam alocados todos os materiais, pela ausência de clareza deste trabalho, de seu objetivo, de sua implementação e de seu posterior acompanhamento. Não houve suporte e acompanhamento efetivo da equipe do EC que desse conta dessa necessidade, uma vez que tudo era novo e havia muito a ser feito (R17).

A organização em rede e os instrumentos disponíveis ou propostos para sua articulação nem sempre surtiram o efeito esperado. A plataforma Moodle fora adotada pela rede para facilitar a articulação entre o escritório e as unidades, bem como trazer aspectos organizativos e práticos para as mediações em sala de aula. Foi bem-sucedido em diversas unidades, notadamente naquelas em que o diretor-geral se engajara na proposta de implementar a plataforma e acompanhar seu uso na unidade. Porém, a resistência por parte de alguns diretores-gerais, ou mesmo de membros da equipe de TI e TE da unidade, teve como consequência menor participação e engajamento nos processos em curso, fazendo com que alguns educadores ficassem mais distantes, ou nem mesmo se sentissem parte dele. Já os que participaram mais ativamente do processo manifestaram a importância desse envolvimento para o posterior acolhimento do documento e o compromisso com sua implementação.

O documento foi elaborado na perspectiva de ser a principal estratégia de revitalização e direcionamento do apostolado educativo voltado para a educação básica da Companhia de Jesus no Brasil e, consequentemente, de articulação, de estruturação e gestão da rede. As falas de colaboradores envolvidos na elaboração do documento expressam a amplitude e a expectativa gerada na rede, bem como o desenvolvimento humano que ele proporcionou:

> Participei de um encontro, no espaço da Bambina[16], proposto como parte do processo de construção do PEC. Colaboradores de vários colégios se reuniram para discutir temas e fazer proposições que ajudariam na construção do documento (R39).

O processo de fundação da RJE exigiu diversas ações coletivas, sendo a construção do PEC um dos movimentos mais significativos e envolventes, contando com a participação, direta ou indireta, de todos dos colégios e escolas jesuítas do Brasil. A importância desse movimento pode ser observada pela fala de R10: "[...] em termos de mobilização, havia uma grande expectativa, pois as pessoas do colégio que estavam envolvidas na redação do documento sempre partilhavam o processo da construção coletiva". Desde o início dos trabalhos, percebeu-se a importância da elaboração colaborativa, que demandava um alinhamento entre grupos e um trabalho que se estenderia um pouco para dar voz à pluralidade dos colégios. A compreensão de que a construção coletiva exigiria tempo fica explícita na fala de R16:

> O processo é mais longo e trabalhoso, mas o resultado gera alto impacto pelo engajamento e pela mudança proporcionada,

---

16. O escritório da Rede funciona na Rua Bambina, 115, Bairro Botafogo, Rio de Janeiro. Como os primeiros seminários visando à construção do PEC e diversos encontros da RJE aconteciam nesse endereço, popularizou-se como a "Bambina".

uma vez que o PEC, em consonância com o SQGE, instituiu uma nova dinâmica nos colégios jesuítas, de modo que os projetos que são implementados nas instituições estão em consonância com a necessidade dos estudantes contemporâneos.

O envolvimento das diversas unidades educativas era uma opção estratégica e foi percebido pelos colaboradores quando se verificam falas diversas. "Participei de todo o processo de construção da rota de implementação do PEC" (R31).

Já a R33 recorda a experiência dizendo que, até aquele momento, a RJE não tivera a experiência de reunir tantos profissionais em torno de um ideal comum e sensibilizados pela mesma missão.

A orientação indicava que colaboradores que não pudessem participar diretamente de atividades deveriam, de alguma forma, ter conhecimento das ações empreendidas e dos objetivos da rede, bem como de resultados, a princípio, alcançados. Sobre isso, R43 comenta: "[...] lembro de chefes meus participarem de GTs e comentarem os andamentos dos trabalhos em reuniões no colégio". Essa fala encontra similaridade em R23, quando afirma lembrar

> [...] com prazer todo o trabalho feito. Grande mobilização, envolvimento e compromisso de todos, em algo inédito até onde eu sei que foi a criação do PEC. Os encontros dos grupos na Bambina com grande presença de educadores do Brasil todo, os detalhamentos, a metodologia adotada, os consensos, culminando com o lançamento no CECREI, que foi outro ponto marcante (R23).

Sobre a construção do PEC, depreende-se que foi um movimento de escuta, partilha, estudo, reflexão, disseminação de conhecimento, recolhimento dos sonhos e reconhecimento dos desafios. Isso se traduziu numa construção coletiva e participativa direta ou indireta de muitos educadores. "Lembro-me de que tivemos alguns encontros enquanto comunidade educativa interna para que todos fossem envolvidos no lançamento e no entendimento do que seria o PEC" (R38).

O movimento buscou ser democrático no sentido de escuta e permitiu e promoveu o engajamento de muitos educadores.

> O processo de elaboração do PEC foi uma construção coletiva: fomos ouvidos, fizemos várias reuniões para reflexão e discussão sobre a importância de termos um documento que viesse responder aos desafios atuais, na perspectiva da formação integral. Participei de forma bem engajada do processo, pois logo de início me encantei com a proposta do PEC (R26).

Os testemunhos do impacto da construção coletiva e da participação no processo apontam para a riqueza da estratégia adotada, que gerou ganhos que extrapolam o documento.

> O processo de elaboração já foi um marco, considerando a mobilização e participação dos diferentes atores por meio da reflexão, da leitura colaborativa, da escuta ativa e, por fim, da construção coletiva das diretrizes para o fazer pedagógico (R35).

Ao longo do processo de construção do PEC, observou-se que a participação mais intensa de alguns, com as respectivas representatividades nas unidades locais, gerava uma percepção e expectativa de que o que viria seria de todos e atenderia ao sonho comum de uma nova educação, permeada de valores inacianos. Os atores do desenvolvimento do documento eram chamados a considerar os múltiplos aspectos que envolvem pessoas, tempos e lugares, como propõe a Companhia de Jesus. A construção coletiva e participativa, recolhendo experiências exitosas nas diversas unidades, e o reconhecimento dos sonhos e desafios comuns geraram comprometimento e harmonia, mesmo com percepções diversas, no processo de composição do PEC. A fala de R27 manifesta a riqueza do processo de construção do PEC:

> Fiz parte do primeiro GT responsável pelo processo de construção do PEC; foi um momento de alegria, partilhas, vivências entre unidades para a elaboração do documento. Percebemos que o modelo de ensino da época não respondia como Rede, surgia um tempo novo, as formações tomaram outro rumo com o surgimento do documento, novos caminhos, novas práticas, vendo que os desafios no contexto atual são grandes, exigentes, tudo isso realizado com muita coragem e confiança.

A introjeção da perspectiva de construção coletiva pode ser observada na fala de R2: "O PEC foi um movimento vivo, participativo e envolvente na província e na RJE. O escritório central conseguiu envolver todas as obras educativas com sinergia, pertença e compromisso". Nessa perspectiva, a R39 evidencia que,

> Mesmo sem compreender, ainda, a dimensão e a importância que o documento teria para a RJE, lembro-me de ter pensado na grandeza daquele momento: escuta e participação amplas, garantindo a consideração de diferentes contextos que seriam, de alguma forma, afetados pelo documento a ser construído. Considero que esse foi um marco para o trabalho em rede e um aspecto significativo e inovador.

As falas representam que a proposta de construção coletiva ou de participação não era somente retórica ou narrativa, com propósito de obter acolhida ao processo de criação da rede para ganhos de dedicação. Indicam que foi um processo de ressignificar os colégios, repensar práticas e oferecer processos gerenciais e educacionais mais efetivos, incluindo a participação dos diversos atores, mesmo a um custo de recursos significativos.

> A direção facilitou e promoveu o nosso diálogo com o escritório da RJE e nos convidava e motivava a estarmos em sintonia com o PEC desde a fase da sua elaboração. Isso foi essencial

para que toda a unidade também abraçasse o documento e entendesse a sua importância (R3).

Não obstante a sensibilização para o efetivo engajamento de todas as unidades, com um número significativo de colaboradores participando direta ou indiretamente do processo de construção do PEC, na prática a participação e as percepções diferem, desde os lugares onde os educadores se situavam e de onde se manifestavam. Observa-se que a experiência de participar da construção do documento segue viva na memória dos entrevistados; nas palavras de R14,

> É bastante clara a memória da construção do PEC, visto que estive implicado no processo inicial (seminário), e isto marcou afetivamente minha relação com este momento da consolidação da RJE, bem como a elucidação da identidade e pertencimento à REDE.

Lugares geográficos e culturais, recortes teóricos e experienciais, motivação e engajamento, maiores ou menores, das equipes diretivas, geravam e explicitavam compreensões e competências diversas. Nem sempre foi possível captar e contemplar algumas necessidades básicas de desenvolvimento de unidades. Elas, por vezes, ficavam silenciadas no movimento que desejava e implicava intensa escuta, recolhimento de informações, sistematização de processos e deliberação para a consolidação do documento.

> Foi particularmente interessante ver como os diferentes recursos, da virtualidade à presencialidade, bem como da mobilização de lideranças locais, foram acionados para garantir que todos tivessem a oportunidade de participação (R31).

O caminho para a redação do PEC foi extenso, intenso e exigente; iniciou-se, objetivamente, com a constituição dos dois GTs. O GT da

Organização centrou suas atividades na preparação dos seminários presenciais, considerando as três áreas (acadêmica, administrativa e pastoral) e a estrutura organizacional dos colégios.

Um primeiro seminário contou com educadores da área acadêmica, e o segundo, com as áreas administrativa e pastoral. Esses seminários foram precedidos de seminários virtuais, organizados via Moodle-RJE. Quanto mais envolvidos no processo, maior a percepção e adesão do que vinha sendo gestado; assim o R6 se manifesta a respeito: "Tendo participado do primeiro GT, tive a oportunidade de verificar a grandiosidade do documento e sua importância mesmo como embrião".

Os seminários foram profícuos em vários aspectos: aproximaram educadores (muitos dos quais não se conheciam) e permitiram a socialização de experiências e estratégias de como cada unidade educativa integrava as orientações da Companhia de Jesus em relação a documentos, compartilhando projetos relevantes. A R5 recorda-se assim:

> Foi um movimento muito interessante de pensar como faríamos para organizar os dados que colheríamos no seminário, para que o GT da escrita do PEC pudesse realmente aproveitar as sugestões, críticas e reflexões dos educadores presentes. A construção de um mapa conceitual para subsidiar a escrita do documento e as dinâmicas propostas para o seminário foram muito assertivas na sua intenção de trazer o que havia de mais rico de cada unidade na perspectiva da multiculturalidade e das experiências em contextos tão diferentes. Na época, eu iniciava a minha trajetória na assessoria pedagógica da direção.

No processo de criação e elaboração do documento, os seminários entre homólogos das três áreas – acadêmica, administrativa e de formação cristã (pastoral) – dos colégios se destacam, pois se constituíram no primeiro encontro nacional com educadores de todas as unidades educativas da RJE, para pensar, sonhar e construir um projeto comum.

Já o R37 diz que participar do 2º Seminário, que reuniu os homólogos da área administrativa e da pastoral, foi significativo, percepção também visível em R31:

> Lembro-me bem do sentimento pelo qual fui tomado, tanto nos fóruns de discussão disponibilizados no Moodle, quanto nos grupos de discussão dos seminários presenciais, todos mediados por colaboradores da própria RJE, de como é possível construir algo verdadeiramente genuíno, como uma participação de um grande número de pessoas, e você ser capaz de identificar, nesse construto, elementos concretos de sua contribuição individual e coletiva.

A participação e o engajamento geraram uma adesão e compromisso com o documento. Os seminários foram encontros marcados pelo reconhecimento mútuo, recheados de partilhas, estudos, espiritualidade, convívio, e, juntos, acalentaram o sonho de conceber uma canção comum que pudesse recolher os acordes, as melodias, as inspirações de todas as unidades educativas, articuladas e sistematizadas a partir dos documentos comuns da Companhia de Jesus que apontavam para a riqueza de ser e se reconhecer como corpo apostólico. Segundo R2, "foi um movimento vivo, participativo e envolvente na província e na RJE". Os encontros levaram à conclusão de que havia muito mais em comum do que se pensava. Para alguns atores, como R41, a participação no processo se constituiu em uma contribuição honrosa, pois, não obstante as demandas de viagens, leituras, trabalhos e tempo colocado a serviço da rede, foi uma ocasião de ricas aprendizagens e trocas de experiências.

> Tive a honra de participar do grupo que colaborou na primeira fase de elaboração do PEC de 2015 a 2016, recordo-me que foram tempos intensos, de muitas viagens, leituras, trocas, aprendizagens. Tempo de mobilizar pessoas, instituições, rever conceitos, revisar passos, ver os sinais dos tempos, novos tempos (R41).

As dinâmicas propostas nos seminários eram estratégias importantes com o objetivo não apenas de explicitar e recolher as diferenças, mas também de buscar estabelecer denominadores comuns, compondo uma identificação conceitual. Diferentes atores, como R5, indicam como foi marcante a "construção de um mapa conceitual para subsidiar a escrita do documento, [pois] as dinâmicas propostas para o seminário foram muito assertivas na sua intenção de trazer o que havia de mais rico de cada unidade". Esse respondente conclui indicando que o processo considerou a multiculturalidade e as experiências nos contextos diferentes em que estavam inseridos os colégios.

Coube ao escritório central, via GT da Organização e GT da Redação, articular, pensar e estabelecer estratégias que permitissem uma construção coletiva e colaborativa, do começo ao fim do processo, transformando isso num documento de trabalho que correspondia aos anseios da rede como instituição da Companhia de Jesus. A R8 manifestou que, além de participar dos GTs constituídos para o trabalho, participou de "consultas a diversos educadores de todas as unidades da Rede, das áreas acadêmicas, administrativas e de formação cristã/pastoral". Seguindo, complementa: a "construção do PEC constituiu-se em um aprendizado para todas as unidades. Posso dizer que foi um processo pedagógico para a Rede e para as unidades. Foi algo dinâmico e envolvente" (R8).

A construção do PEC se propôs a ser uma canção que contemplava os anseios da educação da Companhia de Jesus, voltada para educação básica, presente no Brasil. O objetivo de construir coletivamente para obter um documento rico e plural se explicita em algumas falas, como "o escritório central conseguiu envolver todas as obras educativas com sinergia, pertença e compromisso na elaboração do documento" (R2). O movimento que articulou forças espalhadas pelas unidades favoreceu a adesão à rede como um todo. "A construção do PEC foi um processo que foi gestado em diferentes níveis, tendo considerado e consultado as bases nos colégios" (R4).

Nesse sentido, como diz o R6, "foi uma construção democrática com diálogo entre as unidades e momentos ricos de partilhas".

O PEC foi o grande catalisador da Rede, naquele momento. Articulou, uniu, definiu a missão e a visão para os próximos anos. Houve uma grande mobilização, adesão e encantamento provocado pelo PEC na unidade em que trabalho (R36).

Desde sua proposição, considerava-se que os seminários atingiriam sua finalidade, se houvesse envolvimento na construção do PEC e disseminação e incorporação dos seus resultados nas respectivas unidades. Assim, os educadores presentes nos seminários se comprometeram em divulgar a experiência localmente e definir formas criativas de "plantar as sementes lançadas". O R27 diz que se lembra de como sua "unidade participou ativamente do processo, buscando meios de disseminação entre todos os colaboradores".

Além de disseminar as percepções e definições dos seminários, havia um movimento de *feedback* aos grupos de trabalhos sobre ressonâncias e contribuições desde as unidades locais. Observou-se ser fundamental a participação de gestores das diversas áreas no processo de construção do PEC, o que é destacado na fala da R9:

> No pedagógico, coordenadores, orientadores e pastoralistas participaram da construção textual, de forma colaborativa, e contribuíram para que o documento fosse um referencial de reconhecimento identitário para a nossa unidade educativa.

Segundo outro relato:

> Tivemos a possibilidade de participar efetivamente na elaboração do documento, com participação de alguns colaboradores nos GTs constituídos pela RJE e, especialmente, na função de diretor na implementação da rota do PEC (R2).

O volume de contribuições e sugestões provenientes do movimento de escuta nos seminários de sensibilização ocorridos na Bambina trouxe novos desafios e possibilidades. Como fazer escolhas dentre um universo tão amplo de possibilidades, sonhos, desejos e necessidades apresentados? Definiu-se por uma prática jesuíta de escuta discernida e direcionada. Como estratégia de gestão, buscou-se, no exercício inaciano de hierarquização, espaço para que todos os colaboradores da RJE que desejassem pudessem se manifestar. O exercício, mais do que simplesmente elencar o que se julgava mais relevante para a construção do documento, também incluiria a tomada de decisão estratégica sobre os primeiros e principais passos a serem dados pela RJE. O R16 aponta para a importância desse momento dizendo que, "de forma pragmática, o desenvolvimento do PEC foi gestado de forma colaborativa na perspectiva do discernimento". O R22 recorda "a ampla divulgação do exercício de hierarquização, com participação de toda a comunidade".

"As contribuições dos grupos e a hierarquização feita por todos os colaboradores foram o insumo e a matéria para se chegar ao documento final" (R16). Seria necessário fazer escolhas e, como estratégia, envolver nelas o maior número de educadores. Assim, como sinaliza a R36, a experiência da hierarquização foi muito importante porque envolveu funcionários dos colégios, dos mais simples aos mais elevados na hierarquia, incluindo todos. Nesse movimento, todos os colaboradores poderiam se manifestar dizendo o que deveria receber maior ênfase e o que talvez pudesse ser desconsiderado nos primeiros movimentos da Rede.

Os colaboradores classificaram cada tema atribuindo notas de dez a um, sendo "dez" o mais importante, e "um" o menos relevante, sem repetir número. Nessa ocasião, foi facultada a sugestão de substituição de algum dos dez tópicos, desde que, na percepção do proponente, a sugestão recebesse uma nota "oito" ou mais, e que houvesse outros autores com proposição semelhante. Para o desenvolvimento dessa atividade, foi relevante a atuação dos principais gestores locais para motivar suas respectivas comunidades no envolvimento no processo e para elucidar possíveis dúvidas. R22 manifesta sua contribuição comprometida no processo dizendo:

Liderei localmente o exercício de hierarquização, desenvolvendo uma metodologia própria, a fim de que todos os educadores participassem. Recordo-me dos diferentes momentos, das pessoas que lideraram, das sensibilidades, dos exercícios metodológicos, dos encontros e confraternizações, das viagens constantes. Houve grande envolvimento local, com um grande grupo de educadores mobilizados.

A importância da motivação e o apoio local para os resultados ficam evidentes quando se observam alguns dados. No "Relatório estratificado por Colégio"[17], sobre o exercício de hierarquização, fica visível a participação mais efetiva de colégios nos quais havia uma liderança que motivava localmente. Observou-se significativa participação na dinâmica de hierarquização[18], embora não houvesse sugestões relevantes para modificar temas priorizados. Feita a hierarquização, o GT da Redação considerou as escolhas pertinentes para a elaboração do documento[19].

---

17. Contribuíram no exercício de hierarquização 2.291 educadores, distribuídos em 14 unidades. Na perspectiva do engajamento da liderança, merecem destaque um colégio que participou com 396 (maior participação por colégio) e outro colégio, similar em número de alunos e educadores, que contribuiu com 63 (a menor participação entre os colégios). Dados extraídos do "Relatório estratificado do exercício de hierarquização por colégio", de 27/08/2015 (Documento interno da RJE).
18. Vale visitar o que diz o número 18 do PEC de 2016, sobre os trabalhos do GT2 do PEC. "No início do segundo semestre de 2015, a partir do mapa conceitual e das reflexões, o convite à participação foi ampliado por meio de um exercício de hierarquização de prioridades para o processo de renovação dos colégios proposto a todos os profissionais (docentes e não docentes) que trabalham nas unidades da Rede. Com a participação de 2.291 educadores respondendo a esse exercício, completamos o ciclo de consulta e escuta e iniciamos, com o segundo GT, o trabalho de redação do documento" (PEC, 2016, n. 18, 32).
19. No Apêndice C, é apresentado o resultado do "exercício de hierarquização", indicando os temas apresentados como mais relevantes e que subsidiaram os gestores da rede para pensar e definir projetos importantes, especialmente quanto ao redesenho dos currículos, da estrutura organizacional e da formação de educadores.

O movimento seguinte foi a sistematização e consolidação dos conteúdos apresentados pelo GT da Organização. O volume de conteúdos relevantes foi significativo, e o GT da Redação[20] do PEC foi constituído para redigir o documento, que deveria ser elaborado a partir das sugestões e dos dados coletados, mantendo o cuidado para seguir consultando e qualificando o processo com os profissionais da RJE.

Para favorecer a qualificação e o alinhamento com os trabalhos já desenvolvidos, realizou-se um encontro entre o GT da Organização e o GT da Redação para partilha da experiência, para a apresentação do material coletado e consolidado e para a "passagem de bastão"[21] do GT1 ao GT2. Assim se manifesta o R37:

> Participei do GT2, que foi responsável por redigir a versão do PEC [...]. Na ocasião, considerando o exercício de hierarquização, tínhamos como que um espelho onde se refletia a visão dos colaboradores das unidades da RJE sobre o que deveria ser mais cotejado no documento.

O vasto material recolhido trouxe ao GT da Redação desafios significativos, pois lhe cabia construir um documento que contemplasse o grande movimento em curso de revitalização do apostolado educativo da Companhia de Jesus no mundo – como define o R37: "[...] na escrita do documento, fizemos a escolha deliberada por seguir o mesmo movimento do Sistema de Qualidade na Gestão Escolar (SQGE)" –, mas que também incorporasse a riqueza do trabalho desenvolvido por colégios e escolas jesuítas do Brasil.

---

20. O GT2 do PEC foi composto por cinco profissionais que haviam participado do GT1, uma assessoria contínua e contava com o acompanhamento do delegado para educação e o apoio direto do escritório central.
21. Trata-se de uma imersão de três dias, feita no RJ, para socializar a experiência feita, passar o conteúdo visto como relevante e traçar um cronograma para a redação do documento e seus processos de "validação". O encontro aconteceu em 27 e 28 de agosto de 2015, no escritório da RJE, no RJ.

Para além das orientações e documentos da Companhia de Jesus e das contribuições dos atores locais, o PEC deveria contemplar as demandas nacionais da educação básica. Era necessário considerar os desafios da educação em nosso país, com o recém-lançado Plano Nacional de Educação (PNE), para o decênio de 2014 a 2024. Deveria ainda considerar as possíveis exigências dos municípios e estados onde havia unidades da RJE.

O processo de redação do documento do PEC buscou ser consultivo e, na medida do possível, democrático, para gerar aprendizagens e evolução da equipe toda e gestar um documento vivo e atual, leve, mas profundo e facilmente acolhido e compreendido por todos, na medida em que se sentiriam partícipes. A R3 destaca a percepção sobre o processo afirmando:

> Acredito que a forma democrática e participativa como foi feita a elaboração do documento contribuiu de forma decisiva para isso. A direção do colégio "vestiu a camisa" do PEC. Ela facilitou e promoveu o nosso diálogo com o escritório da RJE e nos convidava e motivava a estarmos em sintonia com o PEC desde a fase da sua elaboração. Isso foi essencial para que toda a unidade também abraçasse o documento e entendesse a sua importância (R3).

Consolidadas escutas e consultas, redigiu-se a primeira versão do documento, para, em seguida, submetê-lo a "leituras críticas". A versão inicial foi validada pelo GT da Redação e pelo conselho da rede, e, na sequência, "submetido a leitores críticos" (R37), profissionais qualificados academicamente para um olhar criterioso, fazendo uso das competências técnicas instaladas na RJE. O R22 recorda que contribuiu nesse momento: "Fui um dos leitores críticos do documento. Tive oportunidade de estudá-lo profundamente".

Após essas contribuições, foram incorporadas alterações consideradas pertinentes. Na sequência, o documento foi apresentado aos diretores-gerais para indicar observações e contribuições. Para finalizar, o texto passou pelo crivo do conselho do delegado, para, em seguida, já na sua versão mais definitiva, ser apresentado e validado no primeiro encontro das equipes diretivas da RJE, que ocorreu entre 07 e 09 de março de 2016, no Rio de Janeiro.

Considera-se pertinente destacar a participação de um conjunto de atores que permeou o processo de elaboração do PEC com vistas a gestar um documento que incorporasse a pluralidade e a potencialidade dos colégios da rede. A R8 indica que participou dos GTs e destaca que "houve participação em termos de trabalhos e consultas a diversos educadores de todas as unidades da Rede, das áreas acadêmicas, administrativas e de formação cristã/pastoral". A R9 reforça essa percepção quando diz que a "construção do PEC mobilizou gestores dos mais diversos âmbitos. No pedagógico, coordenadores, orientadores, pastoralistas participaram da construção textual", destacando que foi um trabalho colaborativo que produziu um documento referencial e identitário. Reconhece-se que passos significativos foram dados, mas que ainda existe um caminho de diálogo a ser percorrido. A importância da construção coletiva é destacada na fala da R42:

> Foi muito significativo e percebi o quanto estávamos precisando dialogar e construir caminhos juntos, pois havia (e ainda temos) abismos conceituais e de processos que precisaríamos rever e adequar, claro que em fidelidade criativa e levando em conta a cultura local. Inclusive este aspecto sempre foi trazido como uma premissa do PEC (não ser prescrito, e sim inspirador). Acho que precisávamos manter estes encontros e buscar esta força coletiva e criativa (5Cs).

Constata-se que a construção do PEC se constitui em aprendizagem para atores de todas as unidades. A R8 afirma que "foi um processo pedagógico para a rede e para as unidades. Foi algo dinâmico e envolvente". Após a conclusão do documento, no primeiro encontro das equipes diretivas de todas as unidades da RJE, foi apresentado o resultado dos trabalhos e, após validação pelo grupo de seu conteúdo e forma, ele foi encaminhado para a aprovação do governo provincial.

A R9 destaca a importância desses encontros e identifica como pontos positivos "a organização, com intencionalidades, dos encontros das equipes diretivas, [...] para o acompanhamento, planejamento e alinhamento de projetos educacionais importantes para as unidades".

A experiência de construção coletiva trouxe efeitos e levou a outros movimentos, como a realização de encontros das equipes diretivas, uma ou duas vezes ao ano, como espaço privilegiado de escuta, avaliação e deliberação de práticas e projetos importantes para a rede como um todo.

> A partir da Rede, o movimento de homólogos, com encontros com pautas para deliberar e tematizar as práticas – a partir da experiência e do conhecimento construído –, foi se constituindo, simultaneamente, como espaço direcionador e motivador para a partilha e o compromisso, bem como desafio de fazer entregas concretas, com engajamento (R17).

Por mais que houvesse um movimento constante de diálogo, troca de experiências e aproximação de homólogos, ainda assim foi constatado que, para a jovem rede nascente, havia necessidade de mais encontros, aproximações, partilhas e definições conjuntas. A R20 reforça que "a troca é sempre salutar, porém sinto falta de mais encontros entre homólogos". Foi possível perceber que o processo de construção do documento foi relevante e gerou uma sensibilidade para assumir compromissos e práticas comuns. "O processo de construção do PEC foi inédito. Nunca antes havíamos presenciado tantas pessoas unidas em torno de um ideal, sensibilizadas pela grandiosidade de nossa missão. O PEC serviu para tornar comum o que antes era difuso" (R33).

Passado pelas consultas e validações internas, seja no âmbito das unidades educativas ou da RJE, o documento chegou à apreciação do governo provincial, que o aprovou em 28 de março de 2016. Na carta de aprovação endereçada ao delegado para educação e direcionada para a Rede, o provincial dos jesuítas do Brasil, padre João Renato Eidt, SJ, expressou-se assim (PEC, 2016, 9): "Com muita alegria e esperança no futuro, aprovo e apresento o Projeto Educativo Comum (PEC) elaborado pelas Unidades Educativas que compõem a Rede Jesuíta de Educação (RJE)". Na mesma carta, aponta para o que se espera como fruto do documento.

> Ele tem por principal objetivo rever, reposicionar e revitalizar o trabalho apostólico da Companhia de Jesus na área da educação básica no Brasil e, ao mesmo tempo, inspirar, orientar e direcionar os necessários ajustes e/ou qualificação do que já fazemos hoje (PEC, 2016, 9).

Embora os questionários apontem para uma participação ampla e ativa de muitos educadores, é necessário apontar para fragilidades. Algumas unidades, ao longo do processo, "optaram" por silenciamentos, participando apenas após interpelações diretas, ou mesmo intervenções do escritório da Rede, que indicaria, inclusive, a mudança de membros das equipes diretivas de determinadas unidades, caso necessário.

> O papel do diretor-geral é fundamental. Ela/ele é um líder a serviço da missão? Como ele/ela compreende o seu papel? Um dos pontos fracos considero a formação dos diretores, a preparação deles para a transição que foi feita no modelo de gestão. Alguns deles se tornaram resistência e oposição à Rede. Especialmente os diretores jesuítas viram a Rede como perda de poder, enfraquecimento do seu lugar (R36).

Houve, por parte de alguns gestores de unidades, resistências ao processo, com pouco engajamento, não incentivo ao uso da plataforma Moodle localmente, mesmo havendo concordância no fórum de diretores quanto à necessidade do seu uso, demandando trabalho extra dos membros do escritório da Rede. Essa resistência, mais ou menos velada, que se traduzia em expressões como "vamos fazer bem o nosso trabalho! E, quando acionados pela Rede, vamos colaborar com generosas proposições" (R17), talvez nem fosse percebida por educadores nas respectivas unidades, porém são apontadas em respostas aos questionários, sinalizando a ausência de participação efetiva ou, ainda, o desconhecimento dos processos da Rede. O R17 explicita essa dificuldade como "a falta de organização dos sistemas (Moodle), em que ficariam alocados todos os materiais, pela ausência de clareza deste trabalho, de seu objetivo, de sua implementação e de seu posterior acompanhamento". Essas percepções apontam para a importância dos gestores na organização das práticas em uma rede e na definição de documentos, materiais ou atividades que orientassem e favorecessem um efetivo trabalho colaborativo.

O papel de articulação dos gestores é relevante, principalmente quando o processo que está em andamento é novo e necessita de maior sensibilização dos educadores para participarem da dinâmica em curso. Na construção do PEC, um momento significativo foi o exercício de hierarquização das prioridades e necessidades, ou mesmo dos desejos e sonhos, sobre os quais a jovem rede deveria se deter considerando maior necessidade, melhor fruto e bem mais universal.

Esse exercício foi orientado em encontros e comunicados. Foi produzido um comunicado da Rede, em 02 de agosto de 2015[22], motivando

---

22. O comunicado era um convite do delegado para educação para que todos os educadores participassem do "exercício de hierarquização". Transcreve-se parte dele: "Fizemos até o momento diferentes movimentos, com participação dos nossos educadores em diversas estratégias que envolveram leituras, fóruns de discussão, seminários presenciais, encontros de disseminação nas unidades, e plantio das sementes que trazem o sonho do PEC para as nossas escolas e colégios. Agora, é chegada a oportunidade de contribuir ainda mais com esse processo: trata-se de um exercício de hierarquização diante daquilo que até então foi apontado como central nesta experiência de construção coletiva do PEC". O convite ainda informava que o exercício estava na plataforma Moodle e que teriam até 21 de agosto de 2015 para responder. Conclui-se com um agradecimento a todos que estavam participando do processo (RJE, 02 de agosto de 2015).

a participação de todos, e contribuíram mais de dois mil educadores[23] (2.291). Nesse contexto, por exemplo, a maior parte das escolas com 300 educadores obtiveram, em média, mais de dois terços de participação, porém uma escola com 400 educadores só obteve 63 participações. Observe-se que a motivação era oriunda da Rede e igual para todos. Analisando as respostas da pesquisa, percebeu-se que a baixa adesão corroborava a fala dos gestores desse colégio que expressavam dificuldade em saber do processo em curso na rede. Embora com poucas resistências ou com alguma falta de colaboração, o processo seguiu seu curso, e o documento foi constituído e aprovado.

Uma vez aprovado pelas instâncias competentes, o documento passou por processo de editoração para depois ser lançado para toda a rede. O GT da Redação, o setor de comunicação das unidades e o escritório da rede acompanharam o trabalho de editoração do PEC.

O documento aprovado demandava a implementação, que será tratada na seção seguinte, na qual se aborda o papel do seminário de lançamento do PEC, a acolhida do documento nas unidades, a rota de implementação do PEC e a matriz comum de projetos. Além disso, considera-se a releitura dos documentos institucionais (PPP e regimento) e de projetos novos e/ou ressignificados à luz do PEC nas unidades e na rede, apontando os desafios e as dificuldades experimentados na implementação do documento.

---

23. Segundo o "Relatório estratificado por Colégio" da RJE, de 28 de agosto de 2015, participaram dos exercícios 2.291 educadores; da área acadêmica, participaram 1.657; da administrativa, 480; e da formação cristã e pastoral, 75. Além desses, 79 não definiram a área em que atuavam (fonte: Documento interno da rede). Os dados somados não chegam na exatidão, pois nem todos responderam a todo o exercício. Além disso, é relevante dizer que houve unidades com mais de 80% dos colaboradores respondendo, mas a maior parte girou em torno de 50% dos educadores. Considerando que boa parte dos educadores são dos setores administrativos, como serviços gerais e manutenção, foi expressiva a participação. Contudo, merece atenção uma unidade de "grande porte" em que menos de 10% responderam. Essa disparidade, a princípio, é devida à falta de motivação e mediação dos gestores locais.

5.8 Implementação do PEC

A narrativa das percepções sobre a implementação do PEC talvez seja o tópico mais desafiador, amplo e complexo deste capítulo, pois demanda captar percepções de sujeitos e processos distintos, que trabalharam realidades locais, regionais e nacionais para tornar viva a Rede Jesuíta de Educação. Trata-se de um ciclo de quatro anos devotados à implementação do documento que fora construído para orientar, direcionar, inspirar processos de atualização das propostas pedagógicas, inovar e renovar pedagogicamente os colégios e a rede.

O contexto local gera percepções, práticas e possibilidades únicas de implementação do documento. Apontam-se aqui os movimentos e as ações que levaram a teoria expressa no PEC às unidades, aos colaboradores e às organizações com vistas a implementar o espírito e as proposições do PEC. O propósito do PEC é contribuir (com), orientar e embasar a transformação dos centros de ensino em centros de aprendizagem integral, processo considerado lento, constante e perene. Embora o recorte desta pesquisa seja até o ano 2020, final do primeiro ciclo da RJE e da implementação do PEC, o processo continua gerando e modificando práticas e carece de avaliações e correções de rota.

Os gestores da rede identificaram a necessidade de sensibilização para a acolhida ao documento, despertando adesões afetivas e efetivas por parte das comunidades educativas, especialmente dos educadores. Nessa perspectiva, a Rede buscou envolver o maior número de educadores atenta e ativamente, para que novas lideranças pudessem despontar, ser percebidas e participar. A R5 recorda sua participação: "Fui responsável por coordenar um dos grupos de discussão do seminário, e foi uma experiência nova para mim, já que ali estavam muitas lideranças das unidades".

O processo de sensibilização foi pensado, organizado e realizado pelo GT Lançamento do PEC, que o fez com o seminário de lançamento do PEC, intitulado "Seminário RJE: caminho de renovação"[24]. O GT

---

24. Convite para compor o GT que preparou o "Seminário RJE: caminho de renovação", que marcou o lançamento do PEC, o qual foi composto pelos profissionais

do Lançamento tinha como objetivo central apresentar o PEC à RJE, a fim de oportunizar apropriações individuais e coletivas sobre o documento em suas múltiplas possibilidades de aprendizagem integral. Esse GT se articulou cuidando da logística do evento, desde estrutura local até assessorias, atividades formativas, culturais, religiosas e de convivência. Havia consciência de que os desafios eram muitos, mas, diante deles, "maiores ainda deverão ser nossa coragem e nossa esperança" (PEC, 2016, n. 13, 29).

O seminário de lançamento do PEC, que contou com a presença de delegações de todas as unidades da RJE, aconteceu no Centro de Espiritualidade Cristo Rei (CECREI) em São Leopoldo, RS, entre os dias 29 e 31 de agosto de 2016. O R18 lembra que "a possibilidade de participar desse grande movimento desenvolveu em toda equipe o sentimento de pertença e reforço de identidade". A R33 recorda que "o lançamento do documento possibilitou às diversas escolas mobilizar seus educadores e propor espaços de reflexão e participação".

O evento foi marcante para grande parte dos entrevistados, conforme afirmativa de R18: "o lançamento do PEC foi um marco significativo [...]; lembro-me de ter participado de leituras prévias e exercícios propostos internamente, junto com outros colaboradores, e acompanhar o desenvolvimento desse grande projeto".

O lançamento foi também uma oportunidade de retomada do processo de construção do documento, como atesta o R34.

> Recordo o processo de construção: encontros, questionários virtuais, lançamento e implementação do PEC. O que mais me marcou no lançamento da primeira versão do PEC, em São Leopoldo, foi a interação dos presentes e o sentimento compartilhado de comunhão e partilha.

Fernando Guidini (MED), Jane Medrado (CAV), Aidil Brites (CAV), Ir. Jorge de Paula (EMIPA), Ana Loureiro (CSI RJ), padre Sérgio Mariucci (CJ), Dário Schneider (CA POA) e Cleiton Gretzler (CA POA) (RJE, Convite 2016_11 – Feito pelo delegado para educação aos membros que comporiam o GT Seminário RJE. Rio de Janeiro, 05 de maio de 2016).

O R37 diz que participou do seminário de lançamento e que, em sua unidade, fizeram "um projeto de implementação, bem como discutimos e construímos a rota de implementação considerando as quatro dimensões do PEC". Articulações e motivações nos processos de construção, aprovação e lançamento do documento intencionavam, em perspectiva de gestão, ser um processo inaciano de escuta ativa, de envolvimento dos educadores e de preparação para que houvesse abertura para abraçar o documento na sua implementação. Tratava-se de compor uma canção a partir de múltiplos olhares e sensibilidades, respeitando as diferenças regionais, culturais e vivenciais; uma canção que pudesse recolher essa diversidade e constituir-se num bem comum com os encantos de uma melodia que diz da própria vida e missão.

A construção coletiva com a colaboração de grande número de educadores da RJE fez com que o documento tivesse maior aceitação e acolhida nas unidades que compõem a RJE. O R22 afirma que,

> Quando nos chegou o documento impresso, o solo estava preparado, a comunidade já sabia sobre o que tratava o documento: em grandes linhas, a aprendizagem integral, os quatro Cs, as três dimensões do aprender, quatro partes do documento. Fizemos ampla divulgação e iniciamos o processo formativo.

A R5 diz que esteve no seminário de lançamento e que a participação significou "uma experiência de pertencimento e de renovação muito significativa". Recorda-se de palestras que a impressionaram pela "inovação e clareza no que era importante no conteúdo e na forma de formar integralmente os nossos estudantes" (R5).

Ao final do seminário, foi assumido um compromisso, sistematizado por um grupo de profissionais que participaram do seminário, expresso na "Carta de São Leopoldo". A carta foi construída a partir do que fora problematizado no evento, em conferências, partilhas e debates. Alguns educadores destacaram que a comunicação no lançamento do PEC, por meio dessa carta aberta, foi muito significativa. A R5 recorda que a carta fortaleceu a ideia da inovação e inclusão:

A convicção de que o PEC nos dava a oportunidade de sonhar com uma educação mais inovadora, inclusiva e significativa me trouxe segurança para conduzir a discussão do grupo. Além disso, a discussão com alguns educadores sobre a forma de comunicar o lançamento do PEC em forma de uma carta aberta também foi muito significativa, "A Carta de São Leopoldo".

Após o seminário de lançamento, foram estabelecidos caminhos para dar vida ao PEC nas unidades educacionais, guiados pelo "encaminhamento e cronogramas de implementação" (PEC, 2016, 83) e com orientações para a construção das rotas de implementação, segundo os números de 115 a 117 (PEC, 2016, 84), gerando novo movimento na perspectiva de organização da RJE. Solicitou-se às unidades que, em um prazo de dois meses, apresentassem sua "rota de implementação do PEC" ao delegado para educação, encarregado de acompanhar as práticas (PEC, 2016, n. 117, 84).

A adesão ao que foi proposto pode ser observada na fala de R41, que se lembra "da agitação na elaboração da rota de implementação do PEC, dos grupos de trabalho mobilizados em apresentar o melhor, das composições que se transformaram em hino do PEC". Observou-se que a conexão e a sintonia com o sistema de qualidade contribuíram para o processo, pois houve "a concomitância com o SQGE e total aderência com os projetos do planejamento estratégico que ora se iniciava o desenho. Quanta ebulição em função deste documento que sacudira as escolas jesuítas do Brasil" (R41).

Havia uma percepção ampla do início de algo novo. Costumeiramente, novidades geram ansiedade e, por vezes, apreensão, o que foi observado nos movimentos para a implementação do PEC. A R15 diz que se recorda de que, no início, muitos ficaram apreensivos por causa da percepção de que o documento era "muito desafiador e inovador, mas, conforme todos foram se apropriando dele e com a rota de implementação, em que era possível ver a aplicabilidade de cada item, os corações foram ficando mais tranquilos".

Na construção das rotas de implementação do PEC, segundo os entrevistados, houve grande participação local. O R22 afirma ter participado e dirigido a implementação da rota local, destacando que "foram definidos quatro projetos estratégicos, um para cada dimensão, integrados aos anos de implantação do documento". A R42 diz que, localmente, fora estabelecida uma rota e que ela fora seguida "com confiança e liberdade (até porque o *feedback* e o diálogo com o escritório fluíam muito bem). Às vezes achávamos que era bastante desafiador, mas depois de pronta o benefício era inegável".

Entre os benefícios da construção e da implementação de rotas, observaram-se a criação de novos projetos e a ressignificação de outros à luz do documento, o que "oxigenou e estimulou a todos para uma educação pautada na aprendizagem, e não na 'ensinagem', como é colocada por alguns. Frutos que continuamos colhendo" (R15). O R22 destaca que "houve mobilização da direção na organização de grupos de discussão, GT, conselhos, integração ao SQGE", considerando e se articulando em prol de desafios e possibilidades indicados pelo PEC. A R3 diz ter participado das rotas de implementação em sua unidade, e que a dinâmica permitiu "aprofundar o estudo, refletir e nos apropriarmos de maneira afetiva e efetiva do documento. As rotas de implementação foram por área da escola, houve um envolvimento dos gestores" (R3).

Os movimentos locais de divulgação, acolhida e construção de rotas geraram grande diversidade de possibilidades e ampliaram os desafios da gestão da rede; caberia, prioritariamente, ao delegado e ao escritório acompanhar a implementação do PEC (RJE, 2016, n. 117, 84). A R36 recorda sentimentos desencadeados pelo processo de implementação do PEC:

> Com as rotas de implementação, foi uma experiência com sentido e sabor. A linguagem da espiritualidade e a da arte se entrelaçaram e possibilitaram um mosaico de experiências inesquecíveis! Juntos cantávamos um refrão: "o mundo é nossa casa; que vida nova é essa que agora começamos; sigamos junto o caminho, caminho de renovação".

Alguns apontam não terem participado diretamente da construção das rotas. O R21 disse que, em sua unidade, essa etapa ficou mais restrita à área acadêmica; a R26 diz que participou da rota, pois "foram realizadas várias reuniões do GT e com os educadores". Como era esperado, as rotas propostas possuíam enfoques diversos. O R27 indica que, em sua unidade, na criação da rota, buscaram avaliar "os pontos fracos, o que precisava de melhora, analisando todos os setores", indicando também que "o PEC precisava ser vivido por toda a comunidade educativa; assim, várias estratégias foram criadas" (R27). Já a R33 diz que, em sua unidade, as rotas foram "desenhadas pela equipe diretiva, e os projetos embasaram a construção de ações e projetos constantes do planejamento estratégico da escola". A R40 aponta que "a mobilização foi muito bonita e intensa. Participei das rotas de implementação do PEC individual e coletivamente"; e acrescenta:

> [...] foi um movimento de estudos, de reflexões, de descobertas e de muitas aprendizagens. O que marca mais e o que me mobilizou a adotar o PEC como leitura diária é não perder de vista que as nossas escolas e colégios não são meramente centros de ensino, mas prioritariamente centros de aprendizagem.

As rotas concorreram com várias outras frentes e demandas em colégios e escolas. Por vezes, ficaram em segundo plano, apesar da indicação de sua prioridade junto aos diretores. A prática não alinhada indica a necessidade de alocar gestores capazes de priorizar processos e projetos de rede, para que macrodefinições se tornem realidade nas unidades. Ao mesmo tempo, algumas unidades estavam num processo de implantação do SQGE, outras ainda estavam experienciando mudanças nos gestores que compunham a equipe diretiva, impactando o processo de implementação do PEC. A R11 afirma que

> [...] as equipes de gestão sofreram reconfigurações durante o processo e, especificamente no colégio, a rota de implementação

do PEC foi ultrapassada na corrida pelas exigências mais urgentes ou mais evidentes do SQGE e de outros processos da própria Rede e de governo (BNCC).

No fórum de diretores-gerais, em outubro de 2016, no qual foram socializadas as rotas de implementação do PEC, os presentes, considerando a diversidade de projetos, os modelos diversos de sistematização e, principalmente, que diversas unidades estavam implantando projetos do SQGE e/ou imersas em um planejamento estratégico local, entenderam que seria oportuno pensar uma sistematização única, comum e padronizada de projetos, que contemplasse essas três frentes. Assim, foi proposta a criação de uma matriz comum de projetos para a RJE[25].

A matriz de projetos comuns, construída coletivamente pelo escritório da RJE e pelas unidades, focou práticas estratégicas inovadoras para implementar o PEC. Alguns pesquisados indicam que a matriz foi um ganho em diversos aspectos, ao mesmo tempo que gerou contratempos. Segundo o R17, a matriz favoreceu a organização de convergências e "um olhar estratégico, sistêmico e global na busca de um alinhamento com os pressupostos e fundamentos da educação jesuíta e as práticas locais". Outro ganho percebido foi seu "papel relevante ao estabelecer objetivos comuns, metas e direcionadores para todos" (R36). O R41 destaca a articulação entre as três frentes (PE, SQGE e implementação do PEC), "a concomitância com o SQGE e total aderência com os projetos do

---

25. A matriz de projetos foi solicitada pelos diretores-gerais na 5ª reunião nos dias 17 a 19 de outubro de 2017, em Belo Horizonte. Ela foi desenvolvida desde o escritório da Rede e contemplou a implementação do PEC em curso em todas as unidades, o SQGE em curso em algumas das unidades e o planejamento estratégico em outras. Algumas unidades estavam organizando sua rotina nas três frentes. A matriz foi apresentada e validada no 2º encontro das equipes diretivas, nos dias 05 a 07 de abril de 2017, na Casa de Retiros Padre Anchieta, no Rio de Janeiro. "Na ocasião, foi aprovada a matriz comum de projetos, que, doravante, será o espaço para a sistematização dos projetos estratégicos inovadores de implementação do PEC" (fonte: Memória da criação e do funcionamento da RJE até 2017. RJE, 2017, 34) (Documento interno).

planejamento estratégico cujo desenho ora se iniciava. Quanta ebulição em função deste documento que sacudira as escolas jesuítas do Brasil".

O R31 sintetiza bem o desafio indicado pela matriz de projetos, que intencionava atender a todas as unidades da RJE em três frentes importantes de inovação (PEC, SQGE e PE) e que foi relevante para a consolidação de tantos movimentos simultâneos que careciam de articulação:

> A articulação dessas três frentes de projetos (SQGE, PEC e PE), ao mesmo tempo que representou uma sinergia num movimento integrado de esforços, fez com que um conjunto de diretrizes específicas emanadas do PEC deixassem de ser observadas de forma sistemática através de um plano próprio de implementação, plano este que não chegou a ser materializado com tal denominação, embora, no seminário ocorrido em junho de 2016, tivesse sido estabelecido um compromisso para sua elaboração.

Havendo múltiplas possibilidades, considerou-se relevante definir projetos prioritários. Outrossim, a rede percebia ser necessário articular, num mesmo espaço, os projetos que viessem das três frentes: SQGE, PE e implementação do PEC. Nem sempre fora percebida pelas unidades e seus atores a articulação dessas três frentes. O R41, por exemplo, manifesta a importância da matriz de projetos para implementação do PEC, mas silencia as outras duas frentes. Assim,

> Em função do PEC, a RJE criou a matriz de projetos para que pudéssemos acompanhar todos os projetos oriundos da implementação do PEC nas unidades. Assim como o próprio colégio, muitas outras unidades incorporaram a ferramenta ao seu aparato de indicadores para acompanhamento e gestão dos projetos, mudando a forma de ver e propor projetos significativos e abandonando a ideia de fazer "mais do mesmo", como dizia o delegado para educação.

A pedido do fórum de diretores, incorporou-se um campo para, localmente, classificar os projetos estratégicos como: a) inovadores, b) ressignificados à luz do PEC e c) rotineiros. A RJE se comprometeria a acompanhar apenas os dois primeiros tipos de projetos. O R17 aponta bem para o movimento desencadeado:

> Num segundo movimento, mapeamos os projetos, guiados pela matriz de projetos e pelo diálogo com as dimensões do PEC. Ajudou na reflexão sobre quais projetos manter, qualificar ou descontinuar. Em sintonia com o SQGE, com o Educate Magis e com a partilha das experiências das unidades, o processo de implementação do PEC configurou-se como um movimento de alinhamento de alguns projetos institucionais – Rede de Pais, SINU, Magis, EFI, Internacionalização, Formação Continuada – com possibilidades de articular concepções de gestão, práticas curriculares, de estrutura, de clima e de relação escola e família (R17).

As matrizes se tornaram ferramenta e suporte para as unidades organizarem seus projetos, especialmente os inovadores e ressignificados, que seriam acompanhados desde a RJE e facilitariam a partilha de experiências. Alguns colégios também colocaram na matriz projetos considerados rotineiros, ainda que não fossem acompanhados pelo escritório da Rede.

Nas palavras da R36, na sua unidade,

> [...] os projetos foram organizados em uma matriz comum de projetos e foram construídos em quatro grandes linhas: 1) inovação curricular/redesenho; 2) redesenho dos ambientes de aprendizagem; 3) formação continuada de professores; 4) investimentos no Moodle (em rede).

Já a R5 participou da equipe local que selecionou e organizou os projetos da dimensão pedagógica na matriz de projetos comuns da RJE: "Foi um movimento muito interessante, pois tivemos a oportunidade de revisitar todos os projetos, analisar sua validade na aprendizagem dos estudantes e registrá-los em um formato proposto pelo escritório" (R5).

As principais dificuldades percebidas no processo de articular os projetos na matriz comum foi sua complexidade de preenchimento, uma vez que contemplava três frentes distintas de projetos. Por vezes, nem todos os dados solicitados estavam claros ou eram compatíveis com os projetos propostos, o que tornou o processo pesado e burocrático.

> O que inicialmente era um movimento de reflexão e ressignificação, se tornou depois algo burocrático, com gasto de tempo e energia. Me lembro bem que concordávamos que a ideia era muito interessante para organizarmos os projetos e termos a oportunidade de conhecer o trabalho das outras unidades, mas não tivemos acesso aos projetos das outras escolas (R5).

As unidades assumiam, de formas diversas, com maior ou menor convicção, empenho e compromisso com as definições consensuadas no segundo encontro das equipes diretivas. O movimento foi assumido pela e como rede, mas implicava a execução de mais trabalho nas unidades. Observou-se que, por vezes, a proposta de encaminhamento que deveria servir de inspiração comum se tornou uma atividade cansativa, desgastante, burocrática e desnecessária. Nas palavras do respondente R22:

> Matriz de projetos: como o colégio optou por utilizar a matriz de projetos do SQGE, a organização dos projetos na matriz proposta pela RJE foi um exercício burocrático, para fins de acompanhamento da gestão macro da Rede. Localmente, organizamo-nos a partir de planilhas, as quais eram trabalhadas e partilhadas entre todos os educadores da unidade.

Constatado que a matriz de projetos não gerou comprometimentos e resultados imaginados, decidiu-se, em 2018, alocar quatro profissionais, de modo que cada um acompanhasse especificamente uma das dimensões do PEC nos colégios da rede. Os papéis a serem desempenhados eram de facilitadores dos processos de implementação do PEC e aproximação entre as unidades a partir dos diferentes contextos.

Para o acompanhamento dos projetos, foi necessária a sistematização desses na matriz comum. Era um movimento estratégico e que, em boa parte das unidades, não teve continuidade, gerando desgastes e abandonos do processo. O R30 afirma sobre esse movimento: os "projetos foram inseridos na matriz de projetos e acompanhados pelos respectivos responsáveis que, mensalmente, apresentavam ao conselho diretor o *status* de implementação deles". Já o R38 manifesta sua dificuldade dizendo que "tivemos a organização de projetos na matriz comum de projetos. Esse processo foi bem desgastante para mim, particularmente; era meu primeiro ano na coordenação de série (2018)". A R42 aponta que o processo fora positivo no seu início: "Aprendemos a planejar melhor e distinguir projetos estratégicos dos mais operacionais", porém não houve continuidade. "Lamento; parece que esta dinâmica ficou um pouco esquecida em função de outras frentes de trabalho que se impuseram no tempo e espaço" (R42). É importante destacar que, nesse período, houve a troca do responsável pela RJE, havendo, a princípio, a percepção de que a forma de acompanhamento não era a mais adequada, o que justifica a mudança no processo.

Uma vez que o acompanhamento nos colégios da Rede por um profissional para cada dimensão do PEC não foi considerado efetivo ou adequado, optou-se por anunciar a definição de um profissional referencial para acompanhar as quatro dimensões em um conjunto de colégios[26].

Diante do insucesso da implantação dos modelos de funcionamento anteriores, em 2019, optou-se por contratar uma profissional em tempo integral, com dedicação exclusiva à Rede, para acompanhar todas as dimensões em todas as unidades da rede. Porém, após alguns meses de

---

26. Os facilitadores eram profissionais alocados em suas unidades e que assumiram um compromisso a mais em prol da rede. Nesse sentido, a proposição fez com que profissionais de áreas específicas nas suas unidades tivessem que olhar para todas as áreas em algumas unidades.

trabalho, ela se desvinculou da RJE por razões pessoais, ficando o processo de acompanhamento fragilizado e, por consequência, não gerando os resultados esperados.

Numa avaliação sobre a matriz de projetos, o R23 destaca: "[...] me parece que a matriz de projetos em si não caminhou como se gostaria. Lembro de discussões que ela era pouco prática, trabalhosa e que trazia alguma dificuldade no acompanhamento efetivo dos projetos". Constata-se que os contratempos, a dificuldade de acompanhamento e a percepção de pouca efetividade fragilizaram a adesão à matriz de projetos como ferramenta gerencial útil e interessante e a consequente incorporação dela. Diante de contratempos, desgastes, pouca efetividade e outras demandas, a matriz ficou sem o acompanhamento necessário e, pouco a pouco, foi abandonada pela Rede. Na fala de R41:

> Um aspecto que considero que poderia ter sido mais bem conduzido foi a utilização e acompanhamento da matriz de projetos, pois acabou se transformando numa ferramenta carregada, o que fez com que as funcionalidades percebidas nos primeiros momentos aos poucos fossem sendo questionadas.

Outro movimento importante na implantação do PEC foi a orientação dada às unidades para a releitura dos documentos institucionais – regimento escolar e proposta político-pedagógica (PPP) – à luz do PEC, para que eles se tornassem referência na atualização de outros documentos, nas propostas e em projetos pedagógicos. A releitura dos documentos estava em consonância com o movimento de atualização e renovação em curso mediante a implementação do PEC.

Observa-se que a orientação se concretizou em todas as unidades, embora a incorporação tenha sido diversa, em tempos e de modos específicos em cada unidade, sem um acompanhamento ou aprovação da RJE sobre a qualidade e a profundidade da releitura. O R37 afirma que, em sua unidade,

> [...] revisamos o PPP e o regimento interno de modo a estarem em consonância com o que indicava o PEC, notadamente destacar a centralidade do estudante em seu processo formativo. No colégio, não houve tanta ênfase na noção de aprendizagem, mas sim numa ampliação das discussões sobre efetivar a formação integral (R37).

Assim o PEC propiciou "redimensionamento curricular e alterações no regimento escolar" (R35) e ainda favoreceu "a definição de prioridades para elaboração do planejamento estratégico" (R35). Além disso, o PEC "ajudou a repensar a estrutura organizacional, a atualizar o regimento escolar, favorecendo um olhar sistêmico sobre os espaços e os tempos, numa perspectiva transversal e global da ação educativa da Companhia" (R17). A R12 destaca a parceria do escritório com as unidades na confecção de propostas curriculares, como a "elaboração da proposta do infantil e do novo espaço escolar; atualização do regimento escolar e projeto político-pedagógico; [...] reestruturação curricular". Por fim, o PEC reforçou a "proposta de formação integral que balizou nossos documentos internos, como o PPP e o regimento interno, bem como resultou em outros documentos, como o 'Nosso modo de ser e proceder'" (R37).

Destaca-se que o PEC tem na sua intencionalidade a transformação de centros mais focados no ensino e no docente em centros de aprendizagens com foco principal na aprendizagem dos estudantes. O PEC encoraja a busca por novas dinâmicas pedagógicas, novos modelos de acompanhamento e estruturas físicas que favoreçam a aprendizagem. Esta afirmativa da R15 trata de o quanto isso muda o olhar e a percepção do processo e o papel do PEC no exercício de transformar centros de ensino em centros de aprendizagem integral, nas três dimensões:

> No período de construção do PEC, atuava na escola na orientação educacional. [...] Hoje atuo na coordenação de ensino, o que possibilita uma visão macro e estratégica. [...] Hoje compreendo a necessidade de transformar as unidades de centros

de ensino para centros de aprendizagens focados nos estudantes, além da valorização das dimensões espiritual-religiosa e socioemocional.

Diversos colégios optaram por projetos priorizando o acompanhamento dos estudantes. A perspectiva do PEC propõe o envolvimento de estudantes e pais em um processo de busca de práticas educativas com visão integral, como observado por R18: "[...] esperava-se que os estudantes, bem como os pais, os responsáveis e toda a comunidade, pudessem debater sobre os temas levantados e propor novas práticas educativas, tendo em vista a formação integral". A perspectiva do cuidado com a aprendizagem se torna uma dimensão explícita do PEC e se expressa no testemunho de R14:

> [...] o Colégio focalizou dois grandes projetos, com base nas proposições do PEC. O primeiro foi a constituição de um plano sistêmico de acompanhamento das aprendizagens do estudante na perspectiva da formação integral e, um segundo projeto, no âmbito da formação continuada de todos os colaboradores da unidade.

A implantação do PEC também gerou melhorias e adequações dos espaços físicos dos colégios para oferecer ambientes mais pertinentes às opções pedagógicas nele inspiradas. Aos poucos, as unidades incorporaram as abordagens consideradas no documento, relendo as próprias práticas pedagógicas e ajustando as estruturas físicas e de mobiliário para melhor atender ao fim desejado, que é a formação integral de crianças e jovens. A R28 diz que "é notável a provocação feita pelo documento, mobilizando uma constante reflexão acerca de processos antes enraizados na escola". Complementa afirmando que as reflexões "reverberaram em alterações no mobiliário, na organização dos tempos e dos espaços" (R28), tendo como referência a qualificação da aprendizagem dos estudantes.

É importante apontar que as estruturas das unidades foram (re)pensadas à luz da aprendizagem integral do estudante. A R35 afirma que "foram assegurados os recursos, principalmente financeiros, para a construção de um novo prédio para acolher os educandos". Indica, ainda, que a qualificação dos espaços veio associada à capacitação dos quadros: "[...] o apoio da RJE favoreceu para que fosse viabilizado o trabalho de aperfeiçoamento da equipe e na melhoria do atendimento junto aos alunos e familiares" (R35). A R7 diz que participou de escutas coletivas, que favoreceram o maior conhecimento da RJE e ampliaram o olhar sobre "as necessidades específicas da unidade, e que, a partir de uma delas, um grande projeto foi iniciado para a melhoria da estrutura física da instituição".

Em suma, a Rede favoreceu atender mais e melhor à demanda por uma aprendizagem integral de toda a comunidade educativa e promover ajustes nas estruturas para formação dos estudantes. Para isso, foi requerido, também, um movimento interno de aperfeiçoamento da formação dos seus quadros de colaboradores. Decorre da implementação do PEC, portanto, um movimento de formação contínua desses profissionais.

Na perspectiva de favorecer a aprendizagem, o PEC também apontou para a importância do aprendizado contínuo dos promotores iniciais dos processos de aprendizagem e dos gestores organizacionais. Aspecto relevante e característico da Companhia de Jesus, inclusive anterior à fundação da RJE, é a convicção da necessidade de formação continuada dos seus quadros.

Com a fundação da RJE e a promulgação do PEC, a dimensão da formação de educadores recebeu incentivo especial. Durante o seminário de lançamento do PEC, foi assinado um convênio com a UNISINOS (RS) para oferta de especialização em Educação Jesuíta e mestrado profissional em Gestão Escolar, bem como cursos de curta duração e a possibilidade de doutorado em Educação ofertado aos principais gestores da RJE, ou àqueles com potencial para assumir função estratégica nas unidades ou na Rede.

A prática de fomentar a formação continuada é ressaltada pelo R38 como positiva para os colaboradores e, consequentemente, para as unidades e a rede. "A oferta de formação continuada para colaboradores, através da especialização, do mestrado e do doutorado [...], mais impactou de maneira positiva, do meu ponto de vista" (R38). Essa percepção também é a de R43, que diz que "a formação continuada com turmas das diferentes unidades para especializações, mestrado e doutorado" sinaliza a importância de formar bem os quadros de liderança para a Companhia de Jesus.

É relevante destacar que, no exercício de hierarquização, a formação continuada dos colaboradores foi apontada como a mais relevante. Acolhendo essa percepção, a Rede, logo no seu início, buscou parcerias que possibilitassem uma formação qualificada dos seus educadores. A prevalência e a importância da formação permanente foram apontadas pelos atores da rede e explicitadas pelo R31:

> Todas essas ofertas de formação estão motivadas pela prioridade número um de uma hierarquização de necessidades, apresentada no Anexo 4 do PEC, que recebeu a contribuição de mais de dois mil educadores de toda a RJE durante o seu processo de elaboração, e que diz o seguinte: "Criação de um plano de formação permanente da RJE a ser implementado local, regional e nacionalmente, segundo o tipo de atividade que envolva os profissionais das diferentes áreas, distinguindo programas específicos de indução, capacitação e aprofundamento".

Outro movimento favorável que resultou da implementação do PEC foi o reforço na identidade institucional. O R37 diz que "o PEC reverberou num movimento de melhoria interna, assim como ativou uma maior compreensão e efetivação da identidade inaciana do colégio". A RJE – de modo especial a implementação do PEC – proporcionou importante contato entre as unidades, gerando coesão, criando harmonia e reforçando a identidade. O R30 destaca que o movimento de implantação do PEC trouxe "gradativa migração de um modelo de excessiva autonomia para um modelo mais colaborativo" (R30). O R10 diz que, "a partir da criação da RJE, [o PEC] deu uma identidade de corpo ao colégio com as demais unidades da rede, sobretudo no âmbito de consultas e trocas de experiências". O R17 destaca "os significativos realinhamentos dos procedimentos internos e a atenção às questões da identidade de um colégio jesuíta", e acrescenta que o sentimento de pertença foi fortalecido com os "processos integrados de gestão, espaços de trocas como perspectiva proposta pela Rede" (R17).

Observa-se que os movimentos da rede nascente foram sendo entendidos como fruto de construção colaborativa. A perspectiva de pensar e desenvolver coletivamente uma educação em rede que pudesse transcender a lógica do mercado se expressa na fala da R32: "[...] juntos teríamos forças para seguir reforçando a identidade institucional e resistindo a fazer uma educação pautada apenas na lógica economicista da vida". Para o R23, "A criação da RJE seguramente trouxe avanços, muitos bons frutos colhidos (PEC etc.), maior identidade, reforço da 'marca' jesuíta" (R23). O avanço da consciência no desenvolvimento da identidade institucional junto aos estudantes foi apontado pelo R37: "Ao mesmo tempo, houve um avanço significativo em desenvolver a identidade institucional junto aos estudantes". Enfim, na perspectiva de reforço identitário, vale conferir o que R13 destaca como fruto do surgimento da Rede e da implementação do PEC:

> Houve muitas mudanças a partir da formação da RJE em 2014. Estas mudanças foram no sentido de buscar pontos de encontro entre as unidades, ações de *benchmarking*, capacitações em comum para docentes e não docentes, contratos em comum com prestadores de serviços e/ou produtos, formação continuada com vistas à identidade jesuíta, aproximação de gestores das unidades, aproximação de estudantes a partir de eventos comuns.

Em outubro de 2019, realizou-se o primeiro congresso da RJE, no qual foram apresentados os frutos do primeiro quinquênio da rede.

Ressaltou-se a importância da formação integral do estudante, da formação continuada dos educadores, das melhorias nas estruturas organizacionais e físicas em vista de educar para a cidadania global e das ferramentas usadas para favorecer a integração em rede. Segundo o R31, esse congresso foi permeado de "potente dinâmica de comunicação e interatividade, mediada pelos recursos da plataforma digital e seminários presenciais". Ainda aponta que o evento:

> [...] favoreceu o amplo envolvimento e a participação de todas as unidades e todos os colaboradores (por meio digital) ou representações locais consideráveis (nos seminários presenciais), num processo de consulta e fornecimento de percepções e opiniões, que permitiram chegar-se a uma expressão absolutamente coletiva de um Projeto Educativo Comum para toda a RJE (R31).

Na mesma ocasião, foram apontadas a atualidade do PEC e a não necessidade de se elaborar um novo documento, bastando ajustes à luz das mudanças do contexto e da legislação educacional em âmbito nacional e a incorporação de elementos de novos e importantes documentos da Companhia de Jesus sobre educação e missão apostólica. Em suma, considerou-se que o processo de implementação do PEC seguia vivo, aberto e com vigor e participação das unidades.

5.9 Atualização do Projeto Educativo Comum

A partir dos entrevistados, apresentam-se razões e evidências sobre a decisão de se atualizar o PEC em vez de construir um novo documento: fora acertada ou não? Não se trata de julgar como bom ou ruim, mas de explicitar a avaliação de atores envolvidos com o amplo processo de construção da RJE, do PEC e de sua implementação.

Passados os quatro anos de vigência previstos, os diretores, no fórum de diretores da RJE em Salvador, em abril de 2019, debateram a conclusão do ciclo de implantação do PEC e a possibilidade de construir um novo documento. Eles concluíram que o documento seguia atual, que há muitos processos de inovação e renovação em curso que devem ser aprofundados e concluídos, não convindo, portanto, construir um novo, mas atualizar o existente. A R11 confirma essa decisão da RJE:

> Outro documento, nesse momento de muita produção e de muitas frentes de inovação, poderia atropelar o processo. Considerando tempo, espaços e pessoas, é preciso respeitar a cultura local, que, em nosso caso, sofreu rápidas e robustas modificações nesses últimos anos e caminha num passo mais cadenciado, contemplando paisagens.

Para proceder à atualização, foi constituído um GT de Atualização do PEC com educadores de diferentes partes da Rede, alguns dos quais envolvidos com a primeira redação do documento. Tratou-se de consultar as unidades, mediante o uso do modo de gestão colaborativa, sobre quais números do documento deveriam ser atualizados, alterados ou até mesmo suprimidos. Ao mesmo tempo, era necessário aproximar o documento da legislação atual, sobretudo da Base Nacional Comum Curricular aprovada em 2017, assim como dialogar com os movimentos internacionais de atualização do apostolado educativo da Companhia de Jesus – como o JESEDU 17, com o documento "Colégios Jesuítas: uma tradição viva no século XXI – Um exercício contínuo de discernimento" – e considerar documentos da Igreja, mais notadamente o Pacto Educativo Global e a *Laudato Sí*, encíclica do Papa Francisco. Essa ampla escuta definiu os procedimentos de atualização.

O GT da Atualização recolheu as informações que vieram das unidades, estruturando o insumo por eixos ou demandas específicas. Foram acolhidas as propostas e solicitações de um glossário com os principais conceitos do documento para se partir de uma base comum. Além disso, criou-se um *link* para os documentos citados no PEC e realizou-se a tradução dos documentos que estavam em inglês ou espanhol e que viriam no anexo. O trabalho do GT coincidiu com a pandemia de Covid-19, o que demandou um esforço extra e foi um desafio particular no processo de envolvimento de todas as comunidades educativas da RJE.

Inicialmente, aglutinando as respostas sobre tal temática, identifico a R1 com uma visão que entende a atualização do documento e que vai ao encontro de seu processo de composição. Nas palavras dela:

> Penso que o fato de fazer uma atualização do documento corrobora todo o estudo que foi realizado para a construção dele. Devemos considerar que, para a construção do primeiro documento, foi priorizada a participação colaborativa das comunidades educativas que compõem a RJE, com vistas à leitura de contexto de cada unidade. Assim, realizando uma atualização do documento, toda a construção feita até então permanece sendo valorizada e irá compor a história da RJE, marcando de forma única essa construção e dando potência à missão da RJE e à educação integral. Considero também que essa ação favorece e dá significado à tradição com inovação, uma marca da educação jesuíta (R1).

Desse modo, para a R29, "o PEC fortaleceu o diálogo em Rede, o reconhecimento das unidades em um corpo único, possibilitando ganhos imensuráveis na prática de gestão estratégica e operacional". A R15 corrobora a afirmativa anterior, no sentido de "que a atualização foi uma medida acertada, uma vez que o documento ainda se faz atual e atende a realidade e sujeitos". O R17 vai na mesma direção e constata uma evolução na versão atualizada do PEC. Para ele,

> O processo de atualização é característico da educação jesuíta e um imperativo de nosso tempo. O ditado diz que não se toma banho nas mesmas águas do rio duas vezes. O princípio se concretiza na primeira edição – PEC, 2016, (4 anos), e na edição atualizada do PEC, de 2021. Enfatiza a contextualização e a atualização de

novas reflexões, métodos, procedimentos, indicadores e evidências. Enfim, tradição e inovação em fidelidade criativa.

Neste movimento de atualizar não só um documento, mas de transformar escolas e colégios tradicionais, a fala do R2 avalia que foi extremamente assertivo fazer a atualização do documento, a fim de se consolidar nossas obras educativas como centros de aprendizagens. Embora se reconheçam diversos passos dados, ainda há muito por fazer. Nessa mesma linha de pensamento, "a decisão de atualização do PEC foi muito acertada, uma vez que ainda há muito a se fazer e a se alcançar, a partir da proposta do PEC de 2016" (R5). Além disso, o documento daria unidade à RJE e apontaria caminhos novos para o futuro da missão educativa dos jesuítas no Brasil.

No questionário da presente pesquisa, a ampla maioria dos respondentes confirmou que a decisão por não construir um novo documento fora acertada. A R11 recorda que, nos quatro anos de vigência do PEC, novos documentos foram produzidos pela Companhia de Jesus e ofereceram robustez ao processo de renovação da educação jesuíta, o que contribui para o amadurecimento, fortalecimento e aprofundamento das equipes de gestão intermediárias no processo de apropriação e implementação da nova versão do PEC. Para R31,

> No segundo ciclo do PEC, com a RJE mais madura, tudo parece mais claro, e já se percebe uma verdadeira cautela com sobreposições indevidas de ações desses três movimentos e, em vez disso, em garantir-se uma articulação orquestrada para que tais movimentos caminhem juntos como instrumentos distintos de uma mesma sinfonia.

Ainda que a maior parte considere acertada a atualização do trabalho feito, ressalta-se que poucos mencionaram as novidades ou diferenças que foram incluídas na versão atualizada do documento, ou seja, pouco se explicita o educar para a cidadania global, ou pouco se fazem observações sobre o glossário, que fora tão almejado pelos educadores que enviaram ao GT da Revisão do PEC os números dos documentos a serem atualizados e explicitaram a importância de se ter uma conceituação mais comum e padronizada.

Alguns avanços são percebidos, como a cidadania global, apontada pela R5:

> A atualização do documento com questões relativas à cidadania global como eixo da formação integral deu uma perspectiva de avanço do documento, sem deixar de lado aspectos que ainda precisamos avançar na prática pedagógica, no clima escolar, na organização, estrutura e recursos e na relação com a família e a comunidade.

O R14 afirma ser acertada a atualização do documento fazendo as inserções necessárias e aponta dois aspectos:

> Sustento esta posição com base em dois pontos: a) a 1ª versão conseguiu abranger tópicos com acentos claros sobre os âmbitos cernes da concepção e prática de uma educação integrada e integradora jesuítica. Nesse sentido, atualizar os sentidos e significados ajudam a compor um quadro histórico-dialético da ação em REDE e suas decorrências locais; b) pela metodologia e modelo de construção do documento, de tamanho significado e envergadura prática, este não deve ser substituído, pois corre-se o risco de perder-se como referência nos documentos escritos posteriormente e em ações das próprias.

Para o novo contexto que adveio da pandemia de Covid-19, o PEC trouxe diversas contribuições. A R1 diz que,

> durante a pandemia da Covid-19, o PEC nos deu a sustentação necessária para a busca criativa de alternativas para atender aos

estudantes. Desde a parte tecnológica, a qual avançamos consideravelmente, até as questões de motivação e compromisso, enfim, no clima institucional.

A R3 aponta para princípios que guiaram as instituições durante a pandemia, e "um exemplo disso é a parte que nos orienta sobre o lugar das famílias nas escolas da RJE. O PEC favoreceu a unidade e a solução conjunta para desafios comuns em meio à pandemia". Já a R8 apontou, como resultado da pandemia, maior união entre os profissionais e as unidades, por meio de encontros diversos e suportes para responder melhor aos desafios próprios deste período: "A busca por soluções nos uniu ainda mais. Houve muitos encontros virtuais de vários grupos, dos gestores aos professores, em busca de suporte e práticas positivas que atendessem às demandas da época" (R8).

A maior proximidade entre os educadores e as unidades, com suporte de tecnologias como Moodle e Teams, favoreceu a consciência de rede, conduziu à tomada de decisões compartilhadas e a soluções semelhantes para problemas comuns. "Algumas decisões puderam ser tomadas à luz desses princípios em meio à crise imposta pela pandemia" (R3). O PEC, como "denominador comum" da rede, facilitou o reconhecimento mútuo, fortaleceu a consciência do ser rede, apontou para necessidade do olhar para as inovações e renovações necessárias para atender aos desafios que emergiam no contexto pandêmico. Era fundamental considerar pessoas, tempo e lugar que estavam em ebulição. Nunca dantes a geração que estava nos colégios da Companhia de Jesus tinha experimentado um desafio amplo, global e com impactos locais tão claros. O R4 afirma que, em um contexto diverso,

> o PEC contribuiu grandemente, visto que, em meio ao contexto cambiante, trouxe bases sólidas que poderiam ser volatizadas diante da desagregação proporcionada pelas reinvenções repentinas que eram exigidas das unidades. Caso um documento como o PEC não existisse, certamente a Rede poderia ter sofrido

fragmentações e fraturas que dificultariam que as diferentes unidades adotassem soluções que lhes parecessem comuns e baseadas em princípios com o mesmo pano de fundo.

Para a R39, foi significativa a volta às atividades presenciais no período em que os impactos da pandemia já vinham sendo mais bem conhecidos e assimilados, e a versão atualizada do PEC trouxe importantes norteadores:

> Desde agosto de 2021, com o retorno às atividades presenciais, as atividades de formação das equipes são orientadas pela nova versão do PEC e buscam favorecer sua compreensão, bem como utilizá-lo como chave de leitura para a realidade e para a construção de ações futuras.

A pandemia trouxe desafios à sociedade como um todo e atingiu intensamente a educação básica. Na RJE, as unidades educativas responderam com o uso de tecnologias como o Moodle, já presente em todas as unidades, e buscaram novos caminhos. O R37 recorda que "o fato de o PEC ter falado sobre tecnologia educacional, relação com as famílias, direcionamento estratégico, bem como gestão financeira, ajudou na tomada de decisões para a gestão neste período".

A volta às atividades presenciais foi mais demorada do que o previsto inicialmente. Esse retorno seguiu cronogramas diferentes, respeitando determinações dos órgãos de saúde dos municípios e estados. As experiências mais exitosas ou as maiores dificuldades foram partilhadas em nível de RJE, permitindo ajuda mútua. O R38 recorda: "[...] o nosso colégio foi o último da rede a retornar presencialmente, e fizemos reuniões com colegas de outras instituições que dividiram suas experiências conosco, o que nos auxiliou muito no discernimento das decisões".

Também apontada como positiva foi a construção conjunta de documentos que subsidiaram as unidades na organização e enfrentamento dos novos desafios, contando ainda com apoio e suporte da Rede. O R41 manifesta a importância da rede:

> Durante o período da pandemia, o PEC teve uma importância vital na criação de políticas de cuidado e valorização das pessoas, no estilo de gestão a ser praticado durante aquele período de exceção, e foi norteador diante das questões mais exigentes, como o exercício da *cura personalis* na ação prática com os colaboradores e demais membros das comunidades educativas.

Por fim, o PEC foi suporte para novos desafios advindos durante a pandemia na relação escola e família. A R42 aponta, como ganhos nessa relação, o suporte para tomadas de decisão, contribuindo na leitura do novo contexto e apontando para a necessidade de rever convicções e organizações pedagógicas:

> Na pandemia, o PEC foi um recurso para fundamentar algumas decisões complexas quanto aos aspectos das famílias, escolhas, tipo de decisões e de como nos comunicarmos com os sujeitos de dentro e de fora da escola. [...] Se não tivéssemos essas diretrizes, estaríamos sem rumo. Nisso acredito que o documento tenha sua fortaleza: ser rumo.

Outro aspecto importante da atualização do PEC remete à motivação para o uso das tecnologias e o surgimento de novos recursos e suas novas possibilidades. Os respondentes R8 ("[...] implantarmos alguns itens que se mostravam relevantes para o momento, como o uso mais significativo das tecnologias digitais [...]") e R16 ("[...] lugar das mídias na formação do ensino e dos processos educacionais a que lançamos mão para desenvolver mais e melhores aprendizagens [...]") indicam a importância da orientação e uso dos recursos de tecnologia, sinalizando que a atualização do PEC permitirá que novas possibilidades sejam apontadas na medida em que os avanços na área são significativos. Conforme afirma R9, "O PEC foi e é o grande referencial para tomadas de decisões e implantações de projetos e tecnologias que verdadeiramente sejam potenciais da formação integral e democrática, prevista na missão e visão do nosso projeto educativo".

Conforme afirma a R9, no uso de tecnologias, a atualização das discussões e orientações é necessária para continuar a responder efetivamente aos desafios.

O R27 aponta, ainda, para a importância do PEC em diversas dimensões formativas, como, por exemplo, sua relação para um diálogo mais qualificado com famílias, modelos e formas de oferta espiritual e de projetos pastorais, apoio e acompanhamento das famílias. "Diante de toda formação que a pastoral recebeu, a implementação do PEC ajudou a encontrar caminhos possíveis, na catequese familiar, celebrações, orientação espiritual, atendimentos e outras demandas" (R27). Contudo, reforça que ainda há um importante caminho pela frente, por isso a opção pela atualização do documento fora correto.

As percepções sobre a atualização do PEC indicam que a maioria dos pesquisados considera que ela fora acertada, que ele segue atual e que sua nova versão servirá para avançar mais no fortalecimento da Rede, dos colégios e de toda a comunidade acadêmica. Apontam, também, para a necessidade de aproximação em relação a estudantes, educadores e família, e postulam que o tema da cidadania global, presente no documento, é fio condutor para o próximo ciclo de implementação do PEC. O R22 aponta a importância da atualização, destacando mais a cidadania global:

> Dar passos agora na dimensão mais estratégica da cidadania global, respondendo à cidadania que queremos e articulando-a ao currículo será um trabalho articulado e que acontecerá em um solo com base comum e identificável por toda a comunidade acadêmica.

Destaque-se a consciência de que, ao pensar e criar algo novo, não existe um caminho totalmente seguro, e é preciso estar aberto para as surpresas, com suas múltiplas aprendizagens. O novo tende a vir acompanhado de desafios, incertezas, dúvidas e inseguranças. O R31 se manifesta nesse sentido:

> Não há caminho seguro quando se está criando algo novo e sem certezas quanto às melhores formas de fazê-lo. E a decisão e o compromisso de realizá-lo mesmo assim, porque a realidade o exige, só consigo ver como um ponto forte extraordinário.

Apesar da sinalização positiva sobre a atualização do PEC, existem questionamentos e contraposições importantes sobre a forma e a necessidade de um maior aprofundamento em questões relevantes para a educação. A R36 considera que "a atualização foi superficial, carece de profundidade, de uma releitura crítica", além de afirmar que há necessidade de revisão de conceitos, pois não basta o glossário para alcançar esse objetivo. Por fim, diz que falta ao PEC um posicionamento mais explícito e firme contra a "racionalidade neoliberal" para ser "mais coerente e alinhado em seus princípios com a educação jesuíta" (R36). E prossegue:

> O PEC, com seus limites, continua sendo um documento fundante, que sustenta a prática educativa dos colégios. Ele trouxe o sentido de corpo, de missão, de identidade muito fortes. Ele precisa avançar, ser mais ousado em relação aos professores e alunos, e em relação à concepção de ensino e aprendizagem. O 2º ciclo da Rede consolidou, mas pouco avançou na reflexão e aprofundamento das questões (R36).

As críticas quanto à amplitude de discussão e à necessidade de avançar na abordagem de conceitos, teorias econômicas, políticas e sociais indicam novos desafios formativos, que demandam uma abordagem coletiva para estabelecer práticas estruturantes que possam ampliar a análise social e intensificar a educação para a crítica e ação social transformadora.

Importante destacar que, a despeito de haver um entendimento entre os membros do GT de Atualização do PEC de que o documento não tinha por objetivo abarcar ou aprofundar todos os temas relativos à educação em geral, mas apresentar direcionadores que ajudassem as unidades educativas da RJE em seus processos de inovação e renovação, o momento era de atualização, não de elaboração de um novo documento. As orientações contidas, principalmente no número 29 do PEC, ainda careciam de maior entendimento e real implantação.

Dessa forma, foi decidido pelo GT, em sintonia com a orientação da RJE, que somente alguns conceitos mais atuais, como cidadania global, e alguns marcadores de época seriam inseridos ou alterados. Em 2025, outro GT deverá ser constituído para avaliar a trajetória de implantação das rotas do PEC e projetar a construção de um novo documento mais alinhado às demandas da época.

O R31 reconhece avanços com a atualização, porém manifesta que o PEC não fora suficientemente validado para enfrentar desafios como os da pandemia de Covid-19. Na sua fala, "Processos fundamentais, práticos e de reflexão, foram paralisados, e apenas fomos nos ajustando às urgências e adaptações requeridas em cada momento" (R31).

Embora indique certo ceticismo em relação ao PEC e suas contribuições no dia a dia, R31 afirma:

> De forma bastante honesta, não considero que tenhamos nos valido grandemente do PEC para o enfrentamento dos desafios advindos da pandemia. Nos anos de 2020 e 2021, vivemos uma espécie de apagão e reinvenção operacional em todas as frentes, tendo como principal desafio assimilar muito rapidamente aprendizagens urgentes, sob o imperativo de pensamento absolutamente pragmático e pouco reflexivo.

É importante considerar que o documento é orientação para o trabalho colaborativo, com inspiração nos valores e princípios de gestão inaciana, para enfrentar melhor os desafios, não representando soluções práticas para contextos específicos como a pandemia. Além disso, havia uma intencionalidade na atualização do PEC, que apontava para uma adequação ao novo contexto de organização da Província dos Jesuítas do Brasil e para uma incorporação de novos documentos da Companhia de Jesus voltados para a educação em nível global.

Não obstante a solicitação de diversos educadores de inclusão de anexos com *link* para os principais novos documentos contemplados na atualização, especificamente o "Colégios Jesuítas: uma tradição viva no séc. XXI" e o "Pacto Educativo Global", ou ainda a necessidade de uma conceituação mais clara, os entrevistados não apontam essas mudanças incorporadas à versão atualizada do PEC nem como positivas nem como negativas.

Os respondentes apontaram para a importância de considerar uma gestão que dê maior protagonismo a estudantes e educadores. Nesse sentido, segundo a R9, existem desafios nos quais o PEC pode incidir e avançar mais, destacando dois em especial: 1) a inclusão pedagógica, que requer ir além da acessibilidade nas estruturas físicas e de inclusão social, com a "garantia de um processo de aprendizagem significativa, considerando as especificidades dos mais diversos diagnósticos que chegam aos educadores"; e 2) a necessidade de dar maior visibilidade a elementos de gestão que emanam do PEC e que podem "ajudar as equipes diretivas nos processos decisórios em contextos de crises e conflitos de grande porte nas comunidades educativas" (R9).

A partir das orientações do PEC, é possível estar atento às insurgências da atualidade e proporcionar às unidades da RJE maior sistematização dos processos, para que o engajamento em ações e projetos possam consolidar a proposta de uma educação integral para a cidadania global. Nesse sentido, é preciso superar a leitura superficial da realidade, educar para a profundidade, a reconciliação e a justiça social, proporcionando aos estudantes da RJE maior clareza de seu papel social em contexto local e global (R9). Trata-se da escuta de toda comunidade educativa para que decisões estratégicas tomadas não estejam apartadas do contexto que envolve a instituição educativa, segundo afirmação de R44.

Considerando o foco no estudante e o protagonismo dos estudantes, a R3 aponta para um limite do PEC: como ponto fraco, cita "a pouca participação dos alunos ou pouca escuta desses na elaboração do documento". Já a R5 defende que a mudança constante de lideranças faz com que reflexões importantes do PEC não cheguem a todos os educadores e afirma não perceber "planejamento de formações obrigatórias em relação ao PEC". Por vezes, esse movimento acontece de acordo com o perfil da liderança local, seja ela na gestão alta ou intermediária.

Ao finalizar as análises considerando o ponto de chegada a implementação do PEC, que foi o movimento de atualização, fica evidenciado como o longo processo de construção da RJE e do seu Projeto Educativo Comum foi possível mediante o exercício do modo de gestão colaborativo e em rede. No decorrer dos séculos, esse modo é cotejado com o que os jesuítas entendem como seu modo de ser e proceder. Se a educação jesuíta está ancorada numa tradição viva, ela postula, em suas práticas e procedimentos, assim como em sua orientação a gestores e lideranças, que a gestão colaborativa integra sua tradição. Se a RJE e o PEC foram possíveis por tal exercício de gestão, na medida em que esses dois movimentos contíguos acontecem, eles acabam por atualizar tal modo de proceder e exercer a gestão. Por isso, pode-se falar de uma gestão inaciana ancorada em princípios e identificadores, tema do próximo capítulo.

6

MAESTROS E REGÊNCIAS: GESTÃO INACIANA

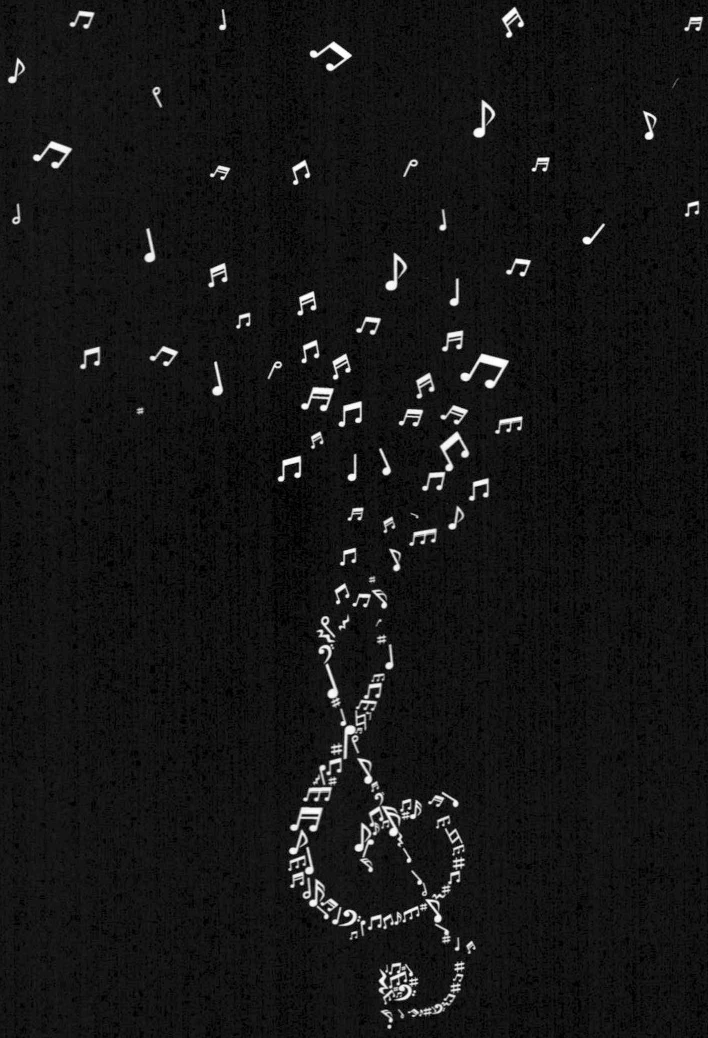

A gestão colaborativa foi o modo de proceder escolhido para desenvolver o processo de fundação da Rede Jesuíta de Educação, bem como do seu Projeto Educativo Comum, seja em termos de concepção, seja em relação ao movimento de sua implementação. Mais do que uma técnica gerencial ou administrativa, trata-se do modo de proceder jesuíta e inaciano no exercício da gestão escolar. Nesse sentido, a colaboração em rede passou a ser constitutiva da gestão inaciana.

Lowney (2015) observa que a missão é o grande direcionador das organizações, e o gestor precisa ter essa consciência, que, na percepção do autor, deve ser moldada, como Inácio de Loyola fez:

> Ao considerar Inácio de Loyola e seus primeiros colegas jesuítas nesse contexto, saí convicto de que sua postura quanto a moldar pensadores globais inovadores, ambiciosos, flexíveis, que assumissem riscos deu certo. Em alguns pontos, ouso dizer, deu mais certo do que esforços semelhantes efetuados por corporações modernas (LOWNEY, 2015, 14).

A criação da rede, o desenvolvimento e a implementação do PEC podem ser observados como um importante processo de formação de líderes, às vezes sem cargos de gestão na hierarquia das obras jesuítas, capazes de pensar globalmente e, por essa razão, agir melhor localmente. Reafirmando Lowney (2015, 298), "Nas palavras dos jesuítas: o que excita os *optissimi*[1] é trabalhar num ambiente onde as pessoas entendem

---

1. Segundo Lowney (2015, 298), podemos entender "*optissimi*" como os líderes que querem "assumir iniciativas ('liberdade e autonomia') e contribuir de maneira significativa ('desafios excitantes no trabalho'). Eles se importam com os valores culturais de seu local de trabalho: o que os colegas representam, como tratam uns aos outros e como abordam ideias e oportunidades". São pessoas

que todos são líderes e todos lideram o tempo todo". Essa perspectiva e visão precisam ser construídas, e fazê-lo colaborativamente foi um dos grandes méritos da construção da rede e dos instrumentos de gestão PEC.

As falas dos respondentes da pesquisa evidenciam que o modo de gestão é atravessado e orientado por temas relacionados à tradição espiritual e pedagógica da Companhia de Jesus, e que o processo colaborativo e em rede os apoderou e forjou como líderes, mesmo que nem sempre cientes do poder transformador da participação no processo. Ao mesmo tempo, muitos atores observaram que o processo foi uma "rememoração" das práticas de Inácio e seus companheiros:

> Fazia sentido, porque essa também foi a experiência de Inácio e dos primeiros companheiros no século XVI – estamos há 500 anos da construção da *Ratio Studiorum* –, e agora, século XXI, as lideranças jesuítas e leigos/leigas dos Colégios da Companhia no Brasil estão desafiadas a se engajarem nesse processo de adequação da missão educativa no Brasil às exigências dos novos tempos (R17).

A prática desta pesquisa foi um exercício de leitura da realidade que buscou, pelo uso das três fontes de coleta de dados – as respostas ao questionário, a análise documental e a sistematização de experiências –, uma compreensão e apreensão da realidade. Com essa triangulação metodológica, observou-se o que é denominado como princípios e identificadores jesuítas e inacianos de orientação da gestão colaborativa em rede.

Com essas considerações iniciais, descrevem-se os princípios de gestão inaciana que foram identificados como constitutivos do processo de fundação da Rede Jesuíta de Educação, da concepção e implementação do PEC, conforme indicado pelas pesquisas realizadas no período em questão.

---

que se importam com o modo de ser e proceder, com a intencionalidade com que as coisas são feitas, e reconhecem que todos os membros de um grupo podem ser (ou são) líderes.

Mais do que um discurso, a liderança se manifesta em obras. Como citado anteriormente, "os jesuítas antigos jamais se considerariam expoentes da liderança. Raramente usaram o termo liderança como os consultores de gestão o empregam hoje em dia. Em vez de discutirem liderança, viviam-na" (LOWNEY, 2015, 21). De forma geral, pode-se afirmar que os princípios de gestão inaciana se materializam em diversas expressões, "canções", frutos de experiências, recolhimentos, que demandam autoconsciência, estudos, reflexões, vivências e são sistematizados em discursos e documentos identitários que orientam atividades e práticas nas obras jesuítas e nas suas interações com os colaboradores. Nas palavras do R17:

> Recordo ainda que pensava em algumas máximas jesuíticas: "amigos no Senhor", "tudo para a maior glória de Deus", "corpo apostólico", "unidade na diversidade", *cura personalis*", "*cura apostolica*", "em tudo amar e servir", "*magis*", "modo de ser e modo de proceder", PPI... Era minha intenção fazer a transposição à prática.

Os princípios jesuítas de gestão são fruto de valores e abordagens que a Companhia de Jesus vivencia por meio de seus membros, gestores e colaboradores de suas obras.

> Loyola veio a conhecer e a confiar nos seus futuros líderes através de Exercícios Espirituais que os preparavam também para representar a Companhia como jesuítas focados, confiantes, autoconscientes. E mais: cada um herdou de Loyola a tradição do investimento no aprimoramento da geração seguinte (LOWNEY, 2015, 300).

A perspectiva de Loyola era educar os seus para assumirem um olhar de Cristo sobre as pessoas e o mundo como elemento que permitisse observar a realidade e responder adequadamente a suas demandas.

Pode-se definir que o desafio dos atores/gestores educacionais contemporâneos é atualizar a visão inaciana e responder a uma questão ampla:

como organizar, estruturar e agir no contexto atual para que os centros educativos consigam formar os jovens e toda a comunidade educativa e cumprir, em perspectiva de *magis* inaciano, a missão institucional?

Considerando os desafios de tempos, pessoas e lugares, é possível visualizar uma tradição que deseja e necessita ser viva para dar conta das dificuldades inerentes ao momento histórico, com seus desafios locais e globais, a cada ser humano, que é único e se reinventa continuamente, e a cada contexto cultural em ininterrupta mudança. O gestor inaciano é chamado a ter no horizonte contínuo a missão, a buscar o bem mais universal, que implica leitura crítica da realidade, compreensão dos sinais dos tempos, e a fazer o que precisa ser feito. De certa forma, Drucker (2011, 189) expressa percepção semelhante, quando diz que "os gestores não são pagos para fazerem as coisas de que gostam, mas, sim, para fazer que as coisas certas sejam feitas". Nesse sentido, a educação na Companhia de Jesus demanda gestores lúcidos, abertos, articulados, capazes de escuta discernida, comprometidos com a missão e a identidade ou canção institucional.

6.1 Princípios e identificadores de gestão inaciana

No decorrer das análises das fontes de empiria da pesquisa, reconheceram-se os seguintes princípios de gestão jesuítico-inaciana, os quais serão descritos ao longo deste capítulo: 1) missão educativa em discernimento; 2) adaptação e flexibilidade; 3) formação continuada e desenvolvimento dos colaboradores; 4) integração e articulação entre dimensões e pessoas; 5) cuidado com a missão: *cura personalis* e *cura apostolica*; 6) *magis*; 7) encontrar Deus em todas as coisas e todas as coisas Nele para em tudo amar e servir; 8) trabalho colaborativo; 9) atuação local, com visão global e trabalho em rede; 10) sistematização das atividades e decisões.

A seguir, são expostos e detalhados os princípios que foram reconhecidos.

I. Missão educativa em discernimento

> Os processos decisórios que norteiam o trabalho de direção, em se tratando de instituições jesuítas, fundamentam-se em um aspecto radical e caro à Companhia de Jesus: o discernimento espiritual e a busca daquilo que se apresenta como vontade de Deus para a instituição (RJE, 2021, 44).

O discernimento se destaca como um dos princípios mais reconhecidos que norteiam a vida e as ações dos jesuítas. Segundo Martin (2012, 259), o discernimento é

> [...] adotado para as práticas de tomada de decisão ressaltadas por Santo Inácio nos *Exercícios Espirituais*. Um superior jesuíta é considerado bom no discernimento não apenas quando leva a sério a necessidade de orar por cada decisão, mas também quando entende de técnicas inacianas específicas para chegar a uma boa decisão.

A prática do discernimento espiritual envolve não apenas avaliar as ações e direcionamentos que influenciam as próprias tomadas de decisão, mas também decidir após uma reflexão aprofundada mediante a consideração das implicações práticas, morais, espirituais e éticas das opções disponíveis. Esse princípio visa a uma tomada de decisão que corresponda às finalidades da missão. Por isso, sua fonte é a própria tradição espiritual inaciana. Assim,

> Inácio e seus companheiros tomavam suas decisões com base em um processo permanente de discernimento[2] pessoal, realizado

---

2. Nota sobre discernimento no "Características da Educação". A palavra "discernimento" é usada em contextos diversos. Inácio tem suas Regras para o discernimento de espíritos nos Exercícios Espirituais, n. 313-336. No contexto presente, trata-se mais do discernimento apostólico em comum, praticado pelos primeiros

sempre em um contexto de oração. Mediante a reflexão sobre os resultados de suas atividades, feita em oração, os companheiros revisavam as decisões anteriores e introduziam adaptações em seus métodos, numa busca constante do maior serviço de Deus (*magis*) (SJ, 1989, n. 143, 107).

Em termos inacianos, o discernimento é necessário quando se está diante da escolha entre duas ou mais possibilidades positivas e se pretende identificar o que mais conduz ao fim desejado. Nesse sentido, não há de se falar em discernimento entre uma coisa boa e uma ruim, pois o ruim não representa uma opção, bastando-se usar o "bom senso". A busca do bem maior é destacada na fala do R2: "[...] acredito que o exercício da escuta e o discernimento na consolidação dos processos decisórios são marcos e diferenciais, em vista da compreensão e busca do Bem Maior, do melhor serviço e da gratuidade".

Na gestão, esse princípio pode ser traduzido na forma pela qual decisões são ponderadas, considerando os diversos resultados e efeitos que as opções podem gerar. A relevância do discernimento é apontada na fala do R17: "A gestão inaciana caracteriza-se, essencialmente, pela prática do 'discernimento'. Expressa um 'modo de proceder' próprio para a tomada de decisões". Considerando que a opção jesuíta é fazer o uso correto dos recursos para a maior glória de Deus, os resultados financeiros são considerados como importantes, já que possibilitam a realização da missão por meio das obras, que, no caso deste estudo, são os colégios.

> companheiros e recomendado pela 33ª Congregação Geral: uma revisão de todas as obras e atividades que inclui: escuta da palavra de Deus; exame e deliberação segundo a tradição inaciana; conversão pessoal e comunitária, fundamental para que nos tornemos "contemplativos" na ação; esforço por viver na "indiferença" e "disponibilidade", indispensáveis para encontrar a Deus em todas as coisas; mudança de nossos esquemas habituais de pensamento através de uma constante interação entre a experiência, a reflexão e a ação. Importa também pautar-nos sempre pelos critérios que para a nossa atuação oferecem as Constituições na parte sétima e pelas recentes diretrizes a respeito dos ministérios a promover e dos trabalhos a descartar como menos idôneos (33ª Congregação Geral, Decreto n. 1, n. 40).

Dessa forma, além do resultado financeiro, a criação da RJE e do PEC foi centrada nas consequências desses dois movimentos em relação aos estudantes e suas famílias, aos colégios, aos colaboradores, sem desconsiderar as implicações sociais.

O princípio do discernimento torna-se visível, ao longo do processo, nos encaminhamentos da RJE, do escritório central, notadamente na constituição de GTs, em estratégias de hierarquização e escolhas de prioridades, na escuta de homólogos em diferentes áreas (acadêmica, administrativa, de formação cristã e pastoral), ou mesmo em áreas mais específicas, como a comunicação e a assistência social. Sobre a escuta como expressão do discernimento, o R31 frisa que

> [...] destacaria, como elementos presentes nesse modelo, o princípio da escuta dos colaboradores, a constituição de instâncias colegiadas de discussão e discernimento sobre temas estratégicos e que demandam decisões institucionais importantes. Tais princípios divergem de modelos técnicos ou autocráticos de gestão.

A percepção do princípio do discernimento é descrita nas falas de diferentes respondentes: "[...] o que mais me chama a atenção com relação à gestão inaciana é sobre o discernimento que precisamos ter sobre as tomadas de decisão" (R7). Segundo a R35, após a criação da RJE, a gestão de uma unidade educativa demandou novos olhares e, como consequência,

> [...] com discernimento e sabedoria no modo de proceder da Companhia de Jesus. A construção do Projeto Educativo Comum, a participação das 17 escolas, o alinhamento das atividades, a preocupação com a formação dos colaboradores, tudo isso nos torna um corpo que bebe da mesma fonte.

Na perspectiva jesuítico-inaciana, o discernimento requer o que se chama de matéria a ser discernida, ou seja, recursos à disposição, que bem podem ser informes de pessoas sobre situações ou mesmo a respeito de outras pessoas sobre as quais se discerne quanto à adequação para cargos de gestão, mas também pode ser um *corpus* de documentos. Trata-se de munir os gestores com elementos que ajudem a tomar decisões segundo a missão assumida pela rede. Nesse sentido, Lowney (2015, 25) diz que "a tarefa dos administradores jesuítas não era persuadir os recrutas do que tinham de fazer, mas equipá-los com a capacidade de discernir por conta própria o que precisava ser feito". A RJE, desde sua origem, buscou subsidiar gestores novos e antigos de elementos que possibilitassem a tomada de decisões ancorada nos princípios e valores da Companhia de Jesus.

A documentação produzida pela RJE se torna insumo para o discernimento nas unidades que a formam. Para alguns dos respondentes, os documentos como o PEC, o estatuto da RJE, o planejamento estratégico, as diretrizes curriculares do ensino médio, as orientações para o novo ensino médio e os anais do congresso de 2019 são elementos que favorecem o discernimento (R35). A R9 o atesta dizendo:

> Alguns documentos potenciais organizados pelo EC, em alinhamento com os GTs, são importantes referenciais na elaboração de projetos, nos encaminhamentos e discernimentos: estatuto da RJE, PEC, planejamento estratégico da RJE...

É característica da gestão inaciana a consulta, a escuta ativa, que leva a um discernimento mais assertivo, mais "harmônico", considerando os desafios do tempo presente em um mundo em contínua mudança. É modo específico de fazer gestão que vai além das normas e regras do mercado. É a busca pelo bem mais universal, o maior fruto apostólico, e está atento às urgências em vista da defesa e promoção da vida. Assim, o fio condutor do processo de tomada de decisão se baseia na escuta ativa e no discernimento.

> A CJ tem um *modus* singular na composição da gestão. Acredito que o exercício da escuta e o discernimento na consolidação

dos processos decisórios são marcos e diferenciais, em vista da compreensão e busca do Bem Maior, do melhor serviço e da gratuidade (R2).

O discernimento, comunitário e inaciano, exige espaços para parar, refletir, rezar, escutar a "canção" de outros e discernir. O caminho inaciano de tomada de decisão, segundo Martin (2012, 260), supõe a "indiferença" ou a "liberdade interior" que vêm permeadas de escutas ativas: "Antes de entrar no processo de tomada de decisão, Inácio pede que tentemos ser indiferentes. Em outras palavras, que tentemos abordar o processo de tomada de decisão da maneira mais livre possível".

Nos processos de constituição da Rede, do PEC e de suas implantações, buscou-se criar estratégias contínuas, "liberdade interior" e, assim, dar voz e vez aos diversos membros da RJE para melhor discernir e decidir.

> A minha percepção sobre a forma de gestão inaciana ou jesuítica é de uma gestão de diálogo, escuta e participação para contribuir com o discernimento e a decisão que será realizada pela equipe diretiva. O que posso destacar é que há movimentos na formação de comissões e grupos de trabalho para refletir, propor e implementar projetos e propostas de ação, favorecendo a participação da comunidade educativa na construção da escola (R5).

A presença do princípio do discernimento comunitário no PEC foi explicitada da seguinte forma pela R11: "[...] o PEC orienta as principais formações de pessoas e de processos, acompanha atendimentos, organiza pautas importantes, instiga exercícios de discernimento comunitário e mobiliza os principais processos".

O discernimento exige envolvimento efetivo de colaboradores e supõe escuta atenta (R17 e R22), liberdade interior, pausas para reflexão, aprofundamento e *feedback* (R42), autonomia que permite liberdade e criatividade no agir (R30), abertura para o novo, ou, em se tratando de uma instituição confessional, abertura para as surpresas de Deus, que podem nascer da contribuição de qualquer um dos atores envolvidos.

Diversos respondentes citam o exercício de hierarquização como um momento importante de escuta e discernimento. A R36 afirma que

> [...] a experiência da hierarquização foi muito importante porque envolveu funcionários dos colégios, dos mais simples aos mais elevados na hierarquia, incluindo a todos. [...] Teve um papel relevante ao estabelecer objetivos comuns, metas e direcionadores para todos.

Na fundação da RJE e elaboração do PEC, o discernimento comunitário ajudou a evidenciar a visão e o compromisso compartilhados sobre a missão, o que foi reforçado no exercício de hierarquização. De acordo com R37, "considerando o exercício de hierarquização, tínhamos como que um espelho onde se refletia a visão dos colaboradores das unidades da RJE sobre o que deveria ser mais cotejado no documento".

O discernimento comunitário emerge como um princípio que poderia ser confundido ou mesmo dado como pressuposto na gestão inaciana. Ao evidenciá-lo como constitutivo do modo de gestão, afirma-se que a tomada de decisão requer considerar múltiplas fontes e possibilidades. Notadamente, é necessário ter presente a missão institucional, uma vez que os meios devem ser direcionados em vista do fim. Martin (2012, 263) aponta para o discernimento como contribuição para tomadas de decisões em contexto concreto:

> O discernimento tem uma finalidade prática. Não é simplesmente um meio de tentar conhecer a vontade de Deus, nem é apenas um meio para se chegar mais perto de Deus pela oração. O discernimento nos ajuda a decidir qual é a melhor maneira de agir. Ele não se resume ao nosso relacionamento com Deus, mas a viver a nossa fé no mundo real e concreto. Inácio era um místico voltado para resultados. E, como um homem prático,

ele não era resistente à mudança do seu pensamento diante de dados novos.

Desse modo, o discernimento como princípio norteador da gestão colaborativa fornece elementos para escolhas estratégicas e acertadas, ancoradas na escuta transparente e na liberdade interior, os quais evitam que os meios não se tornem fins em si mesmos, tampouco os fins sejam tratados como meios. O discernimento, portanto, favorece e promove o reto uso dos bens em vista da missão.

II. Adaptação e flexibilidade

Os jesuítas, historicamente, são conhecidos por sua capacidade de adaptação a diferentes culturas e contextos. Na gestão, isso representa a habilidade de acolher mudanças no ambiente de negócios e abraçar a diversidade de perspectivas e direcionamentos. A adaptação e a flexibilidade possuem relação direta com a escuta e acolhida de percepções diversas quanto à forma de organização e atuação.

O princípio da adaptação e flexibilidade é percebido pelo R17: "Um dos aspectos fortes do PEC no processo de sua implantação é a adaptação da gestão inaciana ao modo de ser e ao modo de proceder inaciano no contexto atual". Segundo o *Tradição Viva* (SJ, 2019, 95), a educação na Companhia de Jesus "adapta meios e métodos, a fim de atingir as suas finalidades com maior eficácia".

A RJE e o PEC buscam uma atualização das práticas na educação básica dos jesuítas no Brasil. Essa exige adaptar e adequar as atividades pedagógicas e de gestão a um novo contexto, que demanda, ao mesmo tempo, flexibilidade, ganho de parceria e sinergia entre as pessoas e as unidades educativas. Adaptação e flexibilidade servem para alcançar, de forma mais intensa e objetiva, os resultados considerados condizentes com a missão educativa jesuíta. Ao responder sobre o processo de mudança instituído com a criação da RJE e a elaboração e implementação do PEC, o R17 corrobora a visão de adaptação aos tempos. Em suas palavras,

> [...] a mudança foi um movimento de reconhecimento de pessoas, de tempos e de lugares (Kolvenbach). Para Kolvenbach, tal como Inácio propunha, a proposta da educação deve ser adaptada às circunstâncias de tempos, lugares e pessoas, o que, em linguagem atual, quer dizer estar inserido no contexto e contribuir na formação de cidadãos globais (R17).

Em outros termos, o binômio adaptação e flexibilidade requer a aplicação do princípio do discernimento em consideração de tempos, lugares e pessoas. No decorrer da fundação da RJE, a adaptação e a adequação à realidade foram discutidas com os atores de forma compartilhada. Buscou-se, pelo discernimento comunitário, flexibilizar os processos e projetos em curso e adaptar as unidades ao novo contexto social da educação no Brasil e ao novo cenário da própria RJE.

O processo de escrita do PEC delineia uma adaptação ao movimento em curso em nível global e local na Companhia de Jesus, em se tratando da educação básica. Essa adaptação teve relação direta em corresponder e em atender, em sintonia e coletivamente, aos objetivos estratégicos que a Companhia de Jesus deflagrava mundialmente. O R37 percebe que a construção do PEC cotejou esse princípio, de tal modo que,

> Na escrita do documento, fizemos a escolha deliberada por seguir o mesmo movimento do Sistema de Qualidade na Gestão Escolar (SQGE). Desse modo, pensava-se em colocar a RJE num mesmo movimento da FLACSI, de modo que o documento da RJE estivesse em sintonia com os movimentos de gestão e qualificação pedagógica pretendidos pela Companhia em termos universais.

Adequar o processo de construção do PEC às realidades dos contextos locais dos diversos educadores e ao espaço onde se concretiza a desafiadora arte de educar supôs recolher, acolher e sistematizar sonhos e projetos que permeavam a ação pedagógica e formativa presente nas unidades que formam a RJE. Nesse sentido, indicando a característica primordial do exercício da flexibilidade e adaptabilidade, foi necessária a abertura a novos olhares e novas estratégias, ainda que demandassem a abdicação da estratégia inicial, dando voz e vez a outros atores ("cantores"), permitindo sua participação nos processos, a fim de redesenhar rumos e repensar decisões. Tratou-se de construir uma canção que pudesse recolher e acolher aquilo com que cada um dos atores e das obras que compõem a Rede pudesse contribuir, para que esses, consequentemente, se reconhecessem na canção construída.

O R41 diz que teve "a honra de participar do grupo que colaborou na primeira fase de elaboração do PEC de 2015 a 2016". Sobre a experiência de participação no PEC, tanto para ele quanto para os membros da RJE, complementa: "[...] recordo-me que foram tempos intensos, de muitas viagens, leituras, trocas, aprendizagens. Tempo de mobilizar pessoas, instituições, rever conceitos, revisar passos, ver os sinais dos tempos, novos tempos" (R41).

O princípio da adaptação e flexibilidade também se explicita quando a RJE define que o PEC, que fora inicialmente projetado para ter validade de quatro anos, seria atualizado para um novo ciclo de mais cinco anos.

> Esta edição atualizada terá o período de vigência de 2021 a 2025. Nesse período, os diretores-gerais assumem como prioridade definir, com as lideranças das unidades, quando e como implementar as orientações que aqui se apresentam e quais os ajustes necessários em cada unidade educativa. O novo período de vigência se inaugura atravessado pelo contexto pandêmico que tem afetado e transformado o modo de ser e de existir de toda a humanidade, pessoas e instituições (RJE, 2021, n. 19, 24).

Note-se que, na versão atualizada do PEC, lançada em 2021, explicita-se que o contexto da pandemia de Covid-19 requereu uma flexibilidade e adaptação frente à decisão de reescrever ou atualizar a primeira versão do PEC. O contexto acaba impactando a vida de todos os atores ("cantores") das comunidades educativas na sua organização, nos seus processos de ensino e de aprendizagem, demandando que assumam seus papéis (no "coral da RJE"), considerando as necessidades da missão educativa. Assim, na apresentação do PEC, é reconhecido que,

> Na escola, esse contexto tem impactado todos os seus âmbitos: na gestão, no currículo, no processo de ensino e aprendizagem (remoto/híbrido), nos ambientes de aprendizagem, nas novas metodologias e tecnologias, fazendo com que todos os atores assumam seus papéis de uma nova maneira, pela aprendizagem integral com vistas à cidadania global (RJE, 2021, n. 19, 25).

O princípio de adaptação e flexibilidade de contextos, de processos, de projetos e de pessoas orienta a gestão colaborativa. Nesse sentido, interpretar um contexto sociocultural e assumir a necessidade de adaptação das obras aos ambientes em que estão inseridas e ao tempo presente possui relação direta com a opção dos jesuítas pela educação, apontando para outro princípio que orienta a gestão: a formação continuada e o desenvolvimento dos colaboradores.

III. *Formação continuada e desenvolvimento dos colaboradores*

Os colégios são um eixo importante da missão da Companhia de Jesus. Escolas, colégios e universidades são reconhecidos como "casas do saber", ou seja, lugares em que se constrói o conhecimento e se impactam vidas, que se expressam em indivíduos, grupos e sociedades por meio de educação de qualidade.

Esse propósito requer um olhar constante para a formação dos seus quadros. Formar bem os educadores para que possam servir mais e melhor no apostolado educativo. Nessa perspectiva, há clareza na definição do que se pretende ao constituir colégios e que, para a gestão de pessoas, haja profissionais dotados de discernimento, abertos à leitura apurada do contexto, aptos para construir propostas pedagógicas capazes de desenvolver as potencialidades consideradas mais adequadas tanto para os educadores quanto para os estudantes, permeando os diferentes espaços do ambiente escolar.

> Para isso, é necessário construir projetos de maneira integrada entre os diferentes setores ou áreas das unidades educativas que considerem todas as etapas da vida escolar. Tais projetos garantem o protagonismo do estudante e sua representação nas diferentes instâncias da vida e da organização escolar (representações de turma, grêmios estudantis e colegiados) (RJE, 2021, n. 53, 42).

Parece óbvio que uma instituição que possui como missão a educação também tenha como princípio educar continuamente não somente os alunos, mas também seu corpo de colaboradores. Porém, como essa prática envolve desembolso financeiro significativo, exige-se uma opção clara e coerente para que a organização o faça. Na pesquisa, foi possível identificar, na literatura jesuíta, práticas gerenciais coerentes com a proposta formativa.

> Embora a formação de lideranças à luz dos valores cristãos se dê no trabalho educativo como um todo, nas unidades educativas da RJE, entendemos que aqueles que lidam cotidianamente com os estudantes são os agentes mais importantes dessa formação (RJE, 2021, n. 53, 42).

A revisão da literatura jesuíta aponta que a qualificação dos educadores é central e que é princípio gerencial investir na formação continuada e no desenvolvimento dos estudantes e dos colaboradores que atuam nos colégios. Na constituição das práticas da Rede, observa-se opção clara por investimentos na capacitação e desenvolvimento dos funcionários, favorecendo o desenvolvimento pleno do potencial de cada um com vistas a estarem mais aptos para atuar no desenvolvimento da comunidade acadêmica.

> A forma de gestão aqui no colégio é baseada em uma gestão inaciana, o programa de desenvolvimento de gestores – PDG – é uma formação continuada que busca desenvolver no gestor uma liderança baseada nos princípios inacianos, dotando a pessoa de instrumentos para discernir, por si mesma, o que deve fazer nas circunstâncias habituais da vida (R27).

Além de incentivo à participação em processos formais de estudos, como especialização, mestrado e doutorado, especialmente os realizados em convênio entre a RJE e a Universidade do Vale do Rio dos Sinos, outras iniciativas, como reuniões periódicas para estudo de documentos e discussão de práticas, representam o princípio gerencial de formação e desenvolvimento jesuíta. Na implantação do PEC, esse princípio foi explicitado em práticas como as apontadas pela R5: "O movimento mais significativo que pude perceber foi com as professoras regentes do 1º ao 5º ano, que, junto aos coordenadores de série, estudavam o documento semanalmente nas reuniões de equipe". R9 afirma:

> As formações da Rede, voltadas para o fortalecimento da nossa identidade, carisma e missão, muito contribuem para o entendimento dos diferenciais da proposta educativa e dos fundamentos e práticas da educação jesuítica na contemporaneidade, dando clareza e maior assertividade na implantação de projetos pedagógicos que potencializem a formação integral para uma cidadania global.

O processo de criação da rede, o desenvolvimento e a implantação do PEC estiveram permeados pelo princípio da formação e desenvolvimento dos atores dos colégios e escolas de tal forma que as atividades eram desenvolvidas em uma perspectiva não somente de participação, mas de desenvolvimento pela prática colaborativa. Em uma perspectiva explícita da importância de ampliação constante da formação, houve também o estabelecimento do PDG.

> O processo formativo da unidade para com todos os gestores foi fundamental para o desenvolvimento de lideranças, para o apoio emocional e para o desenvolvimento da espiritualidade. Essa proposta formativa é denominada PDG (programa de desenvolvimento de gestores) e contempla a dimensão "clima institucional da escola" (R19).

O gestor/líder a ser desenvolvido também deveria possuir ou adquirir um perfil adequado para as obras jesuítas, conforme se observa em texto da RJE: "Uma obra educativa da Companhia de Jesus tem como um dos seus objetivos a formação de líderes que tenham, na justiça e no serviço, seus principais compromissos" (RJE, 2021, n. 52, 42).

O documento "Colégios jesuítas: uma tradição viva no séc. XXI" indica que a formação dos educadores é algo contínuo. A formação contínua facilita contato com temas que estão na ordem do dia, como, por exemplo, o trabalho colaborativo e em Rede e o cuidado de todos, especialmente das pessoas mais vulneráveis.

> Trabalhar com a equipe gestora dos colégios para que todos, equipe docente e pessoal de apoio, recebam formação em cidadania global, de modo que possam ajudar os estudantes a compreenderem o seu futuro como cidadãos do mundo (SJ, 2019, n. 250, 81).

O desenvolvimento contínuo da equipe de colaboradores que intenciona o desenvolvimento pleno da pessoa e de todos os membros que compõem a comunidade educativa aponta também para o próximo princípio, pois visa desenvolver percepções específicas de integração e articulação em toda a comunidade acadêmica.

IV. Integração e articulação entre dimensões e pessoas

> A proposta de formação integral não pode se consolidar como um somatório de partes, cada qual sob a responsabilidade de uma equipe ou setor, pois é da integração que conseguiremos avançar em direção aos frutos esperados do nosso processo educativo (RJE, 2021, 46).

A epígrafe acima, retirada do PEC, apresenta o quarto princípio do modo de gestão inaciano, que foi observado a partir da aplicação da análise por triangulação. A integração e a articulação se referem às pessoas, às dimensões constitutivas do PEC, aos processos pedagógicos e administrativos que são desenvolvidos nas unidades educativas da RJE, bem como a toda a organização administrativo-pedagógica.

Esse texto demonstra como o documento sinaliza a relação entre o exercício da gestão colaborativa e a obtenção de resultados, ou a consecução dos fins estabelecidos no processo educativo. Na medida em que esse princípio orienta a colaboração em rede, é possível identificar como a fundação da RJE apontava para uma unidade, seja no sentido de uma identidade, seja no sentido de aproximação e geração de colaboração mediante a liderança institucional. Ao mesmo tempo, gera um sentimento de pertença, o qual cria vínculos e confirma como a integração e a articulação ancoram a gestão colaborativa. Na fala da R19, observa-se a concretude do princípio na fundação da RJE: "Os pontos fortes da fundação da RJE foram a unidade de ações, o sentido de cooperação entre as unidades, a liderança positiva, o sentimento de pertença a uma RJE por parte dos colaboradores".

A integração e a articulação são identificadas na fala do R22: "Tive e tenho contato com princípios da gestão inaciana ou jesuítica. A escuta, a colaboração, o trabalho em rede, o discernimento, os colegiados, os exercícios contínuos em fóruns diversos". Sob esse princípio, observa-se a realização de seminários, grupos de trabalho, processos de comunicação, procedimentos de consultas frequentes, aproximações entre as unidades e disponibilização e uso de recursos tecnológicos de comunicação e gestão integrada. A R12 destaca que a fundação da RJE corroborou a integração:

> Com a fundação da Rede, percebo um trabalho mais integrado entre as escolas, com trocas de experiências que qualificam o trabalho enquanto "corpo". Uma experiência atual em que percebi esse importante trabalho colaborativo foi o apoio mútuo entre as Unidades no período de aulas remotas.

Práticas de integração e articulação foram desenvolvidas pelo escritório da Rede, responsável por dinamizar alinhamentos, promover encontros, facilitar aproximações, assim como redesenhar processos estratégicos para a composição da RJE. Para dar voz e vez a distintos atores presentes nas 17 unidades educativas da RJE, foram cruciais as estratégias de articulação, mobilização e escuta de profissionais com distintas competências, seja comportamentais ou técnicas, para que pudessem colocar dons e talentos, tempo e energia, saberes e conhecimentos a serviço da RJE.

> Nessa constituição da RJE, o escritório central (EC) tem desempenhado um papel importantíssimo e o principal aspecto que destaco é o da mobilização e articulação do capital intelectual interno presente nas unidades educativas de todo o Brasil, no planejamento e realização de projetos de interesse comum (R31).

O escritório central foi percebido pelo R17 como apoiador e fortalecedor das unidades, criando elos de colaboração que estabeleceram uma rede que reforçava cada obra e, em consequência, a si mesma. Note-se que a ideia de colaboração decorre de integração e articulação, visto que, quanto mais integração e articulação houver, tanto maior será a colaboração.

A criação de grupos de trabalho, com profissionais de colégios diversos, também foi destacada como prática importante de desenvolvimento da integração e articulação em vista do trabalho conjunto na elaboração e implantação do PEC. O R31 indica sua concordância com a metodologia de trabalho e satisfação por fazer parte ativa do processo: "[...] ilustro com isso os GTs para elaboração do PEC 2016 e, mais recentemente, o de sua atualização para o quinquênio 2021 a 2025".

A própria concepção do trabalho em rede e a forma como foi estabelecida sua apropriação e desenvolvimento indicam a importância do princípio de integração e articulação para a gestão jesuítico-inaciana, representada na fala da R36:

> A RJE significa uma mudança cultural profunda de integração, horizontes comuns, trabalho colaborativo e participativo. Cultura exigente, promotora de muitos deslocamentos institucionais e pessoais. A partir dela nos constituímos como um corpo apostólico, sistêmico, que busca avançar a partir de horizontes educacionais nacionais e globais. Destaco o PEC, o planejamento estratégico e o sistema de qualidade como fomentadores da cultura de rede e promotores de grandes avanços na cultura organizacional.

O PEC da RJE foi um canal catalisador da estratégia de articulação e integração. Mais do que favorecer a gestão, o PEC proporcionou a sintonia afetiva na rede, motivando a adesão a diretrizes comuns que pudessem "impactar o modo de construir o percurso educativo da Unidade, o que foi importante para todas, a meu ver" (R30).

A integração e a articulação favorecem a colaboração, que, segundo a concepção de gestão inaciana, é estratégica para o fomento da missão jesuíta. Nesse sentido, o R27 ajuda a melhor entender como o PEC favoreceu a instituição desse modo de gerir:

> Acredito que o PEC contribui para uma gestão colaborativa e em rede, pois a visão inaciana de ser humano não considera como líderes unicamente quem exerce o poder, ou cumpre uma função de mando. Todo ser humano é um líder e a todo o tempo

está exercendo esse dom, em especial a colaboração com os liderados, e estendendo isso para a Rede, percebendo que é um bem maior.

O PEC preconiza que a intencionalidade da integração e da articulação expressa a missão educativa e orienta a organização institucional. Desse modo, de acordo com o PEC,

> [...] a organização interna e o organograma institucional refletem essa intencionalidade. O modelo matricial de estruturas organizacionais é o que mais se aproxima da integração desejada nas unidades da RJE, já que favorece o funcionamento harmônico das diversas instâncias da instituição, com vistas ao atendimento satisfatório do que emana da proposta pedagógica (RJE, 2021, 46).

Tendo tratado do princípio de integração e articulação, passa-se, a seguir, a apresentar outro, característico da espiritualidade e pedagogia inacianas, que orienta a gestão.

V. *Cuidado com a missão:* cura personalis *e* cura apostolica

> As expressões *cura apostolica* e *cura personalis*, relativamente recentes na tradição da Companhia, remetem a uma experiência que perpassa toda a vida de Inácio, que a ela se refere como "cuidado" (SOSA, 2020, 4).

Cura *personalis* e *cura apostolica* não são expressões que Inácio de Loyola cunhou e tampouco aparecem nos primeiros escritos da Companhia de Jesus (MESA, 2019)[3]. Não obstante, trata-se de um princípio

---

3. Mesmo que no âmbito da educação da Companhia de Jesus o centro esteja no cuidado da pessoa, segundo o padre Gabriel Codina SJ, a expressão *cura*

moderno que explicita uma prática que estava presente no modo de proceder de Inácio de Loyola, que se caracteriza pela atenção e pelo cuidado com a pessoa, entendida em sua integralidade.

Esse princípio enfatiza não só o cuidado individual e holístico com as pessoas, mas também um modo de desenvolvimento da missão. *Cura personalis* e *cura apostolica* são dimensões de uma única *cura*, quer dizer, o cuidado com a missão que a Companhia de Jesus recebeu e delega a seus membros e colaboradores (SOSA, 2020). Na gestão, essa *cura* se traduz em tratar as pessoas, especificamente os funcionários, como seres humanos completos, ocupando-se com seu bem-estar físico, emocional e espiritual. Se, de um lado, a sustentabilidade precisa ser bem orientada, por outro lado, não se configura como um fim. A centralidade da pessoa define o modo de gestão inaciano e orienta o exercício da gestão e do trabalho. Por isso, nas palavras da R8:

> Acredito que uma gestão para ser denominada inaciana ou jesuítica deve atentar para os princípios que regem a Companhia de Jesus. Inicialmente uma gestão que coloca a pessoa no centro de seus processos e projetos, e não como os meios e os instrumentos. Uma gestão que, à luz da fé cristã e dos princípios católicos e inacianos, seja justa e solidária, sem perder a firmeza de propósitos; uma gestão que seja inspiradora no sentido do acolhimento aos demais, e que alie competências técnica e acadêmica às de cunho moral e ético.

Segundo o documento *Tradição Viva* (2019), os colégios devem garantir a dignidade, o respeito e o cuidado de todas as pessoas, o que está fundamentado no princípio da *cura personalis*: "[...] os colégios devem prezar pela dignidade e pelo valor de cada um de seus membros" (SJ,

---

personalis aparece (seria a primeira vez?) na instrução do padre Ledóchowski sobre as universidades e colégios da Assistência dos Estados Unidos da América em 15 de agosto de 1934, instrução revista pelo padre Janssens (27 de setembro de 1948) (CODINA apud MESA, 2019, 148-149).

2019, n. 262, 83). No mesmo documento, identifica-se que o exercício da *cura personalis* e da *cura apostolica* leva a não dissociar o compromisso com recursos financeiros e o desenvolvimento da missão. Esse princípio valoriza a pessoa e, ao mesmo tempo, compreende a necessidade de uma disposição consciente de cuidado com os recursos. Isso se evidencia nas palavras do R38 sobre a gestão inaciana, para quem a

> [...] gestão inaciana se faz baseada nas pessoas, sem perder os números de vista. Mas prioritariamente nessa ordem, primeiro vem a pessoa e só depois os números. De fato, precisamos dos números (quantidade de matrículas, percentual de inadimplência, percentual de folha etc.), porém acredito que, numa instituição da Companhia, temos que dar testemunho dos princípios da Igreja (R38).

O cuidado com a pessoa é constitutivo do modo de gestão inaciana, como observa a R9 ao afirmar que entender esse aspecto fortalece a missão e a visão de uma instituição educativa da Companhia de Jesus, à medida que favorece a colocação da pessoa no centro do processo e a potencializa para que coloque o seu melhor a serviço dos demais.

Na perspectiva de reconhecer quais princípios são relevantes, o R6 aponta o cuidado como parte fundamental do modo de gestão e da cultura institucional da educação jesuíta, destacando "o cuidado, sendo ele um dos aspectos mais relevantes, e o respeito. Ambos são observados não somente nos gestores, caracterizando a cultura organizacional da escola, mas também na comunidade educativa".

A elaboração do PEC contemplou esse princípio ao tratar da *cura* como modo de proceder para desenvolver a formação integral. Decorrente do que está exposto no documento, o R41 indica que esse princípio orientou, durante a pandemia de Covid-19, o modo de exercer a gestão, sobretudo quando se tratou de questões que envolviam os colaboradores e outras pessoas da comunidade educativa. Em suas palavras,

Durante o período da pandemia, o PEC teve uma importância vital na criação de políticas de cuidado e valorização das pessoas, no estilo de gestão a ser praticado durante aquele período de exceção e foi norteador diante das questões mais exigentes, como o exercício da *cura personalis* na ação prática com os colaboradores e demais membros das comunidades educativas (R41).

Reconhecido como um princípio orientador da gestão inaciana, o cuidado com as pessoas, como missão, reverberou no PEC, de tal forma que as unidades da RJE são orientadas a atravessarem seu modo de proceder e organizar sua gestão interna mediante o exercício desse princípio. Dessa forma,

> [...] a *cura personalis* tem sido assumida nas unidades educativas da Companhia de Jesus como princípio fundamental do "cuidado com a pessoa", que deve orientar o modo de proceder de todos na instituição para com todas as pessoas. Cada estudante aprende de um jeito próprio e é acompanhado em seu processo de desenvolvimento. Utiliza-se também dessa expressão para os relacionamentos entre todos os membros das comunidades educativas, chamados a cuidarem uns dos outros (RJE, 2021, 69-70).

Observa-se que a *cura personalis* e a *cura apostolica* são reconhecidas como princípio da gestão colaborativa inaciana, evidenciando que a pessoa é considerada como centro de todo o processo formativo da educação jesuíta, porque a missão contempla o ser humano em sua formação integral.

No horizonte de formação da pessoa, é apresentado, na próxima seção, o *magis* inaciano como outro princípio orientador do proceder e da gestão inaciana.

VI. Magis

Destaco, sobretudo, a busca constante do *magis*; a percepção de que os recursos, ao cabo e ao fim, estão para a missão; que a gestão é evangelizadora; que deve se considerar e respeitar o contexto; que não se deve abrir mão de nenhum talento (R13).

Magis é uma palavra latina que, em português, significa "[...] mais, o maior ou o melhor" (PEC, 2021, 73). É uma característica identificadora da tradição espiritual inaciana, na medida em que Inácio de Loyola afirma que o ser humano tem uma finalidade existencial: corresponder ao benefício de ter sido criado gratuitamente por Deus. A contrapartida humana é oferecer o seu *magis* em termos de deliberação sobre o que mais o levará a corresponder à finalidade da própria vida.

No texto das *Características da Educação da Companhia de Jesus*, sobre o *magis* se lê que "Inácio insistiu repetidas vezes no *magis*, o 'mais'. A sua preocupação constante era o maior serviço de Deus através do seguimento mais próximo de Cristo" (SJ, 1989, n. 105, 58).

Ora, nessa mentalidade não há espaço para a mediocridade. Desse modo, em termos atuais, *magis* refere-se à busca pela excelência e pelo melhor. No PEC, esse princípio de gestão se apresenta, entre outras formas, na seguinte perspectiva: "a gestão institucional possibilita a garantia de profissionalização dos processos, alinhada à identidade inaciana e à busca do *magis*" (PEC, 2021, 44).

No desenvolvimento dos trabalhos da rede e do PEC, os princípios de gestão inaciana são imbricados, o que se observa na fala da R3: "Uma das características dessa forma de gestão é a vivência do cuidado com a pessoa, a vivência da espiritualidade, o *magis*, a justiça, o cuidado com a avaliação de si e dos demais em vista do crescimento, dentre outras características".

O *magis* traz consigo a disposição de potencializar valores e toda forma de relacionamentos que contribuam na missão educativa. O *magis* induz o profissional a uma gestão focada em melhoria contínua, inovação e desenvolvimento, tanto pessoal, quanto organizacional, resumida pelo R37 como "[...] a busca pela excelência em termos de qualificação das pessoas e dos processos". Na Rede, ele põe a pessoa a caminho, requer abertura ao outro, ao conhecimento que provém de diferentes contextos e pessoas.

Para o R37, a gestão inaciana é orientada pelo *magis*: "Trata-se aqui do *magis* Inaciano, entendido como a busca pelo bem mais universal para a instituição e o desenvolvimento da missão educativa". A busca do bem mais universal implica atenção constante para a leitura do contexto, dos atores, dos processos decisórios, incluindo perspectivas civis, políticas, econômicas, religiosas e culturais. A sintonia com o contexto possui relação direta com a capacidade de escuta e leitura da realidade na qual as unidades educativas e a rede estão inseridas. Na disposição de acentuar a excelência, a gestão se incumbe de "promover o bem comum, a escuta, o diálogo, a ponderação, o discernimento, buscando sempre o 'bem maior'" (R30).

Em termos educacionais, "buscar o *magis*, portanto, é oferecer o tipo e o nível de educação para cada grupo de estudantes, segundo sua idade, que melhor corresponda às necessidades da região em que se encontra o colégio" (SJ, 1989, n. 108, 59). Pode-se afirmar que a gestão colaborativa é orientada pelo *magis* e tem na excelência construída dessa maneira seu modo de atualização contemporânea em busca de otimizar recursos e fomentar o desenvolvimento integral da pessoa.

Uma liderança que se guia pelo *magis* se empenha para que cada um dos membros da comunidade educativa encontre um espaço adequado para a aprendizagem integral, desenvolvendo dons e talentos para o bem comum, o cuidado com a pessoa, a casa comum e com a justiça social. Uma liderança que encoraje e apoie a todos para descobrirem a "melhor versão de si mesmos", para realizarem-se como pessoas e cidadãos, para professarem a fé cristã, comprometendo-se com a vivência da fé em comunidade, e para, assim, desenvolvendo suas potencialidades nas dimensões cognitiva, socioemocional e espiritual-religiosa, buscarem o bem mais universal, o maior fruto, respostas aos desafios mais urgentes e uma canção que encante os homens e os faça dar as mãos.

Lowney define bem, em seu livro *Liderança heroica*, a ideia de que precisamos pensar em gestão como líderes que lideram líderes, não seguidores. As lideranças intermediárias precisam ganhar protagonismo, assumir seus próprios projetos de melhorias – *magis* (R11).

O *magis* também é orientado pelo princípio que será apresentado na sequência, na medida em que requer ser conduzido pela percepção do que é mais aos olhos de Deus.

VII. Encontrar Deus em todas as coisas e todas as coisas nele

Os jesuítas acreditam na presença divina em todos os aspectos da vida, seja nas pessoas, na convivência interpessoal, na relação com a natureza, nas suas práticas, obras etc. Não basta, porém, haver essa presença. Ela necessita ser percebida, e sua identificação requer um exercício constante. As ações de jesuítas e seus colaboradores requerem um esforço, um exercício do olhar e da mente, para perceber a onipresença de Deus. Essa percepção é direcionadora das decisões e práticas, para que sejam coerentes com a divindade que permeia e entrelaça tudo.

Na gestão, essa perspectiva pode ser interpretada como encontrar significado e propósito nas atividades profissionais, reconhecendo que o trabalho é uma forma de serviço e expressão de valores cristãos e de identificação com Deus, que trabalha[4] continuamente nas pessoas, na natureza e em todas as coisas, conforme indica a espiritualidade e a pedagogia inacianas.

---

4. Segundo os EE de Santo Inácio, no número 236, na contemplação para alcançar o amor, o terceiro ponto a ser rezado propõe: "Terceiro [ponto], considerar como Deus trabalha e opera por mim em todas as coisas criadas sobre a face da terra, isto é, procede à semelhança de quem trabalhasse. Por exemplo, nos céus, nos elementos, nas plantas, nos frutos, nos animais etc., dando-lhes ser, conservação, vegetação e sensação etc. Depois, refletir em mim mesmo" (EE, 236).

Na perspectiva de encontrar Deus em todas as coisas, é imperativo que se cuide das pessoas, dos processos, da natureza, e que a gestão mobilize e seja capaz de conceber e construir novas canções que reconheçam e cantem a divindade "em tudo" no seu agir nos colégios.

A perspectiva de encontrar Deus em todas as coisas se materializa na sutileza da descrição da experiência que o R17 teve sobre as ramificações e sentimentos suscitados pelo PEC:

> O PEC (2016) nos fez mergulhar em "águas mais profundas", no sentido evangélico e, também, ontológico-pragmático. A entrega da Rede aconteceu no seminário de lançamento do PEC. O Anchieta foi referência, apoio e anfitrião na ocasião. Em linguagem figurativa, o Cardoner represado inundou o Colégio, e as águas dos rios de cada unidade desembocaram no oceano da educação jesuíta, dando nova forma à missão universal. A suave brisa do espírito do Cardoner tocou mentes e corações no CECREI/SL, onde ocorreu o evento, e a força da Rede, feito "vento minuano", sinalizou o fim do inverno e a chegada da primavera. A semente lançada logo brotou generosa e vicejante nos canteiros da Rede e em suas 17 unidades educativas. O lançamento do PEC pautou a educação jesuíta como aspiração à excelência acadêmica, humana e cristã, norte comum para gestores e educadores.

Buscar Deus em tudo é um desafio constante na gestão jesuíta, pois direciona o pensar e o agir no sentido de inseri-los em uma abordagem sistêmica, holística, que ultrapassa resultados imediatos, muitas vezes focados em objetivos e finanças, para se dedicar a resultados considerados mais amplos e "divinos". Essa perspectiva lança desafios de alinhar práticas mais "mundanas", quando se considera uma gestão que precisa incorporar a manutenção de obras e seus resultados financeiros, com práticas de reconhecimento dos indivíduos e suas necessidades, que implicam uso de recursos escassos.

Esse princípio exige que os gestores não somente tenham noções adequadas e conheçam técnicas de gestão escolar atualizadas, mas também trabalhem para desenvolver estratégias formativas, conciliando custo e benefício, para alcançar o que se considera, em cada momento, representar a maior glória de Deus, que, em última instância, é favorecer que o *magis* de cada colaborador e educando possa se desenvolver e vivificar.

A atuação gerencial nas obras, dessa forma, requer, além da capacidade técnica, percepção diferenciada sobre valores evangélicos a serem buscados, como definido no documento da rede: "À competência técnica e à qualidade necessária, junta-se a necessidade de uma postura de austeridade diferenciada, que se assenta na experiência mesma de Santo Inácio e nos critérios evangélicos" (RJE, 2021, n. 65, 47).

O buscar a Deus em todas as coisas, na perspectiva jesuíta, implica adequar a saúde financeira e a perenidade da instituição em vistas da missão. Não representa uma espiritualidade descontextualizada, mas inserida no mundo, consciente dos desafios e focada em uma gestão diferenciada pela sua finalidade. A fala da R9 representa essa perspectiva:

> Reconheço os princípios e valores enunciados pela Rede, juntamente com a sua missão e visão (discernimento, cuidado com a pessoa, colaboração, criatividade, inovação, amor e serviço), como os principais norteadores do modo de fazer gestão nas escolas jesuítas. Esses princípios fortalecem uma gestão humanizada e colaborativa, pautada na cultura do cuidado e da escuta.

O princípio de percepção de Deus em todas as coisas exige uma gestão atenta ao mundo, à natureza, às pessoas, assim como considera os problemas ecológicos que afetam o planeta e "desinstala" o gestor para que contribua com estratégias gerenciais que considerem a "nossa casa comum". A perspectiva de encontrar Deus em todas as coisas, com repercussão na ecologia, é expressa na RJE como constatação de que "um compromisso ecológico de reconciliação e de cura da Terra juntamente com o compromisso com a justiça social são necessidades urgentes na medida em que afetam a todas as pessoas do planeta" (RJE, 2021, 86).

A orientação da RJE aponta para a importância da percepção das coisas e seus usos:

> Meios para os fins: essa é a máxima que nos norteia, quando se trata de gerenciamento de recursos. Nossa natureza institucional e sua raiz na experiência de Inácio de Loyola demandam constante preocupação com o uso consciente de recursos e com a justiça social, sem nos eximir da qualificação técnica e do profissionalismo necessários à execução da tarefa educativa e dos processos de gestão a ela inerentes (RJE, 2021, n. 65, 47).

Buscar Deus em todas as coisas é também um dos grandes mobilizadores da opção de oferecer uma educação de qualidade a toda a comunidade acadêmica e da busca em ampliar o acesso a essa mesma educação. Esse princípio também justifica o compromisso histórico (uma "canção") dos jesuítas com a justiça socioambiental e a defesa dos menos favorecidos e do meio ambiente. A pobreza ou exclusão social de pessoas é claramente um atentado a quem identifica Deus nas pessoas que sofrem. A partir desses pressupostos, o gestor inaciano deveria se sentir interpelado pela pessoa de Jesus Cristo, que se revela como Bom Pastor, que veio para que todos tenham vida em abundância (Jo 10,10). Ao vislumbrar encontrar Deus em todas as coisas, busca-se desenvolver uma percepção de indignação e inquietação diante de práticas excludentes, de agressão à natureza, de desigualdade econômica, de exclusão do acesso a bens culturais, de discriminação por questões étnicas, de gênero, de religião etc.

Na gestão, esse princípio considera o impacto das decisões organizacionais na sociedade, e trabalhar para promover a equidade é elemento mobilizador. Embora haja a clara consciência de que a exclusão não se extirpa por práticas assistencialistas, há também a clareza de que irmãos carecem de suporte e acolhida imediata. Conciliar, de acordo com suas capacidades de atuação, práticas de inclusão e assistência também foi preconizado e incentivado na Rede e no PEC, conforme observado pela R5:

> A partir da implementação do PEC, alguns movimentos importantes aconteceram na escola. Entre eles, destaco a consolidação da política de inclusão na unidade com a criação do Núcleo de Apoio Educacional (NAE), para atender a estudantes com NEE e com deficiência.

Os colaboradores foram instados a desenvolver percepção e consciência de que os resultados obtidos pela educação jesuíta também possuem uma perspectiva mais ampla, não se restringindo a como o educando conclui seu processo formativo no colégio, mas considerando valores incorporados e sua possível atuação futura em uma perspectiva mais holística e de compromisso com o mundo, especificamente com a justiça social, como apontado no PEC.

> De acordo com o *Tradição Viva*, "o verdadeiro êxito de nosso esforço educacional não pode ser medido por quem é o indivíduo no momento da formatura. Em vez disso, o sucesso da educação jesuíta é mais bem medido pela maneira como os formandos comprometem suas vidas nas décadas seguintes" (n. 285). Na forma como os antigos estudantes se unem "às demandas por Justiça social" (n. 211) (RJE, 2021, n. 108, 59).

Encontrar Deus em todas as coisas não é um princípio passível de ser realizado sozinho, mas de forma sinodal, o que aponta para outro princípio da gestão inaciana, o trabalho colaborativo, ou o caminhar juntos para atingir os objetivos.

VIII. Trabalho colaborativo

Para mim, uma gestão inaciana seria a gestão colaborativa e humanista, em que predomina o diálogo, a reflexão coletiva, a implicação e o espírito de colaboração e ajuda mútua, diante dos desafios, além do cuidado com o outro, no respeito à diversidade e à valorização de cada indivíduo. Para mim, o cuidado com o outro é o elemento mais relevante de gestão (R19).

O trabalho de forma colaborativa é princípio importante para a gestão inaciana desenvolver. Toda a mobilização da Rede e o processo de construção do PEC foram permeados por trabalho colaborativo.

No aspecto colaborativo, é relevante a troca de experiências, favorecida quando se constrói um projeto comum, elaboram-se e recuperam-se documentos norteadores e se articula em rede. A R7 manifesta a importância da RJE no que tange à colaboração e à troca de experiências: "[...] na minha percepção, a fundação da RJE acentuou o processo de colaboração e troca de experiências entre as unidades e entre seus colaboradores".

Para desenvolver um trabalho colaborativo, a criação da Rede e o desenvolvimento do PEC buscaram desenvolver pontos de convergência, discutir e definir princípios comuns, compartilhar elementos da tradição e da forma de atuação jesuíta, bem como resgatar práticas que representam a história da Companhia de Jesus, reforçando a definição pela rede e o sentimento de pertença a ela. O processo de fundação da RJE e a forma de construção do PEC explicitaram uma missão articulada, colaborativa e comum.

> O horizonte comum da missão educativa enquanto Rede gerou um espírito de colaboração e de cooperação, fruto da liberdade e da capacidade humana e técnica de (re)leitura do legado histórico da Companhia como um modo de pensar, de ser e de proceder em contraface ao mundo competitivo neoliberal em que vivemos (R17).

Para desenvolver a colaboração efetiva, buscou-se conhecer e reconhecer os pares por meio de encontros, criar consenso em percepções, princípios e definições comuns, porém respeitando a necessidade de tempo, estudo, partilha e troca de experiências para internalizar princípios e valores jesuítas e práticas diversas.

> Escuta ampla, participação, colaboração e corresponsabilização marcaram o processo que culminou com a construção da primeira versão do mapa de aprendizagens, importante instrumento para a efetivação da aprendizagem integral preconizada no PEC (R39).

Um desafio para o trabalho colaborativo na Rede e que demanda atenção é a desejável, porém complexa, mobilidade de lideranças nos cargos de gestão. A mobilidade de jesuítas é um princípio dos membros da ordem, porém, quando a gestão de colégios passa a contar com leigos, com suas respectivas restrições de mobilidade, agregada a elementos de relações trabalhistas, é necessário criar novas formas de colaboração, talvez com menor mobilidade dos gestores. O tema da mobilidade é importante, e é relevante que se tenha atenção a esse aspecto, pois ele pode favorecer ou enfraquecer a colaboração.

A R9 expressa que, "a partir da compreensão da colaboração, as partilhas das boas práticas potencializaram o espírito de coletividade com intencionalidades, intensificando o projeto de formação integral". A colaboração é um princípio que enriquece o fazer educativo da Companhia de Jesus e é percebido como importante no enfrentamento da contínua e vertiginosa mudança dos ambientes em que os colégios estão inseridos. Nessa perspectiva, buscou-se construir, colaborativamente, formas de responder com seriedade, discernimento, eficácia e profundidade aos desafios do tempo presente, articulando as práticas em grupos e equipes que integravam atores dos diversos locais da rede.

No desenvolvimento dos trabalhos da rede, buscou-se acentuar a perspectiva colaborativa, destacando que "o espírito é de colaboração", o que gerou a articulação em GTs. Fazendo memória dos diversos GTs dos quais participara, o R16 destaca:

> Ao participar dos GTs, tive como preocupação possibilitar melhorias tanto nos processos de gestão, quanto na qualidade da nossa formação. Isso significa, em última análise, dar condições de ganhar em escala, encurtar caminhos, beneficiando as unidades da Rede, além de conectar os estudantes para que possam pensar, de forma colaborativa, enfrentando os desafios hodiernos.

Entre as expressões do trabalho colaborativo, respondentes indicaram os encontros de homólogos, que, na perspectiva do R14, favoreceram o diálogo, a troca de saberes, experiências e soluções coletivas, fruto de conhecimentos e vivências em obras diversas. Assim a colaboração entre homólogos, segundo R14,

> [...] oportuniza(rá) buscar solução de modo mais analítico e menos analógico, ou seja, aprender por meio de intercâmbios de tecnologias e saberes, sem precisar experimentar localmente situações-problema já evidenciadas em outros contextos.

A contribuição da colaboração é expressada como desafio para o futuro pelo R38, assim como a manutenção do estreitamento de relações entre pares, favorecendo e intensificando a colaboração.

> Acredito que, para os próximos anos, o maior desafio será o de estreitar ainda mais as conexões já criadas entre as instituições e colaboradores das mesmas, para que essa colaboração entre os pares aconteça de maneira mais constante, coerente e orgânica.

Um dos espaços mais intensos e profundos de aproximação e de colaboração visíveis no processo de construção da RJE é o fórum de diretores e o encontro das equipes diretivas. O R13 reconhece que existem espaços de aproximação de homólogos e de pares, tanto para estudantes quanto para educadores, e que eles possibilitam maior efetividade à alta gestão das e nas unidades. Segundo o R13,

> [...] existem experiências de aproximação sob a RJE. Considero os encontros de formação inaciana e as simulações de ONU as mais afetivas e efetivas para os discentes. Considero os encontros de equipes diretivas as mais efetivas para a alta gestão.

O movimento de colaboração indicou a importância da capacidade de multiplicar a aprendizagem e fazê-la chegar ao maior número possível de educadores, docentes e funcionários administrativos. A RJE, no princípio, focou um fórum de diretores; posteriormente, de homólogos acadêmicos, administrativos, de formação cristã e pastoral. A partir de 2016, incorporou encontros das equipes diretivas das três áreas (acadêmica, administrativa, pastoral) e de diretores-gerais, indicando a percepção da importância do princípio de colaboração.

Além desses, houve a ampliação para a articulação de outras frentes de pares, como profissionais da assistência social, da comunicação, de outras áreas de conhecimentos etc. Esses encontros, segundo o R17, foram e são importantes para a consolidação da rede inaciana:

> Acredito que as reuniões periódicas com os homólogos, assim como os eventos, [...] são momentos marcantes em que se reúnem os pares de diferentes países, realidades e culturas para conquistar afinidade de pensamento e unidade de ação. Deles colhemos mais intensamente a percepção de que "somos muitos e, ao mesmo tempo, somos um", de que temos uma grandiosa missão para dar conta. A RJE nos tem desafiado demais e nos tem ensinado bastante.

A colaboração em rede também sinaliza para o princípio de atuação local em sintonia com os colaboradores que atuam em outros espaços e objetivam resultados globais, o que é desenvolvido a seguir.

IX. Atuação local, com visão global e trabalho em rede

Queremos levar muito a sério o chamado da CG 35, D.2 N.20: "Servir a missão de Cristo hoje implica prestar atenção especial ao seu contexto global. Este contexto exige que atuemos como uma instituição universal com missão universal, constando, ao mesmo tempo, a diversidade radical das nossas situações. Procuramos servir aos demais em todo o mundo, como uma comunidade de dimensões globais e, simultaneamente, como uma rede de comunidades locais" (RJE, 2021, 85).

Desde sua fundação, a Companhia de Jesus se caracterizou por atuação em nível local, mas com sentimento de pertença e visão globais, alinhados com os companheiros espalhados pelo mundo. De certa forma, havia um trabalho em rede, não obstante esse último ser uma expressão mais contemporânea, potencializada com interações intensas, favorecidas por tecnologia de comunicação e agilidade de deslocamentos, característicos dos tempos modernos.

A atuação "global" dos jesuítas notabilizou-se nas práticas do século XVI com as descobertas ultramarinas das Américas realizadas por Espanha e Portugal. No caso brasileiro, essa atuação é emblemática, uma vez que, com a construção da cidade de Salvador, em 1549, edificou-se, por mãos de jesuítas que lá aportaram, a primeira escola brasileira. De igual modo, os jesuítas se lançaram a caminho do Oriente e pela Europa.

Atuar localmente com uma visão global e em rede é um princípio que tem orientado a gestão inaciana, conforme se depreende da citação da RJE que abre esta seção. Trata-se de gestão que busca construir pontes em um mundo muitas vezes fragmentado. A atuação global é intensificada pela perspectiva do trabalhar em rede, gerar unidade na diversidade, em sintonia com princípios e valores que extrapolam os limites geográficos de pertencimento. Nesse sentido, os gestores da RJE trabalharam para envolver educadores, gestores e professores nos mais diferentes movimentos e processos em curso, com o intuito de criar sentimento de pertença, protagonismo e compromisso com a missão assumida pela RJE.

A perspectiva global foi desenvolvida com a contribuição dos GTs, comitês e, principalmente, eventos de grande porte, que discutiam princípios e valores da missão jesuíta, alinhada com a Igreja, principalmente no apostolado educativo.

A criação da Rede e a construção do PEC caracterizam-se pela edificação coletiva de percepções mais globais que podem se expressar localmente. O R21 recorda que, não obstante a visão ser global, é preciso considerar as especificidades locais de um país continental como é o Brasil. Ele o explicita assim:

> Ao mesmo tempo, a proposta de trabalho em rede nos pede cautela no que diz respeito à criação de modelos pedagógicos de base, haja vista que o Brasil, enquanto país de tamanho continental, exige um olhar regionalizado no intuito de respeitar os diversos costumes e culturas (R21).

A intensa troca de experiências e percepções, a recuperação de documentos orientadores das missões jesuítas e as percepções sobre educação contemporânea acentuaram o desenvolvimento de uma abordagem e sintonia globais com perspectiva de atuação local. A Rede e o PEC permitiram aos colaboradores sintonizar com os princípios inacianos:

> Tive e tenho contato com princípios da gestão inaciana ou jesuítica. A escuta, a colaboração, o trabalho em rede, o discernimento, os colegiados, os exercícios contínuos em fóruns diversos, as diferenciações entre estruturas de governo e de gestão, a sistematização constante sob a forma de documentos e/ou cartas. São indicadores que considero centrais na forma como a Companhia pensa e organiza a sua gestão (R22).

O desenvolvimento da Rede trabalhou e possibilitou a ampliação do princípio de atuação local pautada por uma compreensão global, reunindo, em diversos momentos, um grupo grande de pessoas, que foram se reconhecendo como pertencentes a uma mesma rede, ou, como diz a tradição da Companhia de Jesus, pertencentes a um mesmo corpo apostólico, com uma missão comum e global.

A R39 manifesta sua participação em um GT que buscou articular as diferentes unidades educativas que formam a RJE, num claro movimento de identificação local – "desde o início da construção da proposta, representei o colégio no grupo" (R39) –, com a perspectiva global – "[o GT] instigou a pensar processos para além da unidade" (R39). A participação em rede permitiu a muitos compreenderem a existência de uma atuação local e global.

> Participei do comitê que organizou o congresso da RJE, realizado em 2019, no Colégio São Luís, SP. Desde o início da construção da proposta, representei o colégio no grupo. A experiência foi extremamente significativa. Antes de tudo, me permitiu perceber concretamente a rede, no contato com profissionais de vários locais. Depois, me instigou a pensar processos para além da unidade. Essa foi, sem dúvida, uma experiência formadora. Possibilitou a construção de um olhar mais amplo e mais informado sobre contextos e situações. Penso que quanto mais membros da instituição vivem essas experiências, maior a compreensão e a aderência ao trabalho em rede (R39).

O trabalho em rede não é simples. É um processo longo e demanda tempo. Por isso, a característica da visão global e do agir local, a necessidade de considerar o contexto específico e ao mesmo tempo não descuidar do contexto amplo e em rede constituem princípios importantes da gestão inaciana.

> O trabalho em rede é um processo longo, ocorre através da construção de espaços de encontro e de ação conjunta, que envolve cumplicidade, articulações e compromissos. E foi assim que o escritório da RJE nos envolveu fazendo com que abraçássemos,

enquanto unidade, a oportunidade de construção e fortalecimento das relações democráticas com a RJE (R29).

As experiências de trabalho em rede foram frequentemente mencionadas pelos respondentes, dando visibilidade à estratégia de gestão assumida na gênese da RJE. O R22 refere-se ao seminário de lançamento do PEC, do qual afirma ter participado ativamente, "sendo um dos membros que organizou o seminário de agosto de 2016. Foi uma experiência de trabalho em rede, dividindo funções e confiando na responsabilidade do outro"; recorda ainda que, naquela ocasião, foi traçado um caminho de formação comum: "[...] lançamos naquele momento o projeto de formação continuada da Rede" (R22), abrindo caminhos para aprofundar a articulação local e global, na medida em que educadores de diferentes unidades participam do mesmo projeto formativo.

A R12 ainda destaca que

> [...] o trabalho em rede e o espírito colaborativo nos impulsionam à consolidação da formação integral, à cidadania global e socioambiental, à cultura do cuidado e da paz, a fim de formarmos pessoas intelectualmente preparadas, espiritualmente virtuosas e abertas à interculturalidade.

O princípio da visão global e do agir local, segundo o R25, ficou mais visível e foi potencializado com a criação da RJE; ele diz que, antes dela, "sentia um certo isolamento das unidades em relação ao contexto global da educação jesuítica"; mas, conforme afirma a R3, "a constituição da RJE trouxe uma compreensão mais concreta e próxima da missão e valores da Companhia de Jesus". Vale mencionar que "essa nova cultura de redes está ligada diretamente à convocação feita desde 2012, pela Companhia de Jesus, na Conferência de Boston, para avançarmos como uma rede global única" (R36).

Reconhece-se, também, que o processo de construção do PEC e o documento em si são potencializadores do princípio de atuação local com visão global, pois o texto, segundo a R9, "foi norteador para as ações e os projetos em todos os âmbitos da gestão, para além do pedagógico, [...] fortalecendo nossa própria identidade e presença apostólica, num movimento local e global".

Por fim, é relevante destacar a fala da R8, para quem a RJE é uma rede de centros "inovadores de aprendizagens que educam para a cidadania global, com gestão colaborativa e sustentável". A R9 complementa: "[...] já está posto que somos e devemos ser rede, trabalhar em rede e a partir daí termos uma gestão colaborativa e sustentável". Nesse sentido, a RJE "contribui para fortalecer nossa identidade e amplia a capacidade de agirmos local e globalmente, buscando a formação integral de nossos educandos" (R33).

No esforço de revisitar e analisar todo o processo de criação da Rede e elaboração do PEC, observou-se outro princípio, sobre o qual não há menos falas, embora esteja imbricado no modo de ser e de gerir das práticas jesuítas, apresentado na próxima seção.

X. Sistematização das atividades e decisões

> Tive e tenho contato com princípios da gestão inaciana ou jesuítica. A escuta, a colaboração, o trabalho em rede, o discernimento, os colegiados, os exercícios contínuos em fóruns diversos, as diferenciações entre estruturas de governo e de gestão, a sistematização constante sob a forma de documentos e/ou cartas. São indicadores que considero centrais na forma de como a Companhia pensa e organiza a sua gestão (R22).

A sistematização das atividades e decisões, embora não observada em nenhuma orientação explícita nos processos de criação da Rede e da construção e implementação do PEC, foi percebida nos encaminhamentos dados às diversas atividades e nos resultados produzidos.

Esse princípio, pode-se afirmar, faz parte de um conhecimento tácito tão implícito no agir e gerenciar jesuíta, tão incorporado nas suas práticas, que é possível passar despercebido. Uma reflexão sobre o agir, sobre a experiência e sobre os resultados indicou a importância que esse princípio exerce e a necessidade de tornar esse conhecimento e prática explícitos, nomeando-o como um dos pilares da gestão jesuíta.

De tão visceralmente constituinte na gestão jesuíta, o questionário aplicado na pesquisa não fez menção a ele, não questionando os atores sobre os encaminhamentos e as solicitações de sistematizar o que se observava e praticava nas obras. A história dos jesuítas, porém, é repleta de sistematização.

Inácio de Loyola registrou e sistematizou suas experiências espirituais nos *Exercícios Espirituais*, processo que geralmente se considera tão intimista e pessoal que não é registrado explicitamente, mas que pode ser entendido como a primeira sistematização da experiência espiritual de Santo Inácio de Loyola. Essa vivência resultou na elaboração do livro dos *Exercícios Espirituais* (EE), que pode ser compreendido como "a canção" ou identidade dos jesuítas.

Os Companheiros de Jesus possuem ampla tradição em registrar suas práticas, atividades coletivas, orientações para a missão e definir a estrutura organizacional e os processos de gerenciamento de obras e procedimentos com as pessoas.

Observa-se que, desde a formalização da criação do cargo de delegado para a educação até a divulgação das atribuições a ele pertinentes, a sistematização é linha mestra de ação. Os processos e atribuições, bem como a forma de agir, resultados pretendidos, forma de construção coletiva da rede e do texto que orientaria os diversos colégios na perspectiva de ação local com visão global, foram sistematizados em documentos e registros diversos.

Considera-se que a percepção e a explicitação desse princípio de gestão inaciana é um dos grandes ganhos desta pesquisa, assim como a revisitação e a sistematização da experiência de construção da Rede, da forma de implementação e dos trabalhos desenvolvidos.

A construção desta pesquisa é fruto do anseio de um jesuíta em revisitar, narrar, sistematizar e explicitar um processo de construção coletiva que pode orientar e contribuir para novas construções; em suma, facilitar o caminhar de outros que percebam a necessidade de construir algo semelhante. O R22 sintetiza bem o que é esse princípio e como ele permeia o ser e o fazer jesuíta:

> Desde a Companhia antiga, nossa pedagogia foi pensada a partir do trabalho realizado, das culturas locais, da leitura de mundo e contexto, das escutas, das cartas, das congregações, das sistematizações locais. A Companhia desenvolveu uma sabedoria pedagógica interna de direcionar documentos a partir do momento em que a sua estrutura de governo se encontrava segura em determinar orientações macro. Os documentos gerados, portanto, eram expressão de uma prática. Quando recebidos, havia identidade local, e colaboravam, assim, para fortalecer uma identidade macro. Esse foi o movimento da *Ratio*, por exemplo, e o é atualmente sobre o *Tradição Viva*. Assim sendo, compreendo que o PEC foi e é gestado pela Rede a partir do momento em que sistematiza o seu contexto.

A sistematização perpassa todas as atividades da rede. A organização e os trabalhos nos seminários, nos GTs e a hierarquização de projetos são permeados pela sistematização e explicitação do que foi pensado e decidido. Dessa forma, como registro da construção coletiva, os documentos e outras formas de sistematização são base para compreensão, retomada e orientação da ação dos diversos atores que compõem a rede. A R35 indica a relevância do movimento de sistematização que permeou a fundação da RJE, destacando a importância dessa ação:

> O conjunto de artigos e escritos produzidos por ocasião do I Congresso RJE e VI Congresso Inaciano de Educação tem nos ajudado, enquanto gestão, a retomar alguns conceitos caros à RJE, sobretudo o de cidadania global... Creio que, por meio deste escrito, a escola tem a oportunidade de se identificar globalmente com/como uma escola jesuíta.

Embora o termo sistematização não apareça muito nas falas dos atores, observa-se sua importância quando citam o impacto e as orientações geradas por documentos, comunicados e, principalmente, pela construção e implantação do PEC, todos referenciais de suporte para o desenvolvimento de atividades e práticas nos colégios alinhadas com a perspectiva global da Companhia de Jesus.

6.2 Perfil da liderança nas obras jesuítas

Após apresentar um conjunto de princípios de gestão inaciana, considera-se pertinente tecer considerações sobre a liderança em obras jesuítas tendo como referência a criação da rede de educação e a estruturação e implantação do PEC.

Aqui não se busca um alinhamento ou contraposição com definições da área de estudos da gestão ou a elaboração de um tratado sobre as diversas teorias da liderança, mas a apresentação de percepções, na Rede, sobre o perfil que se considera adequado para as práticas ou cargos de liderança nas obras jesuítas.

Na Companhia de Jesus, o conceito de liderança inaciana, segundo Guibert (2020, 129), é recente, tem aproximadamente dez anos. O autor afirma que, a princípio, a palavra "liderança" gerava certo desconforto entre os jesuítas, até mesmo entre os líderes inacianos, que tratavam mais de temas espirituais. "Parecia algo empresarial em sentido negativo: utilizar pessoas em proveito próprio. [...] Isso é motivado, talvez, pela má imagem que tem a atividade empresarial em ambientes muito religiosos e jesuíticos" (GUIBERT, 2020, 129, tradução nossa). Contudo, "pouco a pouco se vai descobrindo que na cultura inaciana existem elementos muito 'úteis' para a liderança. E podem ajudar a aprofundar um modo de proceder apostólico em nossas instituições" (GUIBERT, 2020, 129, tradução nossa).

Para a RJE, a liderança inaciana pressupõe quatro pilares formativos, e a definição dos gestores deveria se pautar nessas características:

A liderança inaciana, por sua vez, pressupõe quatro pilares formativos: (a) o exercício do autoconhecimento: um líder inaciano reconhece e distingue suas moções, limitações e potencialidades (EE); (b) a inventividade: por meio da indiferença positiva, o líder inaciano não se detém no caminho e busca, na insatisfação, impulso para o *magis*; (c) o impulso heroico: em vista do *magis*, o líder inaciano utiliza-se da meta alcançada como plataforma para novas conquistas; e (d) o amor: essência de toda ação, pois é no reconhecimento e no amor pela humanidade que se deve agir (RJE, 2021, 72).

Uma liderança jesuíta cuida da formação dos seus liderados, promove integração das diferentes dimensões da pessoa e articula o trabalho local com o da rede. É capaz de olhar para além dos muros da escola, para além das paredes da sala de aula e desenvolver a percepção da pessoa como um todo, a fim de potencializá-la nas três dimensões da formação integral: cognitiva, socioemocional e espiritual-religiosa.

A percepção do líder é fundamental para que suas práticas contribuam com a formação de pessoas conscientes das necessidades dos demais, competentes no serviço, compassivas com os outros e comprometidas com Deus, com a vida e com a justiça. A liderança deseja ser percebida como serviço e não como poder:

> Nas unidades da RJE, líderes entendem a própria autoridade como serviço que transforma a si mesmo, as pessoas e, por meio das pessoas, a sociedade; uma liderança que ajuda a comunidade a crescer em Cristo, segundo o pe. Adolfo Nicolás, SJ, na Conferência sobre a Liderança Inaciana, em Valladolid, 2013 (RJE, 2021, n. 52, 42).

Observando que a colaboração é um princípio inalienável, considera-se que a liderança precisa ter um perfil agregador, consciente da potência da humanidade acompanhada da competência técnica para melhor atender a toda a comunidade acadêmica. Embora a Rede e o PEC tenham resultado em sistematização de estrutura organizacional e orientações gerenciais, alguns pesquisados observaram que a liderança não apropriada foi elemento dificultador para a obtenção de resultados na Rede. Segundo a R36, falando da importância dos gestores, "alguns deles se tornaram resistência e oposição à Rede. Especialmente os diretores jesuítas, pois viram a Rede como perda de poder, enfraquecimento do seu lugar".

Outra característica importante em uma liderança jesuíta é a capacidade de escuta ativa e atenta. Para construir coletivamente e favorecer a possibilidade de contribuição de todos, de correção de rumos e de ajustes nos processos, a escuta das dores e das possibilidades de cada colaborador se torna importante. Considerando características importantes de um líder, a R39 indica "escuta ativa e ampla, percepção do mundo contemporâneo e seus desafios". No mesmo sentido, o R41 indica:

> O primeiro aspecto que destaco é a capacidade de escuta ativa e atenta notadamente presente em suas visitas às unidades. Escutas sinceras e ativas, pois era possível notar nas ações posteriores diversos elementos, frutos das escutas realizadas.

Além da escuta, a presença efetiva e participativa no desenvolvimento das práticas e atividades, com orientação e retorno sobre os processos implantados e a *performance* observada no colaborador, é característica que se espera ser presente em um líder/gestor. Nesse processo, ele necessita ser capaz de orientar e apresentar a visão da instituição como um todo e mobilizar os colaboradores a contribuir com os projetos coletivos e a realização da missão educacional. Alguns respondentes observaram essa característica em líderes da Rede.

> Outro aspecto relevante dessa forma de liderança foi a presença e o acompanhamento efetivo das unidades, os *feedbacks*, as sugestões, o acolhimento e a capacidade de enxergar de forma sistêmica os processos e as unidades; foram características

importantíssimas para a implantação de uma gestão participativa, sobretudo com a criação do conselho superior da RJE, instância que deu unicidade dentro da rede e espaço para a colaboração em rede (R41).

Espera-se também que o líder tenha ampla percepção de que liderar é servir, o que implica acolher e favorecer o desenvolvimento das potencialidades de colaboradores e alunos. Servir para que cada pessoa que compõe a comunidade acadêmica possa avançar no sentido de desenvolver-se ao máximo, alcançar seu *magis*. Conforme o PEC, "gestão em que o poder é serviço e a liderança é espaço de compartilhamento de poder e de responsabilidade, tendo como foco o cumprimento da missão" (PEC, 2021, n. 54, 43).

O líder requer a capacidade de trabalhar em equipe e estar alinhado com a Rede, pois o desenvolvimento de projetos locais ou comuns significa aliar-se e trabalhar juntos para alcançar o *magis* em cada obra, em cada prática e na Rede. Aderir a projetos de outros e desenvolvê-los com parcerias é fundamental nas obras jesuítas, inclusive como forma de acolher a diversidade de sujeitos que compõem a comunidade escolar.

> Unidade no modo de proceder; trabalho em rede e colaborativo; gestão de pessoas, com responsabilidade e compromisso evangélico; transparência, testemunho e compromisso socioambiental; integração, articulação e permeabilidade nas tomadas de decisão (R2).

Considerando que a Companhia de Jesus é regida por valores e princípios cristãos, é pertinente que a liderança de uma obra os tenha introjetados e assuma-os no desenvolvimento de suas atribuições. Nas palavras da R39, "clareza quanto aos princípios e valores que orientam os colégios jesuítas são, a meu ver, habilidades imprescindíveis ao gestor". Também é elucidativa a fala: "Eu demarcaria como grande diferencial a questão de que 'poder é serviço'. Numa obra da Companhia de Jesus, em qualquer apostolado, o líder deve entender que está a serviço e que esse serviço tem suas raízes no Evangelho" (R30).

O R41 aponta para a importância do papel das lideranças no sentido de promover o trabalho colaborativo. Segundo ele, "a partir da constituição da RJE, desde as primeiras sinalizações com o provincial da época [...], já se começava a perceber sinais de mudança pela frente" (R41). Ele segue recordando a importância da articulação e proposições do então delegado para a educação básica,

> [...] que iniciou um processo de visitas, escutas e abertura para que as unidades pudessem se mostrar e verem umas às outras, criando possibilidades de trocas e intercâmbio de práticas exitosas. Iniciou-se um processo de construção de identidade em rede que foi se fortalecendo e se consolidando como o modelo ideal para o posicionamento da educação jesuíta no Brasil (R41).

Essa articulação em rede se visualiza na capacidade de dialogar e organizar os processos locais em sintonia com um movimento maior, como é o das mantenedoras, da RJE, da FLACSI, assim como ANEC, SINEPE, SINPRO etc., que são instâncias de articulação e apontam para um olhar que transcende as demandas e os desafios das unidades locais. Trata-se de articular-se como rede e em redes. Essa relação nem sempre é fácil e exige gestores ágeis, competentes e aptos para qualificar essas mediações e fazer delas um suporte melhor para a missão educativa. O R17 recorda que existem avanços necessários na relação com a mantenedora, como, por exemplo:

> Na relação entre si e na relação com a mantenedora e a constituição da Rede, os colégios têm muito a melhorar, uma vez que abriram sua "caixa preta", colocando seus pontos fortes, seus processos de gestão e suas práticas pedagógicas – consolidadas na mão de lideranças de jesuítas e leigos/leigas – para partilhar e dialogar sobre os "mínimos comuns", avançar com novas frentes

e romper com o isolamento. São pontos de atenção a ser superados que, em alguns momentos, geraram dúvidas e incertezas face ao novo, ao desconhecido, ao desafiador e ao medo de arriscar no processo de constituição da Rede. Coisas do tipo: que posso/devo responder se perguntado? Como acontece, qual é a prática, quais caminhos possíveis "disto ou aquilo" no colégio?

A liderança inaciana é colaborativa e capaz de favorecer uma justa aproximação ou distanciamento do outro, considerando que o projeto pelo qual responde e as instâncias às quais se refere transcendem o centro educativo ao qual está alocado e pelo qual responde. A R11 o define ao dizer que o

> PEC aponta para essa liderança colaborativa ao mesmo tempo que convida ao exercício de distanciamento, à objetividade para não confundir pessoas com funções e a uma experiência de indiferença inaciana, porque o projeto não é da unidade, ou do segmento ou setor. É algo maior, mais propositivo e mais provocativo.

Outra característica ou comportamento que se espera do gestor inaciano é que seja capaz do cultivo espiritual, do discernimento inaciano.

> Acredito que uma gestão jesuítica esteja mais de acordo, e muito pode nos ajudar o conhecimento dos documentos das últimas congregações, por exemplo. E, sem dúvida, do exemplo de gestão forjado pelo Papa Francisco. Lowney define bem, em seu livro *Liderança heroica*, a ideia de que precisamos pensar em gestão como líderes que lideram líderes, não seguidores. As lideranças intermediárias precisam ganhar protagonismo, assumir os próprios projetos de melhorias – *magis* (R11).

Ainda é importante que sejam gestores criativamente fiéis, permeados de um discernimento apto a perceber que estão na gestão de uma obra que transcende a excelência acadêmica e cuida da pessoa como um todo, que estejam permeados por uma visão humanista da educação, que sejam uma unidade educativa, que sejam uma alternativa ou façam frente às instituições educativas com um viés mercadológico.

> É relevante que gestores jesuítas e leigos/leigas busquem, em fidelidade criativa, conhecer o método e as práticas de discernimento, referências da gestão inaciana de redes e/ou de grupos mercadológicos. Em conformidade com os Exercícios Espirituais, gestores e lideranças inacianas devem estar alinhados com o "*magis*", princípio que também transluz nas propostas de "excelência" da gestão educacional. A visão da excelência como concepção filosófico-humanista da educação jesuíta e da gestão inaciana requer buscar nas fontes (EE) caminhos para a gestão atual (R17).

Pessoas ousadas, criativas, interiormente livres, dispostas a colocar o melhor de si a serviço e capazes de promover o desenvolvimento integral do corpo de colaboradores: esse é o perfil esperado do gestor que emerge nas respostas dos questionários.

> O PEC vai, ao longo do texto, delineando ações de gestão que direcionam e fortalecem o apostolado educativo da Companhia de Jesus, orientando para as renovações, qualificações e atualizações necessárias ao projeto educativo, além de dar clareza para uma gestão e uma liderança genuinamente inaciana, pautada no discernimento, na espiritualidade e nos exercícios espirituais de Santo Inácio (R9).

Gestores inacianos devem ser profissionais que contemplem, no trabalho cotidiano, uma missão, que assumam que fazem parte de uma instituição que tem presença social para além da educação básica, da educação como um todo, a qual atua em diversas frentes para além da formação integral de crianças e jovens, seja na espiritualidade, seja na superação do abismo de desigualdades sociais, seja no cuidado da casa comum: "O PEC nos chamou a atenção para a relação com outras obras da Companhia de Jesus em nosso núcleo apostólico, bem como interpelou a uma maior e qualificada relação com as famílias" (R39).

A liderança também é comprometida em obter resultados considerados razoáveis e necessários para contribuir coletivamente com a construção de uma sociedade melhor.

> Parece-me absolutamente convergente com a estrutura organizacional de um colégio jesuíta o seguinte perfil de liderança: educadores que se corresponsabilizam pelos resultados, uma vez que são capazes de atuar em conjunto, influenciando pessoas e sendo por elas influenciados; pessoas que pensam em um ambiente de horizontalização das decisões e planejamentos, por meio de liderança que é compartilhada, e não monopolizada verticalmente de cima para baixo; pessoas que acolhem e aproveitam a diversidade e a pluralidade de perspectivas para uma ação conjunta em intercomplementaridade de conhecimentos; pessoas que reconhecem o grupo de educadores e cada um deles como determinantes para a inovação constante e implementação de projetos e da proposta educativa da instituição (R4).

O líder jesuíta requer abertura a novos desafios, novas aprendizagens, compartilhando conhecimentos e acolhendo experiências transformadoras e relevantes para a missão educativa da RJE no Brasil, promovidas, articuladas e implantadas por outros atores da rede. Essa perspectiva é representada pela fala do R22:

> Assumi a direção acadêmica no momento do nascimento do PEC, da sua elaboração, e sou grato por isso, pois tive a oportunidade

de beber na fonte, ir aprofundando localmente e direcionando as traduções locais, já integrando ao projeto político-pedagógico da instituição. O fato de assumir a direção acadêmica naquele momento alterou de cheio a minha experiência em gestão e me colocou em diálogo com outras dimensões que até então eu desconhecia. Exigiu-me desenvolver aprendizagens de macrogestão, liderança estratégica, transposição e sistematização local.

Líderes inacianos devem conhecer a própria canção, a canção da unidade e a da Rede, assim como saber entoar a canção da Companhia de Jesus e estar dispostos a ensiná-la a estudantes, alunos, educadores e a todos os colaboradores.

> A RJE, a partir do escritório central e de suas lideranças, é uma importante ferramenta para atingir a renovação esperada para os centros de aprendizagem, fazendo que possamos, com nossa ação fim – educação –, proporcionar uma formação aos estudantes que faça a diferença na vida pessoal, mas que também gere impacto na comunidade humana na qual esses discentes estarão inseridos (R16).

Na Rede, o líder é um maestro, capaz de reger uma grande orquestra, composta por músicos, partituras, letras e tons distintos, e ensinar a música da educação básica à comunidade educativa.

> Embora já existisse um movimento de renovação na direção do colégio, na ocasião, antigas lideranças ainda circunscreviam esse tipo de movimento a pequenas atividades, mais para efeito de cumprir uma obrigação do que propriamente envolver a comunidade e destacar a importância do documento (R44).

Simultaneamente, espera-se que as lideranças saibam se assessorar com qualidade, seja no âmbito jurídico, pedagógico, administrativo, de assistência social, acadêmico etc. Essa assessoria é reconhecimento de que a colaboração é a melhor forma de minimizar os erros e incrementar o nível de acertos em decisões e práticas. O "assessoramento" pelos documentos institucionais é fundamental para compreender o espírito e os valores da coletividade a que pretende servir.

> É um documento de extrema importância para orientar os novos gestores e equipes diretivas. No tocante à gestão de pessoas, permanece sendo um documento instigador e desafiador ao mesmo tempo, propositivo para ações reais neste campo que deve ser visto como parte do DNA das instituições jesuítas (R41).

Enfim, líderes inacianos devem querer marcar presença, visitar as unidades para animar e motivar, contribuir na busca de práticas criativas para os múltiplos desafios que podem se fazer presentes nas unidades, corrigir rumos, observar a legislação, sem se descuidar da correção movida pelos princípios e valores cristãos e inacianos. Trata-se de recordar a canção sempre que necessário e oportuno e/ou ensinar novos ritmos e tons da canção, ou mesmo novas letras e melodias.

7

CONSIDERAÇÕES PARA O FUTURO

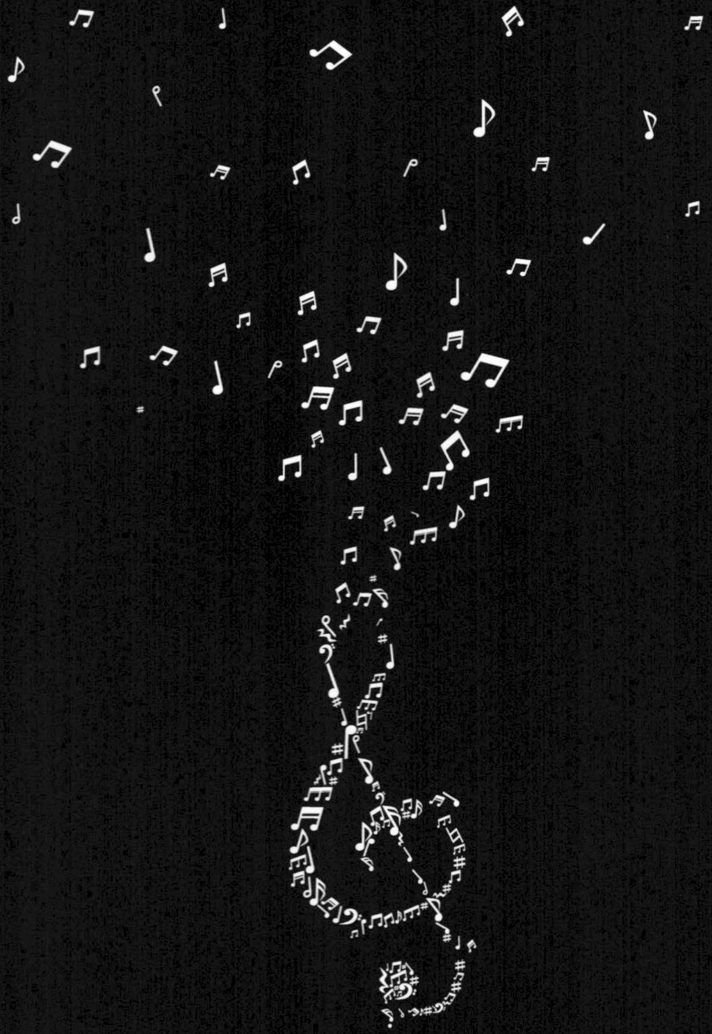

A Rede Jesuíta de Educação é um processo em evolução, e o PEC, como orientador das práticas, é desenhado para responder a perspectivas e demandas de um tempo, o presente. Na medida em que se avança, é de se esperar que novos processos e decisões sejam necessários para responder à sociedade que está em mudança. Considerando a inevitável exigência de mudar e mantendo o princípio da construção coletiva, fez-se uma pergunta (sétima) aos atores (gestores) que vivenciaram a construção da Rede sobre possíveis desafios para o futuro dela.

Por um lado, os respondentes apontam para o PEC como motor importante da gestão em rede, destacando aspectos relevantes que ele potencializou. Por outro lado, há percepções de que o PEC não abarcou ou não repercutiu em alguns aspectos importantes. Detalhadamente, existe a percepção de que o PEC contribuiu de forma significativa no enfrentamento da pandemia de Covid-19, que foi um dos maiores flagelos de nossa sociedade, especialmente no período aqui em análise.

Alguns respondentes apresentam desafios para o futuro, como educar para a cidadania global (tema ausente na primeira versão, mas ressaltada na versão atualizada do PEC), educação em tempo integral, cultivo das dimensões cognitiva, socioemocional e espiritual-religiosa.

Pensando o futuro, vários temas e questões foram destacados pelos entrevistados: desenvolver um novo olhar sobre o ensino médio; pensar em avançar na educação bilíngue, numa perspectiva de cidadania global, ampliando as possibilidades que o uso mais intenso e estratégico das tecnologias apresenta para uma educação voltada a promover a aprendizagem integral. De igual modo, indicaram a importância de avaliar as possibilidades de ampliar o intercâmbio entre as unidades para projetos ou formação (seja de estudantes, seja de educadores) com troca de experiências, de conhecimentos e de vivências.

Existe o entendimento de que a educação jesuíta tem lugar no contexto atual e deseja se distinguir pela excelência, mas, sobretudo, pelo desenvolvimento integral do indivíduo, sendo, em alguns elementos, contraponto saudável à agitação da vida moderna, muitas vezes alienadora do sujeito, focada na competição, e não na construção coletiva. A fidelidade aos princípios gerenciais, que já são a expressão de valores antecedentes, orienta as ações da Rede, pois a construção coletiva é importante garantia da manutenção da relevância social e da adequação da educação jesuíta. Essa construção discernida também parece o consistente antídoto contra modismos educacionais que podem esquecer o sujeito a ser formado.

O PEC é referência interessante para projetar, ou construir, o futuro, considerando a ação gerencial. Na percepção da R3, "o PEC contribui para uma gestão em rede, porque apresenta os princípios norteadores para que isso possa ocorrer e nos mostra direcionadores e caminhos comuns". Definir, coletivamente, princípios norteadores para a educação é importante para planejar e avaliar rotas e habilitar a Rede para redirecionar suas práticas, quando pertinente, ou manter-se firme na direção que permite atingir os objetivos considerados coerentes com a perspectiva e valores inacianos.

O R34 aponta o PEC como "documento inspirador para favorecer as ações em Rede. Gestão colaborativa e coordenada a partir de princípios comuns". Em outras palavras, favorece a assertividade nas ações, que, na percepção do R4, "seriam muito mais frágeis e transitórias se fossem tomadas de modo individual, e desamparadas de olhares e conhecimentos que extrapolam o cenário local". Essas percepções também apontam para a importância de sua atualização, a fim de que possam orientar novos contextos e manter a construção coletiva e, consequentemente, o desenvolvimento dos gestores da rede.

Ancorado numa missão comum, o PEC favoreceu a construção de projetos e ações comuns, construiu modelos mentais alinhados e desenvolveu a compreensão e internalização de valores e princípios que potencializam os gestores e diversos atores que participaram ativamente da sua construção e implementação.

Em um tempo de muita diversidade e de demandas por inovação, formação e articulação em rede, o PEC mostrou ser um instrumento eficaz não somente de gestão, mas de desenvolvimento de lideranças e construção de um pensar sintonizado, pois direciona educadores e gestores a buscar e atuar de modo participativo na formação continuada, a intercambiar experiências exitosas, qualificar a sua ação e cantar, de modo harmônico, a canção da RJE no cotidiano escolar das unidades de educação básica dos jesuítas no Brasil.

O R31 manifesta sua percepção do PEC como motor de diversos movimentos, entre os quais os projetos de formação feitos pela parceria entre a Rede, a universidade, a unidade local e o colaborador.

> O ponto alto de um projeto está relacionado à sua aplicabilidade e a como ele norteia as ações que deverão ser desenvolvidas, uma vez que é institucionalmente adotado. Nesse sentido, é possível perceber que o PEC favoreceu em muito a gestão em rede e, para ilustrar essa afirmação, destaco, de forma muito particular, as ações de qualificação dos profissionais das unidades educativas da RJE, deflagradas a partir de diferentes experiências de especialização em Educação Jesuíta, mestrado em Gestão Educacional, doutorado em Educação, curso Cidadãos para o Mundo, Currículo e Inovação Pedagógica (R31).

O PEC, visto como canção da RJE, favoreceu e continua movendo a gestão em rede, na medida em que pretende a acolhida de todos, promove a unidade na diversidade, qualifica a contribuição dos colaboradores, respeita as diferenças, aponta para o desenvolvimento e melhorias dos espaços e tempos escolares, propõe e promove as experiências educativas para qualificar a vida e a missão de todos. O PEC, conforme atesta a R33, promove a corresponsabilização pelos processos e define orientadores para todas as instituições, colaborando para gestão em rede. A respondente destaca a especificidade do modo de gestão inaciano, pois

> [...] o PEC estabeleceu objetivos conjuntos que permitiram à RJE se consolidar como elemento central de coesão das escolas.

> Em minha opinião, nossa rede é *sui generis*, uma vez que busca desenhar possibilidades, delinear horizontes, sem que isso represente homogeneização, perda de identidade local ou imposição de políticas gerenciais descontextualizadas. Somos uma rede forte porque somos diversos, criativos e, ao mesmo tempo, partícipes de uma mesma missão, de uma identidade que se renova contínua e criativamente (R33).

Enfim, os entrevistados afirmaram a importância do PEC como documento identitário da RJE. O PEC é reconhecido como documento construído coletiva e colaborativamente, que traz insumos para a renovação da educação jesuíta no Brasil. Percebe-se que foi gestado pela RJE, mas que, ao mesmo tempo, é elemento constituidor e gerador da RJE. Ele traz e explicita a identidade inaciana da Rede e favorece a unidade e a coesão dela. Ele se constitui como espaço de orientação, inspiração para buscar a aprendizagem integral nas dimensões cognitiva, socioemocional e espiritual-religiosa. Além disso, dá diretrizes para os desafios curriculares, orienta a gestão dos recursos, aponta para o cuidado com o clima escolar e fornece orientação para a relação da escola com as famílias e a comunidade local.

Atualizar a primeira versão e debruçar-se sobre ela foi visto como positivo por todos os respondentes, não obstante alguns tenham questionado a falta de profundidade e o fato de não se explicitar mais claramente questões emergentes e de impacto social, como foi a pandemia de Covid-19 e seus impactos no universo da educação básica. Esse fato consolida o PEC como documento vivo, que se mostra, como tal, apto a evolução e desenvolvimento.

Esta pesquisa e todo o movimento de reflexão, análise e utilização do PEC ratificam o trabalho apostólico em educação básica da Companhia de Jesus no Brasil: ainda que haja ajustes, o caminho mostra-se correto.

8

UMA CANÇÃO VIVA – CONSIDERAÇÕES FINAIS

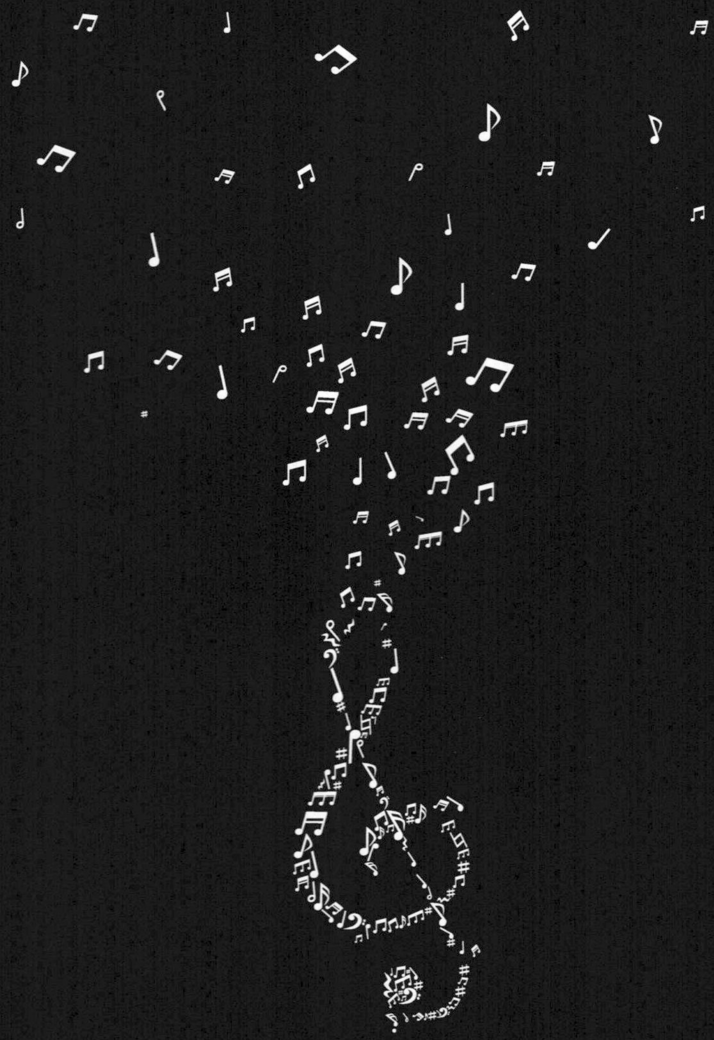

O exercício de sistematizar a experiência da fundação da RJE e da criação e implantação do PEC – à luz 1) do exame de documentos, 2) de percepções apresentadas em respostas a questionários aplicados a atores que participaram desses processos e 3) da sistematização da experiência do pesquisador – permitiu reconhecer uma atualização nos princípios de gestão inaciana e, consequentemente, nos perfis de seus gestores nas instituições jesuítas de educação básica.

Atualiza-se em, ao menos, seis dimensões:

a) O novo arranjo organizacional desafia a gestão colaborativa e em rede, na medida em que estabelece a necessidade de atuar localmente, porém em colaboração com os atores das diversas obras educacionais da Rede. A colaboração se torna prática fundamental para que as capacidades dos colaboradores sejam potencializadas na construção coletiva e no aprendizado em grupo nas práticas coletivas.

b) O PEC, enquanto documento inspirador e orientador, torna-se referência para as instituições responderem aos desafios educacionais do século XXI em escala local e global, a fim de que mais e melhor possam realizar sua missão, refletida e assumida coletivamente e desenvolvida em sintonia com os colaboradores que atuam nas diversas obras educacionais.

c) A relevância do trabalho em rede e a repactuação de princípios de autonomia a sujeitos e instituições. A Rede potencializa a capacidade de os indivíduos e locais educativos atuarem por meio de suporte de um escritório que reúne as forças e capacita gestores e colaboradores a superarem ameaças do meio ambiente, bem como contribui na internalização e fidelidade aos princípios e valores jesuítas para que os sujeitos tenham maior autonomia e sintonia na realização da missão.

d) A importância do desenvolvimento de liderança (gestores) comprometida com a missão e capacitada através de formação permanente, por meio de titulação formal (especialização, mestrado, doutorado), ou atuação colaborativa, consequentemente formativa e desenvolvedora, que discuta e permita a compreensão e incorporação dos princípios inacianos.
e) A sistematização de princípios, valores e práticas que desenvolvam nos colaboradores a capacidade de considerar pessoas, tempos e lugares, de uma forma holística, nas tomadas de decisão que orientam práticas locais e em rede.
f) A necessidade de alocar gestores que incorporam valores e princípios de gestão jesuíta para conduzirem as obras e seus colaboradores nas práticas locais em sintonia com a rede e suas opções para melhor cumprir a missão, conciliando resultados locais com o desenvolvimento humano de toda comunidade acadêmica, conforme missão assumida globalmente.

Considero que os objetivos previstos na introdução desta tese, mais do que alcançados, foram superados, quando sinto a contribuição dela no meu desenvolvimento pessoal. Todavia, os propósitos explicitados quanto ao objetivo geral intencionavam elaborar uma narrativa da fundação da RJE e da construção e implementação do seu Projeto Educativo Comum e seus impactos para a gestão colaborativa em rede. Narraram-se (1) o processo de fundação a RJE, a partir da sistematização da experiência do pesquisador, permeada pelas narrativas de 44 gestores da RJE que participaram ativamente da fundação, (2) a relevância do Projeto Educativo Comum para a consolidação da RJE, (3) as ressonâncias e impactos desse para explicitar e compreender princípios de gestão inaciana. Embora o recorte temporal da pesquisa tenha considerado o período de 2014, início da RJE, a 2020, fim do primeiro ciclo de implementação do PEC, a narrativa permite lançar luzes e orientar a continuidade da Rede e suas práticas gerenciais.

Os objetivos específicos desta pesquisa foram desenvolvidos ao longo dos capítulos três a seis, pois os dois capítulos iniciais trataram da introdução e da fundamentação teórica e metodológica com vistas a orientar o leitor e explicitar os procedimentos adotados para a execução da pesquisa e tratamento dos dados. Os objetivos específicos estão entrelaçados ao longo da tese, contudo recebem uma abordagem mais profunda em capítulos específicos como indicado a seguir.

O primeiro objetivo específico – "a) apresentar, brevemente, o surgimento e a organização do apostolado educativo da Companhia de Jesus desde 1540 até o início da RJE" – foi trabalhado a partir da consulta e pesquisa em documentos fontes e literatura sobre a educação da Companhia de Jesus desde sua origem até o ciclo de renovação, destacando-se o processo desencadeado a partir dos anos 1960. Esse objetivo foi desenvolvido especialmente no capítulo 3 e aponta que a tradição educativa da Companhia de Jesus valoriza e incentiva a escuta e a sistematização de experiências, sendo, nesse sentido, uma tradição viva.

Ressaltou-se o que mais conduz para o fim desejado com a educação na Companhia de Jesus. Nessa perspectiva, considerou-se o *magis* inaciano como sendo o maior e melhor serviço a Deus, nosso Senhor, e ao bem das pessoas, por meio de uma educação de excelência, adequada a cada tempo histórico. Esses elementos ficam visíveis, por exemplo, na construção do *Ratio Studiorum*, que direcionou o apostolado ao longo dos séculos e sobre o qual foram apresentados elementos considerados importantes.

O segundo objetivo específico – "b) narrar os processos de fundação da RJE e da construção do PEC (2014-2020)" – foi desenvolvido, principalmente, no capítulo 4. Destaca-se que a fundação da Rede e o desejo ou necessidade do trabalho mais articulado e colaborativo vêm em sintonia com o movimento global da Companhia de Jesus no Brasil e no mundo. Apontou-se que, globalmente, estava e está florescendo um movimento de repensar a educação como instrumento apostólico e definir como ela pode responder mais e melhor aos desafios do tempo presente, considerando pessoas, tempos e lugares. Para isso, nós nos subsidiamos dos documentos mais recentes da Companhia de Jesus e, especialmente, dos resultados de encontros globais voltados para educação da Companhia de Jesus, da análise documental disponível nos arquivos da RJE. Além disso, a documentação (estatuto, relatórios, atas, comunicados, informes, sínteses de eventos etc.) produzida pela RJE, entre os anos de 2014 e 2020, e a sistematização da experiência vivida pelo pesquisador foram insumos importantes.

Concluiu-se que a RJE bebe e se subsidia desse movimento global e, por meio da organização em rede, sistematiza e assume um projeto comum, que, qual uma canção, entoa uma proposta de educação de excelência e que ecoa como uma rede de centros de aprendizagem integral. Descortina-se o desafio de se articular em rede, num país de dimensões continentais, com ampla diversidade cultural, com obrigações legais que diferem entre os diferentes estados da federação onde os colégios estão inseridos.

Quanto ao terceiro objetivo específico – "c) recolher, narrar e sistematizar as percepções e conclusões de atores do processo de fundação da RJE e da elaboração do PEC ouvidos" – e ao quarto – "d) narrar efeitos do PEC nas escolas da RJE no período de 2014 a 2020 e analisar resultados percebidos pelos sujeitos pesquisados" –, esses foram desenvolvidos no capítulo quinto, dando voz aos entrevistados, que são tratados como "cofundadores" da RJE e construtores do seu projeto educativo.

A partir da fala dos entrevistados, sistematizaram-se as experiências e as percepções deles sobre a fundação da RJE e a construção do PEC, das quais participaram. Nesse capítulo, foram narradas e sistematizadas as experiências dos entrevistados. Destacaram-se olhares, ressonâncias e percepções distintas sobre a realidade permeada pela experiência pessoal, pela participação, mais ou menos efetivas, das unidades a que pertencem, pelo envolvimento, maior ou menor, dos principais gestores locais nas estratégias de colaboração e participação no processo da fundação da Rede e da construção do seu projeto educativo.

Observou-se que o processo de construção do PEC e o movimento de sua implementação foram relevantes para a composição da RJE no que ela é hoje. Pode-se afirmar que é senso comum entre os pesquisados, quase como um mantra, o sentimento de que o PEC é o principal documento produzido na RJE e que é referência para decisões locais e articulações das unidades em nível nacional. Além disso, percebe-se que o documento fica mais relevante quando o educador assume alguma função de gestão. Ao mesmo tempo, há percepções de que o documento ainda não chega, com consistência e importância, a muitos educadores e, principalmente, a estudantes e famílias.

O quinto objetivo específico – "e) examinar e compreender princípios que atuaram como orientadores para uma gestão colaborativa e em rede" – foi desenvolvido priorizando-se a escuta dos entrevistados e a percepção desses em relação ao papel da gestão e do gestor na fundação da RJE e na construção e implementação do PEC. Observaram-se a relevância e a importância da liderança para a gestão e consolidação da rede.

Indicaram-se e descreveram-se princípios de gestão que despontaram como mais relevantes no processo da fundação da Rede e orientadores dos trabalhos, representando características da gestão inaciana. Reconhece-se que a Rede é fruto dos princípios de gestão jesuíta atualizados para o contexto brasileiro. Ao mesmo tempo, permitiu reconhecer a necessidade de continuidade nos processos colaborativos, a importância do aprofundamento nas reflexões, o investimento na formação continuada e a relevância do desenvolvimento da identidade inaciana nas unidades e na Rede.

Esta pesquisa despertou ideias, apontou lacunas e abriu oportunidades para estudos futuros sobre a RJE e o PEC, que merecem um olhar atento, podendo aprofundar novas sistematizações. Sugere-se a possibilidade do desenvolvimento de estudos posteriores considerando o agrupamento dos temas em quatro categorias:

Aprendizagem integral:

- pensar estratégias de articulação que favoreçam que a proposta educativa da Companhia de Jesus, voltada para aprendizagem integral, chegue sempre mais ao cotidiano dos espaços escolares, especialmente à sala de aula.

a) Estruturas físicas:
- analisar a importância ou resultados percebidos na alteração, adequação, melhoria, reforma e transformação de espaços físicos nos colégios para a aprendizagem integral.

b) Formação continuada:
- verificar a possibilidade e a necessidade de criar propostas formativas para colaboradores em funções não gerenciais e que, a princípio, demandam menos formação, mas que incidem diretamente no processo formativo dos estudantes e na aproximação do colégio com as famílias;
- pensar estratégias de desenvolvimento, qualificação e formação humanista para colaboradores com atuação técnica de conservação e melhoria dos espaços de aprendizagem.

c) Gestão:
- avaliar os impactos das mudanças gerenciais nos centros educativos da Companhia de Jesus e na RJE no Brasil considerando o desafio de manter a identidade inaciana e a sustentabilidade de colégios que passavam por momentos difíceis e complexos antes da criação da Rede;
- estudar perspectivas de contraposição de princípios de gestão inacianos a princípios de gestão mais voltados para o mercado.

8.1 Nasce uma nova canção e um novo cantor

Enfim, sinto-me feliz em sistematizar, nesta pesquisa, um extrato pequeno das vivências e aprendizados que a criação da Rede Jesuíta de Educação e seu Projeto Educativo Comum permitiram a mim e a um conjunto de colaboradores jesuítas e leigos. Considero a pesquisa como a minha, a nossa, canção. É uma canção de agradecimento, de satisfação, de esperança, de expressão do *magis*, da colaboração e da escrita coletiva, da educação e do aprendizado que me tornaram um novo sujeito como presbítero, jesuíta e educador inaciano.

UMA CANÇÃO VIVA – CONSIDERAÇÕES FINAIS

A pesquisa traz em si a coletividade, o trabalho de muitas mãos, de significativo grupo de educadores, jesuítas e leigos, pois, segundo Guibert (2020, 130, tradução nossa), dessa forma, "o fruto a ser buscado é maior e mais perseverante, e se chega aonde não se chegaria com atuações individuais e intermitentes". Esse grupo construiu e continua construindo a RJE, empenhando-se para oferecer à sociedade brasileira uma rede de centros de aprendizagem integral, que eduquem para a cidadania global, formando melhores indivíduos, que teimam em persistir na esperança de construir um mundo melhor por meio de uma educação inaciana de excelência, aberta ao horizonte global e ofertada a todos.

Esta pesquisa é uma canção que revela minha identidade de pesquisador e religioso devotado à educação e, de certa forma, uma oração de louvor e gratidão a Deus, que se revela continuamente, com traços humanos, na pessoa de Jesus Cristo, pessoa para e com os demais.

REFERÊNCIAS

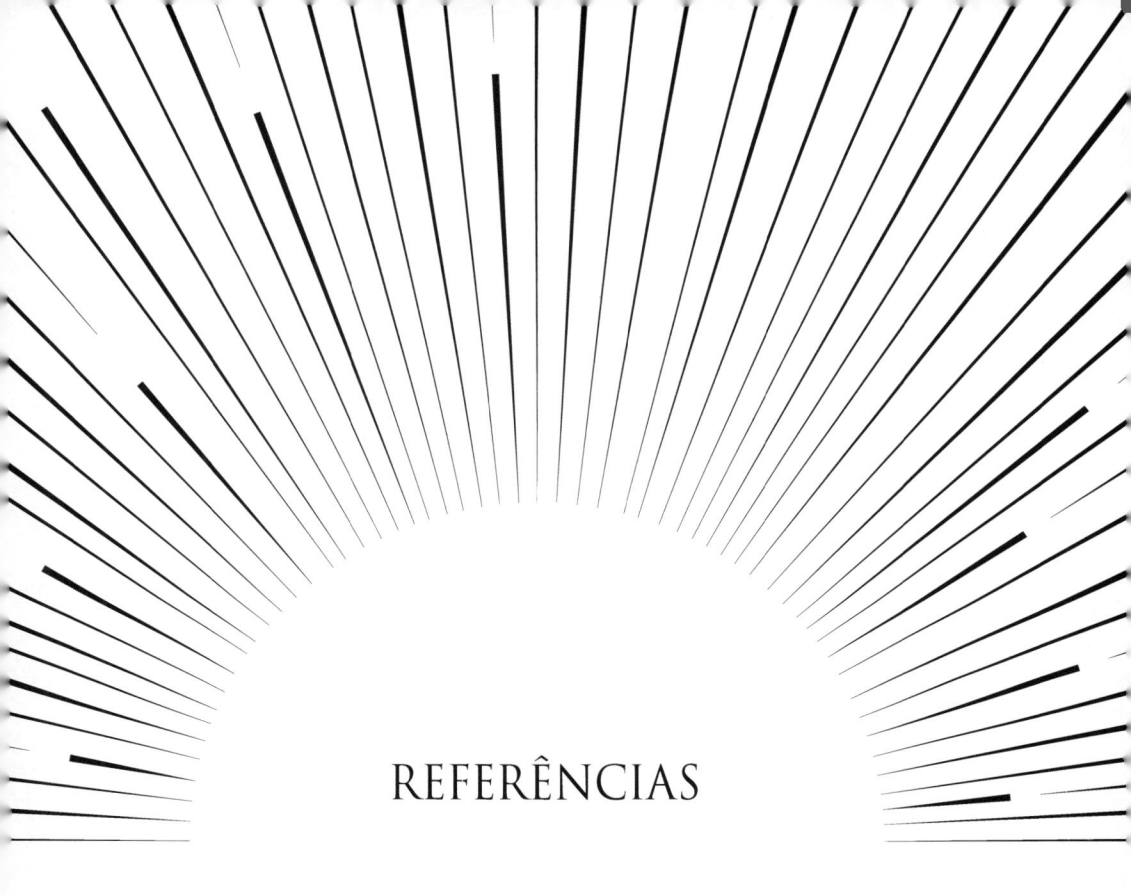

AKKARI, Abdeljalil; MALEQ, Kathrine. Global Citizenship Education: Recognizing Diversity in a Global World. In: _____. *Global Citizenship Education Critical and International Perspectives*. Cham (Suíça): Springer, 2020, 3-16.

ANTILLÓN, Roberto. *¿Cómo entendemos la Sistematización desde una Concepción Metodológica Dialéctica? Documento para discusión*. Guadalajara: IMDEC-ALFORJA, 1991.

ARRUPE, Pedro, SJ. *Nossos colégios hoje e amanhã*. São Paulo: Loyola, 1980.

BANGERT, William. *História da Companhia de Jesus*. Porto: Livraria Apostolado da Imprensa / São Paulo: Loyola, 1985.

BARDIN, Laurence. *Análise de conteúdo*. São Paulo: Edições 70, 2016.

BÍBLIA SAGRADA. Brasília: CNBB, [3]1999.

BLAIKIE, Noman. *Designing Social Research: The Logic of Anticipation*. Cambridge: Polity Press, 2020.

CÂMARA, Luís Gonçalves da, SJ. *Autobiografia de Inácio de Loyola*. Tradução e notas Padre Armando Cardoso, SJ. São Paulo: Loyola, 1978.

CAPRA, Fritjof. *Teias da Vida: uma nova versão científica dos sistemas vivos*. São Paulo: Cultrix, 2002.

CASTELLS, Manuel. *A sociedade em rede. A era da Informação: economia, sociedade e cultura*. São Paulo: Paz e Terra, ⁹2006.

CEALL-Peru. *Taller Permanente de Sistematización: ¿Y cómo lo hace? Propuesta de método de sistematización*. Lima, junio de 1992.

CELLARD, André. *Pesquisa qualitativa. Enfoques epistemológicos e metodológicos*. Petrópolis: Vozes, 2008.

CENTRO VIRTUAL DE PEDAGOGIA INACIANA (CVPI). *Portal*. [2021?]. Disponível em: <https://pedagogiaignaciana.com/educacion-jesuita/documentos-oficiales>. Acesso em: 24 ago. 2021.

COMPANHIA DE JESUS (SJ). *Características da Educação da Companhia de Jesus*. São Paulo: Loyola, ⁴1998.

_____. *Colégios Jesuítas: uma tradição viva no século XXI*. São Paulo: Loyola, 2019a.

_____. *Congregação Geral, 36*. São Paulo: Loyola, 2017.

_____. *Congregação Geral XXXIV*. São Paulo: Loyola, 1996.

_____. *Constituições da Companhia de Jesus e Normas Complementares*. São Paulo: Loyola, 2004.

_____. *Constituições e Normas Complementares*. São Paulo: Loyola, 2004.

_____. *Educate Magis* [2021?]. Disponível em: <https://www.educatemagis.org/>. Acesso em: 10 dez. 2021.

_____. *Estatutos da Pobreza Religiosa da Companhia de Jesus*. In: _____. *Instrução sobre a Administração de Bens (IAB)*. Trad. Míriam Godinho. Roma: CJ, 2005a.

_____. *Manual de direitos e deveres do colaborador da Província dos Jesuítas do Brasil*. Rio de Janeiro: Loyola, 2016.

_____. *Nossos Colégios Hoje e Amanhã*. São Paulo: Loyola, 1980 (Col. Ignaciana).

REFERÊNCIAS

_____. *Pedagogia Inaciana: uma proposta prática*. Trad. Maurício Ruffier. São Paulo: Loyola, 1993.

_____. *Preferências Apostólicas Universais da Companhia de Jesus, 2019-2029*. Roma: Companhia de Jesus, 2019b.

_____. *Projeto Educativo Comum da Companhia de Jesus na América Latina (CPAL), Provinciais da SJ na América Latina*. São Paulo: Loyola, 2005.

_____. *Ratio Studiorum. Regime escolar e curriculum de estudos [1599]*. Edição bilíngue (latim-português). Introdução, versão e notas de Margarida Miranda. Braga, Portugal: Faculdade de Filosofia de Braga, Universidade Católica Portuguesa, 2008.

CONFERÊNCIA DOS PROVINCIAIS JESUÍTAS DA AMÉRICA LATINA (CPAL). *Companhia de Jesus e o direito universal a uma educação de qualidade*. São Paulo: Loyola, 2019.

CORSETTI, Berenice. A análise documental no contexto da metodologia qualitativa: uma abordagem a partir da experiência de pesquisa do Programa de Pós-Graduação em Educação da UNISINOS. *UNIrevista*, São Leopoldo, v. 1, n. 1 (jan. 2006) 32-46.

DAVIS, G. F. Mechanisms and the theory of organizations. *Journal of Management Inquiry*, v. 15, n. 2 (2006) 114-118.

DRUCKER, Peter F. *O Gestor Eficaz*. Rio de Janeiro: LTC, 2011.

DURKHEIM, Emile. *Educación y sociología*. Barcelona: Península, 2002.

ECO, Umberto. *Nos ombros dos gigantes*. Rio de Janeiro: Record, 2018.

FRANCA, Leonel, SJ. *O Método Pedagógico dos Jesuítas. O "Ratio Studiorum"*. Rio de Janeiro: Agir, 1952.

FULLER, S. *Social epistemology*. Bloomington: Indiana University Press/ Giddens, ²2002.

GANSS, George E., SJ. *The Constitutions of the Society of Jesus: A Translation and Commentary*. Saint Louis, Missouri: The Institute of Jesuit Sources, 1970.

GATTI, Bernadete. Educação para a Cidadania Global – Formação de Professores. In: REDE JESUÍTA DE EDUCAÇÃO. *Primeiro Congresso RJE (VI Congresso Inaciano de Educação)*. São Paulo: Loyola, 2021, 97-122.

GERGEN, K. *An invitation to social construction*. London: Sage, 1999.

GODOY, Arilda Schmidt. Introdução à pesquisa qualitativa e suas possibilidades. *Revista de Administração de Empresas*, São Paulo, v. 35, n. 2 (mar./abr. 1995) 57-63.

GOLDENBERG, Mirian. *A arte de pesquisar: como fazer pesquisa qualitativa em Ciências Sociais*. Rio de Janeiro/São Paulo: Record, ⁸2004.

GRIX, J. Introducing students to the generic terminology of social research. *Political Studies Association*, v. 22, n. 3 (2002) 175-186.

GUBA, E.; LINCOLN., Y. Competing paradigms in qualitative research. In: DENZIN, N.; LINCOLN, Y. (eds.). *The handbook of qualitative research*. Newbury Park, CA: Sage, 1994, 105-117.

GUIBERT, José M., SJ. El modelo ignaciano en la formación para el liderazgo: respuestas ante los nuevos retos sociales y religiosos. In: LOPES, José Manuel Martins, SJ et al. *Educação em Tempos Incertos*. Braga (Portugal): Axioma – Publicações da Faculdade de Filosofia, 2020, 125-144 (Coleção Pedagogia 3).

GUIDINI, Fernando. Educação Jesuítica e formação de gestores: diálogos possíveis. In: ROCHA, Maria Aparecida Marques da; GHISLENI, Ana Cristina; STORCK, João Batista (org.). *Os compromissos da Rede Jesuíta com a Educação Básica*. São Leopoldo, RS: UNISINOS, 2020, v. 1, 21-31.

HENRICI, Jorge Radic. *Mejora escolar em red: El sistema de Gestión de calidad de los colegios jesuitas latinoamericanos*. España: Ed. Mensajero, 2023, v. 28, 215-229 (Colección Educación).

_____. *Sistema de Evaluación Y Mejora de la Calidad Educativa. La Experiencia de La Red de la Federación Latinoamericana de Colegios Jesuitas (FLACSI)*. Tese de Doutorado em Educação. Madrid: Universidad Autónoma de Madrid, 2017.

IBÁÑEZ, Alfonso. La dialética en la sistematisación de experiencias. *Revista Tarea*, Lima (set. 1991) 33.

INSTITUTO DE PESQUISA DE MERCADO – UNISINOS (IPM). *Relatório Consolidado: Análise dos desafios e das oportunidades de*

REFERÊNCIAS

Mercado dos Colégios da Rede Jesuíta de Educação no Brasil. Outubro de 2018.

JARA HOLLIDAY, Óscar. *Para sistematizar experiências*. Brasília: Ministério do Meio Ambiente, 2006.

KLEIN, Luiz Fernando, SJ. *Atualidade da Pedagogia Jesuítica*. São Paulo: Loyola, 1997.

_____. Educação de Qualidade para Todos: Desafio aos centros educativos. In: REDE JESUÍTA DE EDUCAÇÃO. *Primeiro Congresso RJE (VI Congresso Inaciano de Educação)*. São Paulo: Loyola, 2021, 125-161.

_____. *Educação Jesuíta: Tradição e Atualização*. Palestra virtual aos educadores do Colégio Medianeira (Curitiba, Brasil) e da Rede Jesuíta de Educação Básica do Brasil realizada em 29 jul. 2020. Coleção CPAL 2020. Disponível em: <http//www.colegiomedianeira.g12.br/wp content/uploads/2020/07/P.-KLEIN-EDUCAC%CC%A7A%CC%83O-JESUI%CC%81TA-TRADIC%CC%A7A%CC%83O-E-ATUALIZAC%CC%A7A%CC%83O-29-JULHO-2020.pdf>. Acesso em: 23 set. 2021.

_____. (org.). *Educação Jesuítica e Pedagogia Inaciana*. São Paulo: Loyola, 2016a.

_____. Trajetória da educação jesuítica no Brasil. In: CICLO DE DEBATES, 2016, São Paulo. *[Anais eletrônicos...]*. São Paulo: Pateo do Collegio, 2016b. Disponível em: <https://docplayer.com.br/17504774-Trajetoria-da-educacao-jesuitica-no-brasil.html>. Acesso em: 29 ago. 2021.

LOWNEY, Chris. *Liderança Heroica: As melhores práticas de uma companhia que há mais de 450 anos vem mudando o mundo*. Rio de Janeiro: Edições de Janeiro, 2015.

LOYOLA, Inácio de. *Exercícios Espirituais*. São Paulo: Loyola, 1990.

LUCE, Maria Beatriz. Gestão Educacional – Práxis política, formação "sem fim". In: ROCHA, Maria Aparecida Marques da; GHISLENI, Ana Cristina; STORCK, João Batista (org.). *Os compromissos da Rede Jesuíta com a Educação Básica*. São Leopoldo: UNISINOS, 2020, v. 1, 7-12.

LÜCK, Heloísa. *Gestão Educacional: uma questão paradigmática*. Petrópolis: Vozes, 2006.

_____. O desenvolvimento de Redes Escolares. *Revista Gestão em Redes*, São Paulo, n. 23 (set. 2000) 18-22.

MAIRINK, Agripa; WERLE, Flávia. A percepção dos estudantes sobre a gestão na mediação de aprendizagem escolar. In: ROCHA, Maria Aparecida Marques da; GHISLENI, Ana Cristina; STORCK, João Batista (org.). *Os compromissos da Rede Jesuíta com a Educação Básica*. São Leopoldo: UNISINOS, 2020, v. 1, 42-53.

MARTIN, James. *A sabedoria dos Jesuítas para (quase) tudo*. Rio de Janeiro: Sextante, 2012.

MARTINHO, Cássio. *Redes: uma introdução às dinâmicas da conectividade das auto-organizações*. São Paulo: Atlas, 2002.

MARTINIC, Sergio. *Algumas categorias de análise para a sistematização*. Santiago: CIDE-FLASCO, 1989.

MENDES, Maria Dalva Soares Rocha; SANTOS, Luciane Costa dos; GHISLENI, Ana Cristina. Formação para a Liderança e a gestão no Colégio Anchieta: uma proposição formativa. In: ROCHA, Maria Aparecida Marques da; GHISLENI, Ana Cristina (org.). *Os compromissos da Rede Jesuíta com a Educação Básica*. São Leopoldo: UNISINOS, 2022, v. 2, 87-101.

MESA, Alberto José. Educação Jesuíta para a Cidadania Global. In: REDE JESUÍTA DE EDUCAÇÃO. *Primeiro Congresso da RJE (VI Congresso Inaciano de Educação)*. São Paulo: Loyola, 2021, 41-60.

_____. (ed.). *La Pedagogía Ignaciana: textos clásicos y contemporáneos sobre la educación de la Compañía de Jesús desde san Ignacio de Loyola hasta nuestros días*. Bilbao: Sal Terrae, 2019.

MIRANDA, Margarida. Introdução e notas. In: COMPANHIA DE JESUS. *Ratio Studiorum. Regime escolar e curriculum de estudos [1599]*. Edição bilíngue (latim-português). Braga, Portugal: Faculdade de Filosofia de Braga, Universidade Católica Portuguesa, 2008.

NOGUERA-RAMÍREZ, Carlos Ernesto. *Pedagogia e governamentalidade. Da Modernidade como uma sociedade educativa*. Belo Horizonte: Autêntica, 2011 (Coleção Estudos Foucaultianos).

REFERÊNCIAS

OLIVEIRA, Juliano Tadeu dos Anjos. *Sistema de Qualidade na Gestão Escolar: Impactos da implementação em dois colégios da Rede Jesuíta de Educação Básica do Brasil*. Dissertação de Mestrado em Educação. São Leopoldo: Unisinos, 2022.

O'MALLEY, John W. *Os primeiros Jesuítas*. São Leopoldo, RS: UNISINOS / Bauru, SP: EDUSC, 2004.

OSOWSKI, Cecília Irene (org.). *Educação e mudança social por uma pedagogia da esperança. III Congresso Inaciano de Educação*. São Paulo: Loyola, 2002.

PHANEM, Tolba. *A canção dos homens*. Disponível em: <https://www.pindorama.art.br/acancao.html>. Acesso em: 01 dez. 2021.

PROVÍNCIA DOS JESUÍTAS DO BRASIL (BRA). *Estatuto da Província dos Jesuítas do Brasil – BRA (ad experimentum)*. Rio de Janeiro: BRA, 2014.

_____. *Estatuto da Província dos Jesuítas do Brasil – BRA*. Rio de Janeiro: BRA, 2017.

_____. *Instrução para Gestores da Companhia de Jesus no Brasil*. São Paulo: Loyola, 2016.

PROVINCIALADO JESUÍTA DO BRASIL (PJB). *A construção da Província do Brasil – BRA*. Algumas decisões importantes, de 16 de dezembro de 2010. Rio de Janeiro: BRA, 2010.

_____. *Carta de comunicação da nomeação do Delegado para Educação Básica da Província*, de 19 de novembro de 2013. BRAb 2013/65. Rio de Janeiro: BRA, 2013b.

_____. *Carta de nomeação do Delegado para Educação Básica da Província*, de 19 de novembro de 2013. BRAb 2013/63. Rio de Janeiro: BRA, 2013a.

REDE JESUÍTA DE EDUCAÇÃO (RJE). *Comunicado 2018_ 20 – Planejamento Estratégico da RJE*. Rio de Janeiro, 05 de junho de 2018.

_____. *Convite 08 – GT Congresso Inaciano 2019*. Rio de Janeiro, 08 de maio de 2018.

_____. *Educação para a Cidadania Global. Primeiro Congresso RJE (VI Congresso Inaciano de Educação)*. São Paulo: Loyola, 2021.

_____. *Estatuto da Rede Jesuíta de Educação (ad experientum)*. Rio de Janeiro, 11 de dezembro de 2014.

_____. *Estatuto da Rede Jesuíta de Educação (v.2)*. Rio de Janeiro, 14 de março de 2017.

_____. *Estatuto da Rede Jesuíta de Educação (v.3)*. Rio de Janeiro, 04 de maio de 2022.

_____. *Informes do EC RJE 2018_03*. Rio de Janeiro, 14 de maio de 2018.

_____. *Memória da criação e funcionamento da Rede Jesuíta de Educação até 2017*. Elaboração de KLEIN, L. Fernando, SJ e SÜNDERMANN, Mário, SJ. Documento interno da RJE. Rio de Janeiro, 17 de outubro de 2017.

_____. *Planejamento Estratégico da Equipes Diretivas da RJE*. Síntese dos trabalhos (Power Point). Itaici, SP, 17 a 19 de abril de 2018.

_____. *Projeto Educativo Comum da Rede Jesuíta de Educação Básica: 2021-2025*. Versão atualizada. São Paulo: Rede Jesuíta de Educação, 2021.

_____. *Projeto Educativo Comum*. São Paulo: Loyola, 2016.

_____. *Roteiro de trabalho da Reunião do Conselho Superior* (Power Point). Rio de Janeiro, 15 de março de 2019.

Rede. In: MICHAELIS. Dicionário eletrônico. Disponível em: <https://michaelis.uol.com.br/moderno-portugues/busca/portugues-brasileiro/rede/>. Acesso em: 12 jun. 2021.

REIMERS, Fernando. Desafios e Práticas Inovadoras em Educação para Cidadania Global. In: REDE JESUÍTA DE EDUCAÇÃO. *Primeiro Congresso RJE (VI Congresso Inaciano de Educação)*. São Paulo: Loyola, 2021, 61-95.

RISÉRIO, Mariângela D'Almeida; JACOBS, Artur Eugênio. Inovação educacional disruptiva: a experiência da Catalunha como um caminho possível. In: ROCHA, Maria Aparecida Marques da; GHISLENI, Ana Cristina; STORCK, João Batista (org.). *Os compromissos da Rede Jesuíta com a Educação Básica*. São Leopoldo: UNISINOS, 2020, v. 1, 94-103.

REFERÊNCIAS

RODRIGUES, Luís Fernando M. Da supressão à "Restauração" (1773-1814): A Companhia de Jesus, entre continuidade e descontinuidade. *IHU on-line, Revista do Instituto Humanitas Unisinos*, São Leopoldo, ed. 458, 14 nov. 2014. Disponível em: <https://www.ihuonline.unisinos.br/artigo/5756-luiz-fernando-rodrigues>. Acesso em: 13 fev. 2022.

SANDER, Benno. A produção do conhecimento em políticas e gestão da educação. *Linhas Críticas*, Brasília, v. 11, n. 20 (jan./jun. 2005) 41-54.

SCHMITZ, Egídio. *Os Jesuítas e a Educação. A Filosofia Educacional da Companhia de Jesus.* São Leopoldo: UNISINOS, 1994.

SERAFIN, Vitorino (org.). *Pedagogia Inaciana e os novos sujeitos históricos. IV Congresso Inaciano de Educação (de 26 a 29 de julho de 2005).* Florianópolis: Catarinense, 2006.

SINEK, Simon. *Líderes se servem por último. Como construir equipes seguras e confiantes.* Barueri: HSM, 2015.

SOSA, Arturo. *A caminho com Inácio.* São Paulo: Loyola, 2021.

_____. *El "cuidado" (cura) em el Gobierno de la vida-misión de la Compañía en este cambio de época.* Carta a toda La Compañía, 2020/03 (documento interno).

SPINK, M. J. (org.). *Práticas discursivas e produção de sentidos no cotidiano: aproximações teóricas e metodológicas.* São Paulo: Cortez, ²2000.

SÜNDERMANN, Mário. *Domingo: Espaço pedagógico de compromissos sociais silenciados no currículo?* Dissertação de Mestrado em Educação. São Leopoldo: UNISINOS, 2003.

WEBER, Max. A "objetividade" do conhecimento nas Ciências Sociais. In: COHN, Gabriel. (org.); WEBER, Max. *Sociologia.* São Paulo: Ática, 2004, 13-107.

WERLE, Flávia Correa Obino. Novos tempos, novas designações e demandas: Diretor, Administrador, Gestor Escolar. *RBPAE*, v. 17, n. 2 (jul./dez. 2001) 148-160.

APÊNDICE A

CARTA DE CONVITE E QUESTIONÁRIO

Prof. Orientador: Dr. Rodrigo Dias
Aluno: Mário Sündermann, SJ
Assunto: Pesquisa/levantamentos de informação
Data: 10 de outubro de 2022

Estimado _____,
Primeiramente, agradeço o aceite do convite que lhe fiz para responder a este questionário relativo à pesquisa de meu doutoramento no Programa de Pós-Graduação em Educação da Unisinos. Destaco que não é um instrumento da Rede Jesuíta de Educação (RJE), será respondido por outros educadores/gestores da RJE e que o método de análise dos dados proposto é o que chamamos de "Análise de questionários" (análise de conteúdo).

Trata-se de levantar informações para narrar, com maior fidelidade, a criação e a fundação da RJE e apontar para o modelo de sua gestão. Minha pesquisa fundamenta-se, bibliograficamente, em literatura específica referente à educação jesuítica e à gestão em rede. Nosso maior objetivo é obter dados para descrever e sistematizar o processo de fundação da RJE, os movimentos que envolveram a construção do PEC e as respectivas estratégias de sua implementação. Pretendo analisar em que medida a gestão em rede favorece(u) a implementação do PEC nas respectivas unidades.

Meu orientador e eu decidimos como adequado, para atingir os objetivos, convidar pessoas que qualificassem o processo, enquadrando-se, para tanto, nos seguintes requisitos: ser profissional da RJE desde 2014 (ou antes); participar da RJE: dos seus movimentos estratégicos, dos seus GTs, de algum nível de formação por ela recomendada (especialização, mestrado e/ou doutorado) e estar ou ter estado em função de gestão nas respectivas unidades educacionais. O recorte histórico para a pesquisa abrange desde o início da RJE, em 2014, até o final do primeiro ciclo de implementação do Projeto Educativo Comum (PEC), em 2020.

O questionário está estruturado em sete eixos principais, nos quais apresento algumas interpelações que indicam elementos das contribuições pretendidas e que o ajudarão a saber o que se pretende conhecer melhor. Não há limite de caracteres (texto) para as suas respostas. Peço que se sinta à vontade para externalizar sua opinião, pois a intenção é recolher narrativas de vivência e participação nos processos da fundação da RJE, da construção e implementação do PEC. Sentimentos, percepções, avanços ou retrocessos percebidos por você serão muito relevantes.

O questionário está disponível via Forms para facilitar seu acesso e o processamento das informações. Todas as respostas serão tratadas de forma anônima. Ficarei imensamente grato se você conseguir responder até o final de outubro (dia 30), para que eu possa avançar nos estudos.

Segue o link para as questões: xxx

APÊNDICE A

Isso posto, apresentamos as questões:

1. **Fundação da RJE:** Como era a relação (gerencial, de conhecimento dos atores, da missão, valores etc.) de sua unidade com a antiga província à qual seu colégio estava vinculado antes da constituição da RJE em 2014? Que pontos positivos ou negativos você pode destacar dessa relação? Houve mudanças a partir da fundação da RJE em sua unidade? Se sim, discorra sobre elas. Existem experiências que você julga mais significativas ou relevantes e que favoreceram a adesão afetiva e efetiva à RJE? Se sim, discorra sobre elas.
2. **Relação Colégio e Escritório Central:** Na interação unidade e escritório da RJE, o que você destacaria como relevante? Quais foram os movimentos mais positivos ou negativos na relação com o escritório da RJE? Caso existam, relate fatos que foram marcantes positiva ou negativamente. Entre os documentos produzidos pelo Escritório Central (poderia citar os documentos), quais contribuíram para a gestão em sua unidade ou você considera mais relevantes? Se possível, discorra sobre eles. Cite algum GT, comitê, evento, encontro ou seminário de que participou e o que nele julga relevante. Você vivenciou alguma escuta pessoal e/ou coletiva que favoreceu a integração como Rede? Se sim, relate-a.
3. **Construção e lançamento do PEC**: O que você recorda do processo de construção do PEC em termos de mobilizações, movimentos, motivações, envolvimento? Como avalia sua participação e a de sua unidade no processo? Você ocupava a mesma posição funcional (cargo) na qual se encontra hoje? Se houve mudança, ela alterou seu olhar sobre o PEC? Comente sua resposta. Do que você se recorda sobre o lançamento do PEC?
4. **Implementação do PEC:** Você se recorda de como o documento foi acolhido em sua unidade? Você participou da construção das "rotas de implementação do PEC"? Se sim, diga como foi. Houve alguma mobilização que você considera relevante? Os projetos

foram organizados em uma Matriz Comum de Projetos em sua instituição? Se sim, como foi o processo de organização? Foi criado algum projeto especial a partir do PEC? Em que medida o PEC trouxe elementos que favorecem a gestão e a realização da missão em sua unidade? Atualmente, qual a importância, referência ou uso do PEC na sua unidade?

5. **Princípios de Gestão Inaciana**: Você teve contato ou percepção de uma forma de gestão que poderia ser nomeada como inaciana ou jesuítica? Se sim, como a caracterizaria ou que princípios você destacaria em relação a outras formas de gestão? Em sua experiência, existe algum elemento específico de gestão que pareça especialmente relevante? Considerando que a RJE tem por visão "ser uma rede de centros de aprendizagem integral que educam para a cidadania global, com a gestão colaborativa e sustentável" (PEC, 2021), você acredita que o PEC contribui para gestão colaborativa e em rede? Em sua avaliação quais foram os pontos fortes e fracos da fundação da RJE e da implantação do PEC? O processo de implantação do PEC favoreceu a gestão colaborativa em Rede?

6. **Relançamento do PEC**: Considerando que, inicialmente, o documento fora pensado para 4 anos, mas que a RJE julgou mais oportuno fazer uma atualização do documento em vez de construir um novo, como você analisa essa decisão? Quais os ganhos dessa decisão? Você considera que deveria ser criado documento diferente? Apresente uma ou mais razões para sua resposta.

7. **Projetando o futuro**: Em que medida o PEC favorece(u) a gestão em Rede? Cite aspectos que emanam do PEC e que você julga importantes para a gestão em rede. Há desafios para o exercício de sua gestão hoje e sobre os quais o PEC não incide? Se sim, comente-os. Os anos 2020/21 foram marcados pela pandemia de COVID-19: em que medida o PEC contribuiu na gestão para enfrentar os desafios decorrentes desse período? Em sua compreensão, o que é possível visualizar ou projetar para os próximos anos em relação à Rede e ao PEC?

APÊNDICE A

Caso você queira apresentar considerações ou perspectivas que os eixos acima não abarcaram, mas que considera importantes, sinta-se livre para fazê-lo.

Agradeço sua generosa contribuição, pois ela será de grande valia para a minha pesquisa e para a rememoração e registro do trabalho desenvolvido. Reforço, uma vez mais, que os dados serão usados de forma sigilosa (anônima) em uma condensação das perspectivas do conjunto de respondentes.

Por intercessão de Santo Inácio de Loyola, desejo que o Senhor lhe conceda muitas consolações, serenidade, lucidez e alegria na desafiadora e bonita missão gerencial e formativa.

Um abraço fraterno e cheio de gratidão.

Mário Sündermann, SJ

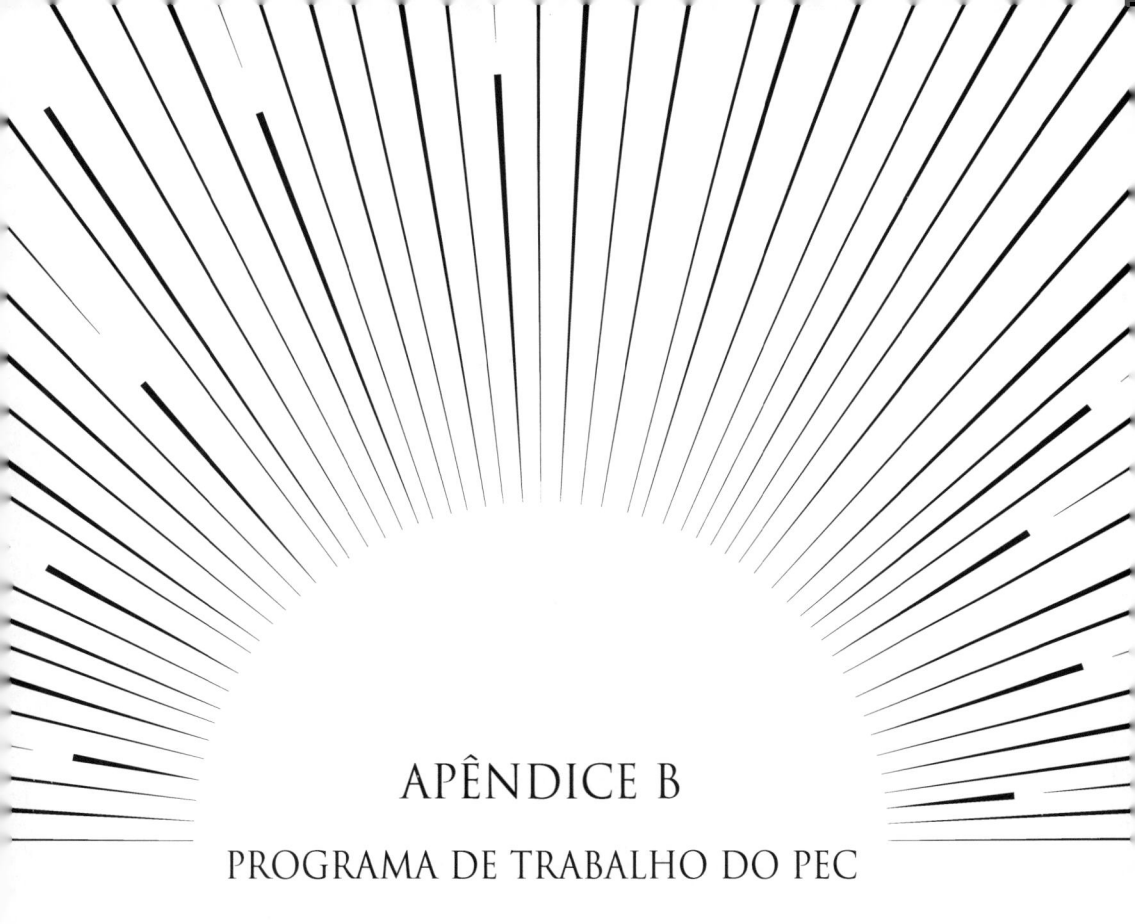

APÊNDICE B
PROGRAMA DE TRABALHO DO PEC

Rede Jesuíta de Educação

Escritório Central Educação Básica

Rio de Janeiro, 12 de dezembro de 2014

De: Delegado para a Educação Básica
Para: Diretores Gerais
Assunto: PROGRAMA DE TRABALHO – PEC

Para a elaboração do Projeto Educativo Comum
Programa de trabalho 2015/2016

I. Introdução

Este documento apresenta a proposta de elaboração do Projeto Educativo Comum para a Rede Jesuíta de Educação no Brasil (RJE). Constituída como tal no início de 2014, a RJE agrega 17 unidades educativas atuando desde a Educação Materno-Infantil até o Ensino Médio.

O **objetivo** é construir um documento que reveja e reposicione o trabalho apostólico da Companhia de Jesus na área de educação básica e, ao mesmo tempo, oriente e norteie as necessidades de renovação, ajuste e/ou qualificação do que existe hoje.

No **encontro** dos diretores gerais realizado em **Fortaleza**, em outubro de 2013, houve uma primeira aproximação ao que poderia ser a estrutura do documento em questão.

Desde então, outros elementos foram incorporados à reflexão sobre a necessidade de elaborar um documento que norteie o apostolado educativo da Companhia de Jesus, no segmento da educação básica. O mais relevante deles, seguramente, foi o Seminário sobre Pedagogia e Espiritualidade Inacianas (**SIPEI**), organizado pelo Secretariado Mundial para Educação Básica, em novembro de 2014. Os **quatro focos da proposta educativa da**

Rua Bambina, 115, Botafogo Fone: +55 (21) 3622-0230
CEP: 22251-050 - Rio de Janeiro, RJ

Companhia de Jesus em nível universal (formação de pessoas conscientes, competentes, compassivas e comprometidas) foram apresentados e desenvolvidos a partir de um mesmo eixo: a educação integral.

Outro elemento que integra o processo de elaboração de um projeto comum é o **Programa de Gestão da Qualidade Educativa** (PGQE) da FLACSI. Iniciado nos colégios da RJE este ano, o Sistema de Qualidade FLACSI apresenta indicadores em quatro dimensões do processo educativo que deveriam ser também integradas à reflexão que será levada durante o ano de 2014.

II. Metodologia de trabalho

Este trabalho deverá ser feito de maneira tal que a elaboração do documento provoque nas unidades um movimento de reflexão sobre aquele contexto particular a partir do marco mais amplo que terá como referências básicas o SIPEI e o PGQE FLACSI.

Para levar adiante este projeto, serão constituídos **dois grupos de trabalho** (GT). A composição deste grupo está sendo feita pelo Delegado para Educação Básica, a partir de indicações recebidas dos diretores gerais das escolas.

O **GT1** terá como tarefa o **planejamento, a organização e a liderança dos seminários** agendados para o primeiro semestre. Nestes eventos, organizados por área, será feito o primeiro movimento de disseminação dos fundamentos que deverão nortear a reflexão local, regional e nacional ao longo do ano. Será um processo desenvolvido como nos movimentos de sístole e diástole, trazendo os profissionais de cada área para apresentar-lhes o horizonte mais amplo da missão educativa da Companhia e levando-os a refletir sobre estes elementos a partir de sua ótica específica.

Além da organização dos seminários propriamente tal, este grupo (GT1) **proporá a todas as unidades alternativas de disseminação local** da reflexão feita nos seminários.

O **GT2** será composto por alguns dos profissionais que participaram da primeira etapa do processo (seminários) e de outros que se somarão para esta etapa. Este GT terá como **principal tarefa a redação do documento** propriamente tal incluindo, naturalmente, a análise dos subsídios recebidos das reflexões feitas nas unidades e o resultado dos seminários. A partir desta base e das orientações formais do SIPEI e do PGQE, o grupo se encarregará ainda de, durante o processo de redação do documento, criar instâncias de interlocução crítica nas diferentes regiões do país.

O custo de viagens e hospedagens do trabalho realizado pelos dois grupos está contemplado no orçamento da área de educação básica e será assumido pela BRA. Porém, não haverá remuneração extraordinária pela realização desta tarefa uma vez que o tempo usado para tal já está remunerado pela escola que cede o profissional.

III. Cronograma de atividades e indicação de participantes

Dezembro 2014: constituição dos GT´s

Fevereiro 2015: Videoconferência GT1 para estabelecimento da tarefa.

Março 2015: 09 e 10: Reunião GT1 para preparação imediata dos Seminários

Abril 2015: 16 e 17: Seminário PEC Dimensão Acadêmica

Maio 2015:11 e 12: Seminário PEC Dimensão Formação Cristã

Junho 2015: 18 e 19: Seminário PEC Dimensão Administrativa

Agosto 2015: 27 e 28: Reunião GT1 e GT2 para "passagem do bastão"

Os trabalhos do **GT2** estão previstos para os meses de **setembro e outubro**. Conforme o resultado alcançado até este momento, o GT, juntamente com o Delegado para Educação Básica e os membros do Conselho da Rede, decidirá os próximos passos até a redação final do documento.

A esse processo se juntarão pesquisas e informações levantadas nas unidades locais desde as visitas anuais do Delegado para Educação, quanto

Rede Jesuíta de Educação

Escritório Central Educação Básica

pesquisas e dados levantados desde a plataforma Moodle ou por outro canal que se julgar conveniente.

Para 2016 está previsto o cronograma de implementação da proposta.

Desejo a todos um ótimo trabalho e que o PEC traga importantes benefícios à missão da Rede Jesuíta de Educação.

P. Mário Sundermann, SJ
Delegado para Educação da BRA

APÊNDICE C

EXERCÍCIO DE HIERARQUIZAÇÃO – PEC 2016

A ordem dos tópicos segue a pontuação dada pelos educadores no exercício de priorização. O segundo ponto é o valor médio dado ao tópico e, em seguida, a formação apresentada.

Eixo 1: Do currículo e da aprendizagem

1º) 7.2
01 – Necessidade de um currículo que recupere a tradição educativa da Companhia de Jesus (humanismo e excelência) e projete as unidades para um trabalho eficaz no futuro, respondendo às demandas de atualização que se apresentam.

2º) 6.5
10 – Qualificação do processo de aprendizagem: revisão dos métodos e recursos de ensino para alcançar melhores resultados do processo de aprendizagem.

3º) 6.3
04 – Necessidade de aprofundar estudos e discussões sobre o currículo para gerar maior apropriação entre os professores da concepção curricular dos colégios jesuítas.

4º) 5.9
03 – Reorganização dos conteúdos a partir dos referenciais dos Parâmetros Curriculares nacionais e das orientações da Companhia de Jesus sobre educação em nível universal.

5º) 5.8
05 – Necessidade de repensar tempos, espaços e práticas educativas a partir de uma proposta curricular clara e conhecida por todos.

6º) 5.7
09 – Currículo integral: inclusão das três dimensões indicadas no Programa de Qualidade da FLACSI (intelectual, socioemocional e espiritual) no currículo.

7º) 5.3
02 – Estabelecimento de Mínimos Comuns Nacionais que indiquem o que deve ser incluído no currículo de todas as unidades nas áreas acadêmica e de formação cristã.

8º) 4.8
07 – Definição de políticas de educação inclusiva (físicas, cognitivas, sociais, culturais).

9º) 4.0

06 – Necessidade de conciliar legislação educacional e mercado (exames externos) com os fundamentos da Companhia de Jesus.

10º) 3.5

08 – Escola de tempo (e currículo) integral.

Eixo 2: Educadores e Colaboradores das obras

1º) 7.0

02 – Criação de um Plano de Formação Permanente da RJE a ser implementado local, regional e nacionalmente, segundo o tipo de atividade que envolva os profissionais das diferentes áreas, distinguindo programas específicos de indução, capacitação e aprofundamento.

2º) 6.9

03 – Formação para a inovação e integração das práticas em vista dos 4 Cs (sujeito consciente, competente, compassivo e comprometido).

3º) 6.6

04 – Elaboração/revisão e implementação de Plano de Cargos e Salários.

4º) 6.4

01 – Envolvimento dos diferentes setores da escola na elaboração do Plano de Implementação do PEC.

5º) 5.8

06 – Indicação de estratégias que permitam o intercâmbio de pessoas, ideias e práticas para animar, mobilizar e revitalizar as comunidades educativas.

6º) 5.3
10 – Formação de gestores (jesuítas e leigos) e de novas lideranças.

7º) 5.2
05 – Elaboração/revisão e implementação de um sistema objetivo de avaliação de desempenho.

8º) 4.2
07 – Dedicação exclusiva de alguns profissionais com reconfiguração de contratos de trabalho.

9º) 4.1
08 – Definição dos processos de recrutamento, seleção e fidelização de bons profissionais.

10º) 3.6
09 – Criação de um sistema de mobilidade de profissionais de gestão entre as unidades da RJE.

Eixo 03: Gestão e trabalho em rede

1º) 6.1
10 – Criação de equipes integradas e eficazes nos diferentes setores das escolas; compartilhamento de liderança nos níveis intermediários.

2º) 6.0
03 – Consideração do Programa de Gestão de Qualidade da FLACSI como um referencial para os planos de trabalho das unidades.

3º) 6.0
02 – Criação de um ambiente de trabalho mais desafiador que valorize a criatividade e a produtividade.

4º) 5.9
06 – Gestão dos processos de mudança a partir das orientações do PEC. Mobilização das Comunidades Educativas em vista da mudança.

5º) 5.8
01 – Necessidade de profissionalizar a gestão em diferentes níveis e de trabalhar a partir da gestão de processos.

6º) 5.6
05 – Revisão das estruturas das unidades e ajustes que garantam a qualidade e a institucionalização dos processos.

7º) 5.5
07 – Projetos embasados na preocupação com a sustentabilidade.

8º) 5.3
04 – Planejamento Estratégico e Orçamentário.

9º) 4.7
09 – Qualificação dos processos de comunicação e disseminação das iniciativas da RJE.

10º) 4.1
08 – Migração do estilo personalista de gestão para o modelo de gestão institucional.

Edições Loyola

editoração impressão acabamento

Rua 1822 n° 341 – Ipiranga
04216-000 São Paulo, SP
T 55 11 3385 8500/8501, 2063 4275
www.loyola.com.br